Heinz Fidelsberger

Astrologie 2000

Struktur einer Wissenschaft von morgen

W0072108

Verlag Kremayr & Scheriau, Wien

© 1972 by Verlag Kremayr & Scheriau, Wien
Gesamtherstellung: Wiener Verlag, Wien
ISBN 3 218 00212 5

Inhalt

Vorwort

Die Astrologie ist heute keine anerkannte Wissenschaft. Wohl wurde sie in vergangenen Jahrhunderten an Universitäten gelehrt und konnte sich in eitler Selbstgefälligkeit »Königin der Wissenschaften« nennen. Doch die Ausbreitung des kopernikanischen Weltbildes und die Aufklärung haben sie nicht nur entthront, sie verlor all ihr in Jahrtausenden erworbenes Ansehen, und man rechnet sie in der Gegenwart üblicherweise zu jenen vom Aberglauben geprägten Praktiken, deren sich die Menschheit seit eh und je bediente, um das Dunkel der Zukunft zu erhellen. Harte Kritiker der Astrologie stufen sie sogar in die Kategorie eines mehr oder weniger milden Beziehungswahns ein.

In diesem Buch ist der Versuch unternommen worden, das uralte Erfahrungswissen als Grundlage für eine neue Synthese mit verschiedenen Erkenntnissen moderner Wissenschaften zu verwerten. Mit der Entdeckung der genetischen Information, der Ausweitung unseres Wissens über die physikalischen Verhältnisse in unserer Sonnenwelt, der Erkenntnis, daß die elektromagnetischen Felder um unseren Planeten einen variierenden Informationsgehalt besitzen, weiters aber auch mit einer Vielzahl von Erfahrungen der Psychologie, nicht zuletzt bei Verwendung kybernetischer Begriffe ergibt sich die Möglichkeit, eine Lehre von den kosmischen Einflüssen auf das irdische Leben aufzubauen, die durchaus den Charakter einer Naturwissenschaft trägt.

Noch lassen sich überall nur Anfänge dieser neuen Wissenschaft erkennen, noch immer überwiegen die Vorurteile und fehlt es an systematischer Zusammenarbeit. Aber gerade in den letzten Jahren wurde eine Fülle von Erkenntnissen gewonnen, die die Astrologie immer mehr als Erfahrungswissen bestätigen, und es ist anzunehmen, daß in den nächsten Jahrzehnten eine Kombination aller Elemente erfolgt. So entsteht eine neue Wissenschaft, eine Astrologie als Naturwissenschaft, die ihren verdienten Platz in den Universitäten erhalten wird.

Im nächsten Jahrtausend jedenfalls wird sich die Astrologie als imposantes wissenschaftliches Gebäude manifestieren, durchaus im Einklang mit der Medizin, der Biologie, der Kosmologie, der Chemie, der Physik, der Astronomie, der Kybernetik und der Psychologie. Hier nun ist aufgezeigt, wie die Grundstruktur dieser neuen Astrologie aussieht, an deren Fundamenten heute bereits gearbeitet wird.

Dr. Heinz Fidelsberger

Fragen und Probleme

Klassische Argumente

Das Verhalten der meisten Menschen der Astrologie gegenüber kann man als zwiespältig bezeichnen. Auf der einen Seite werden bestimmte astrologische Erfahrungen in unzähligen Tageszeitungen, Wochenblättern und Illustrierten laufend publiziert, regelmäßig gelesen, ja man schenkt dieser Art von astrologischen Hinweisen und Ratschlägen gerne und kritiklose Beachtung. Auf der anderen Seite stehen die systematischen Publikumsbefragungen, die bestätigen, daß fast niemand von der wissenschaftlichen Astrologie tatsächlich etwas versteht, daß diese auch kaum Interesse erweckt. Darüber hinaus wird die wissenschaftliche Astrologie, die auf einer exakten Horoskopberechnung basiert, nach wie vor von allen Gebildeten schroff abgelehnt. Man ist bestenfalls bereit, den Sternen einen bescheidenen, keinesfalls aber einen entscheidenden Einfluß auf das irdische Leben zuzubilligen. Gegen die Horoskopastrologie werden fortwährend gewichtige Argumente vorgebracht, kein Wissenschaftler von Rang und Namen kann es sich leisten, sich öffentlich zur sogenannten Astrosophie, zur Lehre vom Einfluß der Gestirne, zu bekennen.

Das HOROSKOP, zu deutsch die »Stundenschau«, ist eine Skizze, die mit Hilfe verschiedener astronomischer Tabellen angefertigt wird. Unter einer HOROSKOPASTROLOGIE versteht man daher die Deutung von kosmischen Einflüssen, deren Grundlage das genau berechnete Horoskop bildet. Vielfach wird dieses genaue Berechnen der Gestirnspositionen, das Zeichnen einer Himmelsskizze auf astronomischer Basis, kombiniert mit den vielen, seit Jahrhunderten überlieferten Deutungsregeln, die »wissenschaft-

liche Astrologie« genannt. Sie steht im Gegensatz zur sogenannten SONNENSTANDSASTROLOGIE, die lediglich die Position der Sonne in einem Tierkreiszeichen wertet und die auf keinerlei Berechnung beruht. Die Sonnenstandsastrologie gilt allgemein als Laienastrologie.

Wer sich objektiv, ohne jede wie immer geartete Voreingenommenheit, mit der Horoskopastrologie zu beschäftigen beginnt, wird sehr bald eine merkwürdige Feststellung machen können. Die Geschichte der Astrologie läßt nämlich erkennen, daß die Sterndeuterei immer wieder sehr umstritten war, daß auf keinem anderen Gebiet einer Wissenschaft so heftig in fast regelmäßigen Zeitabständen Anhänger und Gegner aneinandergerieten, keine Wissenschaft so oft verboten, ihre Ausübung unter strengste Strafen gestellt wurde wie gerade die Astrologie. Ihr Einfluß in den vergangenen fünfundzwanzig Jahrhunderten war in der Tat erstaunlich genug. Einmal war sie restlos anerkannt, wurde an Universitäten gelehrt, ihre Vertreter berieten die Regenten, die Kirchenfürsten, Heerführer und andere Persönlichkeiten, dann wieder wurde sie geächtet, verspottet, und jedwede astrologische Betätigung wurde verboten. Immer wieder kam es vor, daß Astrologen ihrer Habe beraubt, des Landes verwiesen und oft auch hingerichtet wurden. Man erinnere sich in diesem Zusammenhang nur an die Astrologenverfolgung im Deutschen Reich während des Zweiten Weltkrieges. Als sich nach dem Jahre 1942 das Kriegsglück zu wenden begann und verschiedene unheilvolle Prophezeiungen sich zu bewahrheiten schienen, wurde ein Großteil aller prominenten deutschen Astrologen in Konzentrationslager gesteckt, viele wurden später sogar hingerichtet. Vor allem aber wurde die astrologische Literatur verboten und, soweit man ihrer habhaft werden konnte, vernichtet.

LES
PROPHETIES
DE M. MICHEL
NOSTRADAMVS.

Dont il y en a trois cens qui
n'ont encores iamais efté
imprimées.

Adiouftées de nouueau par
ledict Autheur.

A LYON,
PAR BENOIST RIGAVD
1 5 68.
Auec permiſſion.

Aberglaube, Wahrsagerei und fast keine Astrologie: Nostradamus
— Klassiker der Prophetie.

Wird für den »Augenblick« der Geburt eines Menschen eine Horoskopskizze angefertigt, wird mit Hilfe der verschiedenen Tabellen sowohl die Zeit als auch der Ort der Geburt in Beziehung zur kosmischen Situation gebracht, so nennt man ein solches Horoskop ein »RADIXHOROSKOP« (nach dem lateinischen Wort radix = Wurzel). Man benötigt dazu die sogenannten EPHEMERIDEN, das sind von Astronomen berechnete Tabellen, die genau die Stellung der Planeten im Tierkreis für jeden Tag angeben, weiters HÄUSERTABELLEN, um die geographische Lage zum Himmelsglobus in Beziehung zu setzen, und schließlich Hilfstabellen, um die notwendigen Zwischenrechnungen mühelos durchführen zu können.

Erstaunlich genug: Es gab Zeiten, wo die Laienastrologie, meist gemischt mit abergläubischen Vorstellungen, jahrzehntelang im Leben verschiedener Völker eine immense Rolle spielte (besonders erwähnenswert wäre hier die römische Kaiserzeit), dann wiederum triumphierte die rein wissenschaftliche Astrologie und übte einen befruchtenden Einfluß auf fast alle anderen Wissenschaften aus, wie dies zum Beispiel während des Mittelalters in Deutschland der Fall war. Dann gab es sozusagen astrologiefreie Zeiten, wo es niemand wagen konnte, sich zur Sterndeuterei zu bekennen, ohne dem allgemeinen Gespött preisgegeben zu sein. An dieser so eigenartigen Situation, an der sich bis zum heutigen Tag nur sehr wenig geändert hat, sind die Vertreter der Astrologie, die mehr oder weniger gut die Materie der Horoskopberechnung und der astrologischen Deutungskunst beherrschen, selbst schuld. Denn abgesehen davon, daß sich die Astrologen zu allen Zeiten untereinander immer wieder wütend bekämpft haben, gelang es ihnen bis zum heutigen Tag nicht, ein einheitliches Weltbild der Astrologie zu errichten, das astrologische Wissensgebiet zu begrenzen und die vielen Argumente gegen die Astrologie zu entkräften. Vor allem ist es — zumindest bis vor wenigen Jahren — unmöglich gewesen, die fünf klassischen Einwände gegen die Astrologie überzeugend zu widerlegen.

Astrologen haben nämlich in den vergangenen Jahrhunderten, aber auch in der Gegenwart, immer wieder behauptet, aus einem Geburtshoroskop könne man das Schicksal eines Menschen herauslesen. In einem Radixhoroskop sei alles über einen Menschen enthalten: das Aussehen und der Charakter, die berufliche Position, die Zahl der Eheschließungen, die Nachkommenschaft, alle Krankheiten, die Lebensdauer und sogar die Todesart. Die reichhaltige astrologische Literatur, die sich im Laufe von fast zwei Jahrtausenden angesammelt hat, strotzt nur so von solchen Behauptungen, obwohl bereits im zweiten Jahrhundert vor Christus der griechische Philosoph Karneades von Kyrene (214 bis 129 v. Chr.), der als Botschafter Athens in Rom lebte, fünf Argumente gegen die Astrologie vorzubringen vermochte, die jedem denkenden Menschen durchaus verständlich waren und die bis zum heutigen Tag an Gewichtigkeit nichts verloren haben.

Erstens, so erklärte der Grieche, wäre es gänzlich ausgeschlossen, den exakten Zeitpunkt einer Geburt zu bestimmen und für diese Sekunde ein genaues Horoskop zu skizzieren. Das war zu seiner Zeit fraglos richtig, denn man hatte damals keine Präzisionsuhren, es gab auch noch keine richtigen und genauen Gestirntabellen, die Mathematiker kannten noch keine Methode, um für einen bestimmten Punkt der Erdoberfläche ein Horoskop zu erstellen. Erst viel später fand man die entsprechenden mathematischen Voraussetzungen; exakte astronomische Tabellen, die ein genaues Horoskopieren ermöglichen, gibt es erst seit dem vorigen Jahrhundert. Als Karneades lebte, konnte man noch keine genauen Horoskope zeichnen. Heute ist dieses Argument allerdings nicht mehr zutreffend, denn wer heute als Astrologe arbeitet und alle erforderlichen Hilfsmittel besitzt, vermag für jeden Zeitpunkt und für jeden Ort ein genaues Horoskop zu erstellen.

Das zweite Argument ist unverändert gültig. Es ist beklagenswert genug, daß die meisten Astrologen diese Tatsache nicht wahrhaben wollen und sich oft wütend gegen diese Behauptung wehren, obwohl sie immer wieder bestätigt werden kann. Karneades sagte nämlich, daß Personen, die zur selben Zeit und am selben Ort geboren wurden, demzufolge zwar das gleiche Horoskop, aber nicht das gleiche Schicksal haben. Vielleicht konnte man sich früher gerade dieses gewichtige Argument nicht so leicht zu eigen machen. In der heutigen Zeit jedenfalls fehlt es nicht an der entsprechenden Bestätigung, weil sich auf dem Gebiete der Geburtshilfe ungeheure Veränderungen ergeben haben. Kamen in früheren Jahrhunderten die Kinder so gut wie immer im Elternhaus zur Welt, standen den Frauen zum Zeitpunkt der Niederkunft meist nur Hebammen zur Verfügung, die bei ihrer schweren Tätigkeit wohl kaum auf die Uhr geblickt haben, so ist es in der Gegenwart üblich, ja selbstverständlich, daß man in einem Krankenhaus entbindet. Jede Woche vermehrt sich die Menschheit um eine Million, pro Tag kommen also mehr als einhundertvierzigtausend Menschen zur Welt, grob gerechnet zwei Kinder pro Sekunde. Wenn nun diese Geburten in Kliniken, in Krankenhäusern und eigenen Entbindungsanstalten erfolgen, wenn man weiters bedenkt, daß es tageszeitliche Schwankungen gibt, so wird man leicht verstehen können, daß oft in einer einzigen Sekunde in einem Kreißsaal — wo die Geburtszeiten exakt festgehalten werden — gleichzeitig zwei und mehr Kinder geboren werden. Man spricht dann von astrologischen Zwillingen oder gar astrologischen Drillingen und versteht darunter Menschen, die verschiedene Eltern, aber das gleiche Radixhoroskop haben.

Wenn einer jahrelang in verschiedenen Entbindungsanstalten gearbeitet hat, wenn dieser das Schicksal von vielen astrologischen Zwillingen überprüfen konnte, dann muß er dem Karneades recht geben und seinen Einwand bewundern.

Tatsächlich: Es gibt viele Menschen, die gleiche Horoskope besitzen und dennoch kein gleiches Schicksal haben.

Das dritte Argument ist leichter verständlich und in der heutigen Zeit immer wieder nachprüfbar. Karneades erklärte, daß Menschen mit gleichem Schicksal so gut wie niemals das gleiche Horoskop haben. Bei Massenkatastrophen zum Beispiel, wo innerhalb einer einzigen Sekunde Dutzende, ja Hunderte Menschen vom Tod ereilt werden, haben selbstverständlich nicht alle die gleiche Todeskonstellation. Oder gibt es jemanden, der zu behaupten wagt, alle Todesopfer eines Luftangriffes während des Zweiten Weltkrieges haben das gleiche Horoskop besessen? Schon im Altertum wurde einmal ein Astrologe gefragt, ob er glaube, daß die in der Schlacht bei Cannae an einem Tag getöteten fünfzigtausend Römer alle unter dem gleichen Unstern zur Welt gekommen sind? Der Astrologe vermochte diese Frage verständlicherweise nicht zu bejahen.

Viertens warf Karneades den Astrologen vor, daß aus einem Horoskop nicht ersichtlich ist, ob es für einen Königssohn oder für einen Lastesel erstellt wurde. Zeichnet man nämlich eine Himmelsskizze für einen bestimmten Ort und für eine bestimmte Minute, dann kann man wohl sagen, daß an diesem Ort und in diesem Augenblick die Himmelssituation so und so gegeben war. Kam in diesem Augenblick ein Schaf zur Welt, dann hatte es ein bestimmtes Radixhoroskop. Kam in demselben Augenblick auch ein Königssohn zur Welt, dann hatte er das gleiche! Mit anderen Worten: Horoskope können für alle Lebewesen, für alle Ereignisse, für die Eröffnung einer Messe genauso wie für die Grundsteinlegung einer Fabrik, für die Unterzeichnung eines Vertrages ebenso wie für den Ringwechsel bei einer Hochzeit gezeichnet werden. Wie kann daher ein Astrologe von sich behaupten, er brauche nur einen Blick auf ein Horoskop zu werfen und schon könne er alles sagen? Ein Menschenhoroskop wird doch anders zu deuten sein als das Horoskop einer Hauskatze, einer Fabriksgründung oder einer Vertragsunterzeichnung.

Schließlich haben die Astrologen zu allen Zeiten, auch in der Gegenwart, immer wieder die Behauptung aufgestellt, gewisse Gestirnskonstellationen und andere astrologische Einflüsse würden die Hautfarbe, die Farbe der Haare und Augen eines Menschen bestimmen. Karneades fand dies besonders lächerlich, er hatte schon damals erkannt, daß gewisse Rassen ganz bestimmte Merkmale haben, die nicht von der Geburtskonstellation abhängen. Und in der Tat, aus einem Horoskop läßt sich beispielsweise die Hautfarbe genausowenig erkennen wie andere spezielle körperliche Merkmale. Das ist eine Erfahrungstatsache, die jeder gewinnen kann, der einige Zeit in einem Kreißsaal gearbeitet hat und erleben konnte, daß zum Beispiel in derselben Sekunde eine weiße Frau und eine Negerin entbunden haben.

Die fünf Argumente des Karneades wurden bei Diskussionen über die Astrologie immer wieder verwendet. Die vielen Gegner der Sterndeuterei haben oft und gern auf diese Einwände zurückgegriffen. Jene Männer, die im Laufe der Jahrhunderte die Astrologie verdammten — angefangen beim heiligen Augustinus bis zu Schopenhauer, der sie als echten Beziehungswahn hinstellte —, haben die fünf klassischen Argumente des Karneades um etliche vermehrt. Doch all diese rationalen, also zum Teil sehr vernünftigen Argumente gegen die Astrologie konnten nicht verhindern, daß nach einer Zeit der Mißachtung und auch Verfolgung aufs neue astrologische Forschungszentren entstanden, daß darüber hinaus stets neue Versuche unternommen werden, diese »uralte Sternenweisheit« neu zu bestätigen. Bis vor nicht allzulanger Zeit waren jedoch alle diese Bemühungen vollkommen erfolglos, zumal seitens der Astrologen selbst keine klaren Richtlinien erarbeitet werden konnten, mit deren Hilfe die Einwände des Karneades zu widerlegen gewesen wären. Das gilt insbesondere für das zweite und dritte Argument, nämlich für die Tatsache, daß zur selben Zeit und am selben Ort Geborene nicht das gleiche Schicksal, Menschen mit gleichem Schicksal nicht das gleiche Horoskop haben.

Bis vor wenigen Jahren mußte jeder Astrologe diese Tatsache hin-

Saturn und seine Kinder (niederländisch, um 1440).

nehmen; er mußte sich damit abfinden, daß man im Rahmen der an den Universitäten gelehrten Wissenschaften von der Astrologie nichts wissen wollte.

Es wird viel zuwenig beachtet, daß zwei grundlegende wissenschaftliche Erkenntnisse der Menschheit die Basis geschaffen haben, die Astrologie wissenschaftlich zu untermauern. Damit können auch die Argumente des Karneades mühelos entkräftet werden. Erstens weiß man durch die Entdeckung der genetischen In-

19

formation, daß das Schicksal des Menschen weitgehend durch das Keimplasma bestimmt wird und die kosmischen Einflüsse hier nur modulierend wirken, indem sie diese keimplasmatische Bestimmung verstärken, abschwächen oder sogar auslöschen können. Zweitens konnte durch die vielen Raketen, die man in den Weltraum geschossen hat, das Magnetfeld der Erde und zum Teil sogar der anderen Himmelskörper unseres Sonnensystems erforscht werden; mit Hilfe verschiedener Untersuchungen wurde bewiesen, daß Veränderungen der Magnetfelder das irdische Leben beeinflussen.

Emotionen

Wenn mit sinnvollen, logischen Argumenten die Astrologie immer wieder als Unsinn und wertloser Aberglaube abgetan wurde, so konnte dies aber niemals die Ursache für mehr oder weniger strenge Verbote und Verfolgung der Astrologen sein. Es waren viel schwerer wiegende Gründe, die zu einer Ablehnung der Astrologie geführt haben; Gründe, die auch heute noch durchaus berechtigt sind, wenn auch die meisten Menschen ihre negative Einstellung nicht immer verstandesmäßig erklären können.

Mit anderen Worten: Es stört die meisten Menschen nicht, daß die Sterndeuterei nach herkömmlichen Ansichten als finsterer Aberglaube gilt. Man lehnt sie auch nicht ab, weil sie an den Universitäten nicht gelehrt wird und so gut wie alle wissenschaftlich gebildeten Menschen in ihr lediglich einen »Beziehungswahn« erblicken. Nein, man ist gegen die Astrologie auf Grund eines gewissen Unbehagens, man empfindet die Tätigkeit der Astrologen als störenden Eingriff in das eigene Innenleben. Wenn man die Praktiken vieler Astrologen kennt, wenn man weiters die vielen historischen Beispiele in diese Überlegungen einbezieht, dann wird man wahrscheinlich die Empörung, die schroffe Ablehnung vieler verstehen können, wenn sie einmal mit der Astrologie in Berührung kamen.

Man stelle sich einen Menschen vor, der in seinem Berufsleben fleißig und tüchtig ist, der eine gewisse angesehene Position errungen hat und nun die Möglichkeit hätte, einen leitenden Posten mit großer Verantwortung zu übernehmen. Auch ein anderer, ein Konkurrent würde sich um diesen Posten bewerben. Nun käme man auf den gar nicht so ausgefallenen Gedanken, die Entscheidung einem Astrologen zu überlassen. Dieser würde auf Grund eines Horoskops erklären, der erste Bewerber wäre unehrlich, neige zu Ausschweifungen, wäre bereits todkrank und hätte nur noch sechs Monate zu leben. Solch ein Gutachten würde doch sicher schwer ins Gewicht fallen und unter Umständen eine objektive Entscheidung nicht mehr zulassen.

Dergleichen hat es wiederholt schon gegeben. Zur Zeit des Kaisers Augustus zum Beispiel trieben es die Sterndeuter besonders arg, indem sie immer wieder politische Prognosen stellten und vor allem davor nicht zurückscheuten, das baldige Ende dieses Regenten vorherzusagen. Entgegen allen Vorhersagen war dessen Regierungszeit durchaus friedlich, er erreichte das sechsundsiebzigste Lebensjahr und konnte damit die maßlosen Prophezeiungen ad absurdum führen. In vielen Fällen aber, die gleichfalls historisch belegt sind, wurde eine Todesprognose zur Ursache tiefster Verzweiflung und hatte tragische Folgen. Man wird wohl sagen können, daß ein an der Spitze eines Staates stehender Mann ein anderes Seelenleben haben muß als ein einfacher Staatsbürger, daß derjenige, der sich emporgearbeitet hat, ungleich robuster sein muß als ein Mensch, der nicht nach öffentlichen Ehren strebt. Augustus war sicherlich sehr widerstandsfähig und mit seelischen Abwehrkräften ausgestattet, die vielen Todesprognosen der Sterndeuter ärgerten ihn, sie führten aber zu keiner seelischen Zerrüttung.

Ganz anders verhielt es sich beispielsweise im Falle des italienischen Humanisten Pico della Mirandola, der in der zweiten Hälfte des fünfzehnten Jahrhunderts lebte. Ihm hatte ein persönlicher Gegner — ein Astrologe und Arzt (!) — vorhergesagt, daß er nicht älter als dreiunddreißig Jahre wird. Der junge Graf geriet durch diese Prognose in einen Zustand völliger nervlicher Zerrüttung und starb tatsächlich im zweiunddreißigsten Lebensjahr. Seit eh und je rühmen sich die Astrologen, erfolgreich den Tod prophezeit zu haben, und es ist verständlich genug, daß dergleichen Tätigkeiten als strafbare Handlung angesehen wurden. Denn immer schon hat man um das Schicksalhafte solcher Vorhersagen gewußt. Jeder Mensch ist in seinem Innersten anfällig für solche Vorhersagen, in jedem Lebewesen nistet die Todesfurcht. Und wenn man einem Menschen Schreckliches vorhersagt, wenn man ihm also Unglück, Krankheit oder gar den bestimmten Zeitpunkt seines sicheren Todes weissagt, dann werden damit seelische Sphären angesprochen, die jenseits aller Vernunft ins Schwingen geraten. Ein Mensch, der keine Hoffnung mehr hat, der das sichere Ende nahen fühlt, hat keinen Willen zum Leben mehr, ist nicht mehr widerstandsfähig. In den modernen Staaten wird schon deswegen die ärztliche Schweigepflicht gesetzlich geschützt; ein Vergehen gegen sie wird empfindlich bestraft, weil sich immer wieder beweisen ließ, daß der Mensch gewisse Wahrheiten nicht ertragen und das sichere Bewußtsein seines nahen Unterganges zu schrecklicher Verzweiflung führen kann.

Von diesem Standpunkt aus betrachtet, wird man also die Tätigkeit der Astrologen in vergangenen Zeiten und vielfach auch noch heutzutage als sehr verwerflich bezeichnen müssen. Denn sie haben ohne jede Rücksicht Prognosen gestellt, die erstens ohnedies nicht fundiert und oft nur willkürlich zusammengereimt waren, und wodurch zweitens die sogenannte Intimsphäre des Horoskopbesitzers verletzt wurde. Natürlich ist dieser Vorwurf dort nicht berechtigt, wo jemand einen Astrologen aufsuchte, diesen um ein Horoskop, um dessen Deutung bat und von vornherein bereit war, sich mit der jeweiligen Deutung auseinanderzusetzen. Wer einen Astrologen befragt, von ihm Lebensdauer und Todesart wissen will, lädt sich selbst eine seelische Hypothek auf, die er dann auch zu tragen hat. Hätten die Astrologen zu allen Zeiten nur solcherart gearbeitet, keinen Vorwurf dürfte man ihnen machen, selbst dann nicht, wenn man — so wie heute — exakt beweisen kann, daß aus einem Radixhoroskop Lebensdauer und Todesart gar nicht herausgelesen werden können.

Schlimm genug ist aber die Tatsache, daß im Rahmen der sogenannten politischen Astrologie, die oft und für lange Zeit im Leben der verschiedenen Völker eine immense Rolle spielte, mit solchen verwerflichen Prognosen sehr viel Unheil angerichtet wurde. Die Astrologen haben sich in düsteren Prognosen einander immer wieder übertroffen. Durch Vorhersagen, die sich mitunter auch bewahrheitet haben, gerieten ganze Völker in Panik. Erst in allerjüngster Zeit konnte man erleben, wie verhängnisvoll solch ein Aberglaube sein kann und wie viele Menschen sich einschüchtern ließen. Als am fünften Februar 1962 im Tierkreiszeichen Wassermann alle klassischen Planeten eine große Konjunktion bildeten, sagten indische Astrologen den Weltuntergang voraus. Erschreckt flohen Zehntausende in die Berge, wo sie einer angekündigten Sintflut entgehen wollten. Als es dann zu keiner wie immer gearteten Katastrophe kam, wurden etliche dieser Astrologen windelweich geprügelt. Wie wenig die astrologische Prognose taugt, konnte aber gerade an diesem Tag bewiesen werden. Denn infolge der gewaltigen Schwerkraftwirkung dieser Konjunktion von Himmelskörpern kam es zu einer Sturzflut im Bereich der Nordsee und zu einer Flutkatastrophe in Hamburg und Umgebung. Tausende Astrologen auf der ganzen Welt haben jahrelang dieses Himmelsereignis als sehr tragisch bezeichnet. Tausende Astrologen hatten Gelegenheit, ihre Deutungskunst unter Beweis zu stellen. In Indien flohen die Menschen umsonst in die Berge, in Hamburg kam es zur Überschwemmung.

Einem Menschen weismachen, daß die Sterne für ihn ungünstig stehen, daß er mit vielen Schwierigkeiten rechnen muß, daß er krank und eventuell sogar dieses oder jenes Jahr nicht überleben wird, ist immer dann, wenn es gegen den Willen des Betreffenden geschieht, unverantwortlich, genau besehen sogar eine kriminelle Handlung. Daß trotzdem bis zum heutigen Tag überall Astrologen, vor allem alte Damen, denen das Leben nicht die Erfüllung ihrer Erwartungen gebracht hat, mit einer erschreckenden Unbekümmertheit Todesprognosen stellen, ist verwerflich und rechtfertigt das Verlangen vieler, den ganzen astrologischen Unfug einfach zu verbieten. Zumal es doch seit Jahrhunderten schon feststeht, daß die astrologische Prognose auf denkbar schwachen Füßen steht, daß Vorhersagen aller Art oft nicht einmal im Rahmen

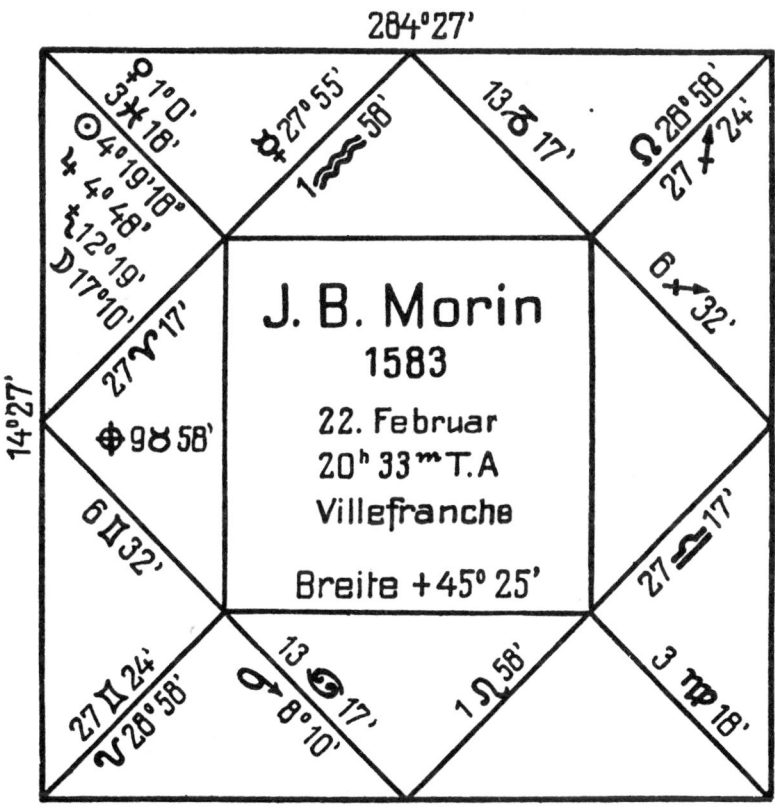

Jean Baptiste Morin de Villefranche (1583–1656), Arzt und Schöpfer der modernen Astrologie, hat durch Anwendung der politischen Astrologie den Aufstieg Frankreichs zur europäischen Großmacht begründet. Sein Horoskop nach alter Manier (sog. Kabbalistisches Horoskop).

einer Wahrscheinlichkeit eintreffen. Schon der große Astronom und Astrologe Tycho Brahe hatte, wie auch andere erfahrene und seriös arbeitende Astrologen, immer wieder beklagt, wie wenig zuverlässig astrologische Prognosen im allgemeinen und im besonderen sind. Daß von vielen exakt berechneten Vorhersagen kaum eine jemals eintritt. Unentwegt werden die wenigen tatsächlich zutreffenden Prophezeiungen an die große Glocke gehängt, die Unzahl der Fehlprognosen aber verschämt verschwiegen.

Der vielzitierte Leibarzt Karls IX., Michel de Notre-Dame (1503—1566), genannt Nostradamus, dessen wirre Vierzeiler auch heute noch die Gemüter erregen, hatte beispielsweise Katharina von Medici, die außergewöhnlich sterngläubig war, prophezeit, alle ihre vier Söhne würden einmal die Königskrone tragen. Da diese jungen Männer hintereinander starben, erfüllte sich diese Vorhersage prompt; sie wird daher als Bestätigung der Astrologie gewertet. Daß Nostradamus aber auch dem zwölfjährigen Rudolf von Habsburg zwei Ehen und einen Sohn vorhergesagt hat, der nach ihm Kaiser werde, ist so gut wie unbekannt. Rudolf wurde bekanntlich deutscher Kaiser, blieb aber unvermählt und hatte keine Kinder.

Viel zuwenig bekannt ist auch das Praktizieren mit falschen Horoskopen, das Erstellen von manipulierten Horoskopskizzen, um jemanden absichtlich ins Verderben zu stürzen. Bis zum heutigen Tag kann man beobachten, daß selbst Astrologen ihre eigene Geburtsstunde »frisieren«, um zu besseren Konstellationen zu kommen, daß aber andererseits die Horoskope mißliebiger Personen umgedeutet werden, um ihnen zu schaden. Wer die Praktiken jener Sterndeuter verfolgt, die aus rein geschäftlichen Interessen mit geradezu wahnwitzigen Prognosen für sich Reklame machen, wird um so eher verstehen können, warum die ganze Astrologie von vielen Menschen abgelehnt wird.

Es ist eine Herausforderung, wenn jemand von sich behauptet, er könne jedermann sein Sterbedatum vorhersagen. Daß leider sehr viele Astrologen, von gravierenden Minderwertigkeitsgefühlen gepeinigt, solcherart eine Position einnehmen wollen, die sie über alle Mitmenschen erhebt, ist vielleicht vom Standpunkt eines Psychiaters aus begreiflich. Wenn in der Vergangenheit, aber auch in der Gegenwart da und dort immer wieder Astrologen und vor allem Astrologinnen ohne jede Verantwortung die Intimsphäre ihrer Mitmenschen verletzt haben und immer noch verletzen, indem sie Katastrophen vorhersagen, indem sie also eines Menschen Seele schwer belasten, so mag dies die Hauptursache dafür sein, daß es die Horoskopastrologie so schwer hat, eine wissenschaftliche Anerkennung zu gewinnen. Denn würde man heute akzeptieren, daß die Astrologie einen mehr oder weniger großen Wahrheitsgehalt aufweist, dann würde man ja gleichzeitig diesen Personen, die in so frivoler Weise das Innenleben ihrer Mitmenschen verletzen, einen Freibrief ausstellen. Wozu ohne Frage noch die beklagenswerte Tatsache zu zählen ist, daß weitaus die meisten Astrologen nur ein Volksschulwissen besitzen und ihnen daher eine »wissenschaftliche Tätigkeit« kaum mit Recht bescheinigt werden kann.

Einwände gegen die Astrologie haben also zunächst einen rationalen Grund, da gewisse überlieferte Vorstellungen, etwa die Möglichkeit, eine Todesprognose zu stellen, einer logischen Überlegung nicht standhalten. Darüber hinaus aber gibt es gefühlsmäßige Einwände gegen das astrologische Tun verschiedener Personen, die sich vielleicht der Tragweite ihrer Eingriffe in fremdes Seelenleben nicht bewußt sind, mit Sicherheit aber mehr Schaden als Nutzen anrichten. Von dem verwerflichen Tun, die Astrologie als Waffe im politischen oder persönlichen Kampf zu verwenden, ganz zu schweigen.

Astrologie gegen den Zeitgeist?

Ein bekannter Astronom wurde vor nicht allzulanger Zeit gefragt, warum man mit allen zur Verfügung stehenden wissenschaftlichen Methoden nicht endlich den Wahrheitsgehalt der Astrologie überprüfe. Es könne doch in der Gegenwart mit Hilfe erfahrener Teams nicht schwierig sein, die astrologische Deutungskunst, die Praktiken der Astrologen wissenschaftlich zu untersuchen. Dann hätte man endlich Gewißheit, ob die Astrologen mit ihren allerdings oft recht divergenten Behauptungen recht haben oder nicht.

Die Antwort des namhaften Astronomen war überraschend. Er erklärte rundweg, daß man an eine solche Überprüfung der Astrologie schon deswegen nicht denke, weil etwas Positives herauskommen könnte. Es bestehe, so wurde unumwunden zugegeben, tatsächlich die Wahrscheinlichkeit, daß sich zumindest ein Teil der astrologischen Erfahrungswissenschaft als durchaus richtig erweisen könnte. Daran sei derzeit niemand interessiert; wer mit solchen Untersuchungen begänne, würde sofort allgemein geächtet werden. Und obendrein wäre eine Untersuchung nicht erwünscht.

Dies zu verstehen ist nicht ganz leicht. Wir haben dargelegt, daß es verschiedene Gründe für eine Ablehnung der Astrologie gibt, doch konnte gerade in letzter Zeit, wie später noch darzustellen sein wird, sehr viel an naturwissenschaftlichen Kenntnissen gewonnen werden, wodurch die Astrologie immer mehr bestätigt wurde. Die gefühlsmäßige Ablehnung der Astrologie ist kein stichhaltiger Grund, denn es ließe sich sicherlich eine Möglichkeit finden, das verantwortungslose Prophezeien zu unterbinden. Es muß also, überdenkt man die Situation der Astrologie, noch einen weiteren, einen schwerwiegenden Grund geben, warum man der Anerkennung der Astrologie aus dem Wege gehen will, warum nach wie vor keine wissenschaftliche Überprüfung in den Universitäten erfolgt. Der Grund dafür ist klar erkennbar, wenn man die Situation des Menschen in der Gegenwart objektiv analysiert. Es zeigt sich dann unmißverständlich, daß die Astrologie sozusagen dem »Zeitgeist« widerspricht, daß sie Forderungen erhebt, die den allgemeinen Tendenzen zuwiderlaufen. Die Astrologen selbst sind viel zu individuell orientiert, um etwa Statistiken auf breiter Basis zu erarbeiten, mit denen wissenschaftlich untermauerte Beweise erbracht werden könnten.

Man muß beachten, daß sich das menschliche Leben in den letzten zweihundert Jahren entscheidend gewandelt hat. Durch die technische Zivilisation konnte sich der Mensch erstens immer mehr von der rein körperlichen Arbeit befreien, er gewann Freizeit, die er für die Pflege seines Körpers und seiner geistigen Interessen aufwenden kann. Darüber hinaus vergrößerte sich von Jahrzehnt zu Jahrzehnt der Konsum von Gütern aller Art, weiters haben die modernen Verkehrsmittel den Lebensbereich eines jeden Menschen weitgehend erweitert. Man hat heute ungleich mehr Möglichkeiten, das Leben ist fraglos reichhaltiger, schöner und im wahrsten Sinn des Wortes lebenswerter geworden.

Doch nicht allein die Veränderungen durch die technische Zivilisation, die Umgestaltung des Lebens durch nicht mehr zu zählende Maschinen aller Art haben das Leben gewandelt. Gleichlaufend konnte sich die Menschheit seit der Mitte des vorigen Jahrhunderts von der dauernden Bedrohung durch die Infektionskrankheiten befreien, sie konnte dank der naturwissenschaftlichen Medizin den Würgegriff der Seuchen sprengen. Man macht sich heutzutage kaum einen Begriff von dieser einst allgegenwärtigen Bedrohung des Lebens, von dem permanenten Massensterben. Diphtherie und Scharlach, Typhus und Tuberkulose, Cholera und Pest, die so entsetzlichen Pocken, die Kinderlähmung, die Ruhr, weiters die Malaria und nicht zuletzt die Syphilis waren schuld an der geringen Lebenserwartung, die noch um die Jahrhundertwende etwas mehr als dreißig Jahre betrug. Von zwanzig geborenen Kindern erreichten nur vier das einundzwanzigste Lebensjahr.

Was die moderne naturwissenschaftliche Medizin geleistet hat, ist dem Gegenwartsmenschen kaum noch bewußt. Er kann ungefährdet in dichtbevölkerten Siedlungen leben; Reisen in fernste Länder sind ohne Risiko. Sollten Impfungen, hygienischer Schutz und andere Maßnahmen dennoch nichts nützen, sollte es zu einer Erkrankung kommen, dann stehen jedem Menschen in der technischen Zivilisation ausreichend Heilmittel zur Verfügung, die eine Heilung oft in wenigen Tagen herbeiführen.

Andere grandiose Fortschritte der Medizin haben die Entartungskrankheiten weitgehend ihrer Schrecken beraubt, kühne Operationsverfahren, wirkungsvollere Behandlungsweisen der Geisteskrankheiten sowie zahllose Untersuchungsmethoden ermöglichen es, ohne Angst vor einem grauenhaften Siechtum zu leben. Würde der moderne Mensch nicht weitgehend durch eine unvernünftige Lebensführung, durch zu reichhaltige Nahrung, ungenügende Bewegung, Genußmittelmißbrauch und falsche Einstellung zum Leben ständig sich selbst schädigen, ließe sich mit Sicherheit beweisen, daß noch niemals in der Geschichte der Menschheit deren Gesundheitszustand so ausgezeichnet war wie gerade in der Gegenwart.

Das Wohlergehen, die Befreiung von Angst, von schwerer Arbeit, von dauernder Lebensgefahr hat eine Reaktion hervorgerufen, die zwar verständlich, keinesfalls aber unbedingt als positiv gewertet werden muß. Immer weniger ist der Mensch der Gegenwart bereit, den Lebenskampf aus eigenen Kräften zu führen. Er fühlt sich — obwohl sich alle Lebensbedingungen zu seinen Gunsten geändert haben — unsicher und bedroht. Er fühlt sich überfordert und bedrückt, er hat das dumpfe Gefühl der Unzulänglichkeit und strebt nach immer mehr Sicherheit. Dies hat zur Folge, daß seit etwa neunzig Jahren die sozialen Bindungen immer dichter werden, daß der Mensch durch eine Vielzahl von Gesetzen einen immer größer werdenden sozialen Schutz genießt, seine persönliche Freiheit aber immer deutlicher eingeengt wird. Denn »soziale Sicherheit« geht auf Kosten der individuellen Freiheit.

Diese Wechselwirkung muß man in ihrer ganzen Bedeutung erkennen, will man verstehen, warum gerade die Astrologie offensichtlich dem Zeitgeist entgegenwirkt. Je mehr ein Mensch den Schutz der Allgemeinheit begehrt, je mehr er verlangt, daß jedes Lebensrisiko zu einem klagbaren Anspruch gegen den Staat, gegen die Allgemeinheit wird, um so stärker muß er seine Individualität aufgeben. Er begehrt den alles umfassenden sozialen Schutz: Staat und Gesellschaft müssen ihm vom ersten bis zum letzten Lebenstag volle Sicherheit gewähren. Dafür verzichtet der moderne Mensch, sein Leben aus eigenen Kräften zu gestalten.

Individualität ist heute nicht gefragt, jeder Mensch soll ein kleines Rädchen im großen sozialen Getriebe sein, das sich reibungslos dreht.

Unmißverständlich ausgedrückt: Warum soll man durch Sparen, durch eigene Maßnahmen versuchen, für alle Eventualitäten des Lebens vorzusorgen? Warum soll man den harten Lebenskampf im freien und rücksichtslosen Wettbewerb führen, wenn durch geeignete staatliche Maßnahmen jedermann auf einen sicheren Lebensweg gestellt werden kann? Warum ein eigenes Haus bauen, wenn der Staat den Wohnungsbau übernimmt? Warum sich Gedanken über die Berufsausbildung der Kinder machen, wenn die Allgemeinheit die Verantwortung für alles übernehmen kann? Viele andere Tatsachen ließen sich anführen. Sie alle beweisen, daß eine komplette soziale Sicherheit mit Gewißheit ein angenehmes Leben garantiert, ihre Existenz aber nur durch Aufgabe der persönlichen Freiheit, der vollen Individualität möglich ist.

Die Astrologie aber gibt dem Menschen die Möglichkeit, eigene, individuelle Kräfte zu entwickeln. Die moderne Horoskopie, losgelöst von abergläubischen und falschen Vorstellungen, ist in erster Linie eine angewandte Charakterkunde, ein Behelf, um die eigenen Charakteranlagen richtig zur Entfaltung zu bringen und damit den Lebenskampf erfolgreich zu bewältigen. Während also alle modernen Tendenzen dahin zielen, dem Menschen die Eigenverantwortung zu nehmen und ihn einzubauen in den großen kollektiven Schutz, wo eigenes Denken, eigenes Verantworten, eigenes Handeln nicht notwendig sind, wo man lediglich zum Mitdenken, Mitverantworten und Mithandeln erzogen wird, läßt sich die Horoskopastrologie für das genaue Gegenteil anwenden.

Der CHARAKTER eines Menschen ist die Summe aller seiner Verhaltensweisen, seiner Reaktionen auf die Umwelt, die Eigenart seiner personellen Struktur. Der Charakter wird erst im Laufe des Lebens erworben, in steter Auseinandersetzung mit den Personen und Ereignissen der Umwelt. Dabei spielen auch die Charakteranlagen eine Rolle, die vor allem durch die Erziehung gefördert oder unterdrückt werden können. Die Horoskopastrologie vermag dem Menschen die Struktur seiner Anlagen verständlich zu machen, und darin muß man in der heutigen Zeit wissenschaftliche, das heißt in diesem Fall biologisch begründbare Möglichkeiten sehen.

Man stelle sich einen Gutsbesitzer vor, der über ein eigenes Gestüt verfügt und der seine Pferde sehr gut kennt. Er wird für die jeweilige Gelegenheit immer jenes Pferd wählen, das für die zu bewältigende Aufgabe am besten geeignet ist. Er wird weiters nur solche Pferde anschaffen und großziehen, die ihm in irgendeiner Weise von Nutzen sind. Ebenso verhält es sich mit dem Horoskop und mit dem Wissen um die einzelnen Horoskopelemente. Ein Mensch, der sein eigenes Horoskop kennt, wird durchaus in der Lage sein, seine guten Anlagen entsprechend zur Geltung zu bringen, Negatives auszumerzen und bei den verschiedenen Gelegenheiten die richtigen Kräfte einzusetzen.

Selbsterkenntnis ist aber der wichtigste Schritt zum Aufbau einer eigenen Persönlichkeit, zur vorteilhaften Charakterentwicklung. Wenn die Horoskopie die Möglichkeit gibt, die eigenen Charakteranlagen besser zu verstehen, dann hilft sie mit, die Individualität zu »stärken«.

Kein Wunder daher, daß überall dort, wo die kollektiven Bestrebungen besonders mächtig sind, wo die Sozialisierungstendenzen jede Individualität nivellieren, die Astrologie verpönt, stark behindert oder gar verboten ist. Das ist in nahezu allen kommunistischen Ländern der Fall, wo die Sterndeuterei mit den Grundlagen des orthodoxen Marxismus unvereinbar ist. Aber auch alle Vertreter von jenen Parteien, die mehr oder weniger deutlich die kollektive Sicherheit fördern, sind in der Regel gegen die Astrologie eingestellt. Sie gestatten ohne weiteres die Sonnenstandsastrologie, weil diese als harmlose Spielerei zu werten ist, und bringen damit die ganze Astrologie in Mißkredit. Die Horoskopastrologie aber, jede Form von wissenschaftlichen Bestrebungen in dieser Hinsicht, unterliegt zumindest einer argen Mißachtung. Wer sich mit der Horoskopastrologie abgibt, kann unter Umständen in vieler Hinsicht mit Behinderungen rechnen.

Aber man muß gar nicht das Politische so sehr in den Vordergrund stellen. Es genügt, auf die allgemeine Tendenz hinzuweisen, jede Form von persönlicher Verantwortung abzuschieben und damit auch für das eigene Tun nicht verantwortlich zu sein. Wenn die Horoskopastrologie lehrt, man könne mit Hilfe der verschiedenen Horoskopelemente besser sein eigenes Tun kontrollieren, man könne die eigene Charakterstruktur verbessern und man würde damit mehr verantwortlich sein für das eigene Leben, dann ist das genau das Gegenteil von dem, was die meisten Menschen wollen. Wer strebt heute schon nach Selbsterkenntnis, wer will Verantwortung tragen, wer hat ein Interesse daran, sich mit sich selbst zu beschäftigen? Ist nicht die Oberflächlichkeit Trumpf, die Flucht vor sich selbst, fürchten sich nicht die meisten Menschen vor dem Alleinsein, weil sie dann mit sich selbst konfrontiert sind und unter Umständen einmal über die eigene Existenz nachdenken müßten?

Kein Wunder also, daß nirgendwo Absichten erkennbar sind, die Astrologie in ihrer Gesamtheit zu überprüfen, sie einmal exakt und methodisch einzuordnen in das System der Wissenschaften und ihren Wahrheitsgehalt zu untersuchen. Damit würde man ja indirekt gegen den Zeitgeist Stellung nehmen, gegen alle Bestrebungen, das menschliche Leben so bequem wie möglich zu gestalten, weil man wenig oder gar keine Verantwortung zu tragen hat.

Faktor X

Wer auch immer darangeht, den Wahrheitsgehalt der Astrologie zu prüfen, wird sehr bald vor einem Problem stehen, das ihm vorher sicherlich nicht als so bedeutsam erschienen ist. Er kommt sehr bald mit Fragen in Berührung, die immer schon die Menschheit beschäftigt haben und weit über den Rahmen der Astrologie hinausgehen.

Es gibt nämlich, und das wird kaum zu bestreiten sein, immer wieder ganz exakte Vorhersagen. Es hat sie seit eh und je gegeben. Zu allen Zeiten haben Menschen Vergangenes, Gegenwärtiges und auch Zukünftiges sehr genau zu schildern gewußt, unabhängig von Raum und Zeit. Das heißt, es gab immer schon Männer und Frauen — und es gibt sie heute und wird sie immer geben —, die imstande waren, Aussagen über Personen und Ereignisse zu machen, die sie nicht kannten. Verblüffend sind solche Aussagen immer dann, wenn sie zukünftige Ereignisse betreffen und diese dann prompt eintreffen. Verschiedene Untersuchungen haben ergeben, daß solche Aussagen jenseits der Wahrscheinlichkeit liegen, daß es sich also um ein Wissen handeln muß, das in den parapsychologischen Instituten — zum Beispiel in Freiburg im Breisgau, im Institut zur Erforschung der Telepathie (in der Sowjetunion »Bioinformation« genannt) in Leningrad usw. — mit den üblichen Methoden zunächst nicht gedeutet werden kann.

Wir nennen der Einfachheit halber zunächst all das, was an Vorhersagen, aber auch an Aussagen über gegenwärtige oder vergangene Personen und Ereignisse vorliegt, schlicht und einfach Wahrsagerei. Dieser Ausdruck ist als Begriff durchaus klar umrissen. Gleichgültig, ob es sich um das »Lesen« aus dem Kaffee-satz, um die Anwendung eines Pendels, um einen Blick in eine geheimnisumwitterte Glaskugel, um das Beschauen von Ein-geweiden, um simples Kartenaufschlagen oder aber um Stern-deuterei handelt, immer läßt sich der gleiche Vorgang erkennen. Eine Person, die offenbar der Wahrsagerei fähig ist, wird um Rat, Hilfe oder Auskunft gebeten, wird um irgendwelche ver-gangene, gegenwärtige oder zukünftige Angelegenheiten befragt und vermag — einmal besser, einmal schlechter, mitunter auch gar nicht — bestimmte Antworten zu geben. Wohl jeder Mensch hat im Laufe seines Lebens irgendwann dergleichen Wahrsagerei erlebt und sehr oft verblüfft feststellen müssen, daß die Aussagen durchaus zutreffend waren. Wohl unterliegen viele Menschen hier subjektiven Einflüssen; sie sind sozusagen von vornherein eher bereit, die Aussagen der Wahrsager anzuerkennen — schließlich wollen sie etwas hören und *wollen* einen Rat —, und oft wird nur das Richtige im Gedächtnis behalten, das Falsche aber bald ver-gessen. Die Tatsache jedoch bleibt bestehen, daß sehr viele Wahr-sager, auch unter der kritischen und leidenschaftslosen Kontrolle von Wissenschaftlern aller Art, großartige Leistungen vollbracht haben und immer wieder vollbringen. Die Geschichte selbst bietet genügend Beispiele, wie durch Wahrsagerei der Ablauf von Ge-schehnissen beeinflußt wurde; mancher Wahrsager erlangte hohen Ruhm, weil er viele exakte und aufsehenerregende Vorhersagen liefern konnte.

Versucht man aber genau zu erfassen, wie denn solche Wahr-sagereien zustande kamen, studiert man die Berichte über die Aussagen bekannter historischer Wahrsager, stellt man Experi-mente mit gegenwärtigen Wahrsagern an, dann findet man nur selten verständliche Zusammenhänge zwischen den verschiede-nen Aussagen und den verwendeten Hilfsmitteln. Anders aus-gedrückt: Man kann zum Beispiel erleben, daß eine alte Frau aus dem Kaffeesatz ganz präzise Angaben über eine Person machen kann, von der sie noch nie etwas gehört hat, die sie überhaupt nicht kennt. Doch wenn ein anderer versuchen würde, aus demselben Kaffeesatz etwas herauszulesen, würde ihm das sicherlich nicht gelingen. Andere wiederum schlagen einmal die Karten auf und liefern sofort einwandfreie Charakterbeschreibungen oder Vorhersagen, die eintreffen. Von den Praktiken jener, die mit Glaskugeln arbeiten, ganz zu schweigen, denn hier gibt es ja viele erstaunliche Berichte in Illustrierten und in der Fachliteratur.

Das gleiche, was mit den diversen Utensilien von den verschiedenen Wahrsagern erreicht wird, vermögen offensichtlich auch manche Astrologen. Sie können aus einem Horoskop die schier unglaublichsten Dinge herauslesen und sind im wahrsten Sinn des Wortes Künstler der Deutung. Erstaunlich ist in diesen Fällen aber immer die Tatsache, daß andere erfahrene Astrologen solche Aussagen nicht machen können, daß ihnen dasselbe Horoskop keine derartigen Auskünfte gibt. Damit kommen wir zu der wichtigen Frage: Warum kann der eine so gut wahrsagen, warum kann es der andere nicht? Warum genügen dem einen für seine Vorhersagen ein paar Spielkarten, ein anderer aber kann nach vielen stundenlangen Horoskoprechnungen im selben Fall nur wenig aussagen? Ist die Wahrsagerei erlernbar, sind hier spezielle Begabungen notwendig? Kann man das Kartenaufschlagen, das Pendeln, das Schauen in eine Glaskugel, das Deuten von Horoskopen erlernen?

Die Astrologen mögen mir verzeihen, wenn ich all diese Tätigkeiten sozusagen in einen Topf werfe. Nichts sei an dieser Stelle gegen die Kunst des Horoskopdeutens gesagt, es sei lediglich vermerkt, daß mit Hilfe eines Horoskops mitunter auch reine Wahrsagerei betrieben wird. Und daß nicht immer klar zu trennen ist, ob jemand, der mit seinen Vorhersagen ein verblüffendes Maß von Treffern erzielt, dieses lediglich durch die überlieferte astrologische Deutungskunst zuwege bringt oder ob

— und da wird man einen neuen Begriff einführen müssen —
andere Fähigkeiten vorhanden sind.

»Es gibt mehr Dinge zwischen Himmel und Erde, als sich unsere
Schulweisheit träumen läßt«, heißt es in Shakespeares Hamlet.
Und wenn auch die immer wieder zu Unrecht gern geschmähte
Schulweisheit gerade auf diesem Gebiet ein gewisses Zögern
erkennen läßt, so hat sich längst eine eigene Wissenschaft, nämlich
die Parapsychologie, dieser Phänomene angenommen und hat
auch den Nachweis erbringen können, daß diese Wahrsagerei
zum größten Teil rein telepathischen Fähigkeiten zuzuschreiben
ist. Die Telepathie hat längst eine allgemein wissenschaftliche
Anerkennung gefunden, ihre Existenz wird heute von keiner
Wissenschaft mehr bestritten. Überall auf der Welt gibt es
parapsychologische Institute, die sich speziell mit diesen Phänomenen beschäftigen, viele Experimente haben das Vorhandensein
telepathischer Fähigkeiten bei gewissen Menschen bestätigt.

Manche Männer und Frauen sind in der Lage, die Gedanken
ihrer Mitmenschen sozusagen »anzuzapfen«, sie können bereits
Gedachtes ebenso erfassen wie das gegenwärtige Denken und
darüber hinaus — unglaublich, dies zu sagen — auch zukünftiges
Denken. Wie dergleichen Fähigkeiten überhaupt möglich sind,
wie sie zustande kommen, wie es zu diesen Übertragungsmecha-
nismen kommt, wo dieser Prozeß sich abspielt, in welchen Abschnitten des Gehirns, ist derzeit noch immer rätselhaft. Vor
allem ist es sehr unheimlich, daß die Telepathie tatsächlich unabhängig ist von Raum und Zeit. Man erinnere sich der nicht
lange zurückliegenden Versuche, die bei einer Raumfahrt zum
Mond unternommen wurden. Ohne sonderliche Schwierigkeiten
konnte ein telepathisches Medium hier auf der Erde Gedanken
aufnehmen, die ein Astronaut auf der Mondoberfläche gedacht
hatte.

Merkwürdigerweise ist sich derjenige, der telepathische Fähigkeiten besitzt, dieser Tatsache oft nicht bewußt. Dies ist um so

eher verständlich, als die Telepathie nicht an irgendeinen Bildungsgrad, an Intelligenz, Erfahrungswissen, Lebensalter und Geschlecht gebunden ist. Ein noch nicht schulpflichtiges Kind kann genauso verblüffende Aussagen machen wie ein Landwirt, der aus irgendeinem Grund noch ein Analphabet ist. Wie oft haben im Laufe der Geschichte Menschen mit faszinierenden telepathischen Fähigkeiten Wahrsagerei betrieben und waren gleichzeitig vollkommen ungebildet.

Telepathische Fähigkeiten kann man experimentell nachweisen. Ein einfacher Versuch wird mit Spielkarten durchgeführt und dauert nicht sehr lange. Eine Versuchsperson wird in einen kleinen Raum gesetzt, wo keinerlei Möglichkeit gegeben ist, mit dem Leiter des Experiments in optische oder akustische Verbindung zu treten. Im Nebenraum schlägt nun der Experimentator aus einem Paket Spielkarten, etwa einem Kartenspiel von zweiunddreißig Karten, eine Karte auf, nun wird die Versuchsperson gebeten, die Karte zu bestimmen. Die Wahrscheinlichkeit, die richtige Karte zu erraten, beträgt 1:32. Wenn nach einer genügend langen Zeit von vielen Karten nur ein paar — und diese im Rahmen der Wahrscheinlichkeit — erraten wurden, dann liegt keine wie immer geartete telepathische Fähigkeit vor.

Es gibt jedoch Menschen, die seltsamerweise immer wieder die richtige Karte »erraten«. Unter dreißig oder hundert aufgeschlagenen Karten gleich Dutzende. Wenn man diese Experimente immer wieder durchführt, auch unter anderen Bedingungen, dann kann man in dem einen oder anderen Fall nachweisen, daß telepathische Kräfte vorhanden sein müssen. Diese lassen sich — auch das ist längst bekannt — durch geeignete Maßnahmen schulen, verstärken und weiter ausbauen.

Doch sind diese telepathischen Fähigkeiten denjenigen, die sie besitzen, wie schon erwähnt, nicht nur nicht bewußt, sie glauben allen Ernstes an die Hilfsmittel, die sie bei ihrer Wahrsagerei verwenden. Da gibt es Frauen, die tatsächlich in einer Glaskugel etwas zu sehen vermeinen, da glaubt jemand, in einem Kaffeesatz künftige Ereignisse zu schauen, und es gibt auch Astrologen, die felsenfest überzeugt sind, daß all das, was sie ihren Klienten sagen, Gegenwärtiges, Vergangenes oder auch Zukünftiges, in einem Horoskop verankert ist. Ohne jede Schwierigkeit können manche Astrologen von einer ihnen unbekannten Person den Familienstand, die Haar- und Augenfarbe, die Zahl der Kinder, den Beruf und viele andere Gegebenheiten aus Horoskopskizzen herauslesen, sie können aber auch die meist verlangten Auskünfte über bestimmte Partnerschaftsbeziehungen in allen Details geben.

Diese Feststellungen mögen als Abgrenzung dienen, als Trennungsmauer gegen alle Wahrsager auf der Welt, die zu allen Zeiten ein gut zahlendes und leichtgläubiges Publikum gefunden haben. Ihre Praktik sei weder positiv noch negativ bewertet, sie soll nur klar und deutlich von der rein astrologischen Deutungskunst getrennt werden. Natürlich muß man von jedem Astrologen verlangen können, daß er ein gewisses Einfühlungsvermögen besitzt. Seine Deutungskunst muß aber nach jenen Regeln erfolgen, die auch für andere unter gleichen Umständen anwendbar sind. Sollte irgendjemand den Faktor »X« besitzen, sollte er auf Grund seiner telepathischen Fähigkeiten zu »verblüffenden« Aussagen kommen, dann seien ihm Ruhm und Ehre gegönnt. Aber nicht als Astrologe, sondern als telepathischer Wahrsager!

Untersuchungen über den Wert oder Unwert astrologischer Aussagen müssen daher immer der Tatsache Rechnung tragen, daß unter Umständen auch telepathische Kräfte im Spiel sein können. Dies mag mit ein Grund dafür sein, daß es bisher noch immer nicht gelungen ist, grundlegende statistische Untersuchungen über astrologische Praktiken durchzuführen. Denn so imposant mitunter Vorhersagen sein können, so treffend auch immer gewisse Astrologen ihre Deutungen vornehmen, letztlich sind sie vom rein wissenschaftlichen Standpunkt aus gesehen wertlos, wenn sie telepathischen Fähigkeiten zuzuschreiben sind.

Es mag ein gewisses Grauen, zumindest aber eine in tiefster Seele empfundene Ablehnung solcher Voraussagen berechtigt sein. Denn ist es wirklich immer erfreulich, immer erwünscht, immer vorteilhaft, wenn jemand in der Lage ist, die Zukunft präzise vorherzusagen? Wo doch die allgemeine Lebenserfahrung lehrt, daß Vorhersagen meist unheilvoll sind. Es mag nachdenklich stimmen, daß Wahrsager meist nur Ungünstiges vorhersehen...

Die Schicksalsfrage

Wer das vielschichtige Problem Astrologie völlig unvoreingenommen betrachtet, wird selbst dann, wenn er sich gründlich mit ihrer Literatur und vor allem mit ihrer Geschichte beschäftigt hat, verwundert feststellen, daß es eigentlich nur eine einzige Frage gibt, die wirklich von Bedeutung ist. Eine Frage, die vor zweitausend Jahren genauso aktuell war wie in der heutigen Zeit, die niemals anders gestellt wurde und von der die gesamte Bewertung der Astrologie abhängig ist. Ob man am Firmament Gestirngötter sieht, wie dies im Altertum der Fall war, ob man die Planeten als erkennbaren Willen Gottes betrachtet oder lediglich ihre astronomisch-physikalische Existenz zur Kenntnis nimmt, ob man die Astrologie als Religion, als Naturphilosophie, als esoterische Geheimlehre oder als Beziehungswahn ansieht, die Frage ist in allen Fällen gleich bedeutsam. Sie ist der Mittelpunkt, der Ausgangspunkt für jede weitere Diskussion über den Problemkreis Astrologie, von ihrer präzisen Beantwortung hängt alles ab. In dieser Frage ist alles konzentriert, was die Astrologie betrifft.

Was läßt sich aus einem Geburtshoroskop eines Menschen herauslesen?

Wohlgemerkt, es geht nicht darum, irgendwelche Untersuchungen darüber anzustellen, ob kosmische Verhältnisse überhaupt einen Einfluß auf das irdische Leben haben. Denn diese Frage dürfte längst durch die Biologie positiv beantwortet sein, jede Naturbeobachtung läßt eine Vielfalt solcher Einflüsse erkennen. Selbst der erbittertste Feind der Astrologie wird zugeben müssen, daß zum Beispiel der Mond Ebbe und Flut hervorruft, daß allerlei rhythmische Schwankungen in der belebten Natur nachweisbar sind, daß schließlich die Sonne durch ihre sich stets ändernde Bahn am Himmel die Jahreszeiten bedingt und daß Schwankungen der erdmagnetischen Felder verschiedene, sehr deutliche Reaktionen zeigen. Wenn also die belebte Natur ohne Frage durch kosmische Einflüsse Veränderungen erfährt, so wird auch der Mensch keine Ausnahme bilden. Die Monatszyklen der Frau, genau dem Mondumlauf folgend, sind nicht der einzige Beweis für die Verbundenheit des Menschen mit dem Kosmos. Bei bestimmten kosmischen Gegebenheiten steigt die Anfälligkeit für Unfälle, werden mehr Menschen in Irrenanstalten eingeliefert, ändert sich das Wetter, lassen sich komplexe Wirkungen auf das vegetative Nervensystem des Menschen feststellen. Die Frage, ob der Kosmos überhaupt einen Einfluß ausübt, braucht hier nicht erörtert zu werden. Hier sprechen die leicht erkennbaren Fakten. Was aber das Geburtshoroskop eines Menschen betrifft, so wird man darin den Ausgangspunkt für die Gesamtbewertung der Astrologie erblicken müssen. Es gibt, nüchtern gesehen, nur drei Ansichten:

1. Aus dem Radixhoroskop eines Menschen läßt sich dessen gesamtes Schicksal herauslesen, sein Charakter, der Aufbau der Persönlichkeit, der Lebensweg, die Partnerschaften, die Zahl der Kinder, das Lebensalter inklusive der Tag des Todes, sämtliche Störungen der Gesundheit, also auch alle Krankheiten, das Siechtum, die finanzielle Situation während des Lebens, Ehre und Ruhm genauso wie Konflikte mit dem Gesetz, schließlich auch die Art des Todes, das im Laufe des Lebens erworbene Vermögen und nicht zuletzt all das, was einer seinen Erben hinterläßt. Wer aus irgendeinem Grund der Meinung ist, daß man dies alles aus dem Geburtshoroskop herauslesen kann, wird wahrscheinlich bedingungslos einem

astrologischen Fatalismus huldigen. Er wird der Meinung sein, in den Sternen sei alles verankert, es lohne sich nicht irgendwelche Anstrengungen zu unternehmen, weil das Schicksal selbst nicht geändert werden könne. Schon vor zweitausend Jahren hat es immer wieder Menschen gegeben, die diesem Fatalismus blind ergeben waren, und bis zum heutigen Tag gibt es noch immer Astrologen, die im Geburtshoroskop all dies festgelegt sehen. Nach wie vor findet man in vielen astrologischen Publikationen die Behauptung, daß im Geburtshoroskop alles enthalten sei. Die astrologische Deutungskunst beschränkt sich dabei lediglich darauf, durch verschiedene Rechenoperationen alle Ereignisse genau zu bestimmen. Zu diesem Zweck werden verschiedene, zum Teil ausgesprochen unsinnige Methoden angewandt. Vertreter dieser Art von Astrologie huldigen stets einem astralen Determinismus und sind obendrein sehr oft aggressiv, intolerant und meist auch psychisch etwas verändert. Man findet oft deutliche Zeichen von pathologischen Größenwahnideen bei jenen Sterndeutern, die von sich behaupten, das Schicksal eines jeden Menschen genau vorausberechnen zu können. Wohl verständlich, daß dieser astrale Fatalismus die Frage der Willensfreiheit überhaupt negiert, daß er in logischer Folge von einer Schicksalsmechanik spricht. Für viele Menschen liegt es außerhalb ihrer Vorstellungskraft, daß in jenen kurzen Augenblicken der Geburt der ganze Lebensweg fixiert wird. Käme man etwas früher zur Welt, würde das Schicksal anders verlaufen, ebenso wenn sich aus irgendeinem Grund die Geburt verzögert hätte. Daß es auch in der heutigen Zeit noch immer Astrologen und mit ihnen Millionen Menschen gibt, die alle Erkenntnisse der Physik, Biologie und auch Philosophie nicht zur Kenntnis genommen haben und diesen sinnlosen Fatalismus vertreten, ist ein betrübliches Phänomen.

2. Das andere Extrem ist das Leugnen jeglicher kosmischer Einflüsse, womit also auch das Geburtshoroskop als vollkommen

wertlose Spielerei deklariert wird. Man erklärt, daß aus einer solchen Himmelsskizze nichts erkannt, daß aus einem Kosmogramm der Geburt nichts herausgelesen werden kann. Den Vertretern dieser Richtung muß allerdings der Vorwurf gemacht werden, daß sie die Astrologie in Bausch und Bogen ablehnen, ohne überhaupt irgend etwas davon zu verstehen. Der berühmte Schweizer Astrologe Dr. Fankhauser hat einmal die Forderung erhoben, wonach nur derjenige über die Astrologie urteilen dürfe, der in der Lage ist, innerhalb weniger Minuten ein genaues Horoskop zu zeichnen und dieses auch in seinen Grundzügen zu bewerten. Wer diesen Nachweis nicht erbringen könne, dürfe sich keinerlei Aussage über die Astrologie erlauben.

Mit einigem Recht wollen wir uns dieser Forderung anschließen. Warum sollte es jemandem erlaubt sein, die Astrologie abzulehnen und sie in das Gebiet des Beziehungswahns zu verweisen, wenn er keine Ahnung von der Erstellung eines Horoskops hat?

3. »Die Sterne zwingen nicht, sie machen nur geneigt.« Das ist die dritte, reichlich unklare Behauptung. Sie wird von den meisten Astrologen vorgebracht und soll zum Ausdruck bringen, daß der Mensch zwar über einen freien Willen verfügt, sicher auch Herr des eigenen Schicksals ist, die kosmischen Einflüsse sich aber doch über einen mehr oder weniger großen Wirkungskreis erstrecken. Freilich, wie man das alles erklären soll, wie vor allem der eine Mensch deutlicher, der andere wiederum kaum astralen Einwirkungen unterliegt, das kann durch diese Maxime nicht erläutert werden. Man nimmt von jeher an, daß die Sterne in einem Horoskop wirksam sind, daß sie das Leben in einer ganz bestimmten Weise beeinflussen; das Horoskop ließe demnach gewisse Charaktereigenschaften erkennen, weiters ist es möglich, die eine oder andere Neigung herauszulesen, und wer sein Horoskop gut kennt,

wer über die einzelnen Faktoren gut Bescheid weiß, der wird sich auch alles so einrichten können, daß ihm das Horoskop eine Art Lebensführer sein kann. Womit der zweite, ebenfalls gern verwendete Ausspruch verständlich wird: »Der Weise regiert seine Sterne.«

Diese drei Ansichten zeigen den Spielraum astrologischen Tuns, und es ist einigermaßen begreiflich, daß der blinde astrale Fatalismus immer wieder in Konflikt mit den einzelnen Religionen kommen mußte. Das Judentum hatte immer schon gegen die Kunst der Chaldäer, gegen jede Art von Sterndeuterei Stellung genommen und jeden Sternenglauben heftigst bekämpft. Für das Christentum war es vor allem der heilige Antonius, der »durch die Gnade Gottes die trügerischen Prophezeiungen der Sterndeuter und deren gottlose Albernheiten erkannt und verworfen« hat. Unter den Arabern, die in einem gewissen Sinn die Astronomie und Astrologie sehr gefördert und weiterentwickelt hatten, ragt besonders der Philosoph, Naturforscher und Arzt Abu 'Ali al Hoseim Ibn Sina, genannt Avicenna, hervor, der alle Astrologen als Schurken bezeichnete und mit den Worten des Korans, wonach nur Gott die Zukunft kenne, die Astrologie verwarf.

Sehr eingehend beschäftigte sich Thomas von Aquino mit der Astrologie und kam zu dem Ergebnis, daß die Bewegungen der Himmelskörper die Ursachen der Veränderungen irdischer Dinge sind, weswegen es verdienstvoll sei, mit Hilfe der Vernunft aus dem Vergangenen und Gegenwärtigen die Zukunft vorauszusagen. Es sei aber in jeder Hinsicht unmöglich, Vorhersagen über Ereignisse zu treffen, die ohne jede Absicht und gänzlich zufällig eintreten und die vom freien Willen des Menschen abhängig sind. Womit eindeutig gegen den blinden Fatalismus Stellung genommen wird. Noch deutlicher wies der englische Franziskanermönch Roger Bacon (1214—1294) nach, daß immer nur Laienastrologen und üble Geschäftsastrologen den Fatalismus predigten, alle wissenschaftlich arbeitenden Astrologen aber immer den Schicksalszwang der Sterne leugneten. Ebenso prangerte auch der große dänische Astronom Tycho Brahe (1546—1601), der sich voll und ganz zur Astrologie bekannte, die üblen Geschäftspraktiken der damaligen Astrologen, die ebenfalls Anhänger des astralen Fatalismus waren, immer wieder heftigst an.

Verfolgt man die vielen Publikationen für und wider die Astrologie in den letzten zweitausend Jahren, wird man unschwer erkennen, daß auf der einen Seite immer einem blinden Sternenglauben gehuldigt wurde und weitaus der größte Teil aller Astrologen astrale Fatalisten waren, die im Geburtshoroskop das ganze menschliche Schicksal zu sehen glaubten. Auf der anderen Seite haben sich immer wieder große Denker der Menschheit mit der Astrologie beschäftigt, haben allerdings so gut wie immer erfolglos versucht, die Frage nach dem tatsächlichen Einfluß der Gestirne zu klären. Interessant ist die Feststellung, daß sich in diesen zweitausend Jahren das Weltbild der Astrologie wiederholt vollkommen gewandelt hat, daß diese Veränderungen aber eine viel geringere Rolle gespielt haben als die so brennende Frage, wie weit der Einfluß der Gestirne überhaupt geht und inwieweit der Mensch von den Bewegungen der Sterne abhängig ist.

Vom heutigen Standpunkt aus gesehen, konnte diese Schicksalsfrage der Astrologie in den vergangenen Jahrhunderten gar nicht geklärt werden, weil alle dafür notwendigen naturwissenschaftlichen Erkenntnisse fehlten. Weder mit philosophischen noch mit religiösen Überlegungen läßt sich die Frage beantworten, ob die Sterne unser Schicksal bestimmen oder nicht. Bis vor rund dreißig Jahren war die Situation unverändert gleich, niemand hätte die Frage nach der Wertigkeit eines Geburtshoroskops befriedigend beantworten können, nach wie vor wäre eine Art Sternengläubigkeit die Basis der Astrologie geblieben.

Es verdient festgehalten zu werden, daß die entscheidende Klärung und damit eine vollkommen neue Bewertung der gesamten Astrologie nicht durch Arbeiten, nicht durch die Forschung der Astrologen herbeigeführt wurde. Was in den letzten drei Jahrzehnten von Biologen, Physikern, Physiologen und auch Ärzten erarbeitet wurde, geschah gewiß nicht, um die uralte Astrologie auf eine Art wissenschaftliche Basis zu stellen. Aber es ist doch seltsam genug, daß sich so viele der neuesten Erkenntnisse mühelos für die Astrologie verwerten lassen und damit auch die jahrtausendealte Schicksalsfrage mit einemmal beantwortet werden kann.

Zwei Grundbegriffe

Im Jahre 1943 entdeckten die amerikanischen Forscher Avery, MacLeod und McCarty eine chemische Substanz, die offenbar in irgendeiner Weise im Rahmen der Vererbung von Bedeutung schien. Bei Versuchen mit bestimmten Bakterienarten ließ sich diese chemische Verbindung als Faktor einer speziellen Eigenschaft nachweisen; viele Versuche ähnlicher Art bestätigten immer wieder die Bedeutung dieser Substanzen. Man konnte sie nach einiger Zeit einwandfrei identifizieren. Es handelte sich um die Desoxyribonucleinsäure und vier andere Verbindungen. Mit einem gewissen Staunen konnte man erkennen, daß diese chemischen Stoffe offenbar überall vorkommen.

Die Welt hatte damals andere Sorgen, der Zweite Weltkrieg war noch nicht beendet, die Entscheidung bahnte sich an, überall auf der Erde bestimmte der Krieg das Denken der Menschen. Für die Erforschung einer chemischen Verbindung mit dem so komplizierten Namen, also für den ganzen Mechanismus der Desoxyribonucleinsäure, hatte man weder Zeit noch Fachleute. Man war sich auch der Bedeutung dieser Experimente nicht bewußt, man ahnte damals nicht im entferntesten, daß mit diesem Experiment das größte Geheimnis des Lebens auf dem Planeten Erde gelöst werden sollte.

Erst Jahre später hielt die Menschheit den Atem an. Denn mit einemmal wurde es klar, daß man damit den Mechanismus der Vererbung entdeckt hatte, daß mit einer faszinierenden Deutlichkeit alle Prinzipien der Weitergabe von Erbmerkmalen dargestellt werden konnten. Man erkannte, daß jedes Lebewesen von einer Generation zur anderen sozusagen schriftlich den Bauplan für das weitere Leben übertragt, daß die Sprache der Vererbung mit insgesamt vier Buchstaben geschrieben wird. Egal ob Pflanze, Tier oder Mensch, immer wird eine ganz bestimmte Kette von Buchstaben weitergegeben, mit deren Hilfe alle Merkmale einer Art erhalten bleiben. *Genetische Information* nennt die Wissenschaft diese Mechanismen; in den Keimanlagen aller Lebewesen enthalten die Chromosomen bestimmte Quantitäten von Genen, diese wiederum sind die Träger von spiralförmig angeordneten Texten von schier endlosen Buchstabenreihen, nach deren Anordnung ein neues Leben aufgebaut wird.

Für den Menschen ergibt sich daraus eine Erkenntnis, die mit einem Schlag ein Geheimnis gelüftet hat, das an all den vielen Verwirrungen, an den Unklarheiten über das menschliche »Schicksal« schuld war. Man konnte nunmehr eine Grundlage des menschlichen Lebens eindeutig definieren, die jede weitere Diskussion erübrigt. Man kann diese Definition ganz einfach formulieren:

Der Mensch ist wie jedes andere Lebewesen keimplasmatisch determiniert.

Das sieht beim Menschen folgendermaßen aus: Im Augenblick der Konzeption — deren exakter Termin auch heute noch mit keinem wie immer gearteten Verfahren bestimmt werden kann — vereinigen sich eine männliche und eine weibliche Keimzelle. Diese Konzeption ereignet sich eine bestimmte Zeit nach einem Sexualakt, denn die männliche Samenzelle benötigt zu ihrem Weg durch die Gebärmutter vermutlich ein paar Stunden.

Jede Methode, ein Konzeptionshoroskop zu erstellen, ist reine Spekulation. Ob in diesem Augenblick der Konzeption kosmische Faktoren eine Rolle spielen, ob es also bereits in diesem Moment eine kosmische Prägung gibt, ist unbekannt, irgendwelche Möglichkeiten, diesbezüglich Versuche anzustellen, gibt es gegenwärtig nicht.

50

Bleiben wir also bei der Tatsache, daß die Konzeption die Vereinigung der männlichen und weiblichen Keimzelle ist, daß in einem kurzen Augenblick zwei Erbanlagen miteinander verschmelzen und daß von dieser Sekunde an der *genetische Code*, der Bauplan für ein neues menschliches Leben in allen Details, festgelegt ist.

Von diesem Moment an ist es bestimmt, ob der heranwachsende Mensch blaue oder grüne Augen haben wird, ist es determiniert, wie die Farbe des Haares, die Farbe der Haut, der Knochenbau, die Anlage der Muskulatur sein werden, innerhalb welcher Grenzen sich die Denkfunktionen vollziehen können, weiters bestimmt ist aber auch die Lebensdauer. Langlebigkeit oder Kurzlebigkeit sind also ebenfalls Erbanlagen.

Alle Charakteranlagen werden in diesem Konzeptionsaugenblick festgelegt, gleichfalls das Tempo der Stoffwechselfunktionen. Unter ungünstigen Umständen, etwa durch einen »Lesefehler«, wird die Anlage für Krankheiten aller Art fixiert. Viele Störungen der Gesundheit sind in der heutigen Zeit längst als Folge einer fehlerhaften keimplasmatischen Determinierung erkannt worden. »Kranke Gene« bedingen lebenslanges Siechtum und Tod.

Das alles hat mit den Sternen nichts zu tun. Zwei Menschen, im selben Augenblick geboren, haben grundlegend verschiedene keimplasmatische Determinierungen; der in derselben Sekunde in einem Stall geborene Esel hat andere Erbanlagen als der im Palast geborene Prinz. Man muß hier die klare Grenze ziehen können und erkennen, was durch den genetischen Code bestimmt wird und was von anderen Faktoren abhängig ist. Wenn früher einmal die Astrologen behauptet haben — und manche tun das heute noch —, daß durch den Geburtsaugenblick alles bestimmt wird, so hat die exakte Naturwissenschaft diese Behauptung eindeutig und für alle Zeit widerlegt. Wer hier trotzdem im Irrtum verharrt, muß sich den Vorwurf gefallen lassen, daß er sein Wissen den modernen Erkenntnissen der Biologie nicht angepaßt hat. Die moderne Vererbungslehre ist mittlerweile zu einer weithin alles umfassenden Wissenschaft geworden, zusätzlich hat die Contergankatastrophe gelehrt, zu welchem Zeitpunkt beispielsweise Mißbildungen entstehen können. Diese Tragödie hat aber auch mitgeholfen, ein weiteres Kapitel der menschlichen Entwicklung zu klären. Damit ist man in der Lage, mit einer weiteren Definition alle Unklarheiten zu beseitigen.

Man hat nämlich erkannt — und im Grunde genommen sind diese Erkenntnisse auch durchaus logisch —, daß die genetische Information, also die keimplasmatische Determinierung, nicht allein das Schicksal bestimmt. Wenn ein Kind im Mutterleib zum Beispiel die Erbanlage »langlebig« besitzt, die Mutter erleidet aber einen tödlichen Autounfall, dann gab es einen Einfluß von außen her, der die keimplasmatische Determinierung veränderte, in diesem Fall sogar aufhob. Wenn durch die Konzeption ein Kind vollkommen gesund determiniert ist, wenn also alle Erbanlagen in Ordnung sind, die Mutter aber in den ersten Schwangerschaftswochen irgendein Gift nimmt, etwa das berüchtigte Contergan, dann kommt es ebenfalls von außen her zu einer Schädigung des Kindes. Oder die Mutter erkrankt an den Röteln, wodurch das kindliche Gehirn geschädigt wird.

Einzelne Ärzte hatten bereits im Jahre 1958 ein Ansteigen der Mißbildungen in der deutschen Bundesrepublik bemerkt, es fehlte aber zunächst jede Vergleichsmöglichkeit. Erst 1961 konnte an der Universitäts-Kinderklinik in Freiburg einwandfrei nachgewiesen werden, daß Erbschäden an Händen und Füßen in alarmierendem Zunehmen begriffen sind. Es gelang dann in einer relativ kurzen Zeit, die Ursache dieser sogenannten Dysmeliesyndrome zu finden, allerdings gab es bereits etwa siebentausend verstümmelte Kinder. Dieses Ereignis ging in die Geschichte als »Contergankatastrophe« ein, mit kriminalistischer Akribie war ein Zusammenhang zwischen einem neueingeführten Heilmittel und den Mißbildungen bewiesen worden. Schwangere Frauen, die in den ersten drei Schwangerschaftsmonaten dieses Mittel eingenommen hatten, entbanden in einem hohen Prozentsatz eines verstümmelten Kindes.

Doch so tragisch auch immer dieses Ereignis gewesen sein mag, für die davon Betroffenen sicherlich ein unvorstellbar hartes Schicksal, so nützlich war die Contergankatastrophe für die Menschheit. Denn mit einemmal konnte genau erkannt werden, an welchem Tag von außen kommende — also exogene — Schädigungen ganz bestimmte Organe in Mitleidenschaft ziehen, und für alle Zeiten wird man vermeiden, Schwangeren in den ersten drei Monaten der Gravidität Chemikalien zu verabreichen.

Und weiter: Ein Kind ist keimplasmatisch gesund determiniert, der Hebamme fällt aber nach der Geburt das Kind aus der Hand, es erleidet eine Schädelquetschung, die lebenslanges Siechtum zur Folge hat. Auch hier wurde die keimplasmatische Determinierung von einem äußeren Ereignis verändert. Dergleichen Beispiele lassen sich in jeder beliebigen Zahl anführen, sie lehren uns, daß es noch einen zweiten entscheidenden Schicksalsfaktor geben muß. Und dieser läßt sich wie folgt determinieren:

Der Mensch wird wie jedes andere Lebewesen auch durch exogene Einflüsse moduliert. Anders ausgedrückt: von außen kommende Einflüsse können die genetische Information ändern.

Modulation ist ein Begriff, der seitens der Biologie der Wellenlehre entnommen wurde. Man versteht darunter in der Physik den Vorgang, daß eine bestimmte regelmäßige Schwingung, etwa eine Hochfrequenz, durch ganz spezielle Vorrichtungen verändert werden kann. Die Schwingung kann dadurch verstärkt oder abgeschwächt, unter Umständen sogar ausgeschaltet werden. Auf den biologischen Sektor übertragen, bedeutet die »exogene Modulation« die Summe aller Einflüsse, die in der Lage ist, die keimplasmatische Determinierung zu verändern. Solche Einflüsse können die Erbanlagen verbessern, sie können sie schädigen oder zur Gänze vernichten.

Ob also alle Erbanlagen zur Entfaltung kommen, ob sich ein Mensch entsprechend seiner keimplasmatischen Determinierung entwickeln kann oder nicht, hängt somit von einer Fülle äußerer Umstände ab. Zu exogenen Einflüssen gehören das Verhalten der Mutter während der Schwangerschaft, das Familienmilieu, in dem ein Kind aufwächst, die Möglichkeiten der Erziehung und Bildung, die allgemeinen Zeitumstände, die wirtschaftliche Situation, der Einfluß der verschiedenen Umweltpersonen und anderes mehr. Sie alle modulieren die keimplasmatische Bestimmung und können sie gegebenenfalls sogar weitgehend verändern. Die Astrologie behauptet nun nicht mehr und nicht weniger, als daß der kosmische Einfluß ebenfalls das Schicksal eines Menschen moduliert, einmal mehr, dann wieder weniger, und daß im Augenblick der Geburt eine entscheidende Modulation der keimplasmatischen Determinierung erfolgt.

Daraus ergibt sich mit aller Deutlichkeit, daß der Einfluß der Gestirne niemals das Schicksal allein bestimmt, daß es immer auf die sogenannte Grundkonzeption, die keimplasmatisch fixiert ist, ankommt. Vor allem ist der menschliche Stoffwechsel, seine ganze Reaktionsfähigkeit auf alle Einflüsse von außen vom Augenblick der Konzeption an festgelegt. Man kennt heute den Aufbau des menschlichen Stoffwechsels ganz genau, man kennt besonders sein Zentrum, den sogenannten Zitronensäurezyklus, der den Energiehaushalt des Menschen reguliert. Man weiß, daß von außen kommende Einflüsse diesen Stoffwechsel verändern können, indem sie ihn einmal beschleunigen, dann wieder verlangsamen, unter Umständen kann es sogar zu falschen Reaktionen kommen, zu Störungen. Und ändert sich der Stoffwechsel, dann kommt es zu verschiedenen Auswirkungen auf das vegetative Nervensystem, in weiterer Folge auf verschiedene körperliche und seelische Funktionen. Somit wird es verständlich, warum Veränderungen im Stoffwechsel das Verhalten eines Menschen bestimmen.

Mit der Geburt eines Menschen erfolgt, und das ist nun einmal die Grundlage der modernen Astrologie, eine Prägung des ganzen Stoffwechsels. Was auch immer keimplasmatisch determiniert sein sollte, wird hinsichtlich des Ausmaßes seiner Reaktionsfähigkeit endgültig festgelegt. Der kosmische Einfluß bei der Geburt bestimmt, in welchem Tempo sich bestimmte Reaktionen vollziehen, wie der Mensch lebenslang auf alle Einflüsse seiner Umwelt reagieren wird. Durch jene astronomische Skizze, die wir das Geburtshoroskop nennen, wird diese kosmische Prägung sichtbar gemacht und nach althergebrachten Regeln gedeutet. Man weiß heute noch nicht, wie es zu jener Prägung kommt, man kann lediglich auf Grund der Erfahrung sagen, daß sich diese kosmischen Einflüsse offenbar nach bestimmten Gesetzen bemerkbar machen.

Die Einflüsse der Sterne sind verschieden wirksam. Der astrale Einfluß ist ein Schicksalsfaktor, der in einem bestimmten Rahmen den Lebensweg eines Menschen modulieren kann. Es gibt Zeiten im Leben, da scheint alles unter einem günstigen Einfluß zu stehen, dann wiederum hat es den Anschein, als würden sich überall Hemmungen bemerkbar machen.

»Der Strom der menschlichen Geschäfte wechselt!« läßt Shakespeare den Brutus sagen. Der Astrologe ist in der Lage, dieses Auf und Ab, diese Gezeiten im Leben zu bestimmen. Doch immer nur nach genauer Kenntnis der Individualität und aller anderen modulierenden Umstände.

Grundlagen

Astrologie — eine Wissenschaft?

Mit der allmählichen Anerkennung des kopernikanischen Weltbildes, das die Erde zu einem kleinen Planeten deklassierte und
den Menschen die Illusion raubte, »Mittelpunkt der Welt« zu
sein, weiters durch die mit der Aufklärung einhergehenden Be-
wußtseinsänderungen verlor die Astrologie rasch an Ansehen und
Bedeutung. Konnte sie sich bis dahin »Königin der Wissenschaften« nennen, so verlor sie in der Folge sogar den Anspruch,
überhaupt eine Wissenschaft zu sein. Die Praktiken der Geschäftsastrologen besorgten den Rest. Wer sich in den letzten dreihundert
Jahren mit der Astrologie befaßte, konnte kaum damit rechnen,
irgendeine Anerkennung seitens der Wissenschaftler zu gewinnen.
Bis zum heutigen Tag hat die Astrologie keine wie immer geartete
Position innerhalb der Wissenschaften mehr erreichen können, sie
wird so gut wie überall als Aberglaube abgelehnt und an keiner
Universität als wissenschaftliche Disziplin gelehrt. In der Reihe
der Ablehnenden stehen die Astronomen immer noch an erster
Stelle. Dies geht nicht zuletzt auf jahrhundertealte Ressentiments
zurück. Schließlich war die Astronomie durch Jahrhunderte die
Magd der Astrologie, lateinisch »astronomia astrologiae ancilla
est«, und der Mensch rächt sich eben für jede Unterdrückung,
wenn sich dazu Gelegenheit bietet.
Für die Tatsache, daß bis zum heutigen Tag alle Versuche schei-
terten, der Astrologie wieder den Weg zu den Universitäten zu
bahnen, sind die Astrologen selbst verantwortlich. Denn sie haben
zu keiner Zeit anzugeben vermocht, welchen Platz die Astrologie im System der Wissenschaft einnehmen, wo man sie einordnen soll. Nicht einmal die so gravierende Frage, ob es sich vorwie-

gend um eine Naturwissenschaft oder eher um eine Geisteswissenschaft handelt, konnte auch nur annähernd geklärt werden. Vor allem deswegen nicht, weil sich die Astrologen untereinander immer schon mit allen nur möglichen Mitteln bekämpft haben und ihre Ansichten weitgehend divergieren.

Dies ist einigermaßen erstaunlich, weil es gar nicht so schwer ist, die Astrologie in ihrer Gesamtheit im System der Wissenschaften richtig zu plazieren. Es mag vielleicht an dem meist geringen Bildungsgrad der Astrologen liegen, daß ihnen nicht einmal die übliche Einteilung der Wissenschaften geläufig ist, wie sie in jedem Mittelschullehrbuch zu finden ist. Wenn man dieses Schema kennt, kann man sehr leicht verstehen, wo jene Gebiete liegen, die einmal die Möglichkeit bieten werden, die Astrologie wieder zu einer präzisen und allgemein anerkannten Wissenschaft zu machen.

Alle menschlichen Erkenntnisse werden zunächst von der Philosophie aufgenommen, verarbeitet und dann weitergegeben. Von ihr aus erfolgt also die Zuweisung des Erkannten entweder zu den Wissenschaften mit rein praktischer Anwendung oder zu den theoretischen Wissenschaften. Letztere teilt man ein in die Formal- oder reine Denkwissenschaften und in die Realwissenschaften. Und erst die Realwissenschaften — was vielen Menschen unbekannt ist — werden unterteilt in Naturwissenschaften und Geisteswissenschaften. In diesem Schema nehmen alle Wissenschaften einen an sich klaren und festen Platz ein, nur die Psychologie gehört zu einem großen Teil zu den Geisteswissenschaften und zu einem wesentlich kleineren Teil zu den Naturwissenschaften. Ehe wir die Frage zu klären versuchen, wo in diesem System die Astrologie von morgen ihren Platz haben kann, möge man unser Schema betrachten und sich mit der Aufgliederung der Wissenschaft vertraut machen.

Schon bei der Betrachtung dieser Einteilung wird klar, daß die Astrologie zu keiner bestimmten Unterabteilung gehört. Wenn

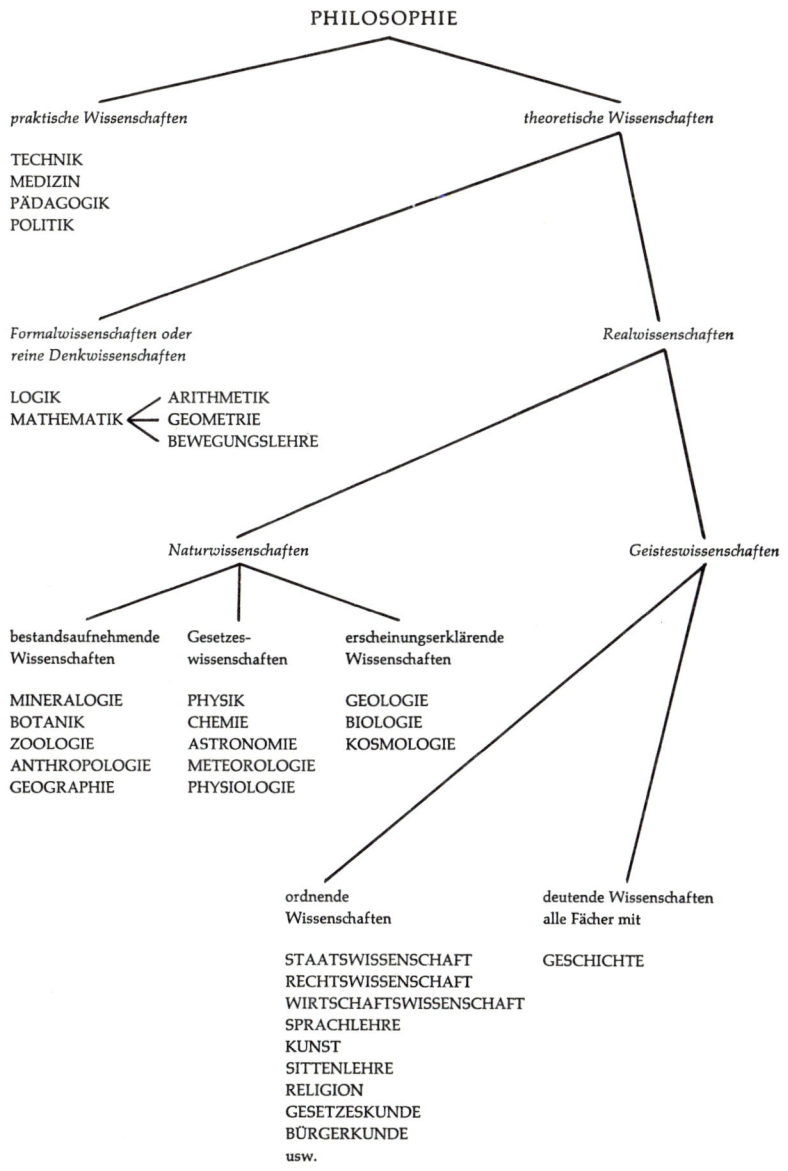

PHILOSOPHIE

praktische Wissenschaften

TECHNIK
MEDIZIN
PÄDAGOGIK
POLITIK

theoretische Wissenschaften

*Formalwissenschaften oder
reine Denkwissenschaften*

LOGIK   ARITHMETIK
MATHEMATIK ← GEOMETRIE
             BEWEGUNGSLEHRE

Realwissenschaften

Naturwissenschaften

Geisteswissenschaften

bestandsaufnehmende
Wissenschaften

MINERALOGIE
BOTANIK
ZOOLOGIE
ANTHROPOLOGIE
GEOGRAPHIE

Gesetzes-
wissenschaften

PHYSIK
CHEMIE
ASTRONOMIE
METEOROLOGIE
PHYSIOLOGIE

erscheinungserklärende
Wissenschaften

GEOLOGIE
BIOLOGIE
KOSMOLOGIE

ordnende
Wissenschaften

STAATSWISSENSCHAFT
RECHTSWISSENSCHAFT
WIRTSCHAFTSWISSENSCHAFT
SPRACHLEHRE
KUNST
SITTENLEHRE
RELIGION
GESETZESKUNDE
BÜRGERKUNDE
usw.

deutende Wissenschaften
alle Fächer mit

GESCHICHTE

man systematisch vorgeht, wird man mit einigem Erstaunen erkennen, daß von einer präzisen Stellung der Astrologie keine Rede sein kann.

Die Grundlage der gesamten Astrologie ist die Verwendung der Ephemeriden, der astronomisch berechneten Gestirnspositionen. Das Erstellen eines Horoskops, das Berechnen der sogenannten Häuserspitzen, das Eintragen der Planeten und das Bestimmen der Aspekte geschieht mit Hilfe von Tabellen und Angaben, die von den Astronomen erstellt werden. So betrachtet, ist das Horoskop, die astronomische Himmelsskizze, als wissenschaftlich zu werten, denn die dazu notwendige Tätigkeit gehört zu den Gesetzeswissenschaften, und diese wiederum sind ein Teil der Naturwissenschaften. Das erste und wichtigste Fundament der Astrologie ist also rein naturwissenschaftlicher Art und gehört demnach nicht unmittelbar zur Astrologie. Das heißt, so genau die Astrologen auch rechnen, so sekundengenau sie ihre Horoskope zeichnen, niemals wird daraus eine astrologische Wissenschaft. Denn das alles gehört seit eh und je zur Astronomie, ist eine astronomische Tätigkeit. Auf Grund eines genau berechneten Horoskops zu verlangen, man möge die Astrologie als Wissenschaft anerkennen, ist unsinnig. Es wäre gut und nützlich, wenn dies vor allem die Astrologen selbst einmal verstehen würden.

Das zweite Fundament der Astrologie ist rein geisteswissenschaftlicher Art. Hierher gehört die astrologische Deutungskunst. Diese ist zu den deutenden Geisteswissenschaften, also in unserem Schema zu den Fächern mit Geschichte zu zählen. Diese astrologische Deutungskunst ist in erster Linie abhängig vom Fleiß des Astrologen, von seinen Erfahrungen, dem Studium von Horoskopen historischer Persönlichkeiten, seiner Praxis, zum Teil auch von seinem Einfühlungsvermögen und gänzlich von seinem Bildungsgrad. Der eine wird die astrologische Deutungskunst besser beherrschen, der andere weniger gut. Besonders dann, wenn sich

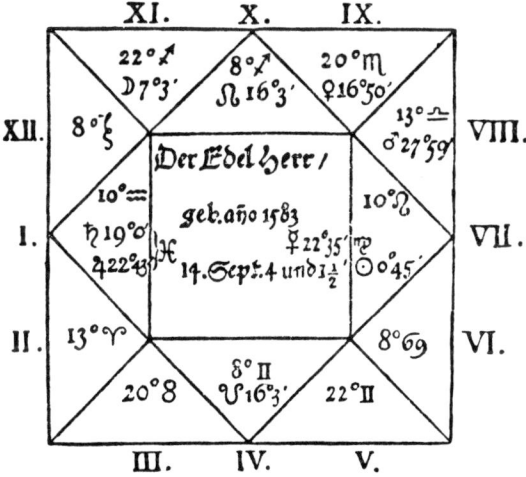

Horoscopium gestellet durch Ioannem Kepplerum 1608.

Der Edel Herr / geb. año 1583 14. Sept. 4 und 1½

Wallensteins Horoskop, gezeichnet nach alter Manier.

die Astrologen von ihren subjektiven Einstellungen nicht befreien können, werden sie unterschiedlich erfolgreich sein. Die astrologische Deutungskunst, die in einer umfangreichen Literatur niedergelegt ist, als Wissenschaft zu bezeichnen, ist unmöglich. Denn die entsprechenden Deutungsregeln widersprechen sich oft, sind nicht immer klar gefaßt. Da es bis zum heutigen Tag nur wenige statistische Arbeiten gibt, die astrologische Deutungsregeln bestätigen, da die vielen Widersprüche und unterschiedlichen Bewertungen nach wie vor das objektive Überprüfen unmöglich machen, läßt sich der Anspruch auf Wissenschaftlichkeit nicht rechtfertigen.

Somit sind zwei astrologische Grundlagen besprochen, die keine

Möglichkeit bieten, der Astrologie eine wissenschaftliche Anerkennung zu sichern. Die erste Grundlage, die *Horoskopzeichnung*, beruht auf rein astronomischen Berechnungen und läßt sich in keine astrologische Wissenschaft ummodeln. Die zweite Grundlage, die *astrologische Deutungskunst*, ist bis zum heutigen Tag den statistisch untermauerten Beweis schuldig geblieben und von den vielen Irrtümern und Widersprüchen noch nicht gereinigt.

Doch die Astrologie beruht noch auf einer dritten Grundlage, die in ihrer immensen Bedeutung nicht unterschätzt werden darf. Immer mehr wird dieses Fundament ausgebaut, immer mehr wird von den anerkannten Wissenschaften der Beweis geliefert, daß es tatsächlich einen Einfluß des Kosmos auf das irdische Leben gibt. Die Summe all dieser Erkenntnisse ergibt das *kosmobiologische Fundament* der Astrologie. Diese dritte astrologische Grundlage gehört zu den erscheinungserklärenden Naturwissenschaften; was immer auf diesem Gebiet erkannt wird, muß als absolut wissenschaftlich gelten. Mit Hilfe dieses kosmobiologischen Fundaments allein kann die entscheidende Frage nach der Kausalität geklärt werden; die kosmobiologischen Erkenntnisse allein geben die Möglichkeit, einwandfrei nachzuweisen, daß kosmische Einflüsse das irdische Leben bestimmen.

Seit mehr als zwei Jahrzehnten hat sich ein immer größer werdendes Wissen um diese Zusammenhänge angesammelt und ergibt — richtig gordnet — eine faszinierende Bestätigung der Astrologie. Mit einemmal kann deutlich gemacht werden, wie es bei einem Lebewesen zu den Reaktionen auf jene kosmischen Einflüsse kommt, die sich durch die Drehung der Erde um die eigene Achse, durch ihre Bahn um die Sonne, durch die Bewegung der Himmelskörper innerhalb unseres Sonnensystems, vom Mond bis zum fernen Pluto, und schließlich durch die Bewegung der Erdachse, der sogenannten Präzession, ergeben. Was in letzter Zeit auf diesem Gebiet erkannt wurde, ist ein Vielfaches aller bisherigen Erklärungsversuche. Es mag merkwürdig anmuten, daß selbst viele

Astrologen von diesen Zusammenhängen nichts wissen und die vielschichtigen Relationen nicht verstehen, daß aber auch die Gegner der Astrologie diese kosmobiologischen Tatsachen so gut wie gar nicht zur Kenntnis nehmen und die Angriffe gegen die Astrologie nach wie vor mit alten, zum Teil längst überholten Argumenten durchführen.

Wenn man sich der Mühe unterzieht, jene Erkenntnisse durchzudenken, die teilweise durch die moderne Kosmologie, teilweise durch die Biologie den Astrologen zur Verfügung gestellt wurden, und wenn man diese einzelnen Faktoren miteinander zu verbinden weiß, wird man mit einemmal eine Fülle von Vorurteilen ablegen müssen. Man wird plötzlich mit Staunen feststellen, daß sich an der ursprünglichen Aufgabe der Astrologie nichts geändert hat. Sie ist das Bestreben, den Einfluß kosmischer Kräfte auf das irdische Leben zu registrieren und zu deuten. Das Registrieren erfolgt seit zwei Jahrtausenden durch mehr oder weniger genau gezeichnete Horoskope, das Deuten mit Hilfe der erwähnten Deutungskunst. Erst in der zweiten Hälfte dieses Jahrhunderts konnten erstmals die Beweise erbracht werden, daß es kausale Zusammenhänge zwischen kosmischen und biologischen Geschehen gibt. Nunmehr läßt sich mit exakten wissenschaftlichen Erkenntnissen der Wahrheitsgehalt der Astrologie beweisen.

Die Astrologie als überholten, lächerlichen Aberglauben zu bezeichnen, ist nach den neuesten wissenschaftlichen Erkenntnissen nicht mehr möglich.

Die Magnetosphäre

Der wichtigste Faktor zum Verständnis der modernen, auf kos-
mobiologischer Grundlage gestützten Astrologie ist die Kenntnis
jener Gürtel- und Ringströmungen, die unsere Erde umgeben und
die man in ihrer Gesamtheit die »irdische Magnetosphäre« zu
nennen pflegt. In den Jahren 1957 und 1958 wurden durch Satelliten zwei Strahlungsgürtel entdeckt, die aus positiv geladenen
Wasserstoffkernen, Protonen genannt, und aus den negativ geladenen Elektronen bestehen. Durch den Zerfall der in der Atmosphäre vorkommenden Neutronen — durch die sogenannte Hö-
henstrahlung bewirkt — kommt es ständig zu einer Aufladung des
inneren Strahlungsgürtels, während der äußere Gürtel mit der
Sonnenaktivität fluktuiert. Wie zwei riesige Schalen umgeben
diese nach Van Allen genannte Strahlungsgürtel die Erde, und
es ist bemerkenswert, daß sie erstens rotationssymmetrisch zur
Erdachse gelagert sind und zweitens fast präzise spiegelsymme-
trisch zur magnetischen Äquatorialachse zu liegen kommen.
In seiner Arbeit »Kosmische Physik mit neuen Akzenten« (in:
»Ideen des exakten Wissens«, September 1971) nahm Gennadi
Skuridin zunächst vorweg, daß »altbekannte Erscheinungen nun
im Zusammenhang mit anderen Prozessen verständlich werden«.
Dann wies der Autor auf die Sektorenstruktur des interplanetaren
Magnetfeldes hin, das sich aus eingefrorenen Magnetfeldern der
Sonnenatmosphäre zusammensetzt. Weiters auf die Wechselwir-
kungen des Sonnenwindes mit den erdmagnetischen Feldern.
Diese reichen auf der Tagseite etwa zehn Erdradien, auf der
Nachtseite aber mindestens dreimal so weit. Die Erde weist einen
Magnetschweif auf, der sich in der Gegensonnenrichtung über die

Mondlaufbahn hinaus erstreckt. Entscheidend sind weiters die Erkenntnisse, daß durch Magnetstürme die Grenze der irdischen Magnetosphäre allergrößten Schwankungen unterworfen ist.

Das alles war noch vor drei Jahrzehnten gänzlich unbekannt, wir können nunmehr erkennen, daß in unserer Sonnenwelt direkte Wechselwirkungen der einzelnen Himmelskörper erfolgen, die sich in den Schwankungen der Magnetfelder manifestieren.

Für alle, die sich wenig mit der Naturlehre beschäftigen und auch sonst über kein besonderes geographisches und physikalisches Wissen verfügen, wird dieser Hinweis bedeutungslos sein. Man muß aber doch diese Tatsachen zu verstehen versuchen, denn sie sind für das Verständnis kosmischer Einflüsse von integrierender Bedeutung. Man erinnere sich zunächst daran, daß sich die Erde um eine Achse dreht, deren Pole bekanntlich der Nord- und der Südpol sind. Diese gedachte Achse nennt man auch die geographische Erdachse; sie beschreibt innerhalb von etwa 26 000 Jahren einen Kegelmantel; derzeit zeigt sie ungefähr mit ihrer nördlichen Verlängerung zum Polarstern im Sternbild des Kleinen Bären. Eine solche Kreiselbewegung der Erdachse, den dazu notwendigen Zeitraum, nennt man ein »platonisches« Jahr. Das war schon im Altertum bekannt.

Die durch den magnetischen Nord- und Südpol gelegte Achse nennt man die »Magnetachse« der Erde. Sie ist wesentlich interessanter, denn hier kommt es *täglich* zu oft erstaunlichen Veränderungen. Die Magnetpole der Erde wandern jeden Tag viele Kilometer, gleichzeitig damit ändert sich das gesamte Magnetfeld der Erdoberfläche. Diese Schwankungen kann man messen, die Zahlen ergeben dann die »erdmagnetischen Ephemeriden«, die eindeutig beweisen, wie variabel die magnetischen Felder der Erde sind. (Das Wort Ephemeriden kommt vom griechischen Wort ephemera = Tag; man versteht darunter soviel wie »Tagesaufzeichnungen«.) Wichtig ist nun, daß die Wanderungen der Magnetachse im direkten Zusammenhang zu den Veränderungen jener riesigen elektromagnetischen Felder um unsere Erde stehen, die man Magnetosphäre nennt. Irdischer Magnetismus und Magnetosphäre bilden also eine Funktionseinheit.

Welchen ungeheuren Einfluß diese Magnetfelder auf das Geschehen der Erde haben, beweisen zum Beispiel die Messungen in Erdbebengebieten. Kurze Zeit vor einem Erdbeben bricht innerhalb des betroffenen Gebietes das Magnetfeld zusammen, ein Vorgang, der von der Tierwelt meist mit panikartigen Reaktionen beantwortet wird.

Die Sonnenwelt, der solare Kosmos, in dem sich unsere Erde um die Sonne dreht, ist ein einziges, ungeheures elektromagnetisches Kraftfeld, das weitgehend den Gesetzen der Schwerkraft unterliegt. Die Planeten haben zum Teil schwache oder gar keine eigene Magnetosphäre, die Erde hingegen weist ein sehr starkes, sich außerdem ununterbrochen änderndes Kraftfeld auf. Da sich innerhalb des Sonnensystems ununterbrochen Verlagerungen der Himmelskörper ergeben — erstens durch die Drehung der Erde und ihre Bahn um die Sonne, dann durch die Bewegung des Mondes und schließlich durch den Lauf der Planeten —, ändert sich auch das Kraftfeld in der Sonnenwelt. Analog dazu kommt es zu oft sehr erheblichen Schwankungen der irdischen Magnetosphäre, die wiederum durch das Hin- und Herwandern der magnetischen Achse nachgewiesen werden kann.

Wenn man sich in Erinnerung ruft, daß dieser Mechanismus, der in eindrucksvoller Weise die Wechselwirkungen aller Himmelskörper in unserer Sonnenwelt widerspiegelt, erst seit wenigen Jahren bekannt ist, begreift man, warum noch recht wenig unternommen wurde, den Einfluß gerade der Magnetosphäre auf das irdische Leben zu bestimmen und irgendwie erkennbar zu machen. Man hat zwar schon seit einigen Jahrzehnten das Vorhandensein solcher Kraftfelder um die Erde — bis zu einer Ausdehnung von vielen Erdradien — vermutet, doch nachweisen ließ sich die Magnetosphäre erst durch jene Meßsatelliten, die in den vergangenen zwei Jahrzehnten die entscheidenden Aufklärungsarbeiten geleistet haben. Die wichtigste Frage für die Biologen war und ist, wie dieser Einfluß seitens der Magnetfelder auf Lebensvorgänge zustande kommt. Handelt es sich um energiegeladene Einflüsse, lassen sich diese Einflüsse mit irgendwelchen Instrumenten nachweisen?

Es waren in erster Linie russische Forscher, allen voran Alexander Pressmann, die mit dem von der Kybernetik geprägten Begriff »Information« diese Wechselwirkungen zwischen Kosmos und Bios, zwischen der Sternenwelt und dem irdischen Leben, deuten konnten. Es mag als eigenartiger Zufall gelten, daß gerade in jenen zwei Jahrzehnten, in denen die kosmische Physik solch gewaltige Entdeckungen machte, eine Hilfswissenschaft wie die Kybernetik neue Denkformen schuf, wodurch es möglich wurde, Beziehungen zu verstehen, die mit der herkömmlichen Physik nicht zu erklären waren. Im folgenden sei auf jene so bedeutenden neuen Begriffe hingewiesen und eine Erklärung versucht.

Es ist verständlich, daß für die Naturwissenschaftler sehr bald die Frage aktuell wurde, welchen Einfluß die neuentdeckten Magnetfelder um die Erde haben. Derart riesige Kraftfelder, in denen unser Planet eingebettet ist, müssen sich doch irgendwie bemerkbar machen, zumal man schon vor einigen Jahrzehnten erkannte, daß weitaus die Mehrzahl aller Umwelteinflüsse, unter denen auf der Erde Leben entsteht und sich entwickeln kann, rein elektromagnetischer Natur ist. Strahlungen aller Art, vor allem die Strahlen des sogenannten elektromagnetischen Spektrums, angefangen bei den Langwellen über das sichtbare Licht bis zu den Höhenstrahlen und den Gammastrahlen, sowie alle feststellbaren elektromagnetischen Felder haben in der Biologie schon immer eine Rolle gespielt, wobei allerdings die einzelnen Bereiche bisher ungleich stark erforscht wurden. Der Einfluß der infraroten und ultravioletten Strahlungen und des sichtbaren Lichtes auf verschiedene Lebewesen konnte in den vergangenen Jahrzehnten eingehend untersucht und nachgewiesen werden. Man hatte auch die Wirkung der Röntgenstrahlen, Gammastrahlen und Höhenstrahlen erforscht, es blieb aber immer noch die Frage offen, welche Energien nun tatsächlich biologische Wirkungen haben. Speziell bei den rings um die Erde liegenden elektromagnetischen Feldern war es von Anfang an klar, daß die Energie nur eine sehr geringe Rolle spielt, daß also Untersuchungen in herkömmlicher Art kaum Aussicht auf Erfolg haben.

Durch die Anwendung des neuen physikalischen Begriffs »Information« konnte sehr bald eine Fülle neuer Erkenntnisse gewonnen werden. Es ist unbedingt erforderlich, diesen neuen Begriff, der von der Kybernetik kommt, genau zu verstehen, um Irrtümern aus dem Weg zu gehen.

Die Kybernetik ist zwar eine sehr junge, dafür aber um so bedeutendere Wissenschaft. Mit ihrer Hilfe werden Gesetzmäßigkeiten in Gemeinschaften, Organismen, Maschinen usw. untersucht. Es ist schwierig, mit wenigen Worten das Prinzip der Kybernetik zu erklären, zumal die übliche Definition, wonach es sich um eine interfakultative Formalwissenschaft handelt, kaum verständlich ist. Mehr Aussagekraft haben die gleichfalls verwendeten Definitionen, wonach die Kybernetik die Wissenschaft von den Steuerungsprozessen in Technik, Biologie, Physiologie, Psychologie und Soziologie beziehungsweise das Wissen von der Kommunikation und der Regelung ist. Die Russen, die anfangs die Kybernetik abgelehnt haben, definieren sie als Wissenschaft von den allgemeinen Gesetzen der Steuerung, Kontrolle und Verbindung in Maschinen, in Organismen und in der menschlichen Gesellschaft. Womit leicht erkannt werden kann, daß die Kybernetik eigentlich alles umfaßt.

Sicher hat man sich schon früher über die verschiedenen Gesetzmäßigkeiten den Kopf zerbrochen, endgültig zusammengefaßt wurde aber dieses Wissen um die Nachrichtenübertragung durch Norbert Wiener. Seither gibt es keine Wissenschaft mehr, die auf kybernetische Methoden verzichten kann. Die Frage, ob die Kybernetik auch in der Astrologie verwendet werden kann, ist daher durchaus berechtigt. Wenn man derzeit in den elektromagnetischen Feldern rings um die Erde »Informationsträger« erblickt, so deutet dies in diese Richtung. Der Ausdruck »Information« muß aber in diesem Zusammenhang einwandfrei als Begriff der Kybernetik verstanden werden.

Die »Information«, dieser Grundbegriff der Kybernetik, wird wie folgt sehr anschaulich definiert: »Information ist Information, weder Masse noch Energie.«

Das mag zunächst erstaunlich klingen, so als wollte man sagen, ein Tisch ist ein Tisch, er ist weder Sessel noch Bett. Doch das Ganze klingt anders, wenn man sich erinnert, daß es bislang in der Physik nur zwei Grundprinzipien gab: einerseits die Masse und andererseits die Energie.

Wenn nun ein neues Element eingeführt wird, das weder zu dem einen noch zu dem anderen Prinzip zu rechnen ist, so bedeutet das eine Revolution. Es gibt also nicht zwei, sondern drei Prinzipien, die in der Physik eine Rolle spielen. Neben der Masse und der Energie kennen wir noch die Information, worunter man die Gliederung eines Ganzen zu verstehen hat: Form, Gestalt, Anordnung oder Struktur. Schon Aristoteles hat von Form und Materie gesprochen und dabei das Beispiel von Wachs und Siegelring angeführt. Das Wachs ist eine formlose Masse, durch das Aufdrücken des Siegelrings erhält das Wachs aber eine bestimmte Form: die Masse ist dieselbe geblieben, die Form ist das Neue.

Und nun zurück zu den elektromagnetischen Feldern, zur sogenannten Magnetosphäre. Man hat Anfang der sechziger Jahre Versuche unternommen, die erstaunliche Resultate brachten. Man verwendete elektromagnetische Felder bei verschiedenen biologischen Versuchen und konnte bestimmte Veränderungen nachweisen, allerdings waren die angewandten Energiemengen Tausende Male geringer, als man rein theoretisch berechnet hatte. Das heißt, man hatte auf Grund bestimmter Erfahrungen angenommen, daß eine Bestrahlung mit dieser oder jener Intensität diese oder jene Wirkung haben müsse, und mußte mit einemmal erkennen, daß ungleich geringere Mengen die gleiche Wirkung erzielten. Auf Grund von einer Unzahl sorgfältig durchgeführter Arbeiten kam man schließlich zu dem überraschenden Ergebnis, daß bei vielen Organismen unter natürlichen Lebensbedingungen Einflüsse der elektromagnetischen Felder nachweisbar sind, weil sie zu verschiedenen Veränderungen führen, daß aber nicht energetische, sondern informatorische Wechselwirkungen zwischen einem Lebewesen und den elektromagnetischen Feldern als Ursache in Betracht kommen.

So wurde ein spezieller Begriff geprägt, der mittlerweile in die Biologie Eingang gefunden hat. Man hat erkannt — und kann es auch beweisen —, daß die elektromagnetischen Felder, die Magnetosphäre unserer Erde, *Informationsträger* sind, daß sich durch die ständige Veränderung der Form dieser Strahlungsgürtel auch der Informationsgehalt verändert.

»Elektromagnetische Felder sind Informationsträger in der lebenden Natur«, formuliert Alexander Pressmann (publiziert in »Ideen des exakten Wissens«, 12/1968) diese Erkenntnis. Und weiter: »Es gibt schon Hunderte von Arbeiten über Reaktionen beliebiger Organismen von Einzellern bis zum Menschen auf recht schwache elektromagnetische Felder unterschiedlicher Frequenzen, aber auch konstanter Felder. Am häufigsten waren Störungen bei der Regulierung von Prozessen der Lebenstätigkeit. Eine Analyse dieser experimentellen Angaben führt zu der Annahme, daß unter den natürlichen Lebensbedingungen der Organismen die Regulierung und Störung von Prozessen der Lebenstätigkeit mit dem Einfluß der elektromagnetischen Felder der Umwelt verbunden ist und daß nicht energetische, sondern informatorische Wechselwirkungen der elektromagnetischen Felder mit biologischen Systemen die Grundlage solcher Einflüsse sind.

Und wirklich konnte in den letzten Jahren ein bedeutendes Anwachsen der Zahl der Herz-, Gefäß- und nervlich-psychischen Erkrankungen und deren Verstärkung in Perioden von Magnetstürmen beobachtet werden; in diesen Zeiträumen beobachtete man desgleichen eine Erhöhung des Blutdrucks und eine Vergrößerung der Leukozytenzahl.«

Damit wird klar und verständlich ein Mechanismus aufgezeigt, der rein schematisch folgendermaßen funktioniert: Durch die ständigen Veränderungen in unserem Sonnensystem, also durch die Bewegung der einzelnen Himmelskörper im solaren Kosmos, wird die Magnetosphäre der Erde ununterbrochen verändert. Mit diesen elektromagnetischen Schwankungen, die zum Beispiel die Positionsänderungen der magnetischen Pole ununterbrochen anzeigen, verändert sich auch der *Informationsgehalt* der Magnetosphäre. Dadurch kommt es aber zu dauernden, mehr oder weniger deutlichen und auch nachhaltigen Einflüssen auf das irdische Leben. Wenn schon Bakterienkulturen auf solche Veränderungen ansprechen, um nur ein Beispiel zu erwähnen, warum sollte nicht auch der menschliche Stoffwechsel entsprechende Reaktionen zeigen? Wie kann man annehmen, der kosmische Einfluß sei nur auf ein paar Lebewesen beschränkt? Gerade die Entwicklung des Lebens auf der Erde beweist deutlich, daß alle Veränderungen größtenteils diesen elektromagnetischen Veränderungen zuzuschreiben sind.

Der Mensch lebt in einem sich ständig ändernden elektromagnetischen Kraftfeld. Es ist verständlich, daß diese Schwankungen des irdischen Magnetfeldes individuelle Wirkungen haben müssen. Es war bis heute unmöglich, sie zu messen.

In der Zeitschrift »Ärztliche Praxis«, XXIII. Jahrgang, Nr. 100, vom 14. Dezember 1971 wurde erstmals mitgeteilt, daß Magnetfelder im menschlichen Körper meßbar geworden sind. Eine neue Forschungsrichtung wird in absehbarer Zukunft schon beweisen können, daß permanente Wechselwirkungen bestehen.

Die Zeitschrift berichtet wörtlich: »Die elektrischen Ströme, welche die Herztätigkeit steuern, erzeugen auch ein schwaches Magnetfeld, das allerdings nur etwa ein Milliardstel des erdmagnetischen Feldes beträgt. Die Messung dieses Feldes, also die Aufnahme eines Magnetokardiogramms, ist jetzt mit einem SQUID, Abkürzung für Superconducting Quantum Interferometer Device, möglich. Die Apparatur besteht aus einem supraleitenden Zylinder mit zwei Bohrungen, die durch eine winzige Brücke (Punktkontakt) getrennt sind. Wegen des Supraleiters muß das Gerät bei sehr tiefer Temperatur, nahe dem absoluten Nullpunkt, betrieben werden. Das Arbeitsprinzip dieser empfindlichen Meßvorrichtung beruht auf der 1961 entdeckten Quantisierung des magnetischen Flusses durch einen supraleitenden Zylinder. Man kann das Magnetokardiogramm berührungslos aufnehmen; die Versuchsperson ist einige Zentimeter vom Meßgerät entfernt. Wegen des großen apparativen Aufwands hat das Verfahren allerdings vorerst nur in der Grundlagenforschung Bedeutung.«

Was bisher unvorstellbar schien, was den Astrologen in früheren Jahrhunderten unerklärlich war, wonach man vergeblich gesucht hat, ist heute mit einem Schlag zu einer Art Binsenweisheit geworden. Fragt jemand, wie denn der Kosmos auf das irdische Leben einwirken kann, muß er auf die vielen Erkenntnisse und Arbeiten über die Magnetosphäre und ihre Bedeutung als Informationsträger verwiesen werden. Sollte er dann noch immer ein Gegner der Astrologie bleiben, dann verurteilt er sie nur deswegen, weil er nichts von den wissenschaftlichen Grundlagen verstehen will.

Für denjenigen aber, der objektiv zu urteilen imstande ist, ergibt sich aus den neuen Erkenntnissen der Wissenschaft eine faszinierende Bestätigung der Astrologie und damit die Möglichkeit, sie im Rahmen rein naturwissenschaftlicher Forschungen zu einer echten Naturwissenschaft zu machen.

Gehirn und Umwelt

Die Einwirkungen des Kosmos, also die ständigen Veränderungen der Magnetosphäre, sind leicht zu verstehen. Handelt es sich doch dabei um Geschehnisse riesigen Ausmaßes, um Geschehnisse im Makrokosmos, im Weltall, in der Welt der sichtbaren Dinge. Daher sind die rein makroskopischen Geschehnisse für die moderne Astrologie auch leichter zu akzeptieren.

Schließlich hat jeder Mensch schon einmal etwas von den Magnetpolen der Erde gehört, weiß jedermann über den Elektromagnetismus Bescheid, auch die Schwerkraftwirkungen der Planeten sind allgemein bekannt. Baut man diese verschiedenen Elemente zu einem einheitlichen Fundament der Astrologie zusammen, kann es kaum nennenswerte Schwierigkeiten des Verständnisses geben. Auch scheint es logisch zu sein, daß diese riesigen Magnetfelder, die auf alle Bewegungen der Himmelskörper in unserer Sonnenwelt reagieren, eine gewisse Wirkung auf das Leben ausüben. Ganz anders dagegen verhält es sich bei der Vorstellung, daß die Geschehnisse des Weltraumes, die sich in unvorstellbar großen Räumen abspielen, auf winzigstem Raum, im Mikrokosmos, wirksam sein sollen. Oder anders ausgedrückt: Wie kann man sich in dieser Relation eine Wirkung erklären, wie ist es denkbar, daß immens große Erscheinungen des Weltraumes in mikroskopisch kleinen Punkten wirksam werden? Läßt sich rein wissenschaftlich nachweisen, daß tatsächlich einzelne Gehirnzellen das widerspiegeln, was sich im sogenannten Raum-Zeit-Kontinuum des Weltraumes abspielt? Ausgedrückt etwa in der Frage: Wie soll man sich vorstellen, daß der weit entfernte Planet Pluto, dieser Splitter im Weltraum, den Zeitgeist einer Generation verändert?

Diese Fragen gehören samt und sonders in die Bereiche der Physiologie. In den letzten Jahren wurden gerade auf diesem Gebiet Erkenntnisse gewonnen, die mit absoluter Sicherheit beweisen, daß Größenordnungen eine Wechselwirkung nicht ausschließen. Es ist durchaus möglich, daß Geschehnisse riesigen Ausmaßes von Zellen, die mikroskopisch klein sind, registriert, verarbeitet und »im Gedächtnis behalten« werden können. In diesen Fragen eine umfassende Klarheit geschaffen zu haben, ist in erster Linie russischen Forschern zu danken, allen voran dem bekannten russischen Physiologen Pjotr Anochin.

Pjotr Anochin schreibt in seiner Arbeit »Gehirn und Umwelt«, publiziert in »Ideen des exakten Wissens«, 5/71:

»Eben dieser wunderbare Mechanismus des lebenden Gebildes, der in einem mikroskopischen Raum grandiose Raum-Zeit-Intervalle des Raum-Zeit-Kontinuums äußerer Erscheinungen fokussiert, wurde zum zentralen Punkt der gesamten Entwicklung des Lebens auf der Erde. Nichtfachleute vergessen oft diese großartigen Errungenschaften der Evolution, dank der wir Menschen die Fähigkeit erhielten, in kurzen Zeitintervallen Erscheinungen und Ereignisse zu erfassen, die sich im Maßstab des ganzen Erdplaneten vollziehen. Das wurde durch die Molekularprozesse in den Nervenzellen ermöglicht, die auch die grandiosen Maßstäbe des Alls mit Hilfe von stetigen Prozessen, die sich in den verschiedenartigsten Sinnesorganen vollziehen, aufnehmen und reflektieren.« Am eindrucksvollsten gelten in diesem Zusammenhang die Experimente mit einer bestimmten Wespenart (parasitäre Wespe Barcon). Diese Tiere reagieren im Spätsommer, wenn die ersten Abkühlungen im September auftreten, höchst sinnvoll und genaugenommen so, daß nur auf diese Weise ihr Leben erhalten werden kann. Noch liegen die Temperaturen weit über dem Gefrierpunkt, aber schon beginnt diese Wespe — und mit ihr viele andere Insekten, vor allem auch alle Ameisen — in ihren Zellen Glyzerin zu speichern. Kommt es dann plötzlich zu einem großen

Kälteeinbruch, ist der ganze Körper längst winterfest, es kann zu keiner Zerstörung durch Erfrierungen kommen, und das Leben wird über die kalte Jahreszeit hinweg bewahrt. Man hat diese Experimente erweitert, man hat diese Tiere in ein wärmeres Klima gebracht, und schon nach kurzer Zeit verschwand das Glyzerin aus den Zellen wieder.

Analysiert man diesen Vorgang, so kann man folgende Zusammenhänge erkennen: Es erfolgt ein Reiz seitens der Umwelt, ein vielleicht gar kein starker Reiz. Dieser wird von irgendwelchen Zellen eines Lebewesens aufgenommen. Nun gibt es im Organismus dieses Lebewesens bestimmte Reaktionsmuster, die zu chemischen Vorgängen führen. Der Reiz selbst ist entweder durch Wärme oder Kälte bedingt, er kann genausogut auch elektromagnetischer Art sein, kann etwa durch zuviel oder zuwenig Licht ausgelöst werden. Dieser von der Umwelt kommende Reiz wird dann auf mikroskopisch winzigem Raum in einen chemischen Prozeß umgewandelt.

Kehren wir zum Beispiel mit den Wespen zurück. Diese Lebewesen reagieren schon zu einem Zeitpunkt, da noch gar keine Gefahr einer Erfrierung gegeben ist. Das beruht, wie man heute weiß, auf den »Informationen« der Erbanlagen. In unendlichen Zeiträumen haben unzählige Generationen dieser Art die gleichen Erfahrungen gemacht. Im Erbgut, in der »genetischen Information«, sind diese Mechanismen gespeichert, verankert worden. Kommt es zum auslösenden Moment, erfolgt ein Reiz von außen — er mag kommen, woher er will, er kann selbst aus den unendlichen Fernen des Weltalls kommen —, erfolgt eine bestimmte Reaktion.

Alles Leben auf der Erde reagiert auf diese Weise, und man kann diesen Vorgang exakt wissenschaftlich so formulieren, daß auf mikroskopischem Raum, eben in den winzigen Zellen, Ereignisse von riesigen Zeit- und Raumdimensionen *fokussiert* werden. Darunter versteht man die Vereinigung von Reizen aller Art auf

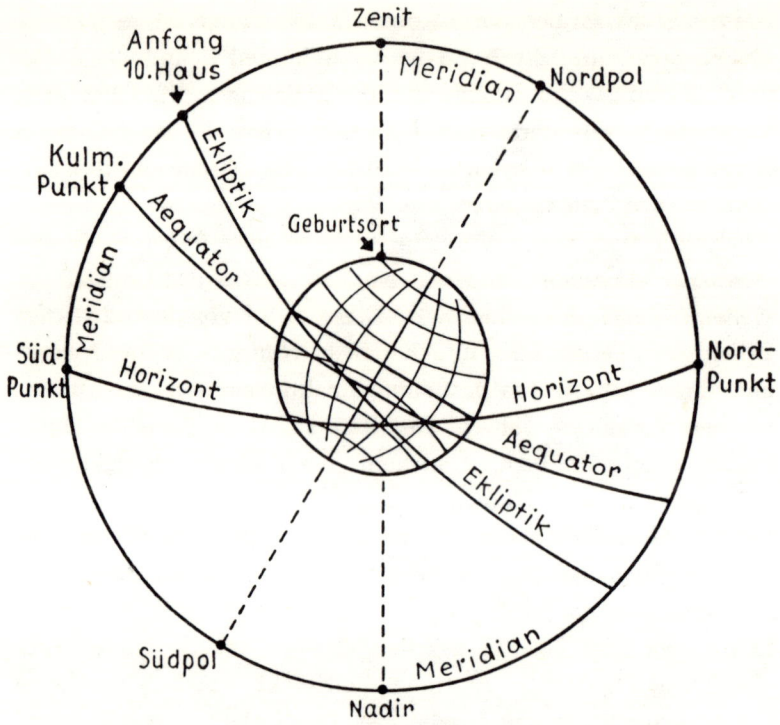

Die astronomischen Grundlagen der Horoskopie.

einen einzigen Punkt. Es läßt sich also an Hand vieler Experimente beweisen, daß auf einem ganz bestimmten Punkt in einer Zelle eines Lebewesens — auf einem Punkt! — Ereignisse festgehalten werden können. Für eine kleine Wespe zum Beispiel ist das der Wechsel der Jahreszeiten, der vorausschauend lebensrettende Reaktionen auslöst.

Für den Menschen gelten selbstverständlich die gleichen Gesetze. In vielen Jahrhunderttausenden haben die Menschen durch ihre Sinnesorgane ständig die Veränderungen in der Umwelt wahrgenommen; diese Umweltreize wurden registriert und haben in

unabsehbar großen Zeiträumen das menschliche Stoffwechselgeschehen geprägt. Wenn heute die eine oder andere Reizung
erfolgt, kommt es zu dieser oder jener Wirkung im Körper des
Menschen.

Man muß sich stets vor Augen halten, daß die Sinnesorgane keine
Sekunde im Leben des Menschen ausgeschaltet sind, daß es keine
Sekunde gibt, in der ein Mensch mit seiner Umwelt nicht in
Kontakt steht. Ununterbrochen wirkt die Umwelt auf ihn ein, die
Temperatur, das Licht, die Feuchtigkeit, der Lärm; selbstverständlich befindet sich der Mensch auch ununterbrochen in einem elektromagnetischen Kraftfeld, dessen Veränderungen er ebenso
wahrnimmt, registriert und verwertet wie jeden anderen Umwelt-
reiz.

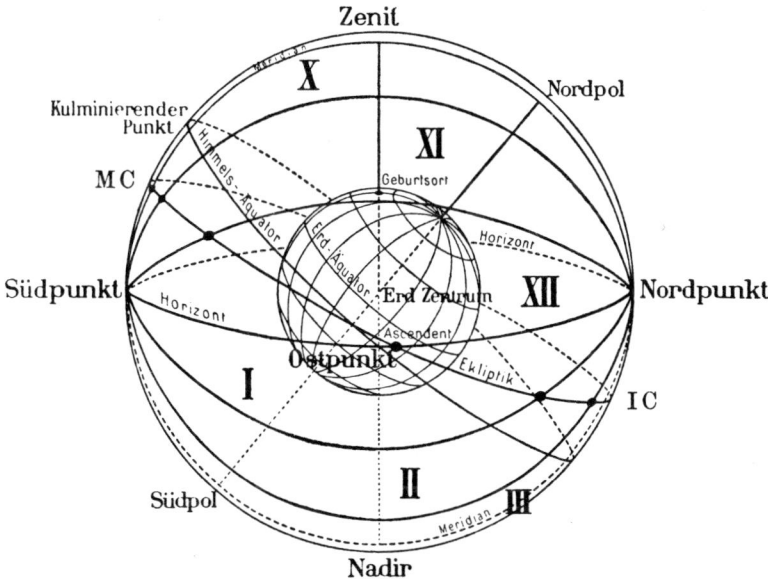

*Die astrologischen Häuser. Man beachte den Aszendenten, den
Schnittpunkt des wahren Horizonts mit der Ekliptik.*

Die Wissenschaft ist heute in der Lage, jede einzelne der rund vierzehn Milliarden Gehirnzellen durch bestimmte Geräte in ihrer Funktion zu überprüfen. Man weiß, daß es möglich ist, jede einzelne dieser Gehirnzellen zu beeinflussen. Mit Hilfe entsprechender Instrumente ist man heute imstande, die Reaktionen dieser Zellen zu messen. Gerade auf diesem Gebiet gewann man in den vergangenen Jahren eine kaum zu überblickende Fülle von Erkenntnissen.

Eine elektromagnetische Schwingung löst zum Beispiel in einer Zelle eine erhöhte Aktivität aus, eine andere wird diese hemmen. Es gibt Spurentätigkeiten, durch die man mit geringfügigsten Einflüssen große Wirkungen erzielt und umgekehrt. Doch viel eindrucksvoller sind die Ergebnisse, die uns beweisen, daß ganz bestimmte Zelltypen im Gehirn ohne Unterbrechung ständig »Aufzeichnungen« des kosmischen Raum-Zeit-Kontinuums vornehmen, daß sie also alle Veränderungen unserer Umwelt laufend registrieren und in chemische Prozesse umwandeln. Diese gespeicherten chemischen Prozesse können wieder in elektrische Entladungen umgewandelt und dadurch vielfältig wirksam werden.

Der russische Physiologe Anochin hat alle Ergebnisse der modernen Forschung auf diesem Gebiet wie folgt zusammengefaßt: »Das Cytoplasma der Nervenhirnzellen enthält ein chemisches Kontinuum, das die Stetigkeit der Umweltereignisse, das heißt das Raum-Zeit-Kontinuum der Umwelt, widerspiegelt. Das eben ist jenes Absolute, jene Grundlage, auf der die ganze grandiose Vielfalt der strukturellen und funktionellen Erscheinungsformen des Gehirns beruht.«

Und weiter: »Die biologisch bedeutsamen und emotiogenen Reizungen, die die Spurenreaktionen von vorhergehenden Reizen festigen, bilden die notwendigen Bedingungen, die den Weg für zukünftige, vorauseilende Reaktionen unter Einfluß irgendeines entfernten Gliedes des Raum-Zeit-Kontinuums vorbereiten.«

Einfacher ausgedrückt soll damit gesagt werden, daß irgendein

Lebewesen kleine Reize treffen, die dann umgewandelt werden, so daß auf ihrer Grundlage andere Reaktionen möglich sind, die wieder das künftige Geschehen beeinflussen. Von Wichtigkeit ist der Hinweis, daß in dem gewaltigen Raum um unsere Erde irgendein Faktor wirksam werden kann, mag er noch so weit entfernt sein.

Natürlich sind noch sehr viele Fragen offen. Es soll aber, da diese Materie für einen Laien ungemein schwierig zu verstehen ist, noch kurz der Komplex der verschiedenen Gene angedeutet werden, jener Mechanismus, der im Stoffwechsel die einzelnen Zyklen einschaltet und auslöst. Wir sprechen hier von den Erkenntnissen der Mikrobiologie, von den revolutionären Entdeckungen auf dem Gebiet der Vererbungslehre. Träger der Vererbung sind die sogenannten Gene, winzigste Eiweißsubstanzen, in großer Zahl auf Teilen eines Zellkerns fixiert. Sie haben verschiedene Aufgaben zu erfüllen, sind bei jeder Zellteilung, somit auch bei der Fortpflanzung in Aktion und ermöglichen mit der in ihnen gespeicherten Information den Fortbestand des Lebens.

Man kennt unter anderem die Regulatorgene, die Repressoren, die Operatorgene, die Strukturgene und schließlich die sogenannte Messenger-Ribonukleinsäure. Es kann eine Reihe solcher Gene aktiv sein, dann geben sie Informationen weiter, und es kommt zu verschiedenen Funktionen. Die Reihe kann aber auch unterbrochen werden, dann kommt es zur Hemmung, zur Inaktivität. Bemerkenswert ist bei diesen Reihen, daß durch einen sogenannten Fremdinduktor alles unterbrochen werden kann; hierher gehören auch die elektromagnetischen Einflüsse.

Alles Stoffwechselgeschehen im menschlichen Körper hängt von der Bildung verschiedener Enzyme ab. Diese werden einmal mehr, einmal weniger gebildet, einmal sind sie aktiv, dann wieder unterbleibt deren Bildung. Es scheint eine geheimnisvolle innere Uhr zu sein, die all diese Zyklen ein- und ausschaltet; das Faszinierende daran ist — beim gesunden Menschen — die ständige Harmonie mit der Umwelt. Was auch immer in der Umwelt, im Raum-Zeit-Kontinuum, geschieht, wird registriert und kann im Rahmen des Stoffwechsels die verschiedensten notwendigen Reaktionen auslösen.

Selbstverständlich ist das alles für denjenigen, der sich für Astrologie interessiert, viel zu weitläufig. Es sollte damit aber nur gezeigt werden, daß die Astrologie in der heutigen Zeit über einwandfreie kosmobiologische Fundamente verfügt und daß es durchaus möglich ist, die Geschehnisse im Weltraum mit dem menschlichen Stoffwechsel in Wechselbeziehung zu setzen. Das hat weder mit der astrologischen Deutungskunst noch mit den rein astronomischen Grundlagen etwas zu tun. Es sollte hier lediglich der Beweis skizziert werden, wie man sich den kosmischen Einfluß in der heutigen Zeit erklärt, wobei folgende wissenschaftliche Faktoren eine Rolle spielen:

● die neuen, grundlegenden Erkenntnisse über die Magnetosphäre,

● die Gesetze und Grundlagen der Kybernetik,

● die vielen neuen Erkenntnisse und Entdeckungen der Molekularchemie und der Physiologie.

Was auch immer hier — das kann nicht oft genug betont werden — seitens der Wissenschaften erkannt und bewiesen wird, vermag die Astrologie nur immer wieder neu zu bestätigen. Womit eindeutig gesagt sein soll, daß sich auch ein Erfahrungswissen einmal in eine wohlfundierte Wissenschaft wandeln kann.

Kausalität

Mitunter treffen astrologische Deutungen mit einer erschreckenden Unheimlichkeit zu, manchmal stimmt alles, was ein Mensch von einem Sterndeuter erfährt, mit der Wahrheit voll und ganz überein.

Dann wiederum gibt es prompte Fehldeutungen, nichts scheint dann zu passen, und nichts, was aus dem Horoskop »herausgelesen« wird, entspricht der Wirklichkeit. Wohlgemerkt, hier wird nur von jener astrologischen Deutung gesprochen, die so gut wie zur Gänze unabhängig ist von irgendwelchen telepathischen Komponenten — genau kann man das ja nie sagen — und bei der man versucht, auf Grund der astrologischen Deutungskunst bestimmte Aussagen zu machen.

Mit diesen widersprüchlichen Ergebnissen muß man immer wieder rechnen. Es gibt Astrologen, die behaupten, daß alle Horoskope stimmen, und wenn es mit einer Deutung nicht klappt, ist entweder die Geburtszeit nicht richtig, oder sonstige Faktoren wirken sich störend aus. Doch muß man, ausgestattet mit Objektivität und bei entsprechender Erfahrung, gestehen, daß der Aussagewert der Horoskope tatsächlich verschieden ist. Das gilt sowohl für die Charakterdeutung als auch für die ungleich schwierigere Prognose. Wenn ein Astrologe bei einwandfreiester Arbeitsmethode dies und jenes aussagt und vorhersagt, dann kann davon sehr viel stimmen, es kann sich alles bewahrheiten, es kann aber alles mehr oder weniger auch nicht eintreffen.

Damit wird die Frage nach der Kausalität um so akuter. Man erinnere sich hier des physikalischen Kausalitätsgesetzes, das Kant folgendermaßen definierte: »Wenn wir erfahren, daß etwas geschieht, so setzen wir dabei jederzeit voraus, daß etwas vorhergehe, woraus es nach einer Regel folgt.«

Angewandt auf die erwähnten Wechselwirkungen zwischen Kosmos und Bios, heißt das, daß ein ganz bestimmtes Ereignis im Kosmos ein bestimmtes Ereignis innerhalb des irdischen Lebens auslöst. Und zwar gesetzmäßig, hier Ursache, hier Wirkung. Man spricht in diesem Zusammenhang von einem *Determinismus*, also von der eindeutigen Bestimmung eines Geschehens durch bestimmte Ursachen. Wäre die Wechselwirkung zwischen den Himmelskörpern in der Sonnenwelt, den Veränderungen der Magnetosphäre und den Schwankungen des Erdmagnetismus auf der einen Seite den Veränderungen innerhalb des irdischen Lebens auf der anderen Seite diesen Gesetzen der Kausalität voll unterworfen, dann dürfte es keine »Versager« geben. Dann müßte jede *Ursache* auch eine bestimmte *Wirkung* haben, dann müßte beispielsweise in einem Horoskop eine bestimmte Konstellation die entsprechende Wirkung auslösen.

Das alles ist aber nicht der Fall, im Gegenteil, oft scheint alles der Kausalität zu widersprechen. Würde man an den Begriffen der rein physikalischen Kausalität, so wie Kant sie definierte, festhalten, ließen sich die vielen, im Naturgeschehen so unklaren Ergebnisse nicht deuten. Die Tatsache, daß die Astrologie über eine nur begrenzte Wahrscheinlichkeit richtiger Aussagen verfügt, gehört zu der grundlegenden Frage, ob es neben der physikalischen Kausalität nicht noch etwas anderes gibt.

Um dies verständlich zu machen, um eines der größten Probleme der Gegenwart zu explizieren, sei ein simpler Versuch geschildert: Wenn man eine fotografische Platte aufstellt und vor sie einen großen Kristall plaziert, so ereignet sich, sobald man durch diesen Kristall Elektronen schießt, etwas sehr Merkwürdiges. Solch ein Elektron nimmt einmal diesen, dann jenen Weg; es hat den Anschein, als habe es vollkommene Freiheit und könne sich jeden beliebigen Weg durch das Kristallgitter wählen. Jedenfalls kann man nach bisher gültigen Gesetzen nicht im voraus sagen, welchen Weg ein Elektron nehmen wird, es schießt einmal hier, dann wieder dort einen Punkt auf die fotografische Platte.

Wird aber dieser Versuch sehr lange fortgesetzt, werden unzählige Elektronen durch das Kristallgitter geschossen, dann kommt es zur Bildung ganz bestimmter Figuren. Es bilden sich helle und dunkle Ringe, die Physiker sprechen von einer Interferenzfigur. Wenn man solche Versuche oftmals wiederholt, so zeigen sich stets die gleichen Figuren.

Das heißt: Das einzelne Elektron ist anscheinend frei, es kann seinen Weg wählen, wie es will. Wenn aber große Mengen solcher Elektronen durch ein Kristallgitter gehen, dann ist ihr ganzes Verhalten von Wahrscheinlichkeitsgesetzen gesteuert. Die einen gehen dahin, andere dorthin. Mit solchen Versuchen stieß man schließlich auf ein Phänomen, das man allgemein die »statistische Kausalität« zu nennen pflegt.

Auf einen Menschen übertragen, könnte man beispielsweise die Ergebnisse eines Schießwettbewerbes zum Vergleich heranziehen. Ein guter Schütze wird unter hundert Schüssen gewiß nicht jedesmal ins Schwarze treffen, er wird aber doch mit einer hohen Wahrscheinlichkeit viele gute Treffer erzielen. Ein schlechter Schütze kann unter hundert Schüssen eventuell gleich das erstemal ins Schwarze treffen, das Gesamtergebnis wird aber eher schlecht sein.

Daraus ergibt sich, daß im Rahmen der Wahrscheinlichkeit das Einzelereignis frei ist, daß es vollkommen unbestimmt ist. Im Rahmen einer bestimmten Zahl von Ereignissen aber wird man mit einer gewissen Sicherheit dieses oder jenes Resultat erwarten dürfen.

Angewandt auf die Astrologie, kann man sagen, daß ein Mensch, beispielsweise im Tierkreiszeichen Widder geboren, mitunter langsam, inaktiv und wenig energiegeladen sein kann. Unter hundert Widdergeborenen wird man aber doch mehr als zwei Drittel mit einer überdurchschnittlichen Aktivität finden. Selbstverständlich mag es »Stiere« geben; denen am Geld nichts liegt. Aber das Charakteristikum von einer großen Zahl von Stiergeborenen wird doch das materielle Interesse sein.

Es bleibt noch immer die Frage offen, mit welchem Recht man die Gesetze der *statistischen Kausalität* für die Astrologie in Anspruch nimmt und warum man — durch die vielen Fehldeutungen gewitzigt — der rein physikalischen Kausalität aus dem Wege geht.

Die Antwort darauf mag kompliziert klingen, denn sie läßt sich nur mit einem Hinweis auf bestimmte Begriffe geben, die in der Kybernetik heute allseits Verwendung finden. Es handelt sich um die Urfrage, ob der ganze Kosmos ein Mechanismus oder ein Organismus ist. Verläuft alles nach streng physikalischen Gesetzen, ist alles nur physikalisch determiniert, so daß man immer und überall stets nur von einer physikalischen Kausalität sprechen kann? Kurzum, ist alles ein seelenloses mechanisches Reagieren, eine Maschinerie, wobei alles seinen gewohnten und durch nichts zu unterbrechenden Gang nimmt? Ist der ganze Kosmos so wie eine Nähmaschine, wie irgendein Apparat, einmal eingeschaltet, immer in gleicher Funktion? Oder findet man hier rein Organisches, verhält sich jeder Teil so wie das Glied eines großen Ganzen, wie ein lebendiger Organismus?

Die Frage ist, das sei zugegeben, keinesfalls klar entschieden. Doch neigen heute alle, die sich mit dieser Frage beschäftigen, eher zu der Annahme, daß der Kosmos ein Organismus ist.

Für einen Organismus aber gilt nicht die physikalische Kausalität, hier wird jede Wechselwirkung der einzelnen Elemente untereinander durch Wahrscheinlichkeitsgesetze geregelt. Man kann daher nur bestimmte Voraussagen auf Grund statistischer Überlegungen machen, es kann ein Ereignis eintreten, es muß aber nicht. Wenn also der Kosmos der rein »statistischen Kausalität« unterworfen ist, dann gilt dies auch für die Beziehung zwischen

Kosmos und Bios. Dann ist auch die Astrologie nur nach Wahrscheinlichkeitsgesetzen zu handhaben, und der Vorwurf, ein vorhergesagtes Ereignis sei einmal nicht eingetroffen, ist dann ohne Berechtigung. Freilich müssen die Astrologen selbst um diese Wahrscheinlichkeitsgesetze wissen, und sie werden sich wohl oder übel angewöhnen müssen, ihre Vorhersagen, ja alle ihre Aussagen in eine gewisse Möglichkeitsform zu kleiden. Mit Sicherheit, mit einer selbstsicheren Bestimmtheit etwas vorherzusagen, ist unmöglich. Das gilt für alle Bereiche der Astrologie, von der Charakterdeutung und den Prognosen bei einer Partnerschaftsberatung über die Berufsberatung bis zur allgemeinen Prognose. Die Tatsache, daß der Astrologe niemals den Tod eines Menschen vorhersagen kann, findet darin ihre Erklärung. In der Sprache der Kybernetik heißt das: »Die Zukunft probabilistischer Systeme kann nicht exakt, sondern nur nach den Regeln der Statistik vorausgesagt werden.«

Der Ausdruck »probabilistisch« wird in der Kybernetik verwendet, er bedeutet das Gegenteil von »deterministisch«. Wenn in einem System alles nach physikalischen Gesetzen abläuft, nennt man ein solches System deterministisch, weil hier die physikalische Kausalität alles bestimmt. Regelt sich aber alles nach Wahrscheinlichkeitsgesetzen, dann spricht man von einem probabilistischen System. Folglich muß, wenn das System Kosmos — Bios probabilistisch funktioniert, auch die Astrologie von diesem Gesichtspunkt aus gewertet werden. Und dann basiert eben alles auf den Grundlagen der statistischen Kausalität.

Da der Kosmos und das Leben auf der Erde ein System darstellen, ein probabilistisches System — weil es der statistischen Kausalität unterworfen ist —, so können alle Voraussagen nur im Rahmen einer Statistik erfolgen. Die Sicherheit aber, was ausgesagt und was nicht ausgesagt werden kann, wieviel aus einem Horoskop herausgelesen werden kann und darf, gewinnt der seriös arbeitende Astrologe auf Grund seiner Erfahrung. Er wird anfänglich viel unbekümmerter seine Aussagen machen, er wird anfangs mehr Prognosen stellen als später, wenn er viele Tausende Horoskope gesehen und ausgewertet hat. Dann aber wird es für ihn keine Bestürzung mehr geben, wenn ein Horoskop nichts aussagt, wenn man zu keiner richtigen Deutung kommt. Denn mit zunehmender Erfahrung wird man immer besser verstehen können, daß der ganze kosmische Einfluß nur ein modulierender Faktor ist.

Determiniert, das haben wir schon erwähnt, ist der Mensch nur auf Grund seiner keimplasmatischen Zusammensetzung. Hier liegt eine echte Vorausbestimmung vor. Aber von außen her kommt es zu einer Verstärkung, zu einer Abschwächung oder gar zu einer Auslöschung. Von außen her können auch die kosmischen Wirkungen eine Rolle spielen.

Wenn man den ganzen Fragenkomplex der Kausalität, über die schon die Philosophen im Altertum nachgedacht haben, überblickt, muß man dankbar sein, daß es gelungen ist, die rein physikalische Kausalität zu begrenzen. Es wäre für den denkenden Menschen deprimierend, wenn dieser Determinismus auch heute noch als Weltanschauung eine Rolle spielte, wenn man alle Lebensvorgänge als seelenlos mechanisch auffassen würde. Mit der Einführung der statistischen Kausalität ist das Verständnis der Lebensvorgänge leichter geworden. Sie hat den Menschen vor allem vom Druck eines nicht entrinnbaren Schicksals befreit.

Das gilt auch für die Astrologie.

Ein Ereignis, das im Horoskop vorgezeichnet ist, muß nicht immer eintreten. Der Mensch hat viele Möglichkeiten, das Positive zu aktivieren und das Negative auszuschalten. Diese Erkenntnis ist doch einigermaßen tröstlich.

Innere Zeit und Stoffwechsel

Wer sich mit den Problemen des menschlichen Stoffwechsels, mit den Fragen, warum ein Mensch krank wird, warum der eine lebenslang gesund bleibt, der andere immer wieder erkrankt und längere Zeit leiden muß, wenig oder gar nicht beschäftigt hat, wird auch von den modernen Erkenntnissen nichts wissen, die man bis heute über die Funktionen des Stoffwechsels gewann. Was in den letzten Jahrzehnten auf diesem Gebiet geleistet wurde, welche unübersehbare Fülle an Entdeckungen unser Wissen bereichert hat, ist dem Laien meist unbekannt. Es möge der Hinweis genügen, daß fast jede wichtige Entdeckung auf dem Gebiet des menschlichen Stoffwechsels mit dem Nobelpreis ausgezeichnet wurde.

Wenn die Astrologie früher jedem Tierkreiszeichen ein ganz bestimmtes menschliches Organ zuschrieb und die Konstellationen in und um dieses Tierkreiszeichen die Krankheiten anzeigte, wenn man zum Beispiel im sogenannten sechsten Horoskopfeld die Krankheiten verankert sah und wenn eine Art von astrologischer Medizin im Mittelalter sogar an den Universitäten gelehrt wurde, so kann die moderne Biologie dieses simple System nicht mehr akzeptieren. Widdergeborene leiden nicht nur an Kopfschmerzen und Zahnweh, Krebsgeborene sind nicht immer nur magenempfindlich, und derjenige, der unter starkem Fischeinfluß steht, hat nur selten ein Fußleiden. Auch hinsichtlich des Entstehens von Krankheiten hat man sich früher andere Vorstellungen gemacht und dabei übersehen, daß auch die uralte Astrologie keine einfache Deutung zuläßt. Denn wie der Tierkreis in sich geschlossen ist und jeder Punkt darin Anfang und Ende sein kann, so ist auch

Minu-ten	Grade od. Stunden											
	0	1	2	3	4	5	6	7	8	9	10	11
0	3,1581	1,3802	1,0792	9031	7781	6812	6021	5351	4771	4260	3802	3388
1	1584	3730	56	07	63	6798	09	41	62	52	3795	82
2	2,8573	3660	20	8983	45	84	5997	30	53	44	88	75
3	6812	3590	0685	59	28	69	85	20	44	36	80	68
4	5563	22	49	35	10	55	73	10	35	28	73	62
5	4594	3454	14	12	7692	41	61	5300	26	20	66	55
6	3802	3388	0580	8888	74	26	49	5289	17	12	59	49
7	3133	23	46	65	57	12	37	79	08	04	52	42
8	2553	3258	11	42	39	6698	25	69	4699	4196	45	36
9	2041	3195	0478	19	22	84	13	59	90	88	37	29
10	1584	33	44	8796	04	70	02	49	82	80	30	23
11	1170	3071	11	73	7587	56	5890	39	73	72	23	16
12	0792	10	0378	51	70	42	78	29	64	64	16	10
13	0444	2950	45	28	52	28	66	19	55	56	09	03
14	0122	2891	13	06	35	14	55	09	46	48	02	3297
15	1,9823	33	0280	8683	18	6600	43	5199	38	41	3695	91
16	9542	2775	48	61	01	6587	32	89	29	33	88	84
17	9279	19	16	39	7484	73	20	79	20	25	81	78
18	9031	2663	0185	17	67	59	09	69	11	17	74	71
19	8796	07	53	8595	51	46	5797	59	03	09	67	65
20	8573	2553	22	73	33	32	86	49	4594	02	60	58
21	8361	2499	0091	52	17	19	74	39	85	4094	53	52
22	8159	45	61	30	01	05	63	29	77	86	46	46
23	7966	2393	30	09	7384	6492	52	20	68	79	39	39
24	7781	41	1,0000	8487	68	78	40	10	59	71	32	33
25	7604	2289	0,9970	66	51	65	29	5100	51	63	25	27
26	7434	39	40	45	35	51	18	5090	42	55	18	20
27	7270	2188	10	24	18	38	06	81	34	48	11	14
28	7112	39	9881	03	02	25	5695	71	25	40	04	08
29	6960	2090	52	8382	7286	12	84	61	16	32	3597	01
30	6812	41	23	61	70	6898	73	51	08	25	90	3195
31	6670	1993	9794	41	54	85	62	42	4499	17	83	89
32	6532	46	65	27	38	72	51	32	91	10	76	83
33	6398	1899	37	8300	22	59	40	23	82	02	70	76
34	6269	52	08	8279	06	46	29	13	74	3994	63	70
35	6143	06	9680	59	7190	33	18	03	66	87	56	64
36	6021	1761	52	39	74	20	07	4994	57	79	49	57
37	5902	16	25	19	59	07	5596	84	49	72	42	51
38	5786	1671	9597	8199	43	6294	85	75	40	64	35	45
39	5673	27	70	79	28	82	74	65	32	57	29	39
40	5563	1584	42	59	12	69	63	56	24	49	22	33
41	5456	40	15	40	7097	56	52	47	15	42	15	26
42	5351	1498	9488	20	81	43	41	37	07	34	08	20
43	5249	55	62	01	66	31	31	28	4399	27	01	14
44	5149	13	35	8081	50	18	20	18	90	19	3495	08
45	5051	1372	09	62	35	05	09	09	82	12	88	02
46	4956	31	9383	43	20	6193	5498	4900	74	05	81	3096
47	4863	1290	56	23	05	80	88	4890	65	3897	75	89
48	4771	49	30	04	6990	68	77	81	57	90	68	83
49	4682	09	05	7985	75	55	66	72	49	82	61	77
50	4594	1170	9279	66	60	43	56	63	41	75	54	71
51	4508	30	54	47	45	31	45	53	33	68	48	65
52	4424	1091	28	29	30	18	35	44	24	60	41	59
53	4341	53	03	10	15	06	24	35	16	53	34	53
54	4260	15	9178	7891	6900	6094	14	26	08	46	28	47
55	4180	0977	53	73	6885	81	03	17	4300	38	21	41
56	4102	39	28	54	71	69	5393	08	4292	31	15	34
57	4025	02	04	36	56	57	82	4798	84	24	08	28
58	3949	0865	9079	18	41	45	72	89	76	17	01	22
59	3875	28	55	7800	27	33	61	80	68	09	3395	16

Diurnal-Logarithmen dienen zur Berechnung der Gestirnspositionen. Notwendig ist lediglich das Addieren von Logarithmen.

bei der Entstehung von Krankheiten nicht ein isoliertes Geschehen maßgebend, sondern immer eine Störung im Gesamtorganismus. Durch lange Zeit hindurch können sich Unregelmäßigkeiten, krankhafte Veränderungen im Stoffwechsel abspielen, ehe es in einem bestimmten Organ tatsächlich zum Ausbruch einer Krankheit kommt. Dabei bleibt dann immer noch die Frage, ob dort, wo die Krankheit erkennbar wird, auch ihre Ursache liegt.

Wenn bei jemandem plötzlich eine Zuckerkrankheit auftritt, so kann dieses Übel zum Beispiel dadurch entstehen, daß eine Krebsmetastase, ausgehend von einem Lungenkrebs, im Gehirn das Zuckerzentrum zerstört hat. In diesem Fall hat die Krankheit ihren Sitz in einem Lungenflügel, das auslösende Moment geschah im Gehirn, und die Gesamterscheinung ist eine schwere Stoffwechselstörung. Will man hier astrologisch eine Deutung nach alter Manier vornehmen, kommt man mit den Tatsachen nicht zurecht. Womit gesagt sein soll, daß all das, was in den vielen Astrologiebüchern über Sternenwirkung und Krankheit steht, einer Prüfung durch die moderne Heilkunde nicht standhält. Wohl werden gelegentlich faszinierende Zusammenhänge offenbar, aber die antiquierte Einteilung des menschlichen Körpers in verschiedene Tierkreiszonen ist auf Grund der statistischen Kausalität aufzugeben. Der Einfluß des Kosmos auf das irdische Leben spielt sich vorwiegend innerhalb des Stoffwechsels ab. Und wie verschieden der Stoffwechsel beim Menschen reagieren kann, zeigt allein schon das Verhältnis zur »inneren Zeit«. Dieses Phänomen der »inneren Zeit« ist nicht schwer zu verstehen und sollte jedem Menschen geläufig sein.

Man erinnere sich, daß in der Kindheit Wunden, die man sich etwa beim Spielen zugezogen hat, sehr rasch wieder verheilten. Ist man beispielsweise gestürzt und hat man sich dabei das Knie aufgeschlagen, so war spätestens nach einer Woche alles wieder verheilt. Je älter aber ein Mensch wird, um so langsamer vollzieht sich eine solche Heilung, und bei einem alten Menschen kann es unter Umständen viele Wochen dauern, bis die letzte Kruste abfällt. In der Jugend sind eben alle Stoffwechselvorgänge beschleunigt, alles vollzieht sich stürmisch, während im Alter die Stoffwechselreaktionen verlangsamen.

Oder man erinnere sich an die Zeiterlebnisse in der Kindheit, in den Jahren des Schulbesuchs. Dauerten die Ferien nicht unglaublich lange? Waren das nicht alles Zeiträume, die sich gar nicht abschätzen ließen? Verging damals die Zeit nicht wesentlich langsamer? Doch je älter man wurde, desto häufiger kam es einem vor, als ob die Zeit rascher verginge. Der alte Mensch, der aus dem Berufsleben ausgeschieden ist, klagt immer wieder, daß die Wochen, daß die Monate und Jahre im wahrsten Sinn des Wortes dahinfliegen.

Und noch ein Beispiel: Man fährt auf Urlaub, man hat drei Wochen Zeit, um sich irgendwo zu erholen. Dabei zeigt sich, daß die ersten Urlaubstage unglaublich lang zu sein scheinen, daß die erste Woche sehr langsam vergeht. In der zweiten Woche ist das Zeiterlebnis normal, doch in der dritten Woche scheint die Zeit bereits zu rasen.

Wie kommt es zu diesen unterschiedlichen Zeitgefühlen, wie sind solche Zeiterlebnisse zu verstehen? Warum kann ein Wochenende, an dem man etwas ganz anderes unternimmt als üblich, ungemein lang dauern und eine Woche Arbeit im Nu vergehen?

Um das alles zu verstehen, mache man folgendes Experiment: Man suche einen kleinen Bach auf, der sich durch eine Wiese schlängelt und in dem das Wasser mit gleichbleibender Geschwindigkeit fließt. Nun werfe man ein Stück Papier in das Wasser. Wenn man dann im gleichen Tempo wie das Papier auf dem Wasser den Bach entlang geht, hat man das Gefühl, daß das Wasser im Bach steht, denn das Papier an der Wasseroberfläche bleibt immer in gleicher Höhe mit dem Wanderer. Läuft man aber neben dem Bach schneller, als das Wasser fließt, dann bleibt das Papier zurück, und der Bach fließt scheinbar langsamer. Geht man langsamer, als das Wasser fließt, neben dem Bach einher, dann schwimmt einem das Stück Papier davon, und man hat den Eindruck eines rasch fließenden Wassers.

Oder man stelle sich zwei Eisenbahnzüge vor, die nebeneinander fahren. Fahren beide in gleichem Tempo, sieht man beim Fenster hinaus in das Wagenabteil des daneben fahrenden Zuges, dann hat man das Gefühl, der Zug stehe, er bewege sich nicht vom Fleck. Fährt der andere Zug aber schneller, dann glaubt man, der eigene Zug verlangsame sich, fährt der andere dagegen langsamer, meint man, selbst schneller zu fahren.

In diesen Vergleichen ist die eine Bewegung immer gleich, der Bach fließt mit gleicher Geschwindigkeit dahin, der eigene Zug fährt mit einem bestimmten, gleichbleibenden Tempo. Auf das Zeiterlebnis übertragen, entspricht dies der gewöhnlichen Uhrzeit. Jeder Tag hat vierundzwanzig Stunden, jede Stunde sechzig Minuten. Daran ändert sich nichts, die Uhren sind unbestechlich. Man kann die Zeit nicht aufhalten.

Nicht gleich aber ist im ersten Vergleich die Bewegung des Fußgängers, im zweiten Vergleich das Tempo des anderen Zugs. Daraus läßt sich erkennen, daß, je schneller die eine Bewegung ist, die andere um so langsamer erscheint. Läuft der Mensch neben dem Bach, scheint der Bach langsam zu fließen. Beginnt der andere Zug schnell zu fahren, hat man das Gefühl, langsamer zu sein. Diese zweite Bewegung in unseren Beispielen ist dem Tempo des Stoffwechsels im Körper gleichzusetzen, jener Zeit, innerhalb der bestimmte Stoffe verwandelt und verbraucht werden. Ist der menschliche Stoffwechsel in der Jugend rasant, sind die Reaktionen alle sehr schnell (Fußgänger), dann scheint die Uhrzeit langsamer zu gehen (Bach). Wenn dann im Laufe des Lebens die Stoffwechselreaktionen langsamer und langsamer werden, dann scheint die Zeit zu rasen.

Das Tempo, mit dem der Stoffwechsel des Menschen abläuft, wird in erster Linie durch eine Zentrale gelenkt, die man den Zitronensäurezyklus nennt. Das sind komplizierte chemische Reaktionen, von denen der Mensch lebenslang abhängig ist. Verständlich, daß jede Veränderung in dieser Stoffwechselzentrale ein anderes Lebensgefühl hervorruft. Fährt man auf Urlaub, stellt sich der Stoffwechsel um und bewirkt ein anderes Zeiterlebnis. Hat man sich eingewöhnt, dann geht alles wieder seinen »gewohnten Gang«, das Zeiterlebnis wird beschleunigt. Das sind Lebenserfahrungen, die jeder oft und oft gewonnen hat. Nicht bekannt aber sind die Wechselwirkungen zwischen Stoffwechselreaktionen, Tempo des Stoffwechsels und Zeitgefühl. Die Zeit, nach der im menschlichen Körper alle Stoffwechselreaktionen ablaufen, deren Mittelpunkt der Zitronensäurestoffwechsel ist, nennt man die *innere Zeit* eines Menschen. Sie war zu allen Zeiten bekannt. Man denke an die Legende von dem Mönch, der sich den Begriff der Ewigkeit nicht vorstellen konnte. Da hörte er in einem Klostergarten einen Vogel singen, so schön, so ungewohnt, daß er dem Gesang wie gebannt einen ganzen Tag lang lauschte. Als er am Abend ins Kloster zurückkam, waren fremde Brüder dort, alles war verändert. Da wurde ihm bewußt, daß in den Stunden, die er im Garten zugebracht hatte, Jahrhunderte vergangen waren.

Womit gesagt sein soll, daß die innere Zeit mit der Uhrzeit nicht konform geht. Für uns ist die Erkenntnis entscheidend, daß durch kosmische Einflüsse die innere Zeit verändert werden kann, daß aber darüber hinaus der gesamte menschliche Stoffwechsel Veränderungen erfährt. Dann kommt es nicht nur zu einem anderen Zeiterlebnis, dann kommt es auch zu verschiedenen Auswirkungen auf den Charakter, schließlich zu einer Veränderung der Beziehungen zur Umwelt. Wird beispielsweise die Funktion der Schilddrüse auch nur minimal gesteigert, kommt es schon in kürzester Zeit zu einem Energiezuwachs. Damit aber auch zu einer intensiven Ausstrahlung in die Umwelt, zu oft weitgehenden Veränderungen mit einer Fülle gegenseitiger Reaktionen. Ein Mensch, der mit einemmal fleißig zu arbeiten beginnt, wird seinen sozialen

Status verbessern, andere Partnerschaften eingehen und sich nach einiger Zeit in einem anderen Lebensmilieu befinden. Ebenso kann eine Hemmung im Stoffwechsel die Reaktionsweise zur Umwelt verlangsamen oder teilweise sogar zum Stillstand bringen. Dann wird es Schwierigkeiten geben im Beruf, in der Beziehung zum Lebenspartner, in allen anderen gesellschaftlichen Beziehungen. Somit ist klar erkennbar, wie man heute den Einfluß des Kosmos auf das irdische Leben aufzufassen hat. Es kommt zu Veränderungen im Stoffwechsel, derart, daß ganz bestimmte Stoffwechseltätigkeiten eine Veränderung erfahren. Was auch immer im Stoffwechsel geschieht, jeder Eingriff, gleichgültig welcher Art, hat eine mehr oder minder starke Auswirkung auf den Charakter, also auch auf die Beziehung eines Menschen zu seiner Umwelt. Steht der Saturn für einen Menschen schlecht, bringt er Hemmung und Bedrückung, dann kann es im Stoffwechsel dieses Menschen zu Verlangsamungen kommen. Die Folgen sind mitunter lebenslange Schwierigkeiten. Kommt der Jupiter an eine ganz bestimmte Stelle, vermehrt er — wie es seinem Prinzip entspricht — alle Funktionen, dann ist mehr an Aktivität da, dann funktioniert alles besser, es wird zu einem Aufstieg kommen, den man »Glück« zu nennen pflegt. Es ist nur merkwürdig, daß der erfahrene Astrologe diese Zusammenhänge zu allen Zeiten gewußt hat, ohne auch nur die geringste Ahnung von einem Zitronensäurezyklus zu haben.

Geschichte der Deutungskunst

Wer für die Astrologie Interesse aufwendet, wird sich vielleicht anfänglich mehr oder weniger lange darüber Gedanken machen, wie sich die von den Astrologen behaupteten Einflüsse der Sterne auf unser Leben abspielen können. Er wird wahrscheinlich viele Einwände haben und sich unter Umständen erst nach Prüfung aller Gegebenheiten irgendwie »bekehren« lassen. Doch immer dann, wenn man sich bereits einige Zeit mit der Astrologie beschäftigt hat, treten all die Überlegungen über Art und Form der kosmobiologischen Einflüsse in den Hintergrund, man hat dann nicht mehr so viel Interesse für die verschiedenen physikalischen Prinzipien, mehr und mehr wendet man sich der Deutungskunst zu. Dann wird irgendeinmal sozusagen das Tor zur Astrologie aufgestoßen, dann gerät man eines Tages in den Bann dieser uralten Erfahrungswissenschaft, und wenn man gar das Horoskopzeichnen erlernt hat, kommt man aller Wahrscheinlichkeit nach nie mehr von der Sterndeuterei los.

Womit gesagt sein soll, daß die meisten Astrologen, ja beinahe alle, die die Kunst der Sterndeutung ausüben, zunächst eher überzeugte Gegner waren. Das geht aus vielen Bekenntnissen hervor und läßt sich immer wieder bestätigen. Männer und Frauen lehnten aus irgendeinem Grund die Astrologie ab, begannen eines Tages darüber zu diskutieren, beschäftigten sich etliche Zeit mit der Materie und gerieten dann in den Bannkreis der Astrologie, dem sie nie mehr entrinnen konnten. Denn früher oder später erkennt man die so unheimlich anmutenden Beziehungen, vor allem aber lassen sich viele Dinge des Lebens mit einemmal wesentlich leichter erklären.

Allerdings darf man sich die astrologische Deutungskunst nicht als ein einheitliches Wissensquantum vorstellen, das seit Jahrtausenden unverändert von einer Generation zur anderen weitergegeben wurde. Das Gegenteil ist der Fall. Was so im Laufe der Jahrhunderte erkannt wurde, ist vom heutigen Standpunkt aus betrachtet oft ungemein dürftig, oft auch gänzlich widersinnig. Es sind viele astrologische Werke überliefert, die eine Deutungskunst enthalten, die nach heutigen Gesichtspunkten völlig unbrauchbar ist, und die »Weisheiten« verkünden, die man als Unsinn bezeichnen muß. Natürlich läuft jeder, der sich mit der astrologischen Literatur beschäftigt, Gefahr, an solch eine Publikation zu geraten, und er kann dann verständlicherweise sehr enttäuscht sein.

Man muß feststellen, daß die astrologische Deutungskunst, wie sie besonders im Altertum betrieben wurde, in erster Linie wegen der mangelnden Vorstellungen über die tatsächlichen Kräfte der Sternenwelt ungenügend war und daß in zweiter Linie auch die Motive der Sterndeutung anders gefärbt waren. Selbst dann, als man sich von den rein religiösen Bindungen befreit hatte, die Planeten also keine Sternengötter mehr waren, diente die Astrologie eher dem Verständnis eines unentrinnbaren Schicksals als einer methodischen Charakterdeutung. Den heutigen Astrologen setzt immer wieder die Tatsache in Erstaunen, daß die Astrologie trotz der zahlreichen Ungereimtheiten eine oft beträchtliche Anerkennung und Achtung erwerben konnte.

Man wird aber die damaligen Schwierigkeiten wohl zu bedenken haben. Schließlich gab es noch keine so umfassenden Kommunikationsmittel wie heute, Einzelereignisse blieben meist im verborgenen, statistisch zu arbeiten war unmöglich. Man nahm, wenn man ein Ereignis astrologisch ausgewertet hatte, an, daß bei gleicher oder ähnlicher Konstellation sich Gleiches oder Ähnliches ereignen müßte. Schon Herodot hat in seinem berühmten zweiten Buch über Ägypten dergleichen angedeutet. Die Ägypter — und mit ihnen alle Völker, die Sterndeuterei betrieben — schreiben, so teilte dieser klassische Historiker mit, alles sorgfältig auf, wenn sich etwas ereignet, und wenn sich dann in der Zukunft am Himmel ähnliche Konstellationen ergeben, erwarten sie, daß auch ähnliches geschieht.

Doch man verfügte damals nur über einen engen Erfahrungsbereich; das Einzelereignis wurde überbewertet, von einer statistischen Kausalität hatte man keine Ahnung, man schloß von einem Ereignis auf alle. Nur so ist beispielsweise die Omensammlung des Königs Assurbanipal, 669—627 v. Chr., Sohn des Assarhaddon, zu verstehen, die im Jahre 1847 bei den Ruinen von Ninive ausgegraben wurde. Viertausend Tontäfelchen enthalten allerlei astrologische Weisheiten, die für die heutige Astrologie samt und sonders wertlos sind. Da heißt es zum Beispiel, daß es eine reiche Ernte geben wird, wenn bei Sonnenaufgang Merkur im Gebiet der Jungfrau gesehen wird. (Er steht natürlich jährlich dort.) Oder es wird ein großer König sterben, wenn Jupiter vor dem Mond steht, Regen und Überschwemmungen bringt die Venus im Skorpion, hingegen wird der König lange leben, wenn der Mond im Krebs steht (auch jedes Jahr zwölfmal!) und von einem Hof umgeben ist.

Man braucht sich nicht die geringste Mühe zu machen, in dieser Sammlung auch nur einen einzigen sinnvollen Satz zu suchen. Wenn das, was damals, im ersten Jahrtausend vor Beginn der Zeitrechnung, aufgezeichnet wurde, das gesamte astrologische Wissen aller sternenkundigen Völker war, so muß man daraus schließen, daß damalige astrologische Prognosen reinste Glücksspiele waren.

Und erst das berühmte »Vierbücherwerk«, genannt Tetrabiblos, des Claudius Ptolemäus, eines gebürtigen Ägypters, der etwa 85—160 n. Chr. als Astronom, Mathematiker und Geograph in Ägypten lebte. Man war sich immer schon darüber uneinig, ob dieses Werk tatsächlich von diesem Gelehrten geschrieben worden war, denn die in diesem Buch enthaltenen astrologischen Deutungsregeln sind gleichfalls größtenteils falsch und können jederzeit durch die Praxis widerlegt werden. Ob er nun über die Todesart schreibt oder über die Lebensdauer, über die Beschaffenheit des Leibes oder über Mißbildungen, nichts hält einer objektiven Prüfung stand: Ist etwa Saturn am Morgenhimmel, deutet er auf gelbe Hautfarbe, große Augen, feuchtes Temperament. Steht aber Mars am Morgenhimmel, bringt er eine rote Hautfarbe. Heilbar sind Krankheiten, wenn sich Jupiter und Venus in gutem Aspekt am Morgenhimmel befinden, böse Planeten aber am Abendhimmel stehen. Im umgekehrten Fall sind Krankheiten unheilbar; Epilepsie entsteht, wenn Merkur mit dem Mond nicht verbunden ist und Saturn am Aufgang, am Aszendenten steht.

Es genügt, die Horoskope von Freunden, Bekannten und Verwandten nach diesen Deutungsregeln zu untersuchen, und man erkennt sofort, daß es sich hier um einen blühenden Unsinn handelt. Daß in astrologischen Lehrbüchern bis zum heutigen Tag immer wieder von Ptolemäus und anderen abgeschrieben wurde und wird, ist ein beschämendes Zeichen für mangelnde Erfahrung. Man heilt Krankheiten heute auch nicht mehr nach den anatomischen Vorstellungen und den entsprechenden Anweisungen des römischen Arztes Galen, der ungefähr zur selben Zeit wie Ptolemäus gelebt hat.

Wenn daher schon in den ersten Jahrhunderten nach Christus überzeugte Gegner der Astrologie auftraten, so war dies die logische Folge auf die völlig ungenügende und zum Teil ganz unrichtige Deutungskunst, wie sie damals üblich war und wie sie sich die längste Zeit halten konnte. Erst die Astrologie des Mittelalters brachte neue Erfahrungen und stellte die astrologische Deutungskunst auf eine völlig andere Basis. Zumal man viel mehr Erfahrungen sammeln konnte, zumal die rein astronomischen Grundlagen weitaus zuverlässiger zur Verfügung standen, zumal auch die allgemeinen Voraussetzungen für die Sterndeuterei günstiger waren. Daß auch damals die astrologischen Prognosen — genauso wie heute — auf unsicheren Grundlagen standen, daß auch damals die wirklich umwälzenden Ereignisse von keinem Astrologen vorhergesagt werden konnten, möge als Beweis dafür gelten, daß die Stärke der astrologischen Aussage nicht auf diesem Gebiet liegt. Die große Pestepidemie im Jahre 1349, die fast ganz Europa entvölkerte und mehr als vierzig Millionen Menschen dahinraffte, wurde von keinem Astrologen auch nur annäherungsweise in seinen Prognosen angedeutet, wenngleich gerade damals Astrologen an allen Fürstenhöfen Europas in hohem Kurs standen und dauernd Prognosen zu stellen hatten.

Die Blütezeit der Astrologie fällt in die Zeit zwischen 1450 und 1650. In diesem Zeitraum lebten Paracelsus, Johannes Kepler, Tycho Brahe, Nostradamus, Francesco Giuntini und vor allem Jean Baptiste Morin. Der Letztgenannte schrieb die weltberühmte »Astrologia gallica«, die als ein umfassendes Werk der Astrologie zu bezeichnen ist, mit einer Deutungskunst, die vielfach noch heute einer Prüfung standhält. Jean Baptiste Morin darf als Schöpfer der modernen Astrologie angesehen werden.

Morin konnte — allerdings unfreiwillig, denn er wurde von Kardinal Richelieu festgehalten — ungestört arbeiten, wobei ihm ein für damalige Verhältnisse sehr umfangreiches Material an Daten zur Verfügung stand. Es ist nicht bekannt, wie viele Helfer ihm zur Seite standen, aber es ist heute als gesichert zu betrachten, daß Morins astrologisch-politisches Wissen und seine Ratschläge beigetragen haben, Frankreich zu seiner damaligen Vormachtstellung zu verhelfen. Er faßte die damals vielfach sich widersprechenden Deutungsregeln einheitlich zusammen und begründete scharfsinnig seine Deutungskunst, vorwiegend mit mathematischen Angaben. So ist es nicht verwunderlich, daß die Lehren Morins im zwanzigsten Jahrhundert von hervorragenden Astrologen wie Sindbad und Weiss bearbeitet wurden und zu einer auch heute brauchbaren Grundlage der Astrologie verarbeitet werden konnten.

Wenn man sich allerdings der heute immer noch üblichen Astrologie zuwendet, so verblüfft die Tatsache, daß sich ein überaus uneinheitliches Bild bietet. Die meisten astrologischen Organisationen arbeiten nicht zusammen, bekämpfen sich vielfach, und immer wieder fühlen sich einzelne Astrologen und Astrologinnen berufen, eine Art Führungsrolle zu übernehmen und dann mit einer gefährlichen Intoleranz eigene Systeme und »Findungen« als allein richtig hinzustellen. Seltsamerweise wird gerade das, was von jeder wissenschaftlichen Disziplin als Selbstverständlichkeit gefordert wird, von den meisten Astrologen so gut wie überhaupt nicht befolgt: einheitliche Grundlagen zu schaffen und die astrologische Deutungskunst durch umfangreiche, wissenschaftlich einwandfreie statistische Untersuchungen zu untermauern.

Dieses Buch nun gibt Hinweise, wie man sich eine einheitliche Astrologie vorzustellen hat, wie man sich einarbeiten soll und welche Irrtümer zu vermeiden sind. Es lohnt sich, das Horoskopzeichnen zu erlernen und die gesicherten Grundlagen der Astrologie, wie sie durch die moderne Kosmobiologie gegeben sind, zum Ausgangspunkt eigener Erfahrungen zu machen. Man muß die Grundkonzeption des Tierkreises verstehen, man muß über den Aufbau eines Horoskops die nötigen Kenntnisse besitzen. Man muß vor allem verstehen, was der Aszendent bedeutet. Der Verfasser dieses Buches kann jedermann nur empfehlen, bei den schon von Morin angegebenen »astrologischen Häusern« zu bleiben und nicht modernen Systemen zu folgen, die keinesfalls als gesichert gelten und deren Notwendigkeit nicht gegeben ist. An der entsprechenden Stelle dieses Buches wird über diese »astrologischen Häuser« noch ausführlich zu reden sein.

Mit einiger Bestimmtheit kann gesagt werden, daß jeder, der sich mit der Astrologie beschäftigt, der Horoskope zeichnen kann, diese systematisch ordnet und archiviert, sie immer wieder kontrolliert und an Hand der Ereignisse die überlieferten Regeln der Deutungskunst überprüft, mit der Sternenweisheit viel Freude erleben wird. Wer darüber hinaus dem Rat folgt, weniger auf astrologische Prognosen zu achten als vielmehr eine routinierte Charakterdeutung anzustreben, wird sich schon nach einigen Jahren Anerkennung als Kenner der Astrologie, später vielleicht sogar als Könner der Astrologie erwerben.

Tierkreis

Mit objektiven Augen

Die Astrologie muß man wie jedes andere Wissensgebiet erlernen. Es ist völlig unzureichend, wollte man das in der Schule erworbene Wissen über den Aufbau des Weltalls zur Grundlage einer Beurteilung der Sterndeutungskunst machen. Vielleicht sind die Fehlurteile, die irrigen Ansichten und die schroffen Ablehnungen der Astrologie auf dieses Mißverhältnis, auf diese falschen Voraussetzungen zurückzuführen. Man hat in der Schule einige Angaben über die Sonne, den Mond und die Planeten gehört, und schon ist man überzeugt, mit Hilfe des »gesunden Menschenverstandes«, durch eigene Überlegungen oder durch Erfahrungen mit Sterndeutern alles von der Astrologie zu verstehen. Besonders arg sind die Fehleinschätzungen dann, wenn jemand ein akademisches Wissen auf einem bestimmten Gebiet erworben hat, auf seinem Fachgebiet eine gewisse Autorität besitzt und sich berechtigt fühlt, auf Grund seiner Autorität — die ja nur auf seinem Wissensgebiet gilt — die Astrologie zu beurteilen. Wenn etwa eine international geschätzte Kapazität, ein berühmter Chirurg, der allerdings nicht einmal die Reihenfolge der Planeten anzugeben vermag, gefragt wird, was er von der Astrologie hält, und dieser dann mit erhabener Würde erklärt, daß sie reiner Aberglaube sei.

Um nun den Aufbau des Tierkreises zu verstehen, genügt es nicht, die zwölf Zeichen dieses Tierkreises zu kennen. Hinderlich ist dabei vor allem die starke Fixierung an das eigene Sonnenzeichen, wodurch das rechte Verstehen der Zusammenhänge erschwert wird. Wer Ende März geboren ist, hat die Sonne im Tierkreiszeichen Widder und fühlt sich lebenslang als »Widder«.

Wer Anfang Dezember geboren wurde, liest regelmäßig in den astrologischen Spalten der Zeitungen unter der Rubrik »Schütze« nach. Der Stand der Sonne im Augenblick der Geburt wird also von den meisten Menschen als einziges Charakteristikum für die menschliche Persönlichkeit genommen. Das eben ist die Sonnenstandsastrologie, einfach und einseitig. Somit erhebt sich die verständliche Forderung, daß derjenige, der ernsthaft astrologische Studien betreiben will, vorerst diese Sonnenstandsastrologie vergessen soll. Denn sie trübt den Blick für alle weiteren Erkenntnisse.

Im Tierkreis befindet sich nicht allein die Sonne, sondern alle Planeten haben darin in jedem Augenblick eine bestimmte Position inne. Wer nur die immer wieder in vielen Laienpublikationen angeführten Eigenschaften eines Sonnenzeichens, also der Sonnenposition in einem Tierkreiszeichen, vor Augen hat, wird große Mühe haben, das Wirken dieser Kraftfelder bei den anderen Planeten zu erkennen. Man ist geneigt, bestimmte Eigenschaften immer dann als Bestätigung der Astrologie anzuerkennen, wenn es sich herausstellt, daß man im Bekanntenkreis einen »typischen Vertreter« eines Sonnenzeichens hat. Wer jemanden kennt, der zum Beispiel im Skorpion geboren ist und den üblichen Vorstellungen dieses Tierkreisabschnittes entspricht, wird »von der Astrologie etwas halten«. Im gegenteiligen Fall stellt man sie flugs als Unsinn hin.

Der Mensch hat nicht nur jene Eigenschaften, die durch das Sonnenzeichen geprägt werden. Steht bei dem einen die Sonne in der Jungfrau, bei einem anderen die Sonne im Steinbock, darf sich der Astrologe mit der einfachen Typisierung durch das Sonnenzeichen allein nicht zufriedengeben. Die Zusammensetzung eines Charakters ist vielfältig, alle Horoskopelemente spielen dabei eine Rolle. Dazu gehören in erster Linie die in den verschiedenen Tierkreiszeichen wirksamen Planeten, deren gegenseitige Einflüsse, die der Astrologe »Aspekte« nennt, die Verteilung der Planeten in

Zeichen	Symbol	Charakter
Widder	♈	Ich bin
Stier	♉	Ich habe
Zwillinge	♊	Ich denke
Krebs	♋	Ich fühle
Löwe	♌	Ich will
Jungfrau	♍	Ich prüfe
Waage	♎	Ich schwanke
Skorpion	♏	Ich begehre
Schütze	♐	Ich sehe
Steinbock	♑	Ich gebrauche
Wassermann	♒	Ich weiß
Fische	♓	Ich glaube

Die Tierkreiszeichen und ihre Symbole
Die Sonnenstandsastrologie in Zeitwörtern

den Horoskophäusern, also in den Himmelsräumen über der Ekliptik, und schließlich der Aszendent, der wichtigste Punkt in einem Horoskop. Diese Horoskopelemente lassen sich keineswegs rasch erklären, das Verständnis für sie muß Schritt für Schritt erarbeitet werden. In den folgenden Ausführungen werden wir die einzelnen Faktoren eines Horoskops systematisch besprechen.

Halten wir vorerst noch einmal fest, daß in jedem Menschen eine »Legierung« verschiedener Kräfte aus dem Tierkreis wirksam ist, von Kräften, die sein Schicksal modulieren. Diese »kosmischen Kräfte« treten einmal stärker, einmal schwächer in Erscheinung. Das klingt nicht einfach, kann es auch nicht sein. Es gibt keinen kurzen, bequemen Weg, den Aufbau und das Wirken des Tierkreises zu verstehen. Wenn man die herkömmlichen Astrologiebücher studiert, erkennt man unschwer, daß man immer wieder versucht hat, einfachste Erklärungen für diese komplexen Vorgänge zu geben. Dieser Weg führt kaum zum rechten Verständnis der Astrologie. Allein die einzelnen Tierkreisabschnitte bieten eine unermeßliche Fülle von Erfahrungstatsachen. Erst bei einem ernsthaften, systematischen und steten Studium gewinnt man eine genaue Vorstellung, wie harmonisch alles ineinandergreift.

Dergleichen Hinweise sollen niemanden abschrecken. Die Astrologie ist eine Erfahrungwissenschaft, die seit Jahrtausenden ihre Erkenntnisse speichert, und es ist naheliegend, daß man in wenigen Stunden keinen umfassenden Überblick gewinnen kann. Man soll sich den Weg zur Astrologie vor allem nicht dadurch versperren, daß man bei der Erläuterung der einzelnen kosmischen Kräfte als erstes die Frage nach der Kausalität, nach dem Warum stellt. Damit kommt man keinen Schritt weiter, im Gegenteil, die Schwierigkeiten werden dadurch größer. Es hat sich im Laufe meiner astrologischen Lehrtätigkeit immer wieder als vorteilhaft erwiesen, dem Lernbegierigen zunächst die Komplexität des Tierkreises zu erklären und ihm den Rat zu geben, sich mit diesem Phänomen eingehend zu beschäftigen. Je nach Einstellung und

Wissensdurst wird der eine sehr bald in die geheimnisvollen Zusammenhänge eindringen, ein anderer wird die praktische Konsequenz daraus ziehen und die reinen Tatsachen verwerten.

Erst viel später wird er sich Gedanken darüber machen, warum die einzelnen Abschnitte des Tierkreises verschiedene Wirkungen haben.

Bei allen folgenden Betrachtungen des Tierkreises vermeide man es strikte, an das Sonnenzeichen zu denken. Man verliert sonst jede Objektivität.

Viele, die sich für die Astrologie interessieren, verlangen nichts anderes als die Erklärung des eigenen Horoskops und suchen unter Umständen immer nur im eigenen Geburtshoroskop Zusammenhänge zwischen vergangenen und gegenwärtigen Lebensereignissen. Manch einer, der die Horoskopie erlernt hat, sieht täglich nach, wie »die Sterne stehen«, und macht jeden Handgriff, jede Entscheidung von der Stellung der Sterne abhängig. Das ist zwar nicht alleiniger Sinn und Zweck der Astrologie, läßt aber doch erkennen, wie sehr dieser Mensch sich immer mehr mit den Gestirnspositionen vertraut macht.

Wer den Tierkreis erforschen will, gehe ohne jeden Ballast daran. Er vergesse all das astrologische Wissen, das er bisher erworben hat, ziehe niemals bei der einen oder anderen Erkenntnis einen Vergleich mit einem Ereignis oder einer Person und mache sich obendrein auf ein äußerst schwieriges Unterfangen gefaßt. Im Rahmen dieses Buches können selbstverständlich nur Hinweise auf die Struktur des Tierkreises gegeben werden. Aber auf Grund dieser wenigen Erläuterungen kann man mit den eigenen Überlegungen beginnen. Dann wird man allmählich begreifen, wie harmonisch die einzelnen Tierkreiszeichen aneinandergefügt, wie verschieden jedoch ihre Einflüsse sind.

Um zunächst auf einfachste Weise die astrologisch markanten Grundstrukturen des Menschen aufzuzeigen, fragen wir uns, was ein Mensch, wenn er an das Ende seines Lebens kommt, bei der

Rückschau auf die vielen Lebensjahre als Gewinn, als Sinn und Zweck seines irdischen Daseins bezeichnet.

Da sind die einen, die lebenslang den Tanz um das Goldene Kalb mitgemacht, Geld und Gut erworben, einen hohen Lebensstandard erreicht haben. Immer über ausreichende materielle Mittel zu verfügen, war ihr Lebenszweck. Bei allem Tun und Lassen entschied der materielle Gesichtspunkt. Wenn ein solcherart eingestellter Mensch in einem Beruf tätig war, bei dem das rein Materielle im Vordergrund steht, dann hat er seiner Bestimmung gemäß gelebt, dann wird er sein Leben als erfolgreich ansehen. Andere hingegen haben für eine materialistisch ausgerichtete Lebensauffassung nur Verachtung. Es soll Sinn des Lebens sein, Geld zu horten, das Glück in materiellen Dingen zu suchen? Sie haben das nie verstanden, denn ihnen schienen Recht und Ordnung, Moral und Sitte, das Werden und Entstehen von neuen Ideen und von politischen Strömungen am wichtigsten. Was wäre für sie die Welt, gäbe es nicht die Normen der Moral, wie könnten sie in einer Gemeinschaft leben, wenn es keine Unterscheidung von Gut und Böse gäbe? Gegen das Unrecht zu kämpfen, ohne zu fragen, ob es sich auch lohnt, für das Recht bedingungslos einzutreten, auch wenn man dafür nichts bekommt, das bedeutete ihnen Lebensinhalt, das war für solche Menschen des Lebens Sinn. Und für eine Gesinnung jedes Opfer zu bringen, sich nicht zu schonen, das Leben zu riskieren, ja sogar hinzugeben, das war seit eh und je nur dort möglich, wo der reine Materialismus keinen Einfluß ausübte. Wie arm sind in den Augen solcher Tatmenschen all diejenigen, die den Sturm der Begeisterung nicht kennen, die nicht begreifen, daß man sich für eine Sache bedingungslos einsetzen kann.

Wenn Schiller die Worte schrieb: »Und setzet ihr nicht das Leben ein, nie wird euch das Leben gewonnen sein«, so hat er damit eindeutig das Bekenntnis dieser Art von Menschen ausgedrückt.

Doch da sind wieder andere, die gewinnen weder dem Materialismus noch diesem ewigen Drang nach Einsatz für Recht und Ordnung, diesem Kampf für das Gute und gegen das Schlechte etwas ab. Sie leben in einer Welt, in der jene Sphären der menschlichen Seele ununterbrochen erklingen, aus denen alle Abstufungen des Gefühls, der Empfindungen kommen. Sie können zutiefst erleben, wie die Sonne untergeht, wie in der Abenddämmerung der Wald unheimlich und dunkel wird und der Gesang der Vögel langsam verstummt. Sie werden überwältigt vom Blühen eines Baumes im Frühling, ihnen verschafft ein lächelnder Gruß den ganzen Tag über ein Glücksgefühl. Sie können weinen, ihnen bedeutet unter Umständen eine Melodie mehr als einem Materialisten eine Menge Geld.

Schließlich gibt es die Verstandesmenschen, die mit ihren ununterbrochenen Denkprozessen dem Leben seine Form geben. Es sind jene Menschen die das Gedachte, das klar Erkannte in den Vordergrund stellen, denen all das bedeutsam ist, was sich gedanklich fassen läßt. Die Begriffe prägen, diese Begriffe zu klaren Gedankengängen aneinanderreihen und die solcherart das Leben interpretieren und zu verstehen suchen. Auch ihnen ist der Materialismus ein Greuel, sie betrachten aber die Welt auch nicht als Schlachtfeld politischer Strömungen oder moralischer Prinzipien. Gefühle sind ihnen obendrein unnützer Ballast, denn in der Welt des Geistes werden keine gefühlsbedingten Schwankungen geduldet.

Das Leben war lebenswert, weil ich viel erworben habe, so sagen die einen.

Das Leben hat sich gelohnt, denn ich habe dem Recht zum Sieg verholfen. So werden die anderen sagen.

Ich habe gelitten, ich habe alle Höhen und Tiefen der Gefühle erlebt, das hat meinem Leben einen Sinn gegeben. Das werden ebenfalls viele behaupten können.

Ich habe die Wahrheit gesucht und die Wahrheit gefunden. Mein Leben war nicht umsonst. Auch das ist ein Lebensbekenntnis.

Schon der deutsche Philosoph Johann Gottlieb Fichte hat erkannt, daß sich jeder Mensch jene Lebens- und Weltanschauung sucht, die ihm am genehmsten ist. Wer materiell eingestellt ist, wird vorwiegend nach einer Bestätigung seiner materiellen Lebenseinstellung suchen. Er weiß genau, daß die Welt für ihn ein Nichts wäre, würde er die Realität nicht so nehmen, wie sie ist. Das Leben ist nicht lebenswert, gäbe es keine sittlichen Normen: Darnach werden sich andere eine Weltanschauung zu eigen machen, die dieser Norm entspricht. Ohne Musik, ohne Schwankungen der Stimmungen, ohne Gefühle ist man kein Mensch, so sagen wieder andere und bilden sich ihre Weltanschauung. Schließlich werden diejenigen, die das Leben als Denkaufgabe betrachten, die sich um das Verständnis von Struktur und Sinn der Dinge bemühen, eine Philosophie für sich und andere schaffen.
Wie verschieden doch die Menschen sind!
Es gibt auf der Welt ja nicht nur diese kurz skizzierten vier Grundtypen. Wäre dem so, stünden die Materialisten mit den Moralpredigern in ununterbrochenem Kampf, würden die Gefühlsmenschen langsam, aber sicher verhungern. Und von der Philosophie allein könnte auch niemand leben.
In Wirklichkeit sind alle Menschen mehr oder weniger deutliche Mischungen. Das eine Element tritt hier stärker hervor, dort tritt es zurück, und das ist gut so. Auch ein Immanuel Kant, der grandiose Denker aus Königsberg, hatte eine gesunde materielle Einstellung, und Essen und Trinken bedeuteten ihm viel. Ein Johann Wolfgang von Goethe vermochte mit seiner Gefühlssphäre im wahrsten Sinn des Wortes die Unendlichkeiten des Weltalls aufzunehmen, aber gleichzeitig war der materielle Grund seines Lebens immer gesichert. Dagegen fehlten ihm weitgehend jene Kräfte, die ihn gezwungen hätten, in die gewaltigen politischen Strömungen seiner Zeit einzugreifen. Der deutsche Freiheitskampf, Napoleons Siege und Niederlagen waren ihm, dem größten deutschen Dichter, unwesentlich. Mit vielen weiteren Beispie-

len ließe sich der Beweis erhärten, daß die Grundkonzeption eines Menschen aus den bekannten vier Elementen konstruiert ist und die einzelnen Elemente verschieden gemischt sind.

ERDE nennen die Astrologen die Materie, die Realität, irdisch sind jene Kräfte, die es ermöglichen, die Welt als materielle Aufgabe zu erkennen. FEUER ist jenes Element, das die Möglichkeit gibt, die Spanne des Daseins zu einem ewigen Auf und Ab von Wille und Tat zu machen, wo der Kampf um Recht und Ordnung zum Lebensinhalt wird. WASSER wird jenes Element genannt, das für die Gefühlswelt zuständig ist. Das Element LUFT gibt die entsprechenden Kräfte für den Geist, für das Denken, für die Welt der Vorstellungen.

Man frage nicht, warum die Astrologen bei diesen uralten Bezeichnungen bleiben, warum man in der Astrologie nach wie vor von den vier Elementen Erde, Luft, Feuer und Wasser spricht, wo heute doch jeder weiß, daß es bereits mehr als hundert »Elemente« gibt, die sich keinesfalls in diese vier Gruppen eingliedern lassen. Es sei festgehalten, daß astrologische Elemente etwas anderes sind als chemische Elemente, beide dürfen miteinander nicht verglichen werden. Diese Tatsache gibt häufig Anlaß zu Mißverständnissen. Der Unterschied zwischen astrologischen und chemischen Elementen kann daher nicht deutlich genug betont werden. Das Wort »Element« wird in der Astrologie als Begriff anders verstanden und angewandt als in den modernen Naturwissenschaften. Bis heute hat die Astrologie die im Altertum aufgestellte Vierteilung der Seinsformen in Erde, Wasser, Luft und Feuer beibehalten. Würde man eine moderne Nomenklatur schaffen, dann käme an Stelle des Begriffes Element vor allem der Begriff »Erscheinungsform« in Frage.
Wenn der Astrologe von einem irdischen, wässrigen, luftigen oder feurigen Element spricht, so hat dies keinerlei Bezug zu ir-

gendeinem Element der Chemie. Auf diesen Unterschied muß man gerade dann ausdrücklich hinweisen, wenn der Tierkreis erklärt wird. Denn dieser baut sich aus den vier Elementen auf. Da es zwölf Tierkreiszeichen gibt, so entfallen auf jedes Element drei Abschnitte. Wir kennen somit je drei Feuer-, Wasser-, Luft- und Erdzeichen.

Die Zeichen eines Elements haben ihre ganz bestimmten Eigenschaften. Dafür verwenden die Astrologen drei Ausdrücke, die nicht gerade als ideal bezeichnet werden können, die aber doch einigermaßen anschaulich und verständlich sind. Man muß dabei bedenken, daß der Mensch sich lebenslang mit seiner Umwelt auseinandersetzen muß und daß für diese Auseinandersetzung jedem drei Möglichkeiten offenstehen.

Die Umwelt kann den Menschen zwingen, sie ist stärker als seine eigenen Kräfte, er wird mehr oder weniger zum Spielball seiner Umwelt. Der Mensch kann jedoch auch genügend Kraft und Stabilität besitzen, so daß zwischen ihm und der Umwelt ein ausgewogenes Verhältnis besteht. Schließlich kann der Mensch stärker als seine Umwelt sein, dann wird er seine Umgebung in seinen Bann ziehen und ihr seinen Stempel aufdrücken.

Wenn der Astrologe von »Kräften« oder »Strahlungen«, wenn er von den »Wirkungen« eines Horoskopelementes spricht, so decken sich diese Begriffe gleichfalls nicht mit den üblichen physikalischen Vorstellungen. Diese Begriffe werden in der Astrologie seit urdenklichen Zeiten verwendet und müssen als »astrologischer Jargon« verstanden werden. Es wäre auch viel zu kompliziert, ständig die modernen physikalischen Begriffe in der astrologischen Sprache zu verwenden. Man müßte etwa bei einer Horoskopinterpretation »die Änderung des Informationsgehaltes der Magnetosphäre durch den Mondumlauf mit ihrer biologischen Auswirkung auf intrazellulare Stoffwechselvorgänge« berücksichtigen. Da ist es doch verständlicher, einfach und schlicht von den Mond»kräften« zu sprechen.

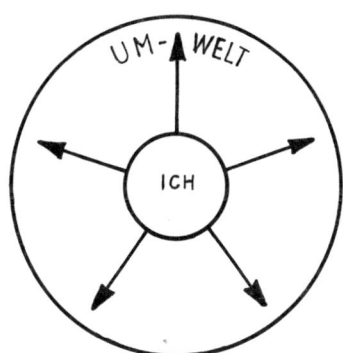

cardinal:
Das Ich bewältigt die Umwelt,
der Großteil der Kräfte ist ego-
fugal. Die Umwelt wird zum
Objekt des Ichs.

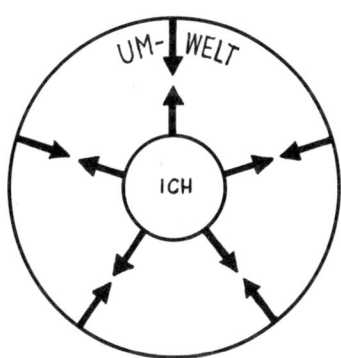

fix:
Die Kräfte der Umwelt halten
sich mit den Kräften des Individuums die Waage.

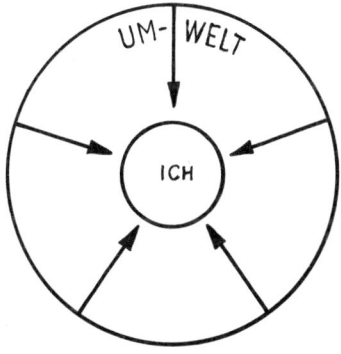

labil:
Die Umwelt »bewegt« das Ich.
Der Mensch ist Objekt seiner
Umwelt.

Labil, fix und cardinal nennt die Astrologie die drei Möglichkeiten der Auseinandersetzung des Menschen mit seiner Umwelt. Die Tierkreiszeichen eines jeden der vier Elemente werden nach diesen Gesichtspunkten geordnet. Die CARDINALZEICHEN geben — astrologisch gesehen — dem Menschen die Möglichkeit, seine Umwelt aktiv zu formen und sie von den eigenen Kräften abhängig zu machen. Dann gibt es die FIXEN ZEICHEN, bei denen zwischen Mensch und Umwelt eine Art Ruhe herrscht. Als drittes kennt die Astrologie die LABILEN ZEICHEN, auch bewegliche Zeichen genannt, die den Menschen zu einem Objekt seiner Umwelt machen.

Das alles klingt für den Anfänger verwirrend und entmutigt ihn vielleicht sogar. Doch in der Praxis wird diese Einteilung bald zur Selbstverständlichkeit.

Das Kraftfeld

Angenommen, die Hand eines unvorstellbar großen überirdischen Wesens würde in unsere Sonnenwelt hineingreifen und mit einem Ruck unsere Sonne herausreißen und beseitigen. Was würde geschehen, wie würden die Himmelskörper des solaren Weltenraums darauf reagieren?

Nun, es wäre plötzlich finster. Wenn die Sonne als alleinige Energiequelle und Existenzgrundlage aus dem All entfernt worden wäre, würden in kürzester Zeit die Temperaturen auf unserer Erde zum absoluten Gefrierpunkt absinken. Alles Leben würde erstarren. Selbstverständlich würde auch die Menschheit untergehen. Aber Finsternis und Kälte wären nicht die einzigen Folgen dieser Katastrophe. Kein Planet würde seine Bahn fortsetzen, jeder Wandelstern würde seine bisherige elliptische Bahn verlassen und seinen Weg in die Unendlichkeit des Alls antreten.

Der ferne Pluto, der rasch um die Sonne kreisende Merkur, die strahlende Venus, der rötlich schimmernde Mars, Jupiter, dieser Gigant in unserer Sonnenwelt, Saturn mit seinem Ring, sie alle würden aus dem Kraftfeld der Sonne verschwinden. Überlegt man sich diese Folgen, dann versteht man, daß es nur die Sonne sein kann, die den Organismus unserer Sonnenwelt zusammenhält. Daß die Planeten um die Sonne kreisen, daß sie berechenbare Bahnen ziehen, ist der Schwerkraftwirkung der Sonne zuzuschreiben; ihre Kräfte halten jeden einzelnen Himmelskörper im solaren Kosmos fest. Gäbe es die Sonne nicht, gäbe es auch kein Planetensystem.

Wir haben bereits darüber gesprochen, daß der solare Kosmos ein riesiges Kraftfeld ist, das den Gesetzen der Schwerkraft folgt, durch die elektromagnetischen Feldwirkungen bestimmt und schließlich von verschiedenen Strahlungsintensitäten abhängig ist. Die Sonne stellt das Kraftzentrum dar, aber die Planeten können sich durch ihre Masse auch gegenseitig beeinflussen. Erwähnt sei auch noch die Tatsache, daß man die Bahnen der Planeten, die außerhalb der Uranusbahn liegen, nach den Gesetzen der Schwerkraft errechnet hat und daß diese Planeten erst viel später mit dem Fernrohr gesehen werden konnten. Man hatte zum Beispiel Bahnstörungen des Uranus festgestellt und diese Veränderungen in der Umlaufzeit des Uranus zum Ausgangspunkt für die Bahnberechnungen eines neuen Planeten genommen.

Man weiß heute, daß dieses »interplanetare Kraftfeld« vielfältigen Veränderungen unterliegt und daß die Erde, eingetaucht in dieses Kraftfeld, einen stets variablen Einfluß erfährt. Wir könnten in der Folge von Schwerkraftwirkungen, Verformungen der elektromagnetischen Felder, Wechselspiel der planetaren Kräfte sprechen, wir könnten das astrologische Weltbild ausschließlich mit den präzisen physikalischen Begriffen erläutern. Doch wir bleiben bei den traditionellen astrologischen Begriffen, die ihre spezielle und nur für die Astrologie gültige Bedeutung haben. Wir sprechen von »astralen Kräften« oder von »Strahlungen« und meinen damit die Variationen im interplanetaren Kraftfeld und die Auswirkungen auf die Magnetosphäre der Erde. Für die Astrologie müssen keine neuen Begriffe geprägt werden.

Der Tierkreis setzt sich aus bestimmten Abschnitten dieser Kraftfelder zusammen. Steht die Erde hier, dann hat ihr Kraftfeld diese Wertigkeit, steht sie dort, dann hat sich das Kraftfeld verändert, dann ist es andersartig. Zwölf typische Wertigkeiten lassen sich erkennen, sie sind, wie bereits erwähnt, schon in grauer Vorzeit empirisch entdeckt und erklärt worden. Wir können dies in der Sprache der Astrologen so ausdrücken, daß in jedem Tierkreisabschnitt eine andere astrale Strahlung wirksam ist, die bestimmte Reaktionen hervorruft.

Wir bringen einen Vergleich, der veranschaulichen soll, wie die verschiedenen Wirkungen der Planeten in den einzelnen Tierkreisabschnitten zustande kommen. Man wird dann leichter verstehen, wie beispielsweise die unterschiedlichen Auswirkungen des Sonnenzeichens entstehen.

Man stelle sich einen großen Saal mit zwölf gleich großen Fenstern vor. Jedes dieser Fenster besteht aus buntem Glas, insgesamt haben wir zwölf verschiedene Farben. Je drei Farbtöne sind einander ähnlich, es gibt ein helles, ein weniger helles und ein dunkles Rot, ebenso eine Dreierkombination von Blau, von Gelb und von Grün. Es ist nicht schwer, sich vorzustellen, daß das helle Tageslicht die einzelnen Farben zum Leuchten bringt und daß es keine Schwierigkeiten macht, sie voneinander zu unterscheiden. Nun machen wir ein Experiment: An Stelle des hellen, weißen Lichtes lassen wir zum Beispiel hellrotes Licht durch alle zwölf Fenster strahlen. Dann wird man doch nur durch jenes Fenster, in dem hellrotes Glas eingesetzt ist, das Hellrot als reine Lichtfarbe sehen. In allen übrigen Fenstern kommt es zu Farbmischungen, das ursprüngliche Licht wird durch die Fensterfarbe verändert sein. Verwenden wir blaues Licht, dann ergeben sich wiederum andere Farbenkombinationen. Wir wollen aus diesem Experiment die eine Erkenntnis gewinnen: Die reine Farbwirkung ist nur dann gegeben, wenn sich die Farbe der Lichtquelle und die Farbe des Fensterglases gleichen. Nur so kommt es zum jeweils besten Lichteffekt.

Übertragen wir das Experiment auf den Tierkreis und auf die einzelnen Himmelskörper unserer Sonnenwelt. Auf Sonne und Mond also, auf alle Planeten lassen sich ähnliche Kombinationen anstellen. Die Sonne wirkt zum Beispiel am besten im Tierkreiszeichen Löwe, der Mond am stärksten im Zeichen Krebs. Saturn entfaltet seine Kraft im Steinbock und Jupiter im Schützen.

In das Kraftfeld eines jeden Tierkreiszeichens strahlen also jeweils die Planeten ihre Kräfte hinein; es kommt dadurch zu verschiedenen Wirkungen, die jenes Phänomen hervorrufen, das man astrologisch als die »*Qualität*« *der Zeit* bezeichnet. In jedem Augenblick ändern sich die interplanetaren Kräfte, jede Stunde, jeder Tag läßt ein anderes Kräftespiel erkennen. Die Astrologie vermag diese Qualität der Zeit zu deuten, sie kann sie interpretieren. Eine Stunde hat sechzig Minuten, jede Minute hat sechzig Sekunden. Das ist jahraus, jahrein gleich, mit einer exakten Uhr gemessen, gibt es hier keine quantitativen Unterschiede. Die Qualität der Zeit dagegen ist etwas anders. Sie zu verstehen, ist nur demjenigen möglich, der den solaren Kosmos als eine biologische Einheit, als einen Organismus auffaßt, der weiß, daß die kosmischen Kräfte in jeder Sekunde verschieden sind.

Ein Mensch muß sich während seiner ganzen Lebenszeit ununterbrochen mit seiner jeweiligen Umwelt auseinandersetzen. Für die Bewältigung dieses Lebens ist eine ständige Kraftanstrengung notwendig, das Leben eines Menschen ist ein pausenloses Kräftemessen mit jenen Einflüssen und Aufgaben, die den Lebensweg bestimmen.

Zu Erfolg und Glück, zu einer Harmonie mit der Umwelt kann der Mensch nur dann kommen, wenn es ihm gelingt, mit den vorhandenen Kräften alle ihm gestellten Aufgaben zu erfüllen. Die Erfahrung lehrt, daß man »richtig« oder »falsch« leben kann. Stehen zur Bewältigung bestimmter Lebensaufgaben die notwendigen Kräfte bereit, dann wird man mühelos mit dem gegebenen Schicksal fertig werden. Mutet man sich aber zu viel zu, sind die Widerstände zu groß, sind die aufgebürdeten Lasten zu schwer, ist die Fülle von Aufgaben zu vielfältig, dann kommt es zu einem Mißverhältnis zwischen Umweltdruck und eigenen Kräften, dann kommt es zur Überforderung, zur persönlichen Belastung, dann wird das Schicksal als zu hart empfunden, dann windet sich, um mit Shakespeare zu sprechen, das Schiff des Lebens immer nur durch »Not und Klippen«.

Der Mensch braucht also Kraft. Mehr noch, er braucht immer die richtige Kraft, einmal wird Ausdauer notwendig sein, dann wieder mutiges Wagen, hier wird man mit Bedacht an eine Sache heranzugehen haben, dort bekommt man, ohne lange zu überlegen, die Dinge sofort in den Griff. Kurzum, die Quantität der Kraft spielt genauso eine Rolle wie die Qualität der Kraft. Es braucht nicht weiter erläutert zu werden, daß derjenige am leichtesten seine Umwelt bewältigen wird, der immer genau weiß, zu welchem Zeitpunkt welche Kraft einzusetzen ist. Diesen Grundsatz kennt auch die Psychologie. Wenn heute sehr viele Menschen mit ihren Lebensaufgaben nicht zurechtkommen, dann versuchen zum Beispiel die Seelenärzte die nötige Hilfe und Unterstützung zu geben. Immer schon forderten und fordern die Philosophen und mit ihnen alle Pädagogen, in jüngster Zeit auch die Seelenärzte, als wichtigste Charakterschulung die Selbsterkenntnis. Und das war und ist zu allen Zeiten ein guter Rat mit auf den Lebensweg.

Mit Hilfe der Astrologie vermag der erfahrene Sterndeuter jedem Menschen genau zu sagen, welche Kräfte ihm zur Verfügung stehen und zu welchem Zeitpunkt die jeweils vorhandenen Kräfte am besten eingesetzt werden können. In der astrologischen Literatur wird gern das Beispiel mit dem Reitstall angeführt: Man hat mehrere Pferde im Stall stehen und demnach verschiedene Möglichkeiten, Pferde einzusetzen. Man wird für einen langen Ritt mit schwerem Gepäck ein anderes Pferd wählen als zu einer Jagd, wo Schnelligkeit und Wendigkeit des Tieres eine Rolle spielen. Zu einem Ritt auf einer Straße wird man ein anderes Pferd einsetzen als zu einem Ritt querfeldein. Kurzum, es ist wichtig, jede Situation richtig zu beurteilen und dann von Fall zu Fall die dafür notwendigen Kräfte einzusetzen.

Als Astrologe wird man oft gefragt, ob es »gute« und »schlechte« Horoskope gibt, ob die einen unter einem »guten«, die anderen unter einem »schlechten« Stern geboren sind. Diese Fragestellung beweist, daß man die Grundprinzipien der Astrologie nicht verstanden hat. Jeder Mensch wird in dem großen Kraftfeld des

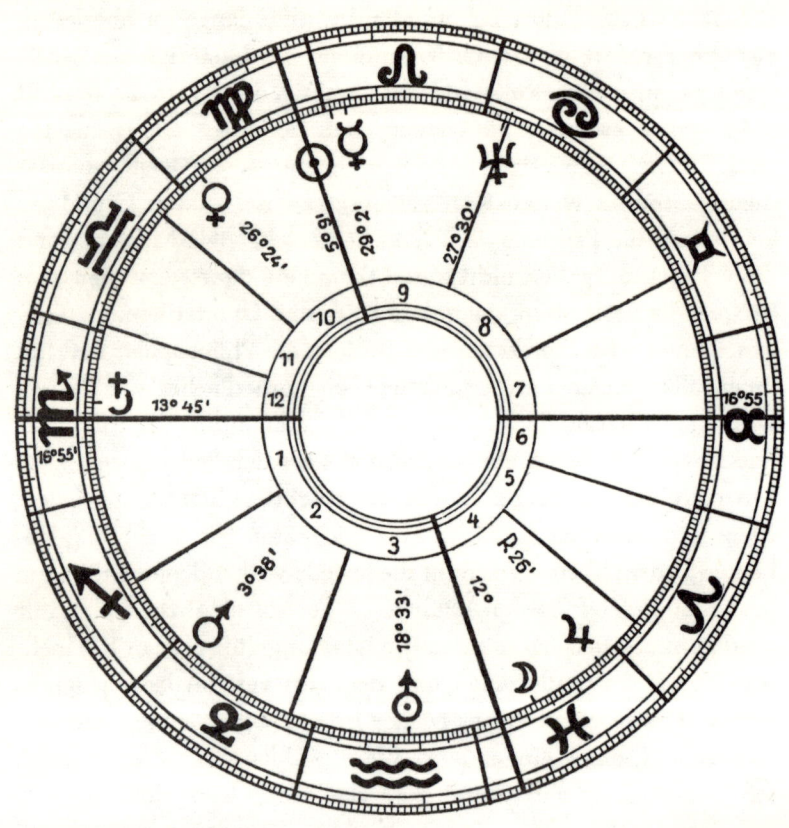

Horoskop Johann Wolfgang von Goethe
»Himmelhoch jauchzend, zu Tode betrübt!« — *Aszendent im
Skorpion: Gefühlsskala von der Tiefe bis zur Höhe. Sonne Spitze
zehntes Haus: Erfolg, Ehre, Berühmtheit. Alle Planeten sind
bestens aspektiert. Mond in Fischen gibt größte Erlebniskraft.*

122

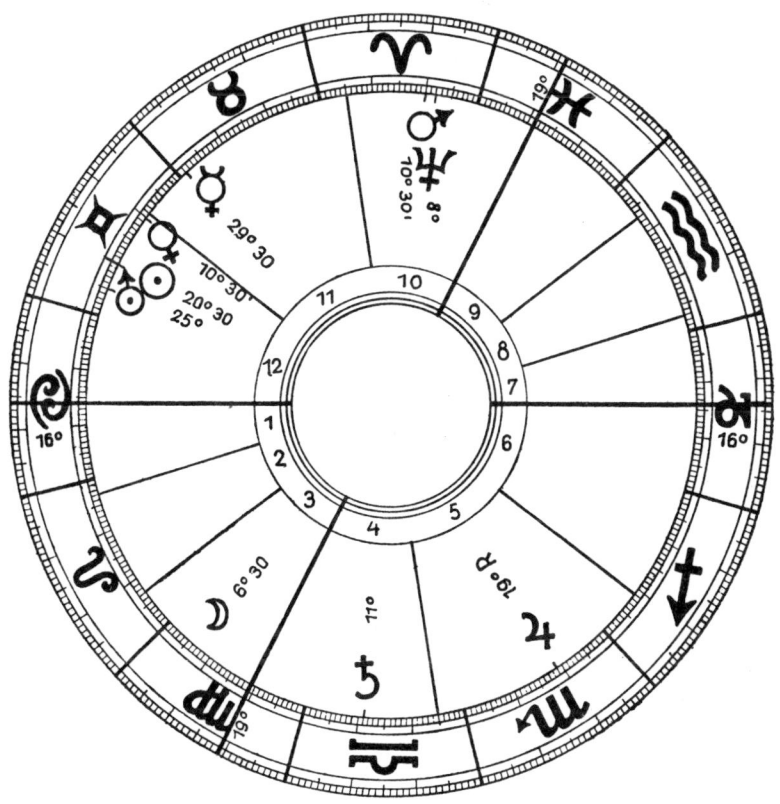

Horoskop Richard Strauss
Aszendent im Krebszeichen, Sonne im Zwilling, Konjunktion
Uranus im zwölften Haus: Gefühlstiefe, neue Ideen, große
Schaffenskraft. Mond in der Jungfrau, drittes Haus: systemati-
sches Arbeiten, die Gefühle werden verständlich ausgedrückt.

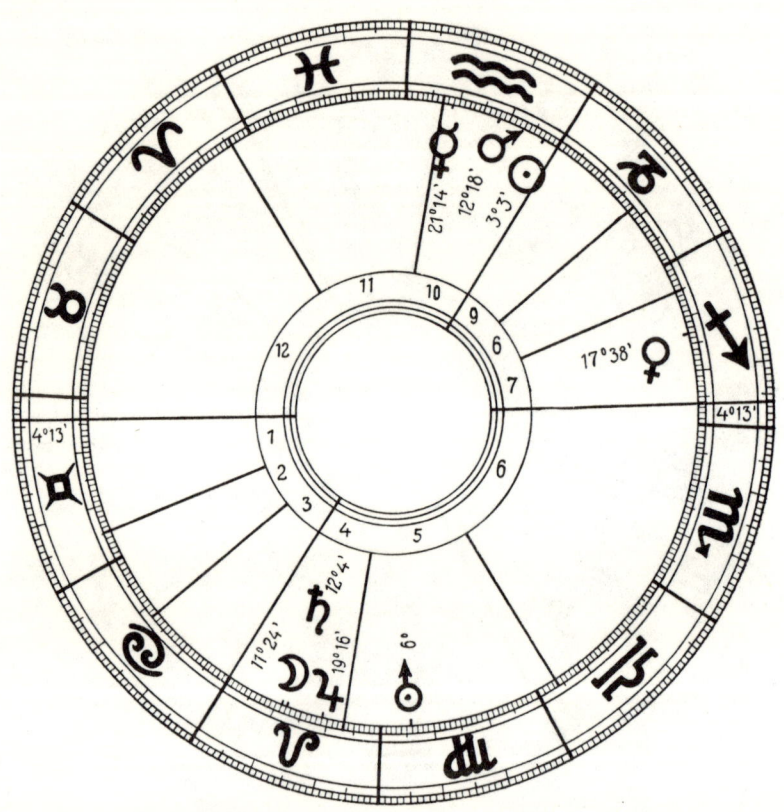

Horoskop Friedrich der Große

*Aszendent im Zwilling: Die Umwelt wird verstandesmäßig er-
faßt. Sonne im zehnten Haus im Wassermannzeichen kennzei-
net den erfolgreichen Reformator. Mars im zehnten Haus läßt
erkennen, daß gesteckte Ziele auch mit Gewalt erreicht werden.*

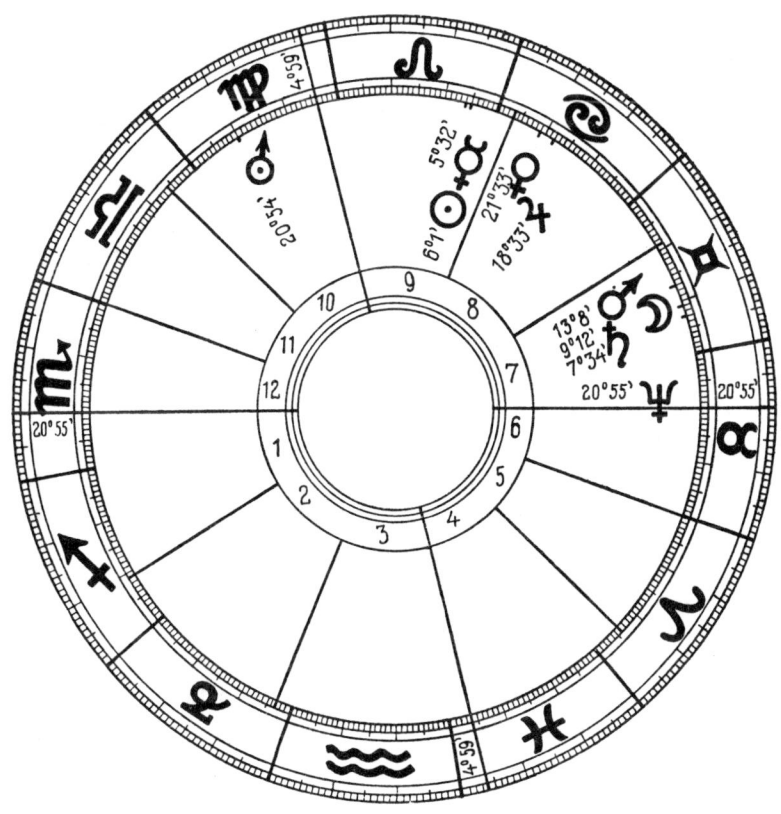

Horoskop Benito Mussolini
Das siebente Haus ist vierfach besetzt: faszinierende Wirkung
auf die Massen. Sonne und Merkur im neunten Haus im Löwe-
zeichen geben eine kraftvolle Weltanschauung. Uranus im zehnten Haus: Umsturz, Revolution und plötzliches Ende.

Kosmos geboren, jedem Menschen stehen kosmische Kräfte zur Verfügung.

Weiß man, welche »Pferde« man im »Stall« hat, kennt man die Möglichkeiten, kennt man die einzelnen Kombinationen, dann kann man jederzeit die richtige Wahl treffen. Es sei ausdrücklich betont, daß man immer nur diejenigen Aufgaben erfüllen kann und darf, für die eben die geeigneten Kräfte vorhanden sind. Wer kein schnelles Pferd im Stall hat, soll nicht an einem Rennen teilnehmen. Wer Pferde für das Pflügen eines Ackers zur Verfügung stellen soll, darf diesen Auftrag nicht übernehmen, wenn er nur Reitpferde besitzt.

Auf die Astrologie angewandt, ziehen wir folgende Parallelen: Stehen einem Menschen zum Beispiel ausreichend Kräfte aus den drei *Feuerzeichen* Widder, Löwe oder Schütze zur Verfügung, dann wird er sein Leben mehr oder weniger kraftvoll mit Willensimpulsen meistern. Der Hauptakzent aller Lebensäußerungen liegt bei diesen Menschen auf dem Wollen, die Tat ist das Entscheidende, er wird alles daransetzen, seine Wünsche und Leidenschaften einer Erfüllung zuzuführen. Es ist etwas seltsam Unruhiges um diese Menschen, sie fallen durch ihre Geschäftigkeit, aber auch durch ihren Enthusiasmus auf. Wo sie sind, da »ist etwas los«, sie können ihre Mitmenschen mitreißen. Und da die Feuerzeichen zu den aktiven Zeichen gehören, geht bei diesen Menschen die Expansion des Willens stets bis zur Grenze des Möglichen. Denn Feuerzeichen-Menschen sind vom Vorherrschen des Willens und der Energie geprägt.

Völlig anders ist es bei denjenigen, die in genügendem Ausmaß Kräfte aus den drei *Erdzeichen* Steinbock, Stier oder Jungfrau besitzen, denen daher die Bewältigung aller materiellen Lebensaufgaben leichtfällt. Mit einem sicheren Instinkt werden sie überall dort, wo sich das rein Materielle zur Bewältigung stellt, mit all ihren zur Verfügung stehenden Kräften die Auseinandersetzung suchen; die bewältigte Materie allein gibt ihnen Sicherheit und

Lebensinhalt. Mag es anderen schrecklich vorkommen, daß der in einem Erdzeichen Geborene alles nur nach materiellen Gesichtspunkten wertet, er findet nun einmal darin seinen Lebensinhalt — und hat von seinem Standpunkt aus recht. Denn er lebt, seinen Kräften entsprechend, adäquat, das heißt, für die ihm gestellten und für die von ihm gewählten Aufgaben steht ihm genau die erforderliche Energie zur Verfügung. Es könnten sich vermutlich sehr viele Menschen viel Kummer ersparen, würden sie vorwiegend das tun, was ihrer astrologischen Grundkonstellation entspricht. Übt jemand mit einer vorwiegend materiellen Lebenseinstellung einen Beruf aus, der ununterbrochen höchsten Idealismus voraussetzt, dann wird dieser Mensch vermutlich genauso unglücklich sein wie der mit überwiegenden Kräften des Feuertrigons ausgestattete Mensch, den man zwingt, seine Arbeitszeit in einem Büro zu verbringen und ununterbrochen Zahlenkolonnen zu addieren.

Wer dagegen Gefühls»kräfte« besitzt, wem die Gabe gegeben ist, in jene Sphären einzudringen, die dem nüchternen Materialisten verschlossen sind, wer also aus dem *Wassertrigon* — aus Krebs-, Skorpion- oder Fischzeichen — seine Energien schöpft, dem steht die Unendlichkeit offen. Man mag über diese Menschen, die scheinbar keine Beziehung zur Realität des Lebens haben und die der Härte des Lebens oft wehrlos gegenüberstehen, denken, wie man will. Das Leben wäre unendlich arm, es wäre nicht lebenswert, würde alles immer nur nach dem materiellen Wert gemessen, wäre immer nur die Tat von entscheidender Bedeutung. Natürlich ist dort, wo die Not daheim ist, wo dringend eine Entscheidung gefällt, eine Tat gesetzt werden muß, ein lyrisches Gedicht fehl am Platz. Sich an einem Kunstwerk zu begeistern und sich in jedem Augenblick einer anderen Stimmung hinzugeben, mag genußvoll sein, genügend Geld für den Lebensunterhalt wird man damit kaum verdienen können. Da nun einmal das Leben eine höchst materielle Grundlage verlangt, ist der Gefühlsbetonte wohl beraten, wenn er sich nicht zu sehr in den Welten der Phantasien verliert. Im Traumland gedeihen die schönsten Bäume, wachsen die prächtigsten Blumen, winken die schönsten Mädchen, gibt es keine Sorgen und Nöte. Aber gegessen und getrunken, gewohnt und gearbeitet wird auf der »nüchternen« Erde. Die Kräfte des Wassertrigons sind unschätzbar. Aber sie allein reichen nicht aus, das Leben zu bewältigen.

Und erst die Strahlungen aus dem *Lufttrigon!* Menschen, denen aus diesen Tierkreisabschnitten, also aus der Waage, dem Wassermann oder den Zwillingen, Kräfte zufließen, sind besonders befähigt, nach dem Sinn des Daseins zu fragen. Sie stellen Normen des Geistes, des Denkens auf, ihre Gedankenwelt umfaßt alle irdischen und außerirdischen, alle realen und irrealen Bereiche. Was wäre das Leben ohne den Geist, wie kann durch dessen Wirken das Bestehende gewandelt, umgestaltet werden! Gewaltig sind die Veränderungen des Lebens, die durch Menschen hervorgerufen werden, denen in hohem Maß Kräfte aus den drei Luftzeichen zur Verfügung stehen.

Macht der Materie

Die antiken Philosophen haben aus einer weisen Einsicht in die Zusammenhänge der Natur den Lebensraum des Menschen in die vier Elemente eingeteilt. Heute wird uns die lebensentscheidende Bedeutung dieser Elemente, dieser Daseinsformen, erst richtig bewußt, da die Umweltverschmutzung die menschliche Existenz bedroht. Die Energie, also das Element Feuer, zeigt weltweit Verknappung an, die Atmosphäre, das Element Luft, wird immer mehr vergiftet, mit jedem Atemzug gelangen giftige Gase, vermischt mit Staub, in den menschlichen Körper. Schmutz und Unrat werden überall abgelagert, Grünflächen zerstört, fruchtbarer Ackerboden wird mit Beton bedeckt, um als Parkplatz, Industriegelände, Straße oder sonst einer scheinbaren Notwendigkeit des industriellen Zeitalters zu dienen: Das Element Erde wird damit zweckentfremdet. In allen Flüssen, in allen Seen, selbst in den Meeren gefährden die Abfallprodukte die biologischen Voraussetzungen, das Gleichgewicht der Lebewesen und den Rhythmus des Lebens. Es ist zu einer Existenzfrage geworden, woher das Element Wasser weiterhin für die Menschen kommen soll.

So gesehen wird man die alte Einteilung der Elemente nicht mehr antiquiert und lächerlich finden, im Gegenteil, man wird zugeben müssen, daß unser Leben, unsere Gesundheit, unser Wohlbefinden nach wie vor von diesen Grundelementen abhängt. Wie man aus den vielen wissenschaftlichen, statistischen Arbeiten weiß, ist die bedrohliche Entwicklung der Umweltverschmutzung, die Zerstörung der vier Lebenselemente heute bereits so weit gediehen, daß man — wenn dieser Verschmutzungsprozeß nicht gestoppt wird — dem Leben auf dem Planeten Erde nur noch ein paar

Jahrzehnte zubilligt. Zumal die Bevölkerungsexplosion alle Anstrengungen, das Übel abzuwehren, zunichte macht.

Wenden wir uns zunächst dem *Element Erde* zu. Es ist damit — astrologisch gesehen — nicht nur die Erde gemeint, wie man sie in Wald und Flur als Bodenoberfläche kennt. Das Wort Erde wird in der Astrologie als Begriff für die gesamte Materie, für das Reale, für all das verwendet, was Wirklichkeit, was greifbar und faßbar ist. Man kann auch sagen, daß die Erde die materielle Wirklichkeitswelt darstellt.

Wirklichkeit ist das gepflügte Feld, ist das aus irgendwelchen Materialien erbaute Haus, ist das Geld in der Brieftasche, der physische Leib des Menschen, alles, was man angreifen kann, was sichtbar ist. Wirklichkeit ist alles, was geschehen ist, die vollzogene Handlung also, die Tat.

Alle Kräfte aus den irdischen Tierkreisabschnitten, aus dem Erdtrigon, üben ihren Einfluß daher auf das Reale, auf die harte oder — wie man gern zu sagen pflegt — die rauhe Wirklichkeit aus.

Es ist ein großer Unterschied, ob der Mensch diese Wirklichkeit aktiv oder passiv erlebt, ob ihn die materielle Umwelt bedrückt, niederdrückt, ob er sie wie einen ruhenden Pol betrachtet oder ob er sie mit all seinen Kräften zu erfassen, zu durchdringen versucht. Dieser Unterschied wird in der Astrologie durch die Qualität der drei *Erdzeichen* bestimmt.

Steinbock

22. Dezember—20. Januar

Das erste Zeichen im irdischen Trigon, im Dreieck der Erdzeichen, ist der *cardinale Steinbock*, dessen Einfluß mit der Wintersonnenwende beginnt und bis zum 20. Januar dauert. In diesen Wochen gewinnt die Sonne von Tag zu Tag mehr Kraft, beginnt unter einer Decke von Schnee und Eis aufs neue das Wachstum. Im Altertum feierte man in diesen Tagen mit einer Unzahl von Bräuchen die Wiedergeburt des Lichtes.

Die »astralen Kräfte« oder »Strahlungen« des Steinbocks geben die Möglichkeit, das Reale, das Gewordene zu erfassen, diese Kräfte durchdringen die Materie mehr oder weniger intensiv. Was die Materie an Hindernissen entgegenzusetzen hat, wird mit Zähigkeit überwunden, ein einmal ins Auge gefaßtes Ziel wird niemals mehr aus den Augen verloren. Immer ist ein klarer Blick für das Wirkliche vorhanden, weder durch Gefühlsschwingungen getrübt noch durch fruchtlose Überlegungen gestört. Die Steinbockstrahlung versinnbildlicht nicht das Wollen, nicht die Energie, sondern das Müssen, den Zwang, die reale Welt zu durchdringen und greifbaren Dingen auf den Grund zu gehen. Alle Lebensäußerungen, die geistige Einstellung, das gerichtete Wollen, die Erlebnisfähigkeit und das Gefühlsleben lassen diese materielle Komponente erkennen, nämlich praktische Ziele zu verwirklichen. Man mag den Menschen, in dem vorwiegend Steinbockeigenschaften wirksam sind, gefühlskalt und gemütsarm bezeichnen, zumal Vertreter dieses cardinalen Erdzeichens den Regungen des Gefühlskomplexes wirklich wenig Zeit und Raum zu gewähren pflegen. Aber da der Steinbockmensch die Materie als Aufgabe betrachtet, da er in sich die drängende Notwendigkeit verspürt, muß man seinem Mangel an Gefühlen die positive Eigenschaft des Steinbockzeichens entgegenhalten, nämlich das in verschiedenen Stärkegraden vorhandene, aber so gut wie nie fehlende Pflichtbewußtsein.

Begreiflich, daß derjenige, der von sich aus die Materie durchdringt, von dessen Ich aus die Kräfte in die Umwelt hinausstrahlen, alles diesen Kräften verdanken möchte.

Steinbockbetonte Menschen wollen unabhängig sein, weil sie sich stark genug fühlen, alles selbst zu machen, sie lassen sich ungern fremden Willen aufzwingen. Ihre »Weltanschauung« ist mit der Aufgabe gleichzusetzen, die Materie zu bewältigen, und zwar soweit die Kräfte reichen. Das ist Steinbockart, und je nach Stärke der aus diesem Tierkreiszeichen kommenden Kräfte wird auch der Rahmen der Umwelt sein, in der ein Mensch vorwiegend mit Steinbockbestrahlung lebt. Niedrige Typen, man verzeihe das unschöne Wort, also Menschen ohne charakterliche Höherentwicklung, werden vielleicht nur im Rahmen der eigenen Familie ihren Wirkungskreis sehen und wie Tyrannen über eine relativ kleine Umwelt herrschen. »Große« Steinböcke mit ungeheuren Kräften werden sich an große Aufgaben wagen; man wird in ihren Reihen die fleißigsten Arbeiter, die verläßlichsten Angestellten, die geborenen Planer finden. Ob sie als Baumeister arbeiten oder als Mathematiker, als Bildhauer oder Materialverwalter, als Landwirte oder als Arbeiter an einer Maschine, immer wird man Disziplin und Ausdauer, Pflichtbewußtsein und Geduld voraussetzen und verlangen können.

Materie aber wiegt schwer, Materie ist wie eine Last. Der Mensch mit einer kräftigen Steinbockbestrahlung empfindet oft genug diesen Druck der auf ihm ruhenden Last, und da auch das Gewordene, das einmal Geschehene, das nie mehr verändert werden kann, als Last empfunden wird, ist der unter diesem Einfluß lebende Mensch oft pessimistisch und freudlos. Zumindest kann er sich von diesem Druck, alles als Aufgabe und Pflicht zu empfinden, nicht leicht befreien, sein Verhalten wird daher weitgehend von der Unmöglichkeit geprägt, das Schicksal irgendwie zu verändern.

Das eiserne Muß bestimmt sein Handeln; und was man selbst tun muß, wird auch von jedem andern verlangt. Das Tun, die Arbeit, das Ausüben eines Berufes wird von einem Steinbockmenschen anders beurteilt als von einem unter dem Einfluß anderer Elemente Geborenen. Die in das Materielle, in die Realität vorstoßenden Kräfte finden Beziehung nur zu den Strömungen, die sich auf gleicher Ebene bewegen, also gleichfalls materiell gerichtet sind. Das würde eine gewisse Dürftigkeit in der ganzen Persönlichkeitsstruktur bewirken, wenn keine anderen Einflüsse vorhanden wären. Zum Glück besitzt aber jeder Mensch eine Mischung von den aus dem Tierkreis kommenden Kräften. Den reinen Typus, also einen Menschen mit einer einzigen Strahlung, gibt es nicht. Auf jenen Lebensgebieten, wo die Steinbockstrahlung wirksam wird, mag das Einfache, Nüchterne vorherrschen. Das ist weder gut noch schlecht, weder nützlich noch schädlich. Es ist Tatsache, damit muß man sich abfinden. Und kann man sich damit abfinden, dann wird die Bewältigung der Materie auch ihre positiven Auswirkungen haben.

Stier
21. April—20. Mai

Das zweite Erdzeichen im irdischen Trigon, der *fixe Stier*, läßt dagegen ganz andere Eigenschaften aufkommen. Hier strömen keine Kräfte von einem Menschen hinaus in die Welt der Materie, in die Realität, hier herrscht nicht die Dynamik der Bewegung, sondern die Ruhe, die Trägheit der Bewegung als Grundprinzip aller Lebensäußerungen. Auch der unter Stiereinfluß Stehende hat ein unerhört sicheres Empfinden für das Materielle, für jede Art von irdischen Werten. Aber ihm fehlt das Streben, mit Kraft diese Materie zu durchdringen, sie durch Anstrengung zu erwerben. Der stierbetonte Mensch will besitzen, er möchte seinen Einfluß ausüben, ohne sich anstrengen zu müssen. Während der Steinbock alle Kräfte aufbietet, um die Materie zu bewegen, sie zu durchdringen, möchte der Stier sie besitzen. Nichts

133

soll sich ändern, alles soll so bleiben, wie es ist. Da die Materie jeder Veränderung einen Widerstand entgegensetzt, ist auch der Stierbeeinflußte in seiner konservativen Art immer bereit, Änderungen seinen beharrenden Willen entgegenzusetzen.

Wenn wir hier von Materie, von der Wirklichkeit sprechen, die bewahrt und erhalten werden soll, so erstreckt sie sich im Leben eines Stiermenschen auf alles, was real zu fassen ist, auf das Erbgut genauso wie auf die von Eltern und Erziehern übernommenen Werte, also auf das Bildungsgut. Bewahrt wird die traditionelle Gesinnung genauso wie der Lebensraum, in den man gestellt wird. Alles, was sich im Lebensraum eines Menschen befindet, der einen überwiegenden Teil seiner Kräfte aus dem Stierzeichen nimmt, wird als Besitz gewertet und wird mit einer Hartnäckigkeit verteidigt, die bis zur Selbstaufopferung gehen kann.

Der sichere Instinkt für materielle Werte löst das Verlangen aus, alles zu haben, was das Leben angenehm macht. Doch sie werden sich niemals übermäßig anstrengen, diese Stiermenschen, wenn es gilt, irdische Güter zu erwerben. Sie verstehen es ausgezeichnet, alles so einzurichten, daß es ihnen mehr oder weniger ohne große Anstrengung in den Schoß fällt; die verhaltene Kraft in jedem Stier ist immer nur schwer in Bewegung zu bringen.

Ruhende Kraft ist also das Kennzeichen des Stiermenschen, die Physik kennt dafür den Ausdruck potentielle Energie. Liegt ein Stein auf einem Tisch, dann vermutet niemand in diesem Stück Materie eine Kraft. Wenn jedoch der Stein vom Tisch gestoßen wird und jemandem auf den Fuß fällt, bekommt er die Kraft zu spüren. Liegt derselbe Stein auf einem Schrank, wird seine Wirkung beim Herunterfallen viel größer sein. Und wenn derselbe Stein von einem hohen Turm herunterfällt, richtet er unter Umständen schreckliche Verheerung an. Jenen ruhenden Kräften, die aus dem Stierzeichen kommen, kann man keinen Maßstab anlegen. Diese Kräfte lassen sich nur dann ermessen, wenn sie eine Wirkung ausüben. Das aber ist eher selten der Fall.

134

Jungfrau

24. August—23. September

Wie ganz anders reagiert das *bewegliche* oder *labile* Zeichen *Jungfrau*. Die hier wirksamen Kräfte haben eine dem Steinbockeinfluß entgegengesetzte Richtung, sie strömen nicht vom Menschen aus in die materielle Welt hinein, sondern es kommt unter dem Einfluß des Jungfrauabschnittes im Tierkreis zu einem allseitigen Einwirken der Materie auf den für diese Strahlung Empfänglichen. Als Jungfraumensch wird man in das materielle Wirken eingespannt, man wird zum aktiven Arbeiter, um die auf diese Weise gestellten Aufgaben bewältigen zu können. In der Physik wird die Arbeit als Produkt bewegter Masse definiert. Ist der Steinbock derjenige, der mit Kraftanstrengung sich gegen die Materie stemmt, und der Stier das in der Materie existente Beharrungsvermögen, dann ist die Jungfrau das Produkt dieser beiden Faktoren, sie zeigt den Nutzeffekt, die tatsächlich zustande kommende Arbeit.

Beim Jungfraumenschen wird alles auf den Nutzeffekt ausgerichtet, alles Reale wird nach diesem Gesichtspunkt gewertet. Bringt dies oder jenes einen Vorteil oder nicht, hat es Sinn, dies zu tun, oder kann daraus ein Schaden entstehen? Das ist die Grundeinstellung, die von der Jungfraubestrahlung ausgelöst wird. Dies bewirkt eine ganz bestimmte Wertung aller Handlungen: Was für den Jungfraumenschen nützlich ist, kann auch dem Mitmenschen zum Nutzen gereichen, ist für ihn etwas nicht nützlich, ja

sogar schädlich, dann kann es auch dem Nachbarn Schaden bringen. Damit es zu keinen Komplikationen kommt, damit alle nur
möglichen Reibungen vermieden werden, strebt der jungfrau-
betonte Mensch nach einer maximalen Ordnung. Alle Tatsachen
bezieht der Jungfraumensch auf sich selbst. Er fühlt sich sozusagen als Objekt der Umwelt und versucht ihr zu entgehen, indem er sich abschließt, indem er der Realität entflieht. Ein bemerkenswertes Streben nach Alleinsein, nach Unberührtheit
kennzeichnet ihn. Man verwendet in diesem Zusammenhang auch
gern den Ausdruck Keuschheit und will damit die eigenartige
Kühle der Jungfraumenschen betonen, die oft sogar den Kontakt
mit dem anderen Geschlecht vermeiden und lieber allein bleiben.
Frauen, die unter starkem Jungfraueinfluß stehen, haben nicht selten nur ein Kind, oft finden sie in der Mutterschaft keine wie immer geartete Bestätigung ihres Frauentums.
Das Vorhandene, das Tatsächliche wird vom Jungfraumenschen
auf seine Wertigkeit geprüft, gesichtet und dann bearbeitet, um
es noch »wertiger« zu machen, um das Gegebene auszubauen,
auszuwerten und es in die von ihm als notwendig empfundene
Ordnung einzubauen. Alles auf dieser Welt soll in eine noch
besser funktionierende Harmonie umgewandelt werden, daher
das Streben nach Sauberkeit, nach Nützlichkeit, nach Hygiene,
nach Wirtschaftlichkeit. Da man alles, was abgegrenzt ist, besser
überblicken kann, zieht die Jungfrau gerne Schranken und Grenzen. Sie wirkt mit Vorliebe in einem von ihr gerade noch zu be-
wältigenden Rahmen, beschränkt sich auf ein Spezialgebiet, für
das nur sie zuständig ist. Nur so wird sie mit der Materie, die sie
als Aufgabe empfindet, fertig, nur so kann sie das, was sie als
die ihr auferlegte Pflicht empfindet, zu Ende führen. Sieht der
Steinbock die materielle Welt als Aufgabe und sendet er seine
Kräfte in diese Welt, um sie zu erfassen und zu gestalten, so muß
sich der Jungfraumensch mit allen Kräften gegen den Druck der
materiellen Welt wehren, um von ihr nicht vernichtet zu werden.

Lebenslang dienen, immer nur arbeiten, weil es offenbar nichts anderes gibt, rastlos tätig, immer in einen als eng empfundenen materiellen Rahmen eingespannt sein, das ist Jungfrauschicksal. Hier hilft kein Hadern, kein Unzufriedensein, kein Aufbegehren. Schmerzlich empfindet der unter dem Jungfrauzeichen Stehende, daß die Welt nun einmal so ist, daß die Realität gegeben ist, daß man aber etwas tun muß, um — in diese Realität eingegliedert — bestehen zu können. Daher suchen sie immer nach einem System der Arbeit, ihre Lebensform wird bestimmt durch Klassifikationen, Sorgen und Pedanterien, ständiges Kritisieren und Suchen nach dem Zweckmäßigen.

Alle Vertreter der Erdzeichen sind Realisten, Arbeiter auf dem so dornigen Acker des Lebens. Sie sind die Vollstrecker einer Bestimmung, ihr Leben bewegt sich in den faßbaren Regionen der Wirklichkeit. Wer in seinem Horoskop Erdzeichen durch Planeten besetzt hat, wer ein irdisches Zeichen am Aszendenten besitzt, wird von dem Streben erfüllt, durch Kräfte etwas zu verwirklichen, die Materie in irgendeiner Form zu bewältigen. Sei es, indem diese Materie mit eigenen Kräften — wie beim Steinbockzeichen — durchdrungen wird, sei es, daß sie unter Stiereinfluß konserviert wird, sei es aber auch, daß man der Materie dient, wie dies unter starkem Jungfraueinfluß zustande kommt.
Säen, ackern und das Gesäte behüten, schließlich ernten und das Geerntete richtig verwerten — das ist die Aufgabe der Erdzeichen. Nur die Wirklichkeit ist für sie die feste, die reale Grundlage des Lebens.

Kraft der Seele

Im Tierkreis liegen sich die Erd- und Wasserzeichen gegenüber,
sie bilden Gegensatzpaare. Bei diesem Gegensatz müssen wir zunächst das Prinzipielle hervorheben, die Tatsache nämlich, daß
dem Realen, also der Wirklichkeit, das nicht Reale, die Welt des
nicht Faßbaren, des nicht Materiellen gegenübersteht. Stellt das
Irdische (die Erde, die äußere Realität) die objektive Wirklichkeit
dar — all das, was der Mensch von seinen ersten Lebenstagen an
als Existenz, als wirkliches Sein erlebt und womit er vertraut ist —,
so stellt die Welt des Wassers, die Triplizität der *Wasserzeichen*,
jene Bereiche dar, die in keiner wie immer gearteten Weise faßbar und greifbar sind: die Welt der Gefühle, der Triebe und
Leidenschaften, der Träume, Wünsche und der Stimmungen, alles
Erlebte, Empfundene, einmal Gedachte — kurzum den Bereich der
menschlichen Seele. Und die Seele, das »Seelenleben« des Menschen wird in der Astrologie dem Element Wasser überantwor-
tet.
In diesem »Reich der Seele« läßt sich nichts messen, wägen oder
irgendwelchen Gesetzen unterordnen. Was jene Erlebnisse bestimmt, die man Seelenvorgänge nennt, wie es überhaupt zu der
Vielzahl von Gefühlen, Stimmungen, Wünschen und Träumen
kommt, warum der eine so, ein anderer wiederum anders reagiert, kann mit den Gesetzen der Physik nicht erklärt werden.
Hier versagt die Naturgesetzlichkeit, hier erstreckt sich ein uner-
meßlich weites Gebiet, das nur durch die Geisteswissenschaften
erhellt werden kann, allen voran durch Philosophie und Religion.
Und wenn durch Sigmund Freud ein System geschaffen wurde,
mit dessen Hilfe man die Seele, die Psyche, analysieren kann, so

gibt diese Psychoanalyse auch nur die Möglichkeit, Reaktionen der Seele zu verstehen. Was die Seele selbst ist, woraus sie besteht, wo sie ihren Sitz hat, das alles ist heute, im Zeitalter der triumphierenden Naturwissenschaften, noch immer genauso geheimnisvoll wie in der Antike.

Wir bringen, um die Reaktionen der Seele und jene Einflüsse, die aus den drei Tierkreisabschnitten Krebs, Skorpion und den Fischen kommen, zu veranschaulichen, einen Vergleich. Der Leib des Menschen, also die Materie des Menschen, bedarf lebenslang der Nahrung, der Flüssigkeitsaufnahme; würde man nicht immer wieder für den richtigen Stoffwechsel sorgen, käme es zu Krankheit, Siechtum und Tod. Die Seele, der nicht-materielle Teil des Menschen, braucht ebenso eine Nahrung, nämlich die Unzahl von Erlebnissen, Eindrücken, Umweltreizen. Daher ist die menschliche Seele abhängig von jener Umwelt, die ihr diese Seelennahrung zukommen läßt. Würde ein Mensch lebenslang in einem dunklen Raum eingesperrt bleiben, käme er niemals mit einem Lebewesen in Berührung, seine Seele würde sich niemals entfalten können, ja es könnte in diesem Fall nicht einmal von einer menschlichen Existenz gesprochen werden. Denn der Mensch ist auf Mitmenschen und auf alle nur möglichen Umwelteinflüsse angewiesen. So wie es für den Körper Hunger und Durst, aber auch das Zustandsbild der Sättigung gibt, so hat die menschliche Seele eine Art Stoffwechsel. Man spricht von einer Seelennot, wenn die Seele nach Eindrücken und Erlebnissen gleichsam lechzt, und von einer Seelenbefriedigung oder einem Seelenfrieden, wenn sie genügend erlebt und empfunden hat. Was die moderne Psychologie als seelische Hygiene bezeichnet, als Summe aller Maßnahmen, um die Seele gesund zu erhalten, dürfte in diesem Wechselspiel von seelischen Reaktionen verankert sein.

Während es dem Erdmenschen vor allem auf die Bewältigung der Materie ankommt, verbunden mit einer Vermehrung von Hab und Gut, findet der Wassermensch den Reichtum irdischen Daseins in einer möglichst großen Erlebnisfülle. Ob Freude oder Schmerz, erhabene Stimmung oder Trauer, schwelgendes Glücksgefühl oder tiefste Niedergeschlagenheit — auch sie ist eine seelische Reaktion —, für den Wassermenschen bedeutet dies alles »Seelennahrung«. Gibt es nicht genug Menschen, die sich in ihren Kummer geradezu verbohren, die im eigenen Schmerz wühlen? Und erst die Tränen, dieses Wunder menschlicher Erlebnisfähigkeit, diese Flüssigkeit, die stärker sein kann als jede Energie auf dieser Erde! Was wäre die Welt ohne Leid und Tränen, ohne himmelhoch jauchzendes Glücksgefühl, ohne Romantik und ohne Musik! Wie gäbe es ein Erleben künstlerischer Werte, gäbe es nicht die menschliche Seele mit ihrer Erlebnisbereitschaft. Und wenn man es genau bedenkt, dann scheint das Wasser oft die Materie zu besiegen. Kann die Materie sich nicht im wahrsten Sinne des Wortes im Wasser auflösen wie ein Stück Zucker in einer Schale Tee? Kann man nicht, auf dem Höhepunkt seelischen Erlebens angelangt, tatsächlich alle Umwelt vergessen, wird die Wirklichkeit nicht unwirklich? Sage doch niemand, nur das Reale, nur das Wirkliche wäre existent!

Krebs
22. Juni—22. Juli

Das erste Zeichen des Wassertrigons, der *Krebs,* ist charakterisiert durch die Fähigkeit, die Impulse der Umwelt auf das Seelenleben sofort wieder abzustrahlen. Es ist das signifikante Merkmal der Krebsstrahlung, daß sie eine fast augenblickliche Reflexion hervorruft. Was an Stimmungen und Gefühlen von Krebsbetonten aufgenommen wird, strahlt sofort — als hätte die Strahlung einen Spiegel getroffen — wieder auf die Umwelt zurück. Jede Stimmung wird entsprechend registriert und sofort weitergegeben, ein Hauch von Mißstimmung im Krebsmenschen kann zum Beispiel mit einem Schlag die vorhandene gute Laune aller Menschen zerstören, die sich im Bannkreis dieses Krebsmenschen befinden. Die Seele eines vom Krebseinfluß Geprägten ist ohne jeden Schutz, ohne Schale und somit auch unfähig, eine empfangene Verletzung in einer relativ kurzen Zeit zur Vernarbung zu bringen. Die einzige Abwehr gegen die ständig eindringenden Einflüsse aus der Umwelt ist die Reflexion. Und das gibt dem Krebszeichen den cardinalen Charakter, daß die jeweiligen Seelenzustände eines Krebsmenschen in seiner Umwelt mitschwingen. Die empfindsame und alles registrierende Seele kann der Gefahr ausweichen, indem der Mensch sich zurückzieht, indem er den Umgang mit denjenigen meidet, die sein eigenes Seelenleben zu sehr beeinflussen könnten. Jedem krebsbetonten Menschen ist jene Umwelt am liebsten, die gerne und dankbar seine ausstrahlenden Stimmungen annimmt und sich in dieser Sphäre von Gefühlen wohl fühlt. Das macht den Zauber solcher Umweltbeziehungen aus, daß die Strahlung eines Krebsbetonten von seinen Mitmenschen aufgenommen wird, daß alles registriert wird, was eine Krebsseele ausstrahlt. Alle seine Stimmungen, alle Schwankungen der Gefühle müssen von der Umwelt mitgetragen werden, und wehe, wenn jemand diese stets wechselnden Gemütszustände nicht voll akzeptieren will.

Der krebsbetonte Mensch errichtet eine Art Seelenherrschaft, er wird mit seinem Seelenleben zum Zentrum für andere. Wenn ein Mensch die Einflüsse aus diesem Tierkreisabschnitt zu verwerten weiß, dann resultieren daraus für viele Mitmenschen Seelenkräfte, die gleichsam verschenkt werden. Wer immer Hilfe und Trost braucht, wem das Leben Wunden schlägt, wer mutlos und schwach werden sollte, wird von einer Krebsstrahlung profitieren können. Die menschliche Seele braucht nun einmal Nahrung, sie muß Strahlungen empfangen. Der Krebsmensch ist wie ein Kraftfeld, das andere Menschen »aufladen« kann, wenn diese der Hilfe bedürfen. Alle Lebensäußerungen, die unter dem astralen Einfluß des Krebszeichens stehen, sind auf die Umwelt ausgerichtet, durchdringen die Umwelt und machen sie von der Seele abhängig.

Skorpion
24. Oktober—22. November

Völlig anders reagieren jene, in denen die Strahlungen des *fixen* Tierkreiszeichens *Skorpion* wirksam werden. Anstatt des Begriffes »fix« kann man auch das Wort »konservativ« oder das deutsche Wort »fest« verwenden. Hier werden jene Kräfte, die von der Strahlung aus dem Skorpion stammen, zur Sammlung, zur Konservierung verwendet. So wie — physikalisch betrachtet — bei einem Kondensator, einem »Verdichter«, bestimmte Kräfte gesammelt, gespeichert werden, um sich erst bei einer bestimmten Spannung zu entladen, ebenso speichern sich unter Skorpioneinfluß die Impulse, bereichern das Seelenleben, bewirken ungeheure Spannungen und können sich schließlich — als geballte Energie — den Weg zurück in die Umwelt bahnen.

Der Skorpion, einst auch als Adler mit einer Schlange in den Fängen dargestellt, umfaßt mitunter unermeßliche seelische Dimensionen. Man hat in der Antike mit den beiden Symbolen den großen Wirkungsbereich dieses Tierzeichens ausdrücken wollen, denn der Adler erhebt sich in die höchsten Regionen, während die

Schlange tief unten auf der Erde kriechen muß. Kein anderes Zeichen versinnbildlicht besser die Ausdehnung der seelischen Bereiche, hier erreichen die Seelenkräfte maximale Verdichtung und Spannung. Wer mit solchen Menschen näheren Kontakt aufnimmt, wird selten in der Lage sein, jene seelische Schwingung zu erfassen, die den Skorpionmenschen gerade mit der Umwelt verbindet. Der Skorpionbetonte besitzt eine Gefühlsskala, die von der tiefsten Tiefe (Schlange) bis hinauf in die höchsten Regionen (Adler) reicht. In diesem breiten Spektrum der Gefühle, Regungen, Stimmungen, Triebe und Leidenschaften gibt es immer ein Areal, auf das der Skorpion gerade auf Empfang eingestellt ist und mit dem er eine seelische Verbindung herstellt. Aber wie soll man diese Gefühlsbezirke erahnen? Man weiß meist nie genau, wie man sich diesem komplizierten Menschen gegenüber verhalten soll. Wenn im Bereich eines unter starkem Skorpioneinfluß stehenden Menschen die Umwelt gleichsam unter einem seelischen Zwang steht, dann ist es nicht die gerichtete Kraft, wie dies etwa bei einem Krebsmenschen der Fall ist. Man gerät nicht in den Bannkreis eines Skorpions, weil seine Kräfte die Umwelt durchdringen, sondern weil man seine innere Kraft fühlt, weil man diese Aufladung seelischer Kräfte fürchtet, diese Kondensation, die bei einem oft nichtigen Anlaß explodieren kann.

Man hat immer schon die Skorpionkräfte vorwiegend in die Sexualsphäre verlegt, wo der gerichtete Trieb zur Entladung drängt, wobei es verständlicherweise oft zu schweren Komplikationen mit der Umwelt kommt. Dies mag auch mit ein Grund sein, warum der Skorpion einem anderen Menschen oft Verletzungen zufügt. Denn Energien, einmal gespeichert und dann plötzlich entladen, können dem Mitmenschen Wunden zufügen.

Fische
20. Feber—20. März

Kennt man einmal die Unterschiede der Wasserzeichen, versteht man, daß der Krebs mit seiner Gefühlssphäre die Umwelt im Bann hält, indem er in die Umwelt hinausstrahlt, begreift man das Prinzip der Skorpionstrahlung als Speicherung und Entladung, dann ist es nicht mehr schwer, die Strahlung zu verstehen, die aus dem *labilen* oder *beweglichen* Zeichen *Fische* kommt.

Es soll nochmals in Erinnerung gebracht werden, daß der Mensch immer in einer bestimmten Beziehung zu seiner Umwelt steht und lebenslang sich mit ihr auseinandersetzen muß. Es gibt Menschen, die von sich aus die Umweltaufgaben lösen, die der Umwelt ihren Stempel aufdrücken. In der Astrologie sprechen wir dann von einer cardinalen Wirksamkeit von Kräften. Ferner gibt es Menschen, die mit allem fertig werden und die sich in einem stabilen Gleichgewichtsverhältnis zur Umwelt befinden. Die Astrologen nennen dies fix. Dann gibt es Menschen, die ständig unter dem Druck der Umweltverhältnisse stehen, die das Objekt der Umwelt sind, weil sie nicht genug Kraft haben, sich gegen die Einflüsse der Umwelt erfolgreich durchzusetzen, und gezwungen werden, sich mit ihren Kräften den Umweltbedingungen anzupassen und sich zu fügen. Die Astrologie bezeichnet diese Möglichkeit als labil oder beweglich.

Die dem Tierkreisabschnitt der Fische entströmenden Kräfte bedingen solch eine Lebensart. Hier wird alles, was in die Seele einströmt, aufgenommen, abgelagert; der Fischmensch wird zum Spielball von Stimmungen, Gefühlen und sonstigen psychischen Regungen, die von außen her in seine Seele eindringen. Mit unerhörter Sensibilität wird alles aufgenommen, seine Seele ergießt sich in die Unendlichkeit, sie vermag alles Leid dieser Erde auszukosten. Der Fischmensch kann sich aufopfern, er kann mitleiden, er ist immer derjenige, der alles versteht und dessen Gefühle stets mitschwingen.

Zu den Kräften, die dem Fischzeichen entströmen, gehört der seelische Reichtum, der sich in der Phantasie offenbart und jenseits der Wirklichkeitswelt liegt. Für solche Menschen gilt die Definition, daß Reichtum die Summe aller Dinge ist, die man mühelos entbehren kann. Der Fischmensch verzichtet auf die Materie, er löst sich von der Realität. Daher kann für den Fischgeborenen, für den von Fischen Beeinflußten alles irreal werden, in seiner Traumwelt kann er die Beziehung zur Wirklichkeit verlieren. Gefährlich wäre es, würde man den Kräften aus dem Fischzeichen allzu freien Lauf gewähren, würde man ihnen die Möglichkeit geben, sich übermächtig zu entfalten. Zu weich wäre alles, zu wenig widerstandsfähig.

Wenn in einem Menschen diese Kräfte aus dem Tierkreiszeichen der Fische wirksam werden, können sie ihn verinnerlichen, vertiefen und seelisch bereichern. Für den harten Lebenskampf sind diese Menschen ungeeignet, ja es kann zum Versagen führen, wenn ein Mensch mit einem starken Einfluß aus diesem Abschnitt gezwungen werden sollte, der rauhen Wirklichkeit energisch gegenüberzutreten. Denn wo ist für ihn ein fester Stand, wo kann er sich stützen? Wo er doch durch diesen Fischeinfluß so labil, so lenkbar, so hilflos ist.

Wir haben gesehen, wie verschieden wirksam die vielfachen Impulse sind, die ununterbrochen die menschliche Seele treffen und die seelischen Reaktionen bedingen. Sie können reflektieren und in der Umwelt eines Menschen wirksam werden, sie können den dafür Empfänglichen aber auch zu einem Spielball der Wünsche und Leidenschaften machen, so daß er zwischen einer Unzahl von Neigungen hin und her gerissen wird. Unfaßbar ist alles in den seelischen Bereichen, geheimnisvoll scheint das Wechselspiel zu sein, das die Armut oder den Reichtum des Seelenlebens bedingt. Die Psychologie und die Psychiatrie versuchen mit ihren Methoden, in das Seelenleben einzudringen, es zu fassen und verständlich darzustellen. Die vielen Testmethoden ermöglichen teilweise ein Verständnis seelischen Verhaltens. Auch die Astrologie, die astrologische Deutungskunst ist in der Lage, die seelische Struktur eines Menschen auszuloten und darzustellen. Sie erhebt daher den Anspruch, als Methode der Charakterdeutung, der Erhellung seelischer Vorgänge anerkannt zu werden.

Potential des Willens

Es ist schwierig, den Begriff Wille klar zu definieren. Seit dem Altertum versuchen die Philosophen das bewußte Wollen klar abzugrenzen und verständlich zu machen. Die einen, zum Beispiel Schopenhauer, sahen im Willen die Grundlage des Lebens, andere bemühen sich, das Wesen des Menschen mit jenen erkennbaren Phänomenen des Wünschens und Wollens in Einklang zu bringen, trotz der Schwierigkeit, diese beiden Faktoren gegeneinander abzugrenzen. Zumindest läßt sich nicht immer exakt sagen, ob das, was man in eine Tat umgesetzt hat, auf ein wirklich bewußtes Wollen zurückzuführen oder nur das Ergebnis von Wünschen ist.

Wünsche, Strebungen, Triebe, Leidenschaften aller Art gehören, das haben wir bereits gesehen, in der Astrologie zum Wassertrigon. Denn es handelt sich dabei um Regungen der menschlichen Seele. Triebe treten mit einer gewissen Dynamik in Erscheinung, jeder Trieb löst einen oder mehrere Wünsche aus und kann zu Handlungen führen. Der Nahrungstrieb zum Beispiel löst den Wunsch nach Sättigung aus, man ißt, bis man keinen Hunger mehr hat, und der Trieb erlischt vorübergehend wieder. Das Verlangen nach Nahrung geht aber nicht auf bewußtes Wollen zurück, denn gerade beim Essen sind die Menschen meist nicht in der Lage, die Ratio, also die Vernunft, das Denken mitwirken zu lassen. Man muß nur gelegentlich zusehen, wie manche Menschen essen, und man wird sofort verstehen, daß hier von einem bewußten Wollen keine Rede sein kann. Ein Trieb wird befriedigt, mehr nicht.

Man wird am ehesten der modernen Definition folgen, daß der

Wille die Möglichkeit ist, zwischen zwei oder mehreren Strebungen, also zielgerichteten Absichten zu entscheiden. Das heißt, daß Triebe nichts anderes sind als Streben und Widerstreben, Hinstreben und Wegstreben. Dieses Spiel der Kräfte ist zunächst ohne Ziel. Erst dann, wenn durch das Bewußtsein ein Streben hervorgehoben wird, kann man von einem Willen sprechen. Demnach — und diese Erkenntnis ist unerhört wichtig — ist der Wille keine eigentliche Kraft, er ist eine Entscheidung, indem er Strebungen zu einer Handlung entweder freigibt oder unterdrückt. Wille selbst kann keine Strebungen, keine Triebe erzeugen, er kann sie nur benützen. Es muß grundsätzlich gesagt werden, daß der Mensch meist nur seinen Trieben folgt, daß die Willensentscheidung zwar ein Wesensmerkmal des Menschen ist, daß er davon aber nur dann Gebrauch macht, wenn er sich über das Animalische erhoben hat. Das Tier kennt keinen Willen.

Danach muß man die Kräfte aus den drei *Feuerzeichen* als Impulse erkennen, die dem Menschen die Möglichkeit geben, die Welt als Funktion von Willensäußerungen zu erleben. Da jegliches Wollen zukunftsgerichtet ist — weil man mit seinem Willen etwas erreichen will, was in der Zukunft liegt —, so sind diejenigen, denen mehr oder minder stark die Kräfte aus dem Feuertrigon zur Verfügung stehen, Optimisten. Sie erwarten etwas, sie wollen etwas erreichen, sie haben daher auch stets ein ausreichendes Maß an Lebensfreude zur Verfügung. Sie werden erst dann den Lebensmut verlieren, wenn man ihnen keine Möglichkeit mehr zu einem Wollen gibt, wenn man ihren Lebensraum so einengt, daß für zukunftsgerichtete Entscheidungen kein Raum bleibt.

Widder

21. März—20. April

Im *cardinalen* Zeichen *Widder* haben wir den Typ des streitbaren Menschen. Was immer an Impulsen ihn trifft, was immer in ihm Leidenschaften, Wünsche, Triebe, Sehnsüchte oder Träume erweckt, wird sofort umgepolt, in einen gerichteten Willen umgewandelt und augenblicklich reflektiert. Um ein Ziel zu erreichen, wird nicht gewartet, wird nicht nach Zweckmäßigkeit oder materiellem Nutzen gefragt. Ohne sicheren Instinkt für drohende Gefahren stürmt der widderbetonte Mensch los, ein in ihm mächtig gewordenes Streben verleiht ihm eine oft alles umstürzende und auch zerstörende Kraft, und selbstverständlich zwingt er seinen Willen der Umwelt auf. Es ist unglaublich, mit welcher Vehemenz die Kräfte aus dem Widderzeichen oft für eine Idee, für ein Ideal eingesetzt werden, wie sich solche Menschen als Fahnenträger für neue Strömungen aufopfern können. Da zählt die Vergangenheit nichts, da gibt es keinen Blick zurück, da wird nicht mit ermüdender Genauigkeit lange über die Marschrichtung diskutiert.

Es gibt nur ein Vorwärts, denn die Gegenwart ist immer nur der Beginn der Zukunft.

Dieser Wille, der von dem widderbetonten Menschen aus die ihn umgebende Welt durchdringt, vollzieht sich auf den verschiedensten Ebenen menschlichen Daseins. Es ist wesentlich, um diese Vielfältigkeit zu wissen, weil man dann in der Lage ist, die einzelnen Lebensäußerungen eines Widdermenschen zu verstehen. Wo es um Moral und sittliches Verhalten geht, gilt als höchstes Ideal die Freiheit, die im Einklang steht mit dem eigenen Gewissen. Vom Widder werden zum Beispiel jene Wissensgebiete bevorzugt, die einen eher dogmatischen Charakter haben und die nicht nach verschiedenen Gesichtspunkten zu werten sind. Gilt es, geistige Entscheidungen zu treffen, muß eine Sache zu Ende geführt werden, dann wählt der Widdermensch geradlinige Wege und meidet alle Erörterungen mit Wenn und Aber. Was die Realität des Lebens betrifft, wird man bei den Menschen, die stark unter dem Einfluß des Widderzeichens stehen, immer erkennen können, daß es ihnen in erster Linie darauf ankommt, alles nach Willensäußerungen ablaufen zu lassen, daß es niemals einen Ruhezustand gibt und jedes erreichte Ziel sofort aus dem Blickfeld verschwindet und in die Vergangenheit untertaucht. Es muß, so kann man das Wesen dieser Menschen charakterisieren, stets etwas geschehen. Sie folgen dem inneren Gebot, und wehe, man erschüttert ihren Glauben an sich oder an die Ideale, denen sie sich verschrieben haben.

Geht es um Triebe und Leidenschaften, läßt sich der Widdermensch keine Zeit. Kommt es zu Spannungen, drängt ein Trieb nach Entladung, dann wird sofort eine Lösung von dieser Spannung, eine Entspannung gesucht. Das mag demjenigen, den es trifft, mitunter einen Schock versetzen, aber für einen Widdermenschen gibt es keine Romantik, keine langen Spielereien, kein sanftes und zärtliches Tun. Hier wird gehandelt. Im Sexualleben kann der Akt so gewertet werden, wie ihn Lenin, der Anführer der bolschewistischen Revolution, definiert hat: »Ein Sexualakt ist wie ein Schluck Wasser.« (Lenin hatte in seinem Geburtshoroskop das Widderzeichen mehrfach besetzt.) Widdermenschen können Führer oder auch Verführer sein. Das kommt auf den Charakter an. Bildung, Charakterentwicklung und Wissen sind die Grundlagen, die letztlich den Ausschlag geben, ob das gerichtete Tun nützlich ist oder nicht. Blindes Wagen allein muß nicht immer zum Ziel führen, immerwährendes Wollen kann die Umwelt schwer in Mitleidenschaft ziehen. Doch was wäre aus

der Menschheit geworden, hätte es nicht immer wieder diese aus-
geprägten Widdertypen gegeben, die alle anderen mitgerissen
haben, die aktiv an der Schaffung des Neuen mitwirkten?

Löwe

23. Juli–23. August

Ganz anders verhält es sich mit dem *fixen* Zeichen *Löwe*. So wie
sich beim Skorpion das Gefühl staut, wie beim Stier die Kraft
der Materie in potentielle, also ruhende Energie umgewandelt
wird, so dominiert beim löwebetonten Menschen die Konzentration des Wollens. Der Wille ist hier gleichsam unartikuliert, nicht
gerichtet, doch als Autorität vorhanden, die erst gar nicht begründet werden muß. Der Löwemensch braucht unter Umständen nur
ein Wort zu sagen, und schon wird von den Mitmenschen gehor-
sam eine Tat gesetzt. Löwe, das Sonnenzeichen, symbolisiert das
Prinzip des Herrschens, der Macht, der Souveränität. Bewußt der
inneren Stärke, läßt die Umwelt den Löwemenschen gleichgültig,
eine Haltung, die man nicht selten als Hochmut auslegt. Wer es
wagt, im Bannkreis eines solchen Menschen selbst innere Kraft
oder gar gezieltes Wollen auszustrahlen, wird durch Spott und
Hohn herabgesetzt und nicht selten durch zerstörende Aggression
sogar vernichtet. Der Löwemensch ruht gleichsam auf einem
Thron, sein Wesen ist die Verkörperung der ruhenden Willens-
kraft. Wehe demjenigen, der diese Tatsache nicht anerkennen will.
Darauf beruht auch des Löwemenschen Selbstgefälligkeit, sein
stark entwickeltes Selbstgefühl sowie die verletzende Überheb-
lichkeit. Da der löwebetonte Mensch den ruhenden Willen verkörpert, erscheint er oft auch als faul. Er versucht zwar, kraft
seiner ruhenden Autorität seine Umwelt den Gesetzen seines
Willens unterzuordnen, doch es fehlt ihm an Stärke, die ruhenden

Kräfte in bewegliche umzuwandeln. Das überläßt er lieber den anderen, er sieht gerne zu, wenn in seiner Umgebung viel und schwer gearbeitet wird. Er empfindet es durchaus als gerecht, daß alles nach seinem Willen geschieht, und er, der in sich die Kraft zu spüren glaubt, über andere zu herrschen, wird sich dieses Herrscherrecht nicht leicht streitig machen lassen.

Bei einem fixen Zeichen gibt es keine Bewegung, weder von der Umwelt zum Menschen hin noch vom Menschen hinaus in die Umwelt. Hier herrscht Ruhezustand, wie er notwendig ist, damit Dinge »in Ruhe« reifen können und sich alles in wohlgeordneten Bahnen entwickeln kann. Die Geschichte hat uns überzeugend gelehrt, daß Völker, die viele Jahrzehnte hindurch von ein und demselben Herrscher regiert wurden, in dieser Zeit eine Periode des Wohlstandes und des Glücks erlebten. Und so wie die Sonne, durch die am reinsten die Strahlung des Löwezeichens zur Geltung kommt, als »ruhendes Zentrum« ihren Einfluß ausübt und dennoch die Planeten um sie kreisen, ebenso ist der unter den Kräften des Löwezeichens Geborene ein ruhender Pol, um den sich alles dreht. Selbst ganz »niedere« Löwetypen besitzen oft eine faszinierende Ausstrahlung, die ihnen von der Umwelt Bewunderung einbringt.

Schütze
23. November—21. Dezember

Die drei Feuerzeichen Widder, Löwe und Schütze geben dem Astrologen die Möglichkeit, die Welt als Funktionseinheit von Willensäußerungen zu sehen. Der Widder ist der ewige Kämpfer, der seiner Umwelt seinen Willen aufzwingen will, der Löwe dagegen strahlt den ruhenden Willen aus. Der Schütze erlebt die Welt als Willensimpuls. Er, der die Strahlungen des *beweglichen* Zeichens *Schütze* empfängt, ist in seinem Wesen von Kindheit an betroffen von der Existenz des höheren, ihm aufgezwungenen oder von ihm als Autorität anerkannten Willens. Er ist sozusagen eingetaucht in die Vielzahl von Willensäußerungen, die er in irgendeiner Form akzeptieren muß, deren Objekt er werden möchte und wird. Dies löst bei dem schützebetonten Menschen das Verlangen nach der wahren Erkenntnis aus. Die persönliche Entwicklung und das Handeln ist auf viele Ziele gerichtet. Der Schütze will sich einordnen in die höheren Prinzipien, er wandert, er reist gerne, um noch mehr zu sehen, noch mehr zu erleben. Es ist so, als würde ihn ununterbrochen etwas treiben, als gälte es, eine immer höhere Plattform zu finden, von wo aus er alles noch besser überblicken kann.

Dies hat zur Folge, daß ein Mensch, der sich als Objekt höherer Willensäußerung und höherer Ordnung fühlt, schließlich von der Rechtlichkeit seines Tuns überzeugt ist. Er wird daher niemals daran zweifeln, daß ihm das Recht zusteht, andere zu belehren, sie zu lehren, was gut und was böse ist und wie man sich zu verhalten hat. Dennoch wird es ihm bei aller Dynamik solchen Tuns an einer gewissen Herzlichkeit und Verständnisbereitschaft nie fehlen, so daß man unter ihnen die besten Lebenskameraden finden kann.

Eingespannt in das vielfältige Spiel der Kräfte, übernimmt der schützebetonte Mensch immer eine Rolle. Er spielt sie gerne, mehr noch, er identifiziert sich mit ihr. Wenn er eine Rolle aus irgendeinem Grund im Leben nicht spielen kann, dann will er sie auf der Bühne, auf der Theaterbühne spielen. Daher sind Menschen mit einem starken Schützeeinfluß oft brillante Schauspieler. Weil sie mit ihrer Veranlagung die Fähigkeit besitzen, fremden Willen in einer Rolle darzustellen.

Das Zeichen Schütze gibt die Möglichkeit, sich in das große, weltweite Wirken von Willenskräften einzugliedern, die sich dann auf allen Lebensgebieten mit einer ungeheuren Aktivität entfalten können. Diese Aktivität ist anders als die impulsive Dynamik des Widdermenschen, anders als das autoritäre Wirken des Löwen. Unter dem Einfluß der Schützestrahlung steht man mitten im Leben, empfindet das Leben als Aufgabe, setzt Handlungen. Der Schütze glaubt an das Leben, an die Ordnung, die man einhalten muß. Er stellt sich gegen alle, die seinen Beweggrund — in des Wortes wahrster Bedeutung, also von »bewegen« abgeleitet — nicht verstehen wollen, die ihm die Sicht nehmen. Handlung und Bewegung, das ist Schützenart, ein Schütze kommt weit herum — und sei es nur im geselligen Kreis —, ihn zeichnet wie kaum jemand anderen die Eigenschaft der Verbindlichkeit aus. Er ist es, der leicht Kontakte herstellt und Kontakte hält, weil ihm auf dem Lebensweg viele Menschen begegnen müssen. Wer viel herumkommt, macht zwangsläufig viele Bekanntschaften.

Man wird, wenn man die Prinzipien der drei Feuerzeichen kennt, unter seinen Mitmenschen leicht die charakteristischen Vertreter dieser Feuermenschen herausfinden. Diese Menschen, die aus dem Feuertrigon ihre Kräfte beziehen, sind unübersehbar und machen sich immer bemerkbar. Ihre Lebensäußerungen sind spontan, ihr Handeln ist von bezwingender Stärke. Sie fallen auf, wie man zu sagen pflegt, und wenn man es genau betrachtet, muß das so sein. Denn der Wille, das bewußte Wollen ist nicht allen Menschen gegeben. Ist aber ein großes Willenspotential vorhanden, dann wird es auch irgendwie erkennbar.

Sphäre des Geistes

Der Mensch muß lebenslang sauerstoffreiche Luft einatmen. Sein Stoffwechsel ist auf komplizierte und dauernde Verbrennungsvorgänge eingestellt. Wir erkennen daraus die enge Verbindung von Luft und Feuer. Ohne Atmung, ohne ständig frische Sauerstoffzufuhr gibt es kein Leben, erlischt das Leben. Kommt keine sauerstoffreiche Luft mehr in die Lungen, erkaltet der Körper und stirbt. Luft gibt die Voraussetzung für die Verbrennung, für die Energie, für das Feuer.

Schon die Philosophen der Antike haben die vier Elemente in Gegensatzpaare eingeteilt: Luft und Feuer auf der einen, Wasser und Materie auf der anderen Seite. Die Materie kann sich in Wasser lösen, mehr noch, in vielen Fällen — beispielsweise in der Medizin als Heilmittel — wirkt sie oft nur in flüssiger Form.

Wie die drei Erdzeichen im Tierkreis den drei Wasserzeichen gegenüberliegen, so liegen die Feuerzeichen Widder, Löwe und Schütze den drei *Luftzeichen* Waage, Wassermann und Zwillinge gegenüber.

Die Abhängigkeit des Feuers, der Energie von der Luft beweist, daß diese Elemente in enger Wechselwirkung stehen. Die Notwendigkeit der Luft, des Sauerstoffs für das Gehirn des Menschen führt uns auf die Spur, welche Bedeutung die Kräfte aus dem Lufttrigon besitzen, wenn sie in einem Horoskop wirksam werden. Um die an sich nicht einfache Wirkung der Luftzeichen richtig zu verstehen, sei zunächst auf die integrierende Abhängigkeit des menschlichen Gehirns von der frischen, also von der sauerstoffreichen Luft hingewiesen.

Alle Denkvorgänge, alle Leistungen des Gehirns sind ununterbro-

chen auf die ständige Zufuhr von sauerstoffreichem Blut angewiesen. Keine Körperzelle braucht soviel Sauerstoff wie eine Ge-
hirnzelle, kein Organ hat einen solchen Sauerstoffbedarf wie das
Gehirn. Es kommt sofort zu einer tiefen Ohnmacht, wenn die
Arterien, die zum Gehirn führen, aus irgendeinem Grund nicht
durchlässig sind. Jede Funktion der Gehirnzellen unterbleibt,
wenn der lebenswichtige Sauerstoff auch nur für ein paar Augenblicke ausbleibt.

Das Denken, alle geistigen Fähigkeiten stehen also in vollkommener Abhängigkeit zur Luft beziehungsweise zum Sauerstoff
als Bestandteil der Luft. Es wurde schon vor Jahrtausenden erkannt, daß die aus den drei Luftzeichen stammenden Kräfte auf
die geistigen Funktionen des Menschen wirken.

Doch so einfach verhält es sich um die Wirkung der drei Luftzeichen auch wieder nicht. Die Zusammenhänge sind wesentlich
komplizierter. Um das Verständnis dafür zu erleichtern, sei wieder
ein Gleichnis angeführt.

Man stelle sich einen Klumpen Lehm vor, der auf einer Tischplatte liegt. Dieser Klumpen Lehm ist formlose Masse, Materie,
im Sinn unserer Betrachtung demnach Erde, Stoff, Wirklichkeit.
Über der Tischplatte, unsichtbar, aber ohne Zweifel existent, ist
Luft. Zwischen Materie und Luft besteht keinerlei Beziehung.

Nun gibt jemand diesem Klumpen Lehm eine Form. Er knetet
daraus eine Vase oder einen Krug. Es wird dann zwar die Materie
als Stoff, als Substanz unverändert sein, sie bleibt gewichtsmäßig
und in ihrer Zusammensetzung gleich, die Luft ist ebenso unverändert, es gibt auch zwischen dem Lehm und der Luft nach
wie vor keine wie immer geartete Verbindung, und doch ist dabei
etwas Neues entstanden. Man kann in den Krug oder in die Vase
etwas einfüllen, man kann dieses aus dem Klumpen Lehm entstandene Gefäß zu vielerlei Zwecken verwenden.

Was ist wirklich neu entstanden, was geschah durch das Be-
arbeiten des Lehms?

Es entstand eine Form. Wir sehen darin ein Wechselspiel, eine Umwandlung, eine Veränderung. Wem die Kräfte aus den Luftzeichen in ausreichendem Maß zur Verfügung stehen, erlebt die Welt nicht als bloße Materie, als Tummelplatz der Gefühle, als ständige Auseinandersetzung von Willenskräften, sondern als Vielzahl von Formen und Gestalten. Alles hat schließlich eine Form, alles unterliegt einer Gestaltung. So wie der erdgebundene Mensch, der sich mit dem rein Stofflichen abgibt, die Gesetze der Materie, ihr Wirken studiert und versteht, so erkennt der durch die Luftzeichen »Inspirierte« die Formen, die Ideen und erhebt sich somit über die reine Materie, blickt über sie hinaus und gewinnt damit den Blick für das Metaphysische.

Wie sagt Laotse in seinem Spruch über den Gegensatz von Physik und Metaphysik, über die irdische, materielle und geistige Welt?

»Das Stoffliche birgt die Nutzbarkeit,
das Unstoffliche wirkt Wesenheit.«

Somit geben die Strahlungen aus den Luftzeichen die Möglichkeit, die Welt des Geistes, die Strömungen des Geistes, die Vielfalt der Formen zu erkennen, sich ihrer zu bedienen und mit oder in ihnen zu leben. Wiederum — wie schon bei den bisher besprochenen Trigonen — ist es entscheidend, ob ein Zeichen cardinal, fix oder labil wirkt.

Waage

24. September—23. Oktober

Das erste Zeichen im Lufttrigon, das *Cardinalzeichen Waage*, gibt demjenigen, der für diese Strahlung besonders empfänglich ist, die Möglichkeit, von sich aus die unermeßliche Vielzahl der

Formen zu erleben, selbst die Welt zu formen. So wie bei den anderen Cardinalzeichen, beim Steinbock, beim Krebs und beim Widder, werden die empfangenen Strahlen in die Umwelt reflektiert. Übertragen auf das Gleichnis vom Klumpen Lehm vermag zum Beispiel ein Bildhauer aus einem Block Stein eine Statue herauszumeißeln, eine Schneiderin wird ein Stück Stoff, also reine Materie, zu einem Kleid verarbeiten, und der Denker wird die geistigen Strömungen seiner Zeit erfassen und sie in eine neue Form umgestalten. Kurzum, der waagebetonte Mensch vermag mit seinen geistigen Fähigkeiten, mit der Weite seines Blickfeldes der Materie eine Form zu geben. Darüber hinaus werden die Formen geordnet, ihr Gleichgewicht hergestellt, und es wird immer Zusammenarbeit, so harmonisch als möglich, erwünscht.

Zur Waage gehören nicht nur der künstlerische Sinn, die Geselligkeit und die Harmonie. Auch der Takt, die Höflichkeit, die diplomatische Fähigkeit, das ästhetische Empfinden unterstehen dem Waagezeichen. Ein Waagemensch wird sich besonders dort angesprochen fühlen, wo es etwas auszugleichen gibt.

Da die Waage dem Widderzeichen gegenüberliegt, hier also ein Gegensatzpaar vorliegt, findet man beim waagebetonten Menschen eine Eigenschaft nicht, die den Widder auszeichnet. Während der unter dem cardinalen Feuerzeichen Widder Stehende durch einen Impuls sofort zu einem bewußten Wollen fähig ist, also fast augenblicklich eine Entscheidung in seinen Strebungen herbeizuführen vermag, ist der Waagemensch einer echten Entscheidung nahezu unfähig. Er möchte zwar die Harmonie, das Beisammensein, die Form und die Abhängigkeit zu anderen Formen, das Ordnen der Formen, doch all das ist letztlich rein geistiger Natur; hinter den Erkenntnissen, hinter diesen Betrachtungen der Formen stehen keine Wünsche, Strebungen, Triebe, es fehlen die Kräfte, die alles in eine Tat umsetzen. Darin liegt die Ursache des Versagens vieler waagebetonter Menschen, daß sie so viel von Formen, von Begriffen, von dem Nichtmateriellen verstehen, daß sie empfänglich sind für die Begrenzungen geistiger Bereiche, daß sie jedoch unfähig sind, in die rauhe Welt der Wirklichkeiten hineinzugreifen und das zu verwirklichen, was ihnen als Form oder Idee vorschwebt. Daher die sprichwörtliche Unentschlossenheit, die Entscheidungsunfähigkeit des Waagebetonten.

Um der Materie eine Form zu geben, so haben wir gesehen, braucht man einerseits die Materie, den Stoff, andererseits — bildlich gesprochen — die Leere, die Luft. Nur aus bearbeiteter Materie ergibt sich die Form. Und ist der waagebetonte Mensch nicht imstande, in diese Welt der Wirklichkeiten einzugreifen, dann resultiert daraus — bei allem Verständnis den Formen gegenüber — die Bequemlichkeit. Dann ereifert er sich — eine Situation, die man immer wieder beobachten kann — zwar stundenlang über einen Schmutzfleck auf dem Teppich, aber er wird nicht aufstehen und den Schmutzfleck entfernen. Dazu fehlt ihm die Energie.

Wassermann
21. Januar—19. Feber

Das *fixe* Zeichen *Wassermann* besitzt eine völlig andere Strahlung. Hier wirken die aus diesem Tierkreis kommenden Kräfte anregend, sie veranlassen eine innere Speicherung der Formen. Das heißt, der wassermannbetonte Mensch besitzt die Möglichkeit, eine kaum vorstellbare Fülle von Ideen, geistigen Überlegungen, geistigen Systemen und Vorstellungen zu sammeln, auszubauen, zu entwickeln, er stellt damit aber nicht immer die Beziehung zu seiner Umwelt her. Seine Vorstellungen, seine geistigen Leistungen und Tätigkeiten müssen in keinem Zusammenhang zur Geisteswelt seiner Umwelt stehen. Er kann, um es einfach auszudrücken, mit seinen Gedanken ganz woanders sein; das, was er schafft, kann den Mitmenschen unerhört originell, geistvoll, neu, unerwartet vorkommen. Mitunter hat man auch das Gefühl, Wassermann-Menschen haben keinen Lebensernst, sie nehmen das Leben von der zu leichten Seite; man macht den unter diesem Zeichen Stehenden oft den Vorwurf, daß sie sich wie Verrückte gebärden. In der Tat, früher stellten solche Menschen oft den an jedem Fürstenhof unentbehrlichen Narren, der sich alles erlauben durfte, dessen scheinbar lustiges Geschwätz aber doch tiefste, oft auch vorausschauende Weisheit erkennen ließ.

Alles, was das praktische Leben verlangt, was die Realität der Materie fordert, ist dem Wassermann gleichgültig. Er schafft sich eine eigene Weltanschauung, sie wird zum Leitmotiv seines Lebens, er lebt nach den eigenen geistigen Prinzipien, nach einer eigenen Logik, sehr oft im Gegensatz zur Umwelt, er lebt sozusagen in einem Land, das es gar nicht gibt. Zukunftsmenschen? Utopisten? Phantasten? Wer vermag das immer zu sagen? Haben nicht die technischen Neuerungen in den letzten zweihundert Jahren bewiesen, daß diejenigen, die in ihren geistigen Sphären die Realität vorweggenommen haben, eigentlich recht behalten haben? Ist nicht zum Beispiel all das, was der im Zeichen Wassermann geborene französische Schriftsteller Jules Verne geschrieben hat, Wirklichkeit geworden?

Da wir heute im Wassermann-Zeitalter leben — weil der Frühlingspunkt in diesem Tierkreisabschnitt liegt —, können wir überall die ungeheure Kraft dieser Sphäre fühlen und registrieren. Der Mensch hat »Denkmaschinen« erfunden, seine Computer leisten Unwahrscheinliches. Es ist unmöglich, sichere Prognosen über die Weiterentwicklung der Menschheit zu stellen. Mit einer unerhörten Wucht hat dieses neue Zeitalter mit der Erfindung der ersten Dampfmaschine durch James Watt begonnen. Was der menschliche Geist seither geleistet hat, ist ohne Beispiel in der Geschichte der Menschheit.

Durch eine starke Bestrahlung aus dem Wassermannzeichen vermag der Mensch innerlich — also von der Außenwelt abgeschlossen — ganz seinen Gedanken zu leben, nur von Zeit zu Zeit leuchtet die unermeßliche Tiefe seines Geistes auf, und den Mitmenschen werden dann neue Ideen und Vorstellungen vermittelt. Verständlich, daß es dann oft an Möglichkeiten fehlt, das reale Leben zu bestehen. Denn wenn die Sphäre seines Geistes von den Mitmenschen nicht verstanden wird, wie soll dann der Wassermannmensch zwischenmenschliche Beziehungen anknüpfen können?

Wer der Welt des Geistes aufgeschlossen ist, wer von den Strahlungen aus den Luftzeichen getroffen wird, kann echte Harmonie finden. In diesen geistigen Welten können dann Kontakte zustande kommen, von solcher Dynamik, daß daraus die größten Schöpfungen der Menschheit entstehen.

Zwillinge
21. Mai—21. Juni

Es dürfte jetzt nicht mehr schwierig sein, das dritte Luftzeichen, den *labilen* Tierkreisabschnitt *Zwillinge,* zu verstehen. Hier wird nicht wie beim Wassermann gespeichert. Die Kräfte dieses

Zeichens geben dem Menschen die Möglichkeit, die geistigen Sphären zu erfassen und ihnen entsprechend zu leben. Der Zwillingsbetonte wird also zum Objekt der mentalen Strömungen. Dies kann als Beispiel am anschaulichsten und deutlichsten bei denjenigen demonstriert werden, die als Journalisten tätig sind.

Man stelle sich einen Mann vor, der bei einer Zeitung arbeitet, die eine bestimmte »Richtung« hat. Sie ist der Ausdruck einer geistigen Strömung, etwa linksgerichtet und progressiv; dieser Journalist wird seine Artikel »im Geist« seiner Zeitung verfassen und damit die Meinung seiner Zeitung zum Ausdruck bringen. Dann wird er plötzlich zu einer Zeitung versetzt, die konservative oder rein liberale Ideen vertritt. Der unter dem Einfluß der Zwillinge stehende Mensch wird keine Schwierigkeiten haben, sich sofort wieder einzuordnen. Ein Steinbockbetonter sagt dazu, daß er seine Meinung nicht ändern kann, der Widder ist ganz entrüstet, daß man von ihm einen Gesinnungswechsel verlangt. Der vom Zwillingszeichen Inspirierte dagegen, den man — wörtlich gemeint — einen »Luftikus« nennen kann, geht unverzüglich an die neue Arbeit. Er wird sofort die andere Richtung zu seiner eigenen machen und sich mit seinen Kräften in dieser mentalen Sphäre, in dieser neuen »Geistesströmung« betätigen.

Ein Mensch unter starkem Zwillingseinfluß schafft keine neuen Formen, speichert sie auch nicht, sondern erfaßt die bereits vorhandenen; sie werden ihn einmal in die eine, dann in die andere Richtung drängen, einmal zu dieser, einmal zu jener Einstellung veranlassen. Dies bedingt die innere Unrast, die Notwendigkeit, immer wieder den eigenen Standort zu analysieren, es ist ein ewiges Spiel der geistigen Kräfte, das durchzustehen ist. Ständig wird gezweifelt, alles immer wieder geprüft, gibt es ein Wenn, dann findet man sofort auch ein Oder. Diese Ruhelosigkeit, dieser Zwang, immer zu denken, läßt den zwillingsbetonten

Menschen unglaublich vielseitig erscheinen, sein immer schwankender Standpunkt beraubt ihn aber der Zuverlässigkeit.

Was vermag die Kraft des Zwillingszeichens nicht alles zu schaffen und zu fördern: die Lust am Diskutieren, das ununterbrochene Interesse an allen Dingen, die Vielgeschäftigkeit, das ziellose Tun, getrieben von Zweifel und Kritik. Welche Lebensäußerungen auch immer unter diesem Zeichen stehen, es offenbart sich eine Welt, in der alles Geistige ruhelos ist und alles sich mit allem verbindet.

Alle drei Luftzeichen erschließen die Welt des Geistes, ein jedes in anderer Form. Es darf nicht übersehen werden, daß in unserer Zeit gerade den Luftzeichen eine überragende Bedeutung zukommt.

Planeten

Physikalische Grundlagen

Spricht man von einem »interplanetaren Kraftfeld«, so versteht man darunter die Summe aller Wechselwirkungen der in unserem Sonnensystem vorhandenen Himmelskörper. Es handelt sich bei diesem Ausdruck um einen physikalischen Begriff, der klar definiert ist. Wenn die modernen Astrologen die Behauptung aufstellen, die Kräfte der Sonne, des Mondes und der Planeten würden auf unsere Erde einwirken, so stützen sie sich auf eine reale, naturwissenschaftliche Grundlage.

Die Astrologie teilt den Himmelsraum in sogenannte HÄUSER, auch Felder genannt. Ausgehend vom Schnittpunkt des Horizonts mit der Ekliptik, wird eine Zwölfteilung vorgenommen, und in diesen gewaltigen Räumen des Himmelsraumes, der von der Erde aus wie eine riesige Kugel wirkt — daher auch der Ausdruck Himmelskugel —, verteilen sich die einzelnen Himmelskörper unserer Sonnenwelt. Da es zwölf Häuser gibt, werden diese entsprechend numeriert. Seit mindestens zweitausend Jahren haben die Astrologen verschiedene Erfahrungen gewonnen, wonach diesen Häusern Wirkungen auf bestimmte Lebensgebiete zukommen.

In unserem Sonnensystem beeinflussen sich alle Himmelskörper gegenseitig erstens durch ihre Masse, womit das von Newton geschaffene Gesetz der Schwerkraft zur Geltung kommt. Neben diesen einfachen Massewirkungen kennt man zweitens in der heutigen Zeit die vielfältige Wirkung der Magnetfelder, weiters die Wirkung der im interplanetaren Raum vorhandenen Partikeln, etwa die für die Raumfahrt so gefährlichen Sonnenwinde; man weiß auf Grund vieler Beobachtungen, daß unsere Sonne von einer Art Plasma umgeben ist, das weit über die Jupiterbahn hinausreicht. In diesem Zusammenhang erscheint die Erkenntnis alter Sterndeuter bemerkenswert, wonach Saturn, der Riesenplanet jenseits des Jupiters, die Gegensonne ist. Zumindest weiß man auf Grund heutiger Berechnungen, daß der Saturn außerhalb jener Sphäre liegt, die weitgehend von der Sonne beeinflußt wird.

In welcher Weise die einzelnen Himmelskörper auf unsere Erde wirken, ist seit Jahrhunderten Gegenstand umfassender Untersuchungen. Im Jahre 1921 erschien in der Sammlung Göschen eine Zusammenfassung der Arbeiten über den Magnetismus der Erde von A. Nippoldt. Der Leser erfährt darin, daß man bereits im neunzehnten Jahrhundert die täglichen Veränderungen des Erdmagnetismus gemessen hat und daß diese Schwankungen in Beziehung zu den verschiedenen Himmelskörpern unserer Sonnenwelt gebracht wurden. In einem eigenen Kapitel wird darüber wie folgt berichtet: »Auch der Einfluß der Planeten auf den Erdmagnetismus ist der Rechnung unterzogen worden; so von den Gebrüdern Chambers und von E. Leyst. Auch er ist sicher vorhanden. Es wird sowohl der gesamte Mittelwert als auch die Amplitude der täglichen Variation beeinflußt. Diese sogar weit stärker!«

Wohlgemerkt: Schon vor mehr als einem halben Jahrhundert waren sich die Physiker darüber einig, daß der Erdmagnetismus täglich durch den Lauf der Planeten verändert wird, daß also das *interplanetare* Kraftfeld täglichen Schwankungen unterliegt, die durch die Stellung der Himmelskörper in unserem Sonnensystem bedingt werden. Man hat sich damals auch bereits über die Größenordnungen dieser Einflüsse klare Vorstellungen gemacht, denn die Variation des erdmagnetischen Feldes durch die Planeten konnte sogar prozentuell angegeben werden.

168

Dies alles geschah lange vor dem Zeitalter der Weltraumfahrt, damals gab es noch keine Meßraketen, wohl aber konnte man die Schwankungen des erdmagnetischen Feldes mit verschiedenen Apparaturen aufzeichnen. So gibt es seit vielen Jahrzehnten erdmagnetische Ephemeriden, die genaue Auskunft darüber geben, wie sich das magnetische Kraftfeld der Erde jeden Tag verändert. Vor kurzer Zeit hat man umfangreiche Untersuchungen über das Verhalten von bestimmten Menschentypen in bezug auf diese erdmagnetischen Ephemeriden angestellt und erstaunliche Übereinstimmungen feststellen können (K. Birzele: »Sonnenaktivität und Biorhythmus«).

Aus dem bisher Gesagten geht hervor, daß sich das erdmagnetische Kraftfeld durch die ständige Positionsänderung der Himmelskörper in unserer Sonnenwelt, also durch die Sonne selbst, durch alle Planeten und durch deren Trabanten, ständig ändert, daß aber auch für jeden Punkt auf dieser Erde andere elektromagnetische Bedingungen herrschen. Wenn seit Jahrtausenden die Astrologen Himmelsskizzen anfertigen, die für einen bestimmten Zeitpunkt und für einen bestimmten Ort die Stellung der Himmelskörper angeben, dann steht dies zu modernen Erkenntnissen in keinem wie immer gearteten Widerspruch.

Weit schwieriger ist die Frage zu klären, welcher Einfluß den einzelnen Himmelskörpern zukommt. Warum zum Beispiel gerade der Mond auf die vegetativen Funktionen des Menschen einwirkt und Saturn das logische Denken fördert. Wenn die Astrologen ihre Deutungskunst geschaffen haben, die sich auf jahrtausendealte Erfahrung stützt, so muß freimütig zugegeben werden, daß wir derzeit keine Vorstellungen darüber haben, warum sich derartige Unterschiede in der biologischen Wirkung ergeben. Wenn Kritiker der Astrologie heute auf diese ungeklärten Zusammenhänge hinweisen, wenn sie die Aussagen der astrologischen Deutungskunst nach wie vor in den Bereich eines Beziehungswahns verweisen, tun sie gewiß Unrecht. Vor etlichen Jahrzehnten wußten Physiker und Biologen noch nichts über den Einfluß der Planeten auf unser irdisches Magnetfeld. Wer damals einen kausalen Zusammenhang bezweifelte, war auch berechtigt, die Existenzgrundlage der Astrologie in Frage zu stellen. Heute muß sich der ärgste Gegner der Astrologie gefallen lassen, daß der Einfluß der Gestirne auf das irdische Leben wissenschaftlich für gesichert gilt. Freilich gibt es darüber hinaus noch viele ungeklärte Fakten.

Doch seltsam genug, was auch immer die modernen Naturwissenschaften an neuen Zusammenhängen entdecken, nichts vermag die Astrologie, die man nicht umsonst die »Königin der Wissenschaften« nannte, zu widerlegen. Genau das Gegenteil ist — zumindest bislang — immer der Fall gewesen: Viele naturwissenschaftliche Erkenntnisse haben die bisher rein hypothetischen Grundlagen und theoretischen Voraussetzungen der Astrologie auf eine reale naturwissenschaftliche Basis gestellt. Dieser Umstand sollte doch jedem Kritiker der Astrologie zu denken geben.

Doch zurück zu unseren Betrachtungen. Wenn es also heute feststeht, daß die Planeten ständig auf unser irdisches Leben einwirken, so müssen wir trotzdem vorerst auf Erklärungen verzichten, wie sich diese Wirkungen in biologischer Hinsicht objektivieren lassen. Allerdings werden schon seit geraumer Zeit bemerkenswerte Untersuchungen durchgeführt, die zumindest den Beweis erbringen, daß tatsächlich die einzelnen Planeten verschieden wirken. Grundlegende Experimente wurden vor allem im biologischen Forschungsinstitut am Goetheanum in Dornach (Schweiz) durchgeführt. Umfassende Publikationen über das Silber und den Mond erschienen bereits 1929, über Jupiter und das Zinn 1932, im Kolisko-Archiv Edge, Gloucester, erschien 1952 eine Arbeit mit 325 Abbildungen über Saturn und Blei.

Es handelt sich um die Bestätigung uralter Weisheiten, wonach gewisse Metalle die kosmischen Kräfte besser zur Wirkung

Planet	Symbol	Herrscher im Zeichen
Sonne	☉	Löwe
Mond	☽	Krebs
Merkur	☿	Zwillinge/Jungfrau
Venus	♀	Stier/Waage
Mars	♂	Widder/Skorpion
Jupiter	♃	Schütze
Saturn	♄	Steinbock
Uranus	⛢	Wassermann
Neptun	♆	Fische
Pluto	♇	(Widder/Skorpion)

Die Planeten und ihre Symbole.
Jeder Planet wirkt in seinem Zeichen am kräftigsten.

bringen. Gold wird der Sonne, Silber dem Mond zugeordnet. Blei gehört zum Saturn, Zinn zum Jupiter, Kupfer zur Venus, Eisen zum Mars und Quecksilber, möglicherweise besonders das Magnesium, zum Merkur. Bringt man diese Metalle zu einem Lebewesen in Beziehung, äußerlich oder innerlich (durch Nahrung, Schmuck usw.), so üben sie auf biologische Rhythmen eine verstärkende oder abschwächende Wirkung. Die Astrologie kann jene Kräfte, die von den Planeten ausgehen, richtig zur Verteilung bringen.

Das wird allerdings für einen modernen Naturwissenschaftler undenkbar sein und wird gewiß als übler Aberglaube bezeichnet. Denn auf diese Vorstellungen geht das seinerzeitige Tragen sogenannter Amulette zurück, und man weiß aus historischen Berichten, daß diese Lebensbehelfe meist recht nutzlos waren.

Allerdings wird niemand leugnen können, daß Metalle im menschlichen Stoffwechsel eine erstaunlich gewichtige Rolle spielen. Das Eisen zum Beispiel ist in jedem lebenden Warmblütler-Organismus die Basis für den roten Blutfarbstoff, der allein imstande ist, den Sauerstoff in alle Teile des Körpers zu transportieren und damit die Verbrennung zu sichern. Eisenmangel im menschlichen Körper bewirkt sehr bald eine Unzahl von Beschwerden und Störungen, ja er kann zu Siechtum und Tod führen. Menschen mit Eisenmangel sehen blaß aus, frieren ständig und haben einen reduzierten Stoffwechsel. Außerdem sind sie fast immer müde und antriebslos, ohne Lebensfreude und Energie.

Schon im Altertum hat man das Eisen mit dem Planeten Mars, dem astrologischen Prinzip der Energie, in Beziehung gebracht, und man weiß aus unzähligen Erfahrungen, daß die Steigerung der Marskräfte ganz bestimmte Stoffwechselwirkungen auslösen. Gibt man einem Anämiekranken Eisenpräparate, richtig dosiert und entsprechend lange, dann stellt sich oft eine geradezu stürmische Besserung ein. Die Hautfarbe ändert sich, der Appetit nimmt zu, die Antriebsschwäche wird überwunden, und man kann mit Energie und Lebensfreude seinen Pflichten nachgehen. Es wird sich niemand finden, der eine solche Behandlung mit einem Metall als unnatürlich bezeichnen würde. Hier verfügen die Ärzte über ein jahrtausendealtes Erfahrungswissen.

Warum ist man aber anderer Meinung, wenn beispielsweise ein Astrologe einer Frau, die über Frigidität klagt, Kupfer empfiehlt? Wenn in deren Geburtshoroskop bestimmte Konstellationen zu finden sind, die andeuten, daß in erotischer Hinsicht echte Hingabe erschwert ist, warum also hält man's für einen Aberglauben wenn ebendiese Frau von einem Astrologen den Rat erhält, etwas Kupfer am Körper zu tragen? Warum ist man dann sofort voll Spott und Hohn, während man die Eisentherapie des Arztes als durchaus vernünftig findet?

Die Astrologie hat von jeher behauptet, daß die kosmischen Kräfte auf das irdische Geschehen wirken. Als gültiger Beweis müssen jene Versuche gelten, die im biologischen Forschungsinstitut in Dornach vorgenommen wurden. Man ließ Weizenkörner in verschiedenen Metallgefäßen keimen. Durch sinnvolle Vorrichtungen wurden diese Töpfe aus bestimmten Metallen ganz bestimmten Strahlungen von Planeten ausgesetzt. Diese Experimente nahmen viel Zeit in Anspruch, mußten immer wieder überprüft werden, und da sich die Strahlungen der einzelnen Planeten nicht immer zweckmäßig dirigieren ließen, vergingen oft Jahre, ehe die Versuche abgeschlossen werden konnten.

Zum Beispiel ließ man bei einer Versuchsreihe nur das Mondlicht auf alle Gefäße fallen, dann wiederum nur den Schein des Saturns oder der Venus. Verständlich, daß dies alles recht kompliziert war und viele Fehlerquellen ausgeschaltet werden mußten. Aber man konnte durch diese Experimente bis heute recht wertvolle Erkenntnisse gewinnen und zumindest bestätigen, daß es immer dann in einem Gefäß zu einem besseren Wachstum gekommen ist, wenn die Planetenstrahlung mit dem ihr zugeschriebenen Metall des Topfes übereinstimmte. Die Weizenkörner im Silbertopf wuchsen beispielsweise unter Mondeinfluß am raschesten.

Andere Experimente wurden mit der Austropfgeschwindigkeit von Flüssigkeiten aus engen Röhren unter bestimmten Planeteneinflüssen durchgeführt, wiederum andere Versuche beschäftigten sich mit Kolloiden und deren Durchtritt durch bestimmte Membranen. Alle Versuche erfolgten unter streng wissenschaftlichen Bedingungen, alle Versuchsanordnungen wurden veröffentlicht, so daß jeder die Möglichkeit hat, die Ergebnisse zu überprüfen.

Das allerdings geschieht meistens nicht. Es gehört zu den seltsamen Symptomen unserer Zeit, daß die vielen Gegner der Astrologie so gut wie niemals und durch nichts sich überzeugen lassen und solche Experimente nicht zur Kenntnis nehmen. Wobei allerdings als Entschuldigung gelten mag, daß diese Versuche äußerst kompliziert sind und die Resultate nur von denjenigen verstanden werden können, die einigermaßen mit der Materie vertraut sind. Die komplizierten Messungen der Kernresonanz auf magnetische Felder zum Beispiel sind für die meisten Menschen kaum begreiflich, es ist müßig, sie erst in allen Einzelheiten als Beweis für die Astrologie anzuführen.

Es läßt sich aber, ehe man die spezielle Wirkung der Planeten vom astrologischen Standpunkt aus bespricht, die Behauptung aufstellen, daß bezüglich der Wirkung auf biologisches Geschehen kein Zweifel mehr herrschen darf, daß man aber in der heutigen Zeit noch nicht ausreichend begründen kann, warum die einzelnen Himmelskörper diese oder jene Wirkung auf biologische Funktionen ausüben.

Die Astrologie jedenfalls behauptet auf Grund ihrer jahrtausendealten Erfahrung, daß die Planeten auf alles irdische Geschehen einwirken, daß hier Strahlungen (im astrologischen Sinn) gegeben sind und daß diese Einflüsse durch die Stellung eines Planeten, wozu die Astrologen auch Sonne und Mond rechnen, sowie durch den jeweiligen Aufenthalt in einem Tierkreiszeichen verschieden zur Geltung kommen. Mit dem Hinweis auf die zwölf bunten Fenster und die verschiedenen Lichtquellen wurde dieser unterschiedliche Einfluß bereits veranschaulicht. Die Planeten sind die starken, alles ununterbrochen verändernden Kräfte unserer Sonnenwelt, die durch die verschiedenen Tierkreisabschnitte auf das irdische Geschehen einwirken und dabei verschieden starke und oft recht unterschiedliche Reaktionen auslösen. So wie ein bestimmtes Licht durch verschieden gefärbte Gläser einmal stärker, einmal schwächer, oft auch in einer Farbänderung sichtbar wird, ebenso erreichen zum Beispiel die Strahlungen des Mars den Menschen in unterschiedlicher Weise. Steht er im Tierkreiszeichen der Waage, dann übt er einen anderen Einfluß aus als im Gegenzeichen Widder. Genauso verhält es sich bei allen anderen Planeten, besonders aber bei Sonne und Mond.

Es bereitet jedem Interessenten der Astrologie erfahrungsgemäß große Schwierigkeiten, diese verschiedenen Einflüsse auf Grund eigener Überlegungen zu verstehen. Man verlangt immer wieder nach sogenannten Deutungstabellen, was durchaus verständlich ist. Man kann aber, wenn man die Zusammenhänge systematisch überdenkt, mit einiger Übung die verschiedenen Wirkungen selbst verstehen lernen. Man muß wissen, welche Kräfte in einem Tierkreiszeichen vorhanden sind und welche prinzipiellen Kräfte von einem Planeten ausgestrahlt werden. Dies zu kombinieren, zu synthetisieren, ist astrologische Deutungskunst, sie ist sicherlich für den einen, dessen Vorstellungsgaben plastischer und beweglicher sind, einfacher, für einen anderen vielleicht schwieriger. Doch bei allen diesen Überlegungen muß man als Tatsache hinnehmen, daß die Astrologie eine Erfahrungswissenschaft ist, deren Verständnis nur durch Übung, Praxis und ständiges Studium möglich ist. Man muß beträchtlich viel Zeit aufwenden, um die einzelnen Grundlagen zu erarbeiten.

Die Prinzipien der Planeten zu verstehen, ist nicht sonderlich schwer. Zumindest das Grundlegende läßt sich mit einfachen Definitionen ausdrücken. Es ist empfehlenswert, zunächst einmal die einzelnen Prinzipien zu lernen, und zwar die einfachen Erklärungen. Jupiter bedeutet Assimilation, Mars ist das Energieprinzip, die Sonne versinnbildlicht das höhere Ich. So werden die Prinzipien der Planeten in den folgenden Seiten erklärt, und so soll man das eigene astrologische Wissen aufbauen. Später wird man allmählich die vielfältigen Wirkungen erkennen können, man wird mit der Zeit verstehen lernen, daß die Prinzipien in den differenziertesten Formen in Erscheinung treten.

Aber hat man vorerst die einfachen Erklärungen der Planetenprinzipien verstanden, so hat man sich bereits eine wichtige astrologische Grundlage geschaffen.

Mittelpunkt Sonne

Die Sonne, Urkraft unserer Existenz, verkörpert in einem Horoskop die sogenannte Lebenskraft. So einfach dieser Begriff, oberflächlich besehen, erscheint, wird die genaue Definition doch einigermaßen schwierig, versucht man das Wort *Lebenskraft* genau zu erklären. Wenn man nach Erklärungen in der bisher vorliegenden astrologischen Literatur sucht, dann findet man zwar viele Hinweise, welches Prinzip die Sonne im Horoskop verkörpert, es läßt sich aber daraus nicht immer eine klare Erkenntnis gewinnen. Dies ist jedoch gerade beim Sonnenprinzip eine wichtige Voraussetzung, weil es sonst erhebliche Schwierigkeiten bereitet, den Begriff und die Bedeutung des Aszendenten zu verstehen.

Die Sonne bedeutet für den Astrologen zunächst das höhere Ich, das persönliche Sein, das bewußte Leben. Wir müssen in diesem Zusammenhang vor allem auf die Unveränderlichkeit des Ich-Bewußtseins hinweisen, auf die so erstaunliche Tatsache, daß sich während eines Menschenlebens alle Körperzellen im Menschen immer wieder erneuern, daß der Körper inklusive der Gehirnzellen ständig neu gebildet wird, alle Zellen somit nach einiger Zeit absterben, dafür neue Zellen entstehen und die gleichen Funktionen übernehmen. Das Bewußtsein, daß man immer dieselbe Person war und ist, diese Sicherheit, sich unter normalen Umständen — bei Geisteskrankheiten ist das anders — immer als dasselbe Ich zu fühlen, gilt ja seit eh und je als Beweis einer nicht an das Materielle gebundenen geistigen Existenz des Menschen. Mag auch der Körper sich verändern, die geistige Substanz, das »Ich«, bleibt dieselbe und ist unveränderlich.

Höheres Ich also, Bereich aller geistigen Dimensionen, das ist das Prinzip der Sonne. Das Horoskop gibt Auskunft, wie es um die geistige Existenz eines Menschen beschaffen ist. Verständlich ist — nach den bereits erfolgten Erklärungen der Tierkreiszeichen —, daß die geistigen Anlagen bei dem einen Menschen mehr in einer vorwiegend materiellen Einstellung zum Leben, bei einem anderen in einer mehr gefühlsbetonten Sphäre, bei anderen in vorwiegend energiebetonter oder schließlich in rein intellektueller Art zur Geltung kommen. In einem Feuerzeichen kommen alle geistigen Funktionen anders zur Geltung als in einem Wasserzeichen, eine Sonne in einem Erdzeichen hat eine andere Qualität als eine Sonnenposition in einem Wasserzeichen. Das Tierkreiszeichen, in dem die Sonne bei der Geburt eines Menschen steht, ist also von integrierender Bedeutung für die geistige Einstellung, und der geschulte Astrologe vermag schon bei flüchtiger Betrachtung verschiedene Aussagen zu machen, die den Lebensweg eines Menschen betreffen. Denn eine rein materiell eingestellte Persönlichkeit wird sich ein anderes Leben aufbauen als eine mehr gefühlsbetonte, das Leben eines Menschen mit der Sonne in einem Feuerzeichen wird anders verlaufen als das eines in einem Luftzeichen Geborenen. Somit ergibt sich bereits aus dem Sonnenzeichen, aus dem Sonnenstand bei der Geburt eine an sich einfache, aber doch mitunter zutreffende Charakterisierung eines Menschen.

Was also den Begriff Lebenskraft anlangt, so verstehen wir in diesem Zusammenhang darunter weder die Gesundheit noch die Lebensdauer eines Menschen. Man wird bei der Deutung der Sonne in einem Horoskop vielmehr erkennen können, auf welchem Gebiet des Lebens, innerhalb welcher Bereiche eine Höher-, eine Weiterentwicklung erfolgen kann, wieweit ein Mensch in der Lage ist, aus seinem Leben etwas zu machen, wieweit auf vorgezeichneter Bahn die vom Schicksal gegebenen Bestimmungen erfüllt werden.

Man stelle sich vor, daß jeder Mensch mit einem bestimmten Geburtsgewicht von zwei bis drei Kilogramm und einer Länge von vierzig bis ungefähr fünfzig Zentimetern geboren wird. Nackt und bloß tritt er ins Leben, nichts kann man über den folgenden Zeitraum aussagen, der von diesem menschlichen Leben ausgefüllt wird. Es kann sein, daß schon nach kurzer Zeit das Leben wieder erlischt, es kann aber auch sein, daß dem Neugeborenen eine lange Lebenszeit zugemessen ist. In diesem zu lebenden Leben hat jeder Mensch eine Fülle von Chancen, sein Dasein auf einer bestimmten Lebensstufe zu verbringen, man kann — sozial gesehen — aufsteigen oder absinken, man kann einen Beruf ergreifen, der Ehre, Ruhm, Ansehen und Geld einbringt, man kann sich kraftvoll gegen Schicksalsschläge wehren, man kann im Falle von Widerwärtigkeiten versagen und am Leben verzweifeln. Niemand vermag einem Neugeborenen sein genaues Schicksal vorherzusagen, auch der erfahrenste Astrologe nicht. Man kann nur angeben, innerhalb welcher Bereiche eine Entwicklung möglich ist, und es ist weiters eine unabänderliche Tatsache, daß jeder Mensch sterblich ist und eines Tages diese Welt wieder verlassen muß.

Daß die Lebenskraft von der geistigen Einstellung zum Leben abhängig ist, kann leicht verstanden werden. Man muß nur wissen, was unter dem psychologischen Begriff »Einstellung« gemeint ist. Ein einfaches Beispiel soll dies erläutern.

Ein Mann geht mit seiner Frau auf einer Geschäftsstraße spazieren. Er hat die Absicht, in nächster Zeit ein neues Auto einer bestimmten Marke anzuschaffen, seine neben ihm gehende Frau will sich dagegen einen modischen Mantel kaufen. Wenn diese beiden Menschen nach einiger Zeit über das, was sie bei ihrem Spaziergang gesehen haben, sprechen sollten, würde sich etwas Erstaunliches herausstellen. Der Mann hat viele Autos seiner vorgesehenen Type bemerkt, aber keinen einzigen modischen Damenmantel. Die Frau hingegen hat viele Mäntel, die der gegenwärtigen Mode entsprechen, gesehen, die verschiedenen Autotypen auf der Straße waren ihr überhaupt nicht aufgefallen. Daraus ergibt sich, daß die Eindrücke, die ununterbrochen auf einen Menschen eindringen, offenbar einer gewissen Filterung unterliegen, daß in das menschliche Bewußtsein nur sogenannte adäquate Reize dringen, solche also, die in den Rahmen der vorhandenen geistigen Bereitschaft, der Einstellung, passen und aufgenommen werden können. Der eine ist auf diese Eindrücke, der andere auf jene eingestellt. Und dies ergibt selbstverständlich im Laufe von Jahren oder Jahrzehnten einen speziellen und individuellen Aufbau der geistigen Bereiche eines Menschen.

Aus dem bisher Dargestellten läßt sich erkennen, daß die Sonne die geistige Erlebnissphäre im Horoskop eines Menschen verkörpert und daß in weiterer Folge damit die Möglichkeit angedeutet ist, wie dieser Mensch sein Leben gestalten kann. Auf Grund der geschilderten vier Elemente gibt es also Menschen, deren materielle Einstellung vorwiegend auf den Erwerb von Hab und Gut gerichtet ist, während andere Menschen in erster Linie die Welt als Kampfplatz der Willensströmungen erleben. Ein großer Teil der Menschen wird die Welt als alles umfassende Gefühlssphäre oder als Unzahl von geistigen Formen, die es zu klassifizieren gilt, erleben.

Im Tierkreiszeichen Löwe entfaltet die Sonne ihre größte Stärke. In dieser Konstellation kommt ihre Strahlung am ehesten zur Geltung, und »sonnenhaft« ist es, das Leben zu organisieren, das Leben in seiner Gesamtheit kraftvoll zu bewältigen. Je stärker die Sonne in einem Horoskop wirksam ist, um so kräftiger wird auch die Summe der Energien sein, mit denen man in der Lage ist, sein Leben zu meistern. Man muß nur einmal sehen, wie manche Menschen sozusagen den Kopf höher tragen, wie sie auch in Krisenzeiten den Mut nicht verlieren, wie sie mit einem unentwegten Optimismus an jede einmal vorhandene Aufgabe herangehen und sie zu lösen versuchen.

Unter einem ASPEKT, zu deutsch »Anblick«, versteht man in der Astrologie bestimmte Winkel zwischen den Horoskopelementen. Man unterscheidet zwischen positiven und negativen Aspekten. Das Aufsuchen und richtige Bestimmen der einzelnen Winkel gehört zu den wichtigsten Arbeiten der Horoskopdeutung. Positive Aspekte sind Winkel von 120 Grad, sogenannte TRIGONE, und deren Hälfte, also Winkel von 60 Grad, SEXTILE genannt. Diese Aspekte bereichern die Kraft eines Planeten, wirken daher in der Regel günstig und sind meist die Voraussetzung für einen harmonischen Lebensweg.

Negative Aspekte sind Winkel von 180 Grad, sogenannte OPPOSITIONEN, und deren Hälfte, also Winkel von 90 Grad, QUADRATE genannt. Diese Aspekte erzeugen Spannungen, es kommt zu Wirkungen, die schärfer, härter und rauher sind, wodurch oft die ungünstigsten Wirkungen eintreten. Sie sind daher meist die Voraussetzung für bestimmte Spannungen im Leben, in verschiedenen Lebenssituationen. Die KONJUNKTIONEN nun sind Aspekte, wo Horoskopelemente sozusagen auf dem gleichen Ort wirksam werden. Sie sind etwas schwieriger zu deuten, dabei ist viel Übung notwendig, um Wertungen richtig durchzuführen. Denn Konjunktionen können entweder positiv oder negativ sein, sie können stark oder schwach wirken.

Zuletzt: HOROSKOPELEMENTE sind in erster Linie die Planeten, dann aber auch die Häuserspitzen, vor allem der Aszendent und die Spitze des zehnten Horoskopfeldes, das Medium coeli, kurz MC genannt.

Sonnenkräfte können, wie wir dargelegt haben, in zwölf verschiedenen Kategorien wirksam werden, doch damit ist noch nicht alles gesagt. Denn die Sonne kann in einem Horoskop in verschiedenen Feldern stehen, sie kann die verschiedensten Aspekte erhalten und somit in jedem Horoskop von ganz individueller Qualität sein. Mit einer Waagesonne lebt man anders als mit einer Sonne im Steinbock, es ist ein entscheidender Unterschied, ob man in der Mittagszeit oder in tiefer Nacht geboren wurde, ob gerade Vollmond war oder ob der Mond in einem anderen Winkel zur Sonne stand.

Wer sich eingehend mit der Astrologie befassen will, wird gerade in der Deutung der Horoskope sehr große Schwierigkeiten vermuten. Wie soll man ein Horoskop deuten lernen, wenn schon die Bewertung der Sonne eine solche Fülle von Faktoren erkennen läßt, die man richtig zu ordnen hat? Und wenn der bekannte Astrologe A. Fankhauser im Vorwort eines seiner Lehrbücher gar die Forderung erhob, man müßte in zwei Minuten ein Horoskop in seiner Gesamtheit bewerten können, dann erscheint dies einem Anfänger als unvorstellbares Lehrziel.

Es sei noch einmal auf die sogenannten Deutungstabellen hingewiesen, die es jedem Anfänger gestatten, zunächst einmal Deutungen durchzuführen, solange er nicht selbst in der Lage ist, die einzelnen Faktoren in einem Horoskop zusammenzusetzen. Hat man jedoch etliche Zeit hindurch eine größere Zahl von Horoskopen gezeichnet und in Beziehung zu deren Träger gebracht, hat man sozusagen das, was im Horoskop steht, mit der Wirklichkeit verglichen, dann lernt man in einer oft erstaunlich kurzen Zeit, welches Prinzip vor allem die Sonne verkörpert.

Sonnenprinzip: Irgend jemand muß in einer Gemeinschaft Anordnungen treffen, bestimmte Personen sind immer notwendig, die die Verantwortung übernehmen und die befehlen, was getan werden muß und was zu unterbleiben hat. Schon beim Spiel der Kinder kann man beobachten, daß es immer wieder ein Kind gibt, das mit souveräner Selbstverständlichkeit organisiert und dem sich alle anderen sofort unterordnen. Sonnenkräfte sind dort, wo in einem bestimmten Bereich jemand das Kommando übernimmt, wo sich jemand findet, der sich über seine Mitmenschen erhebt. Auch innerhalb von Gleichen ist einer der

Erste, der »primus inter pares«; man wird starke Sonnenkräfte immer dort zu vermuten haben, wo in einer menschlichen Gemeinschaft bei gleichem Start doch jemand sehr bald herausragt und mehr leistet und mehr zu bestimmen hat als alle anderen.

Die Sonne richtig zu bewerten, ist die Voraussetzung einer guten Horoskopdeutung. Man sollte aber immer in Erinnerung behalten, daß der Aufbau eines menschlichen Charakters zwar von der geistigen Einstellung weitgehend beeinflußt wird, daß aber viele andere Faktoren noch mitwirken. Wenn auch die Sonne als Zentrum unserer Welt ihr Licht an alle Planeten und deren Monde abgibt und alle Himmelskörper unserer Sonnenwelt nur durch die Reflexion des Sonnenlichts sichtbar werden, so darf man die Sonne doch nicht als alleinige Kraft in Rechnung stellen, wie dies durch die Sonnenstandsastrologie, der man täglich begegnet, geschieht. In fast allen Zeitungen werden die verschiedenen Wirkungen der Sonne in den einzelnen Tierkreiszeichen, weiters die Einflüsse der Sonne durch die Planeten mehr oder weniger exakt und richtig besprochen. Jahreshoroskope werden auf dieser Basis erstellt, mehr noch, es gibt Autoren, die ausschließlich das Sonnenzeichen besprechen und daraus für das ganze Leben Richtlinien gewinnen.

Eines ist dabei zu bedenken: Mit dem Verständnis des Sonnenprinzips kann ein Astrologe zwar eine sehr gute Teilcharakterisierung vornehmen, es könnte aber, wäre nur das Sonnenprinzip von Wichtigkeit, lediglich vierundzwanzig Menschentypen geben. Nämlich zwölf Arten von Männern — je nach Stellung der Sonne in einem Tierkreiszeichen — und zwölf Arten von Frauen, ebenfalls durch die Position der Sonne im Tierkreis bestimmt. Doch die Tatsache, daß beispielsweise zwischen zwei im Tierkreiszeichen Wassermann geborenen Männern ungeheure Unterschiede bestehen, daß zwei Frauen, die in der Waage geboren sind, charakterlich nichts gemeinsam haben, stellt wohl den besten Beweis dafür dar, daß mit dem Sonnenzeichen allein die vollständige Charakterisierung eines Menschen nicht möglich ist.

Die Sonne kommt in ein und demselben Tierkreiszeichen bei Mann und Frau verschieden zur Geltung. Wie in der Natur die Löwin eher rastlos ist, bei der Jagd aktiv vorangeht und sich mehr um die Beschaffung der Nahrung kümmert als der männliche Gefährte, ebenso ist zwischen einer Löwefrau und einem Löwemann ein oft himmelhoher Unterschied. Denn die geistigen Interessen eines Mannes sind nun einmal anders geformt als die einer Frau. Alle geistigen Funktionen sind zu einem erheblichen Teil abhängig vom Geschlecht, wie dies beispielsweise Otto Weininger in seinem Buch »Geschlecht und Charakter« überzeugend dargestellt hat.

Daß Männer meist bessere Mathematiker sind als Frauen, ist bekannt, daß viele gedankliche Entscheidungen bei Frauen gefühlsmäßig gefärbt sind, gehört zu den Binsenweisheiten. Wenn nun in der Astrologie die geistigen Bereiche der Sonne zugeordnet werden, dann muß unbedingt berücksichtigt werden, daß zwischen Mann und Frau in ihren Wesen erkennbare Unterschiede bestehen, auch wenn beide die Sonne im gleichen Tierkreiszeichen haben.

Rhythmus des Lebens

Das vegetative Nervensystem des Menschen besteht aus einer sehr komplizierten Vielfalt von Nervenfasern, die in enger Beziehung zu den Drüsen des Körpers stehen. Diese Funktionseinheit von Nerven und Drüsen wird das »Vegetativum« genannt. Es ist erstaunlicherweise den meisten Menschen unbekannt, daß man nur dann gesund und leistungsfähig sein kann, wenn dieses vegetative System richtig und vor allem prompt reagiert.

Die gesamte Anpassung des menschlichen Körpers an seine Umwelt, die Regulierung aller Körperfunktionen, wie Herzschlag, Atmung, Schweißproduktion, Verdauung, Ausscheidung, Blutdruck und Schlaf, um nur einige vegetative Bereiche zu erwähnen, wird automatisch, das heißt in diesem Fall dem Willen nicht unterworfen, durchgeführt. Tritt man aus einem warmen Zimmer ins Freie, wo ein kalter Wind weht, verengen sich »unwillkürlich« blitzartig die Hautgefäße. Dadurch wird ein Wärmeverlust des Körpers vermieden. Ist es heiß, besteht also die Gefahr einer Wärmestauung, dann treten automatisch die Schweißdrüsen in Tätigkeit, dann wird auf der Körperoberfläche mehr Wasser verdunstet und damit dem Körper Wärme entzogen.

Ißt man zu fett, wird die Gallenblase ausgepreßt und fettlösende Galle fließt in den Zwölffingerdarm. Geht man schneller, muß man sich körperlich mehr anstrengen, dann braucht der Körper mehr Sauerstoff. Dann wird die Atmung rascher und tiefer, der Herzschlag beschleunigt sich. Man könnte unzählige Beispiele anführen, die allesamt beweisen, daß die Anpassung an die

Erfordernisse des Lebens einem bestimmten System von Drüsen und Nerven übertragen ist, das unbewußt reagiert. Würde man alle diese Funktionen willentlich regulieren, müßte man immer erst nachdenken, was hier oder dort zu tun sei, müßte man etwa bewußt und willentlich gesteuert atmen, dann könnte es doch vorkommen, daß man darauf vergäße. Und was täte man erst im Schlaf?

Verständlich, daß unser ganzes Leben weitgehend vom einwandfreien Funktionieren des vegetativen Systems abhängig ist und daß irgendwelche Störungen dieser Anpassungsmechanismen zu Schädigungen der Gesundheit, zu Krankheit, Siechtum und Tod führen.

Nicht unerwähnt darf bleiben, daß schließlich der gesamte menschliche Stoffwechsel, diese Unzahl von chemischen Reaktionen, und auch das Tempo ihres Ablaufs vegetativ gesteuert werden und sich alles im Bereich des Unbewußten abspielt. Bei Tag und Nacht, in Bewegung und in Ruhe, während des Wachseins und im tiefen Schlaf sind die Stoffwechselfunktionen ununterbrochen in Tätigkeit, alles vollzieht sich dabei in bestimmten Rhythmen. Dies ist schon vor vielen Jahrhunderten den Ärzten aufgefallen, und man weiß heute, daß jedes Organ des Körpers zu bestimmten Tageszeiten eine erhöhte Aktivität besitzt.

Alle Lebensäußerungen unterliegen einem bestimmten Rhythmus, alles ist irgendwie periodisch gesteuert, schon der Aufbau des vegetativen Nervensystems läßt diese Tatsache erkennen. Die Fasern des Nervus sympathicus, das sympathische System, sorgen weitgehend für Aktivität, sie bedingen den Wachzustand, die Fähigkeit, sich mit Energie gegen die Umwelteinflüsse zu behaupten. Dieser Teil des vegetativen Nervensystems stellt jene Kräfte zur Verfügung, mit deren Hilfe der Lebenskampf gewonnen wird. Die parasympathischen Fasern sorgen für die Erholung, für das Speichern von Reservekräften, für die Regenerierung, für die Ruhe. Die Tagesphase untersteht daher in der Regel dem sympathischen Nervensystem, während der Nacht regulieren weitgehend die Fasern des Parasympathikus den Stoffwechsel. Aktivität und Ruhe, Energieverbrauch und Energiespeicherung lösen sich also ständig ab, es gibt einen Vierundzwanzig-Stunden-Rhythmus, es gibt aber auch Periodizitäten, die viele Tage, Wochen, ja Monate und Jahre umfassen. Am bekanntesten ist hier die monatliche Blutungsperiode der geschlechtsreifen Frau, eine Periode, die, wenn keinerlei Störungen vorliegen, regelmäßig alle achtundzwanzig Tage einzutreten pflegt.

Genau in diesem Zeitraum umrundet der *Mond* einmal die Erde, in vier Wochen wiederholen sich immer die gleichen Mondphasen. Dies hat schon von alters her als Beweis dafür gegolten, daß der Mond auf den menschlichen Körper einen starken Einfluß ausübt, daß er gewisse Lebensfunktionen steuert.

Mehr noch: Dem Mond unterstehen — astrologisch gesprochen — nicht nur gewisse Körperfunktionen, er reguliert und beeinflußt das *ganze* vegetative System. Essen und Trinken, Schlafen und Wachsein, die Vielzahl von Stimmungen, Launen, Gefühlen, die Summe der Empfindungen, das dumpfe »Vegetieren«, all dies untersteht den Einflüssen unseres Erdtrabanten, des Mondes. Der Unterschied zur Sonne ist klar und deutlich erkennbar, denn nicht das bewußte Denken, die geistigen Funktionen werden durch die Mondkräfte aktiviert, geformt und variiert, sondern die Summe aller vegetativen Funktionen, aller Tätigkeiten, die von vegetativen Steuerungen abhängig sind.

Daß es Übergänge vom rein Körperlichen über die seelischen Funktionen zur Welt des Geistes gibt, ist seit eh und je bekannt und wurde auch von der modernen Medizin nachgewiesen. So wie die falsche Funktion einer Drüse die seelischen Bereiche verändert und schließlich auch geistige Reaktionen bewirkt, ebenso können rein geistige Funktionen das Vegetativum beeinflussen. Man denke zum Beispiel an eine Überfunktion der

1920 APRIL

Tag	Sternzeit	☉ Länge	☉ Declin	☽ Länge	☽ Breite	☽ Declin
	H. M. S.	° ′ ″	° ′	° ′	° ′	° ′
1	0 38 10	11♈ 27 40	4N32	17♍ 58	4S24	0N42
2	0 42 7	12 26 48	4 53	1♎ 5	3 40	3S48
3	0 46 3	13 25 53	5 18	13 58	2 45	8 3
4	0 50 0	14 24 57	5 41	26 35	1 43	11 52
5	0 53 56	15 23 58	6 4	8♏ 58	0 37	15 5
6	0 57 53	16 22 58	6 27	21 8	0N29	17 35
7	1 1 49	17 21 56	6 49	3♐ 8	1 34	19 15
8	1 5 46	18 20 51	7 12	15 1	2 34	20 8
9	1 9 42	19 19 45	7 34	26 50	3 27	19 58
10	1 13 39	20 18 38	7 56	8♑ 41	4 11	18 59
11	1 17 36	21 17 28	8 18	20 39	4 45	17 10
12	1 21 32	22 16 17	8 40	2♒ 47	5 7	14 34
13	1 25 29	23 15 4	9 2	15 12	5 15	11 16
14	1 29 25	24 13 49	9 24	27 56	5 8	7 22
15	1 33 22	25 12 33	9 45	11♓ 2	4 45	3 2
16	1 37 18	26 11 15	10 7	24 33	4 6	1N36
17	1 41 15	27 9 55	10 28	8♈ 27	3 11	6 17
18	1 45 11	28 8 32	10 49	22 41	2 3	10 44
19	1 49 8	29 7 9	11 10	7♉ 12	0 46	14 39
20	1 53 5	0♉ 5 44	11 31	21 52	0S35	17 41
21	1 57 1	1 4 16	11 51	6♊ 36	1 54	19 33
22	2 0 58	2 2 46	12 11	21 17	3 5	20 5
23	2 4 54	3 1 14	12 31	5♋ 48	4 4	19 16
24	2 8 51	3 59 40	12 51	20 7	4 46	17 13
25	2 12 47	4 58 4	13 11	4♌ 11	5 11	14 11
26	2 16 44	5 56 25	13 30	17 58	5 17	10 25
27	2 20 40	6 54 45	13 50	1♍ 28	5 5	6 12
28	2 24 37	7 53 2	14 9	14 43	4 37	1 45
29	2 28 34	8 51 18	14 27	27 42	3 56	2S41
30	2 32 30	9 49 31	14 46	10♎ 26	3 3	6 56

Tag	♆ Breite	♆ Declin	♅ Breite	♅ Declin	♄ Breite	♄ Declin	♃ Breite	♃ Declin
	° ′	° ′	° ′	° ′	° ′	° ′	° ′	° ′
1	0S 1	18N 3	0S44	10S47	1N59	11N12	0N54	19N 7
4	0 1	18 3	0 44	10 44	1 59	11 16	0 54	19 7
7	0 1	18 4	0 44	10 41	1 58	11 19	0 53	19 6
10	0 1	18 4	0 44	10 38	1 58	11 22	0 53	19 5
13	0 1	18 4	0 44	10 35	1 58	11 24	0 53	19 4
16	0 1	18 4	0 44	10 33	1 57	11 27	0 53	19 2
19	0 0	18 4	0 44	10 30	1 57	11 28	0 53	19 0
22	0 0	18 4	0 44	10 28	1 57	11 30	0 52	18 57
25	0 0	18 4	0 44	10 25	1 57	11 31	0 52	18 54
28	0 0	18 4	0 44	10 23	1 56	11 32	0 52	18 50

Deutsche Ephemeride.

Sternzeit	47 Gr.							48 Gr.						
	10. Haus ° ♉	11. Haus ° ♊	12. Haus ° ♋	1. Haus ° ♌	1. Haus '	2. Haus ° ♍	3. Haus ° ♎	10. Haus ° ♉	11. Haus ° ♊	12. Haus ° ♋	1. Haus ° ♌	1. Haus '	2. Haus ° ♍	3. Haus ° ♎
H M S														
2 54 7	16	23	27	25	36	16	13	16	24	28	25	59	16	13
2 58 7	17	24	28	26	21	17	14	17	25	29	26	42	17	14
3 2 8	18	25	29	27	5	18	15	18	25	29	27	26	18	14
3 6 10	19	26	30	27	49	19	15	19	26	♌0	28	10	19	15
3 10 12	20	27	♌1	28	33	20	16	20	27	1	28	54	20	16
3 14 16	21	28	1	29	18	20	17	21	28	2	29	39	21	17
3 18 19	22	29	2	♍0	3	21	18	22	29	3	♍0	23	21	18
3 22 24	23	♋0	3	0	48	22	19	23	♋0	4	1	7	22	19
3 26 29	24	1	4	1	33	23	20	24	1	4	1	52	23	20
3 30 35	25	2	5	2	18	24	21	25	2	5	2	37	24	21
3 34 42	26	3	6	3	4	25	22	26	3	6	3	22	25	22
3 38 49	27	4	6	3	50	26	23	27	4	7	4	7	26	23
3 42 57	28	5	7	4	35	26	24	28	5	8	4	52	26	24
3 47 6	29	5	8	5	21	27	25	29	6	9	5	38	27	25
3 51 16	♊0	6	9	6	7	28	26	♊0	7	9	6	23	28	26
3 55 26	1	7	10	6	53	29	27	1	8	10	7	9	29	27
3 59 37	2	8	11	7	40	29	28	2	9	11	7	55	29	28
4 3 48	3	9	11	8	26	♎1	29	3	10	12	8	41	♎1	29
4 8 1	4	10	12	9	13	2	29	4	10	13	9	27	2	29
4 12 13	5	11	13	10	0	2	♏1	5	11	14	10	13	2	♏1
4 16 27	6	12	14	10	46	3	2	6	12	14	10	59	3	2
4 20 41	7	13	15	11	34	4	3	7	13	15	11	46	4	3
4 24 55	8	14	16	12	21	5	4	8	14	16	12	32	5	4
4 29 11	9	15	17	13	8	6	5	9	15	17	13	19	6	5
4 33 26	10	16	18	13	55	7	6	10	16	18	14	6	7	6
4 37 42	11	17	18	14	43	8	7	11	17	19	14	53	8	6
4 41 59	12	18	19	15	30	9	8	12	18	20	15	40	9	7
4 46 16	13	19	20	16	18	10	9	13	19	20	16	27	9	8
4 50 34	14	20	21	17	6	10	10	14	20	21	17	15	10	9
4 54 52	15	21	22	17	54	11	11	15	21	22	18	2	11	10
4 59 11	16	21	23	18	42	12	12	16	22	23	18	50	12	11
5 3 30	17	22	24	19	30	13	12	17	23	24	19	37	13	12
5 7 49	18	23	24	20	18	14	14	18	24	25	20	25	14	13
5 12 9	19	24	25	21	6	15	14	19	25	26	21	12	15	14
5 16 29	20	25	26	21	55	16	15	20	26	26	22	0	16	15
5 20 49	21	26	27	22	43	17	16	21	26	27	22	48	17	16
5 25 10	22	27	28	23	31	18	17	22	27	28	23	35	17	17
5 29 30	23	28	29	24	20	18	18	23	28	29	24	23	18	18
5 33 51	24	29	29	25	8	19	19	24	29	♍0	25	11	19	19
5 38 12	25	♌0	♍0	25	57	20	20	25	♌0	1	25	55	20	20
5 42 34	26	1	1	26	45	21	21	26	1	2	26	47	21	21
5 46 55	27	2	2	27	34	22	22	27	2	3	27	35	22	22
5 51 17	28	3	3	28	22	23	23	28	3	4	28	24	23	23
5 55 38	29	4	4	29	11	24	24	29	4	4	29	12	24	24

Häusertabelle: Grundlage der Aszendentenbestimmung.

Ort	M. E. Z. in Ortszeit		Geogr. Breite			Länge von Greenwich				
	M	S	°	'		°	'	H	M	S
Grünberg	+ 2	3	+51	56.4	ö.	15	30.7	1	2	3
Greifswald	− 6	29	+54	5.8	ö.	13	22.8	0	53	31
Geldern	−34	43	+51	31.1	ö.	6	19.3	0	25	17
Gumbinnen	+28	56	+54	34.6	ö.	22	14	1	28	56
Günzburg	−18	54	+48	27.1	ö.	10	16.5	0	41	6
H.										
Haag, Glockenturm			+52	4.7	ö.	4	18.5	0	17	14
Hadersleben	−22	2	+55	15.1	ö.	9	29.5	0	37	58
Hainau	+ 3	45	+51	16.4	ö.	15	56.3	1	3	45
Halberstadt	−15	47	+51	54.1	ö.	11	3.2	0	44	13
Halle a. S.	−12	9	+51	29.6	ö.	11	57.7	0	47	51
Hamburg, Sternwarte . . .	−20	6	+53	33.1	ö.	9	58.4	0	39	54
Hameln	−22	34	+52	6.4	ö.	9	21.5	0	37	26
Hammerfest, Fuglenes . . .			+70	40.1	ö.	23	40.2	1	34	41
Hannover	−21	2	+52	22.3	ö.	9	44.4	0	38	58
Harburg	−20	4	+53	27.9	ö.	9	59	0	39	56
Havre, Kirchturm			+49	29.3	ö.	0	6.5	0	0	26
Heidelberg	−25	12	+49	24.5	ö.	8	42	0	34	48
Heilbronn	−23	8	+49	8	ö.	9	13	0	36	52
Helena, St., Sternwarte . .			−15	55.4	w.	5	43	0	22	52
Helgoland	−28	28	+54	10.8	ö.	7	53	0	31	32
Helmstedt	−15	55	+52	13.7	ö.	11	1.3	0	44	5
Helsingfors			+60	9.7	ö.	24	57.3	1	39	49
Hermannstadt, Platzkirche .	+36	38	+45	47.9	ö.	24	9.5	1	36	38
Herény, Priv. St. v. Gothard	+ 6	25	+47	15.8	ö.	16	36	1	6	25
Hessenstein	−17	48	+54	19.8	ö.	10	33	0	42	12
Hildesheim	−20	11	+52	9	ö.	9	57.3	0	39	49
Hirschberg	+ 2	58	+50	54.3	ö.	15	44.5	1	2	58
Hof	−12	19	+50	19.4	ö.	11	55.3	0	47	41
Hongkong, Observatorium .			+22	18.2	ö.	114	10.5	7	36	42
Honolulu, Kathedrale . . .			−21	18.4	w.	157	50.4	10	31	22
Horn (Kap), Spitze			−55	58.5	w.	67	17.3	4	29	9
Hradisch (Ungarn)	+ 9	49	+49	4.3	ö.	17	27.3	1	9	49
Husum	−23	47	+54	28.7	ö.	9	3.3	0	36	13
Hyderabad, Char Minar . .			+17	21.6	ö.	78	28.5	5	13	54
I.										
Iglau	+ 2	23	+49	48.8	ö.	15	35.8	1	2	23
Imst (Tirol)	−17	5	+47	14.3	ö.	10	43.7	0	42	55
Ingbert, St.	−31	30	+49	17	ö.	7	7.5	0	28	30
Ingolstadt	−14	19	+48	45.9	ö.	11	25.2	0	45	41
Innsbruck	−14	24	+47	16.2	ö.	11	23.9	0	45	36
Insterburg	+27	17	+54	38	ö.	21	49.3	1	27	17
Irkutsk, Gymnasium . . .			+52	17.3	ö.	104	16.2	6	57	5
Ispahan, Palast			+32	39.6	ö.	51	40	3	26	40
J.										
Jägerndorf	+10	50	+50	5.5	ö.	17	42.4	1	10	50
Jassy, Charalampia-Kirche .			+47	10.4	ö.	27	36	1	50	24
Jena, Sternwarte	−13	39	+50	55.6	ö.	11	35.2	0	46	21
Jerusalem, Heiliges Grab .			+31	46.5	ö.	35	13.1	2	20	52

Mit Hilfe der geographischen Position wird der Zeitabstand zum Greenwichmeridian ermittelt.

Verwandlung der mittleren Sonnenzeit in Sternzeit.

Stunden			Minuten			
Mittlere Sonnenzeit	Sternzeit +		Mittlere Sonnenzeit	Sternzeit +	Mittlere Sonnenzeit	Sternzeit +
Stunden	Minuten	Sekunden	Minuten	Sekunden	Minuten	Sekunden
1	0	9.8565	1	0.1643	31	5.0925
2	0	19.7130	2	0.3268	32	5.2568
3	0	29.5694	3	0.4928	33	5.4211
4	0	39.4259	4	0.6571	34	5.5853
5	0	49.2824	5	0.8214	35	5.7496
6	0	59.1388	6	0.9857	36	5.9139
7	1	8.9953	7	1.1499	37	6.0582
8	1	18.8518	8	1.3142	38	6.2424
9	1	28.7088	9	1.4785	39	6.4067
10	1	38.5647	10	1.6428	40	6.5710
11	1	48.4212	11	1.8070	41	6.7353
12	1	58.2777	12	1.9713	42	6.8995
13	2	8.1842	13	2.1356	43	7.0638
14	2	17.9906	14	2.2998	44	7.2281
15	2	27.8471	15	2.4641	45	7.3924
16	2	37.7036	16	2.6284	46	7 5566
17	2	47.5600	17	2.7927	47	7.7209
18	2	57.4165	18	2.9569	48	7.8852
19	3	7.2730	19	3.1212	49	8.0495
20	3	17.1295	20	3.2855	50	8.2137
21	3	26.9859	21	3.4498	51	8.3780
22	3	36.8424	22	3.6140	52	8.5423
23	3	46.6986	23	3.7783	53	8.7066
24	3	56.5554	24	3.9426	54	8.8708
			25	4.1069	55	9.0351
			26	4.2711	56	9.1994
			27	4.5354	57	9.3637
			28	4.5997	58	9.5279
			29	4.7640	59	9.6922
			30	4.9282	60	9.8565

Alle Horoskope werden nach Sternzeiten berechnet. Die mittlere Sonnenzeit muß daher umgewandelt werden.

Schilddrüse, die nach und nach alle Stoffwechselfunktionen beschleunigt, dann aber auch eine geistige Rastlosigkeit, Ideenflüchtigkeit, Hektik und schließlich sogar das Zustandsbild einer echten Manie herbeiführt. Andererseits können Kummer, Trauer, Schicksalsschläge aller Art zu Appetitlosigkeit, Schlaflosigkeit, zum Einstellen der Menstruation und zu anderen körperlichen Störungen führen.

Eine Wechselwirkung ist also gegeben. Körperliche Reaktionen können die seelischen und geistigen Bereiche und geistig-seelische Reaktionen die körperlichen Bereiche verändern, und wen wundert dies, so er die Strahlung des Mondes überdenkt? Bekommt unser Nachtgestirn nicht sein Licht von der Sonne, ist seine Strahlung nicht von der Sonne abhängig, ist der Mond nicht der rezeptive, der empfangende Teil? Haben wir hier nicht das Beispiel einer echten Reflexion? Einer Reflexion, wie sie auch die menschliche Seele erkennen läßt, indem sie entweder rein körperliches Geschehen aufnimmt und in die geistigen Bereiche reflektiert oder umgekehrt.

Wer stark von Mondkräften beeinflußt wird, schätzt das rein vegetative Leben, wenig irritiert von geistigen Überlegungen. Sich bei einer guten Mahlzeit im wahrsten Sinn des Wortes selig zu fühlen, »in den Tag hinein zu leben« ohne Rücksichtnahme auf politisches Geschehen, im Gleichklang der vegetativen Funktionen allein die Harmonie des Lebens zu fühlen, das alles wird durch eine starke Stellung des Mondes im Horoskop bewirkt. Das sind die Menschen, die sich über irgendein politisches Ereignis nicht im geringsten ereifern können, denen die diffizilen Begriffe der Moral und der Ehre mehr oder weniger gleichgültig sind. Ihnen ist es egal, ob sie da oder dort leben, wenn nur alle leiblichen Bedürfnisse erfüllt werden.

Was hängt doch alles von der Stellung des Mondes in einem Horoskop ab! Alle seelischen Bereiche werden hier angedeutet, die Art und Weise, wie das vegetative System die Anpassung an die Umwelt herbeiführt, wo und wie sich das seelische Erleben gestaltet. Es ist nicht schwer zu verstehen, daß ein Mond im guten Winkel zur Sonne oder zum Aszendenten — darüber soll noch ausführlich gesprochen werden — der inneren Harmonie förderlich ist, daß also Seele und Geist sozusagen im gleichen Rhythmus schwingen und die rein körperlichen Funktionen damit im Einklang stehen. Bei Neumondgeburten steht der Mond im gleichen Tierkreiszeichen wie die Sonne, bei Vollmond aber stehen sich Sonne und Mond gegenüber, dann bilden diese beiden Himmelskörper einen Gegensatz. Seele und Geist müssen nach astrologischen Gesichtspunkten bei Neumond in einem anderen Verhältnis zueinander stehen als bei Vollmond.

Hat man nicht schon seit urdenklichen Zeiten das Wachstum in der Natur mit den Mondphasen in Beziehung gebracht? Ist es nicht ein großer Unterschied, ob der Mond im Zunehmen oder im Abnehmen ist? Hat dies nicht erkennbare Auswirkungen auf die so vielfältig ineinander verschlungenen Periodizitäten des Lebens?

Bei Ebbe und Flut, diesen gewaltigen Naturereignissen, ist man gern bereit, den Einfluß des Mondes auf die Erde zu akzeptieren. Bei der Menstruation der Frau läßt man sich eventuell auch noch überzeugen, daß hier ein Synchronismus, eine Wechselwirkung zwischen Mond und Mensch besteht. Doch darüber hinaus ist der moderne Mensch oft von einer seltsamen, unerklärlichen Instinktlosigkeit.

Auch dann, wenn exakte wissenschaftliche Arbeiten vorliegen, will man die Wechselbeziehungen zu den Mondumläufen nicht wahrhaben.

Wie, in den psychiatrischen Krankenhäusern komme es bei bestimmten Mondstellungen zu einer vermehrten Anfälligkeit, die Aufnahmefrequenz zeige dann eine Spitze, gewisse Kranke seien dann nicht zu beruhigen? Bei dieser oder jener Mondstellung sei die Zahl der Verkehrsunfälle höher als zu anderen

Zeiten? Zufall, was denn sonst, sagen viele und suchen nach keiner weiteren Erklärung.

Doch wer in Tausenden Horoskopen die Stellung des Mondes mit gewissen Reaktionen des Horoskopinhabers verglichen hat, wird über den Einfluß des Mondes anders urteilen. Schließlich ist der Mond der unserer Erde nächstgelegene Himmelskörper, er verformt wie kein anderer das irdische Kraftfeld, seine Auswirkungen auf die Magnetosphäre sind enorm. Daß er das Wetter beeinflußt, steht seit langer Zeit fest, daß die Aussaat sich nach den Mondphasen richten soll, hat Generationen von Bauern gute Ernten gebracht. Bis vor wenigen Jahren haben die meisten Kalender die Stellung des Mondes in den Tierkreiszeichen angegeben, und unzähligen Menschen hat dies etwas bedeutet. Man hat einen Blick darauf geworfen, man wußte, daß der Mond in dieser oder jener Phase am Himmel steht, und dementsprechend hat man dann gehandelt.

Im Zeitalter des Fernsehens, der hektischen Motorisierung, der Satelliten, der kompletten sozialen Sicherheit wähnt man sich über dergleichen erhaben. Wenn den Menschen von Zeit zu Zeit Depressionen anfallen, dann greift er zur Medikamentenschachtel und versucht mit Hilfe einer chemischen Krücke das Leben zu meistern. Wo gibt es noch Menschen, die zumindest einmal in der Woche zum nächtlichen Himmel emporblicken und die Mondphasen registrieren? Wen interessiert noch, wann der Mond aufgeht, wann er untergeht, warum er manchmal auch am hellen Tag am Himmel zu sehen ist? Wen kümmert es, wenn irgendwo auf der Welt eine Sonnen- oder Mondesfinsternis sichtbar wird?

Der Mensch von heute versteht nicht mehr, welch ungeheure Bedeutung dem vegetativen System zukommt. Über die Vielfältigkeit unwillkürlicher, automatischer Körperfunktionen macht man sich keine Gedanken, sie gelten als Selbstverständlichkeit, und man ist entrüstet, wenn es einmal zu einer Panne kommt, wenn diese Anpassung nicht funktioniert. Dann will man so rasch und so bequem wie möglich wieder gesund werden, weil man zum Kranksein keine Zeit hat.

Versteht man aber das Wirken des Vegetativum nicht, versteht man nicht, welch wunderbare Funktionseinheit der Mensch ist, wie großartig die Wechselwirkungen zwischen Körper, Seele und Geist sind, dann kann es vorkommen, daß die Rhythmusstörungen überhandnehmen und daß man an einer »vegetativen Dystonie« leidet.

Einst wurde der Mensch wach, wenn es draußen in der Natur hell wurde, und er ging schlafen, wenn die Dunkelheit kam. Im Sommer schlief er weniger lang, im Winter dafür um Stunden länger. Der Mensch war mit seinem ganzen Wesen der Natur angepaßt, der Mond war sozusagen der Wächter der menschlichen Gesundheit.

Die Rhythmik der Natur war den Menschen einst wohlvertraut, man lebte naturverbunden.

Heute, im Zeitalter der seelenlosen Technik, steht man auf, wenn der Wecker läutet, und geht zu Bett, wenn das Fernsehprogramm zu Ende ist. Wird es dunkel, dreht man das elektrische Licht an, die Jahreszeiten kennt man nur durch die Urlaubs- und Freizeiteinteilungen, was die Rhythmik in der Natur betrifft, so hat man dafür kaum mehr Interesse.

Ist es da ein Wunder, wenn man den Einfluß des Mondes nicht mehr richtig verspürt? Wenn die ganze Rhythmik eines Menschen gestört ist, wenn der Mensch »nervös« ist? Ist Nervosität doch nichts anderes als falsches Angepaßtsein, als fehlerhafte Anpassung an die Umwelt, an das Leben.

Kann man sich unter diesen Umständen immer noch nicht vorstellen, daß die Astrologie einem Menschen sehr zu nützen vermag? Sie zeigt ihm die Zusammenhänge zwischen Körper, Geist und Seele, sie zeigt ihm die Möglichkeiten, innere Spannungen zu lösen, Lebenskrisen zu meistern. Durch das Erkennen

der vegetativen Funktionen, durch richtige Analyse der Mondstellung vermag ein Mensch inneren Frieden zu finden, weil er
dann genau weiß, wie er leben soll, damit sein vegetatives
System in Harmonie zur Umwelt reagiert.
Mond!
Beherrscher der menschlichen Seele, der unbewußten Körperfunktionen, der vielen Rhythmen und Perioden im Leben! Wie
kann es Menschen geben, die lebenslang nicht wissen, in welchem
Tierkreiszeichen der Mond in ihrem Horoskop steht?

Vermittlung nach zwei Seiten

Was ist das Leben?

Gewiß, eine Frage, die man von verschiedenen Seiten her beantworten kann. Der Philosoph gibt darauf eine andere Antwort als der Priester, für den Juristen ist das Leben etwas anderes als für den Arzt und Biologen. Selbstverständlich kann man über das Leben nur dann diskutieren, wenn man sich auf eine gemeinsame Grundlage einigt. Daher sind unsere Bemerkungen zum Leben nur insoweit von Bedeutung, als sie uns die Möglichkeit geben, die Rolle der verschiedenen Planetenprinzipien besser zu verstehen.

Ist all das, was man erlebt hat, was in der Erinnerung, im Gedächtnis haftengeblieben ist, was man durch Gedanken reproduzieren kann, worüber man zu sprechen imstande ist, kurzum, ist die Vergangenheit das Leben? Wohl schwerlich kann man dies als Leben bezeichnen, man wird besser von dem Erlebten sprechen und meint damit alle Handlungen, alle Erlebnisse, die unwiederbringlich der Vergangenheit angehören und nie mehr Wirklichkeit werden können. Du steigst nicht zweimal in denselben Fluß, sagte einst der griechische Philosoph Heraklit. Denn erstens ist der Fluß ein anderer, zweitens ist man auch als Mensch nicht mehr der gleiche, wenn man nochmals in denselben Fluß steigt. Es ändert sich ununterbrochen nicht nur die Umwelt des Menschen, auch der Mensch selbst unterliegt ständigen Veränderungen.

Die Vergangenheit ist also nicht das Leben, sie ist das Abgeschlossene, Erlebte. Wie sieht es mit der Zukunft aus, mit allen unseren Wünschen, mit all dem, was wir durch unser Wollen erstreben? Das ist noch nicht Wirklichkeit, das liegt noch in einer mehr oder weniger weiten zeitlichen Entfernung. Es ist das Noch-nicht-Gelebte, etwas, was einmal sein, einmal Wirklichkeit werden kann oder vielleicht immer nur Wunsch bleibt.

Das Leben ist also weder Vergangenheit noch Zukunft, es ist die Gegenwart. Doch wie lange dauert diese Gegenwart, die wir das Leben nennen? Jene schmale Brücke zwischen der ruhenden Vergangenheit und der unbestimmten, unklaren Zukunft? Ist es eine Sekunde, eine Minute? Wie kann man diesen Augenblick messen?

Genug dieser Fragen! Die Gegenwart ist eine winzige Zeitspanne, was erlebt wird, gehört schon der Vergangenheit an und kommt nie wieder. Was jetzt gewollt wird, was in diesem Moment Wirklichkeit wird, ist schon zu diesem Zeitpunkt erlebt und versinkt in die Sphäre des Vergangenen.

Eine winzige Spanne nur, das ist das Leben, eine unendliche Reihe solcher Augenblicke, eng aneinandergereiht, das ist die Lebenszeit. Da ist die Frage berechtigt, wer denn diese unzähligen Augenblicke zusammenhält, wer dafür sorgt, daß die Kontinuität erhalten bleibt, daß die Vergangenheit und die Zukunft getrennt bleiben, daß andererseits dem Augenblick auch seine richtige Bedeutung zukommt?

Hier muß ein Prinzip walten, das zurückblicken kann, mit einer Seite also auf die Vergangenheit, mit der anderen Seite aber nach vorne, in die Zukunft zu schauen imstande ist. Ein Prinzip also, das die Flüchtigkeit anzeigt, die ständige Veränderung, das nicht Faßbare. Wundert es, daß die Alchimisten einst das Quecksilber diesem Prinzip zugeordnet haben, dieses flüssige Metall, das keine eigene Form besitzt und ruhelos sich zerteilt?

In unserem solaren Kosmos ist es der *Merkur*, dieser »kleine« sonnennächste Planet, der in 88 Tagen unser Zentralgestirn in einer exzentrischen Ellipse umrundet. Der Astronom Kepler bekam den Merkur nie zu Gesicht. Obgleich der Planet mitunter so hell wie der Hundsstern strahlt, ist er schwer zu beobachten.

Dieser Planet, der so eilig seine Bahn ziehende Splitter in unserer Sonnenwelt, verkörpert das Prinzip der Vermittlung. Verständlich, daß er nur dort stark wirksam sein kann, wo es etwas zu vermitteln gibt, wo er in Verbindung mit anderen Prinzipien steht. Dann vermag er die Kräfte miteinander zu binden, dann entfaltet er eine reiche Vielfältigkeit, dann befähigt er den Menschen zur Vielseitigkeit.

Je nach der Stellung in einem Tierkreiszeichen wird alles, was Merkur vermittelt, entsprechend den Kräften sein, die durch den jeweiligen Abschnitt zur Geltung kommen. Merkur kann daher das Materielle genauso miteinander verknüpfen wie die geistigen Elemente, die Willensfunktionen ebenso wie die Vielfältigkeit der Gefühle. Hier wird man den rührigen Kaufmann finden, der mit sicherem Instinkt Waren sucht, Waren findet, sie neu bewertet und an den Mann bringt. Dort wird jemand geschäftig die geistigen Regungen einer Zeit einordnen, umgestalten, verwerten, man wird forschen, nach neuen Erkenntnissen mit Neugier suchen, die Welt wird sich offenbaren als ein riesiges Areal von Formen, die miteinander in Beziehung gebracht werden müssen. Andere wiederum werden die Strömungen des Willens zu kombinieren wissen, wieder andere aus Gefühlen und Wünschen Ideen schaffen, aus dem Unbewußten Bewußtes vollbringen.

Vermittlung nach allen Richtungen, das ist Merkurprinzip. Am deutlichsten ist dieses Prinzip bei der Sprache zu erkennen, die durch die Verbindung verschiedener Gehirnfunktionen zustande kommt. Damit Gedanken richtig in Worte umgesetzt werden können, ist ein erstaunlich kompliziertes Zusammenspiel verschiedener Gehirnzentren notwendig; wenn es auch nur zu einer minimalen Verzögerung kommt, manifestiert sich solch eine Hemmung bereits als Sprachstörung.

Gibt es nicht Menschen, die immer das »richtige Wort« finden, die ohne Schwierigkeit schreiben, dichten, die über eine oft geradezu imponierende Beredsamkeit verfügen? Haben nicht viele Menschen einen ruhelos schweifenden Verstand, der ihnen die Möglichkeit zu ständig neuen Erkenntnissen gibt. Bei einer schlechten Merkurstellung im Horoskop tritt das Gegenteil ein. Da findet man die Schwerfälligen, die sprachlich Gehemmten, die Denkfaulen, die ständig Desinteressierten. Es beginnt schon in der Schule, wenn manche Kinder immer »gut« lernen und niemals Schwierigkeiten haben, mit den Aufgaben fertig zu werden. Andere sitzen vor ihren Heften und Büchern und kommen nicht weiter.

Worte zu verbinden, immer das geeignete Wort zur Verfügung zu haben, das gibt die vom Merkur beeinflußte Beredsamkeit. Gedanken zu verbinden, das ist die Grundlage für die Philosophen, die großen Denker, aber auch für die Techniker, Wissenschaftler, für all jene, die in der Welt des Geistes immer wieder eine Stufe emporsteigen. Unter dem Einfluß von Merkur steht das Aufmerksamkeitsvermögen, die Fähigkeit, Dinge wahrzunehmen und gedanklich zu verarbeiten. Zum Merkur gehört die Merkfähigkeit, also das einmal Gesehene, das Gehörte, Gelesene, ja selbst das einmal Gedachte im Gedächtnis zu behalten. In guten Aspekten, etwa zu Saturn, gibt der Merkur ein erstaunliches Konzentrationsvermögen, ein logisches Denken, die mathematische Fähigkeit. Gut mit dem Mond verbunden, findet man eine schnelle Auffassungsgabe, mit einem guten Winkel zur Venus den Kunstsinn und die literarischen Fähigkeiten.

Überdenkt man das Wirken dieses Merkurprinzips, dann wird man an der irdischen Gerechtigkeit zu zweifeln beginnen. Denn es läßt sich nachweisen, daß es den vom Merkur gut Bestrahlten mühelos gelingt, ein großes Wissen zu erwerben, mehrere Sprachen zu erlernen und alle geistigen Anlagen zu voller Entfaltung zu bringen. Viele Menschen dagegen haben keine so gute Merkurstellung in ihrem Horoskop und müssen sich lebenslang wesentlich mehr plagen, ihre Bemühungen um das Erwerben von Bildung und Wissen sind weitaus dorniger. Das Merkurprinzip kann man mit einem Faden vergleichen, der die Vielzahl von Erlebnissen wie Perlen aneinanderreiht und damit die Möglichkeit gibt, das Leben, das Erleben richtig im Gedächtnis zu bewahren. Es ist eine große Hilfe im Leben, wenn man über ein verläßliches Erinnerungsvermögen verfügt, wenn man die intellektuellen Fähigkeiten so entwickelt hat, daß man der Umwelt geistig immer angepaßt ist. Merkur vermittelt, verbindet das Heute mit dem Gestern, aber auch das Heute mit dem Morgen, er schafft Verbindungen vom Materiellen zum Ideellen, von der realen Welt zum Irrealen, er ist derjenige, der praktisch alle Kräfte aufnimmt und weitergibt.

Nicht schwer zu verstehen: Als sonnennächster Planet müssen alle Kräfte, die von den Planeten zur Sonne kommen, die Merkurbahn passieren.

Wie nachteilhaft, wenn Merkur Falsches miteinander verbindet, wenn er seine Vermittlerrolle dort spielt, wo nicht vermittelt werden soll. So wie Merkur im Altertum der Gott der Kaufleute, aber auch der Hehler, Betrüger und Diebe war, so ist auch das gute und schlechte Merkurprinzip zu unterscheiden. Es bedarf im Laufe des Lebens oft gewaltiger Anstrengungen, um negative Merkureinflüsse auszugleichen und den richtigen Lebensweg zu finden. Hier rechtzeitig die Gefahren zu erkennen und schon bei der Erziehung das Notwendige zu veranlassen, kann viel Unheil verhüten.

Schließlich wird man auch bei der Berufsberatung auf den Merkur zu achten haben. Er deutet an, welche speziellen Fähigkeiten ein Mensch durch kosmische Kräfte entwickeln kann und wie er am besten seine Lebensaufgaben zu erfüllen hat.

Glück in den Sternen

Im Leben Glück zu haben, sich glücklich zu fühlen, zumindest aber — und das bringen die Lebenserfahrungen und die zunehmende Bescheidenheit mit sich — vom Unglück nicht verfolgt zu werden und sich nicht unglücklich zu fühlen, das sind Wünsche, die der Mensch immer wieder äußert. Das Wort Glück wird immer und überall häufig verwendet, obwohl es schwierig sein dürfte, in wenigen Sätzen zu definieren, was man darunter versteht. Die meisten Menschen verbinden mit der Vorstellung von Glück viel Geld, weil sie dann glauben, alle Wünsche erfüllen zu können. Aber so man einmal genug erlebt hat, erkennt man, daß Glück durch rein materielle Werte nicht gesichert werden kann.

Was also ist Glück?

Den einen versetzt ein gutes Essen in den Zustand der Glückseligkeit, doch mit zunehmender Sättigung, mit dem Völlegefühl wird die Freude und wird auch das Glücksgefühl schwinden. Wenn ein anderer in einer Stunde voll Liebe und Zärtlichkeit das Glück zu empfinden glaubt, wird er, wenn die Bindung an den Partner gelöst ist, etwas wie Schalheit verspüren. Macht es glücklich, viel Geld auf der Bank zu haben, sich jeden Tag alles leisten zu können? Macht ein neues Auto glücklich? Es ist schwer, darauf eine befriedigende Antwort zu geben, zumal der Mensch von heute ungleich mehr besitzt als seine Vorfahren, aber trotz Wohlstand und einer großen Konsumgüterfülle, trotz sozialer Sicherheit und genügend Freizeit sehr oft unzufrieden ist.

Man mag über den Begriff des Glücks lang und viel diskutieren, man wird aber zugeben müssen, daß die zwei astrologischen

Prinzipien, vor urdenklichen Zeiten erkannt, das Wesen des Glücks doch sehr sinnvoll ausdrücken. Man unterschied schon im Altertum das »große« und das »kleine« Glück. Und man verknüpfte diese Formen der Glücksempfindung mit den zwei Planeten Jupiter und Venus.

Erinnert man sich an die Feststellung, daß unser Leben aus einer Vielzahl von Augenblicken besteht, daß Leben nur in einer winzigen Spanne der Zeit enthalten, alles andere aber Vergangenheit oder Zukunft ist, so wird es verständlich, daß richtiges und erfülltes Leben immer dann möglich ist, wenn man imstande ist, eben jenen Augenblick der Gegenwart richtig zu leben. Da der Mensch nicht isoliert, nicht unabhängig von seiner Umwelt leben kann, da er immer abhängig ist von einer Vielzahl von Faktoren, da er in einer Fülle von Wechselbeziehungen mit seiner Umwelt ständig Kontakt hält, muß auch der erlebte Augenblick in einer richtigen Beziehung zur Umwelt stehen.

Und das ist das Prinzip der *Venus*, das ist das »kleine« Glück des Lebens. Die Venus gibt uns die Möglichkeit, so zu leben, daß alles in vollkommener Harmonie verläuft, daß der Augenblick in seiner ganzen Fülle, in seiner Komplexheit genossen werden kann. Ist man in der Lage, zu jeder Gelegenheit das zu tun, was in diesem Augenblick am besten, am nützlichsten ist, vermag man aus einer Situation alles herauszuholen, was man herausholen kann, ohne Bitterkeit, ohne Gedanken an die Vergangenheit oder an die Zukunft, vermag man — mit einem Wort gesagt — zu leben, dann wird man auch in der Lage sein, oft und oft das Gefühl von Zufriedenheit und von Glück zu empfinden. Philosophen gaben schon im Altertum den Rat, man soll so leben, als sei der gegenwärtige Augenblick der letzte.

Das lateinische Sprichwort »carpe diem« (»Nütze den Tag! — Freue dich der Gegenwart!« Horaz Ode 1, 11, 8) drückt ähnliche Gedanken aus. Nütze den Tag, nütze die Stunde, hänge dich nicht an das Gestern oder an das Morgen, frage nicht, was morgen sein und was übermorgen kommen wird! Lebe heute, und verstehe es, das Heute ganz und vollendet zu leben!

»Gib uns heute unser täglich Brot!« heißt es im Vaterunser. Es mag dem in einem Wohlfahrtsstaat lebenden Menschen seltsam erscheinen, daß man nur um das Brot für den heutigen Tag bittet. Wo man doch mit den Plänen für Rentenzahlungen schon in den nächsten Jahrzehnten weilt, wo man ununterbrochen an die Zukunft denkt. Und mit diesen folternden Gedanken nur von Tag zu Tag noch unglücklicher wird. Wie unvorstellbar weise und wie einfach jene Bitte in diesem Gebet!

Gib Herr, das tägliche Brot, also die notwendige Ration, heute! Und nicht auch morgen und übermorgen! Denn wenn der nächste Tag gekommen ist, dann ist ja wieder ein heutiger Tag. Leben kann man nur in der Gegenwart.

Diese Erkenntnis, diese Kräfte gibt die Venus. Sie ermöglicht eine Lebenseinstellung, die dem Menschen die Gegenwart erleben läßt, ohne sich der Vergänglichkeit dieses Augenblicks in qualvoller Weise bewußt zu sein. Wer das nicht kann, wird niemals auf dieser Erde wahres Glück empfinden können, denn er wird sich immer erinnern müssen, daß auch der schönste Augenblick nicht ewig währt und auf der einen Seite alles an die Vergangenheit gebunden ist, auf der anderen Seite aber Verpflichtungen der Zukunft gegenüber bestehen. Es kommt sehr viel darauf an, wie die Venus in einem Horoskop aspektiert ist, in welchem Tierkreiszeichen sie steht und wie diese sich auswirkt.

Zuviel Venus, das ist ein Mensch, der skrupellos die Gegenwart genießt und der kein Verantwortungsgefühl kennt. Das ist ein Mensch, dessen Wort nichts gilt, da er keinerlei Verpflichtungen anerkennt. Das ist ein Mensch, der keine Reue kennt und der für das augenblickliche Wohlergehen seine ganze Zukunft zu opfern bereit ist. »Gib mir jetzt ein Linsengericht, weil es mir so gut schmeckt, und ich gebe dir dafür mein Erstgeburtsrecht!«

So kann man in der Bibel lesen, so spricht einer, dem der Genuß des Augenblicks über alles geht.

Zuwenig Venus, das sind die ewigen Grübler, die von Skrupeln Gepeinigten, die Unglücklichen, die alles immer zu realistisch, zu nüchtern sehen, die niemals dem Zauber einer Stimmung erliegen, weil sie an unbezahlte Rechnungen denken, an Verpflichtungen von morgen und übermorgen und an das, was sie gestern und vorgestern erlebt haben.

Den Augenblick richtig genießen zu können, das ist ein Wunsch, den in der heutigen Zeit viele Menschen haben, die zu dieser Harmonie aber nicht fähig sind. Denn man kann nur wirklich leben, wenn man das Dasein so sieht, so anerkennt, so akzeptiert, wie es ist, wenn man imstande ist, alles Positive in der Umwelt zu sehen, zu erleben, zu fühlen, zu fassen und es in eine gegenwärtige Beziehung zum eigenen Ich zu bringen. Kann einer das nicht, weil er die Umwelt ablehnt, weil er keine richtige Beziehung zu ihr findet, dann muß er, um »glücklich« zu sein, zu einem Gift greifen, mit dem die Gegenwart verschleiert wird.

Glücklich kann man bei der Arbeit sein, wenn man voll und ganz in einer Aufgabe aufzugehen imstande ist. Glücklich kann man in der Freizeit sein, wenn man sie bewußt und sinnvoll erlebt. Glücklich kann man bei jeder Anstrengung sein, wenn man sie als nützlich und vorteilhaft erkannt hat. Glücklich ist man also immer, wenn man so leben kann, daß der Augenblick ohne Bitterkeit vorübergeht und in der Erinnerung gern bewahrt wird.

Das ist das Prinzip der Venus, das vermittelt dieser leuchtende Abend- und Morgenstern. Das Kupfer ist seit eh und je das Metall dieses Prinzips, und es gibt das Phänomen, daß Menschen, denen die Venus nur schwache Kräfte gewährte, durch das Tragen von etwas Kupferschmuck leichter die Harmonie im Leben gefunden haben.

Das »große« Glück aber gibt *Jupiter*, der größte Planet in unserer

Sonnenwelt. Das von ihm verkörperte Prinzip heißt »Assimilation« — dieser Begriff ist wörtlich zu nehmen. »Simile« heißt auf lateinisch »gleich«, und die Vorsilbe »ad« bedeutet »dazu«, die Assimilation drückt also die Vermehrung aus, die Tatsache, daß zu etwas Vorhandenem noch etwas dazukommt.

Vermehren läßt sich alles. Das Materielle genauso wie das Nichtmaterielle. Vermehren können sich Realwerte, aber auch Ideen, Vorstellungen, Wünsche, Gefühle und sogar Träume. Wenn Jupiter etwas bringt, wenn er den Menschen sozusagen beschenkt, dann nicht so sehr durch unverhoffte und vor allem unverdiente Gaben, sondern durch Assimilation. Das heißt, es ist dies oder jenes bereits vorhanden, man hat durch eigene Anstrengungen etwas geleistet und erworben. Dann kommt eines Tages das »große« Glück, indem sich das einmal Gegebene als ungemein nützlich und vorteilhaft erweist und — bildlich ausgesprochen — ein Same, irgendwann in die Erde versenkt, hundertfach Früchte trägt.

Jupiter erweitert, je nach der Stellung im Horoskop, die geistigen Anlagen, er gibt Gerechtigkeit und Wissen, er macht den Menschen aber auch »jovial«, also jupiterähnlich. Darunter versteht man jene heitere, optimistische Art, jenen Humor, der das Leben so leicht und beschwingt gestalten kann. Da das Prinzip der Vermehrung ein Prozeß ist, der beginnt und fortschreitet — weil es sich bei der Vermehrung um etwas Aktives handelt, was in die Zukunft gerichtet ist —, so haben die unter Jupitereinfluß Stehenden keine Angst vor dem, was da auf sie zukommt. Der Optimismus ist ansteckend, er macht das Leben leicht und angenehm. Zuviel Jupiter, das ist allerdings der stets nur heitere Geselle, der nur dem irdischen Genuß zugetan ist, das ist aber auch der ständige Besserwisser, der rechthaberische Geist, der die guten Gaben des Jupiter, die Rechtlichkeit, die wohlgeratene Ordnung, mißbraucht und erstarren läßt.

Man muß jedoch erwähnen, daß es nicht immer gut ist, wenn

sich alles vermehrt. Die so unheimliche Krebskrankheit zum Beispiel ist eine Vermehrung von krankhaften Körperzellen, die langsam und oft qualvoll den Organismus absterben lassen. Zuviel Assimilation im Stoffwechsel führt zu Übergewicht, zur Fettsucht, und jene dicken Phäaken, die sich kaum mehr bewegen können, sind sicherlich unter ungünstigen Jupiterkräften immer mehr entartet.

Wohltuend wirkt der Jupiter, wenn er an guten Stellen in einem Horoskop steht, ungemein nützlich können auch die Verbindungen mit anderen Planeten sein. Dann kann ein Leben »unter einem guten Stern stehen«, dann kann es vorkommen, daß ein Mensch lebenslang tun und lassen kann, was er will, immer gereicht ihm alles zum Guten.

Gibt es nicht Menschen, die in der Schule niemals Schwierigkeiten haben, die einen Beruf wählen und darin auch Freude und Genugtuung finden? Die einen Lebenspartner suchen, gleich den »Richtigen« treffen und schließlich wohlgeratene Kinder haben? Die niemals krank werden und die lange leben?

Ohne Frage, es gibt so etwas wie Glück. Es kann sein, daß gute Venuskräfte walten, es kann sein, daß Jupiter ein ganzes Leben bestimmt. Es kann auch sein, daß Jupiter und Venus in gutem Winkel zueinander stehen und womöglich noch gute Aspekte von anderen Planeten erhalten.

Es muß nicht sein, daß man sich des wirklichen Glücks immer bewußt ist. Es genügt schon, wenn man lebenslang vom Unheil verschont bleibt, wenn man mit vollem Recht sagen kann, daß man nicht unglücklich ist.

Zwei Übeltäter?

Wenn es offensichtlich ist, daß es in einem Horoskop Faktoren gibt, die es dem Menschen ermöglichen, glücklich zu sein, wenn es »gute« Sterne gibt, die das Wohlergehen fördern und irdische Güter im Überfluß zukommen lassen, dann drängt sich uns die Frage auf, ob es nicht auch negative, böse Prinzipien gibt, die das Gegenteil bewirken. Gibt es Planeten, die das Leben erschweren, die alles unter eine Hypothek von Sorge, Angst, Not und Bedrängnis stellen? Die vielleicht sogar lebenslang »das Lebensschiff nur durch Not und Klippen« steuern? (Shakespeare, Julius Cäsar, IV. Akt, 3. Szene.)

Man könnte der Einfachheit halber sagen, daß es zwei Übeltäter gibt, daß es, wie schon die alten Astrologen erkannt haben, ein »kleines« Unglück, nämlich das Marsprinzip, und ein »großes« Unglück, das Saturnprinzip, gibt. Daraus könnte man folgern, daß in einem Horoskop, wo Mars oder Saturn starken Einfluß haben, der Mensch viel Unglück haben und sein Leben nicht unkompliziert verlaufen wird. Da dies oft zutrifft, haben sich viele Astrologen an diese Vorstellung gewöhnt. So gelten denn Mars und Saturn als üble Planeten, nur zu des Menschen Not und Qual am Himmel. Damit scheint auch die sich aufdrängende Frage berechtigt, warum es denn diese Unsterne überhaupt gibt.

Diese Vorstellung von den zwei »Übeltätern« ist aber grundfalsch. Es wird dabei deren absolute Notwendigkeit übersehen, ohne Mars und Saturn wäre das Leben auf dieser Erde gar nicht möglich. Nur wenn man die näheren Zusammenhänge erkennt, versteht man, daß diese beiden Wandelsterne Prinzipien verkörpern, die wichtiger sind als die Glücksplaneten Venus und Jupiter.

Mars ist das Prinzip der Beschleunigung, der Energie, der Kraft, die etwas verändert. Wenn etwas verändert wird, wenn Kraft nötig ist, um etwas zu schaffen, dann ist es verständlich, daß zu diesem Zweck ein Widerstand überwunden werden muß. Mehr noch, daß in diesem Fall etwas, was zu ändern ist, vielleicht vorher zerstört werden muß. Will man ein Haus dort bauen, wo schon ein anderes steht, muß das alte Gebäude zuerst niedergerissen werden. Soll eine neue Ordnung entstehen, wird man die alte und bestehende zuerst abschaffen müssen. So wird man das Grundprinzip des Mars erkennen müssen, daß immer dann, wenn etwas Neues entstehen soll, vorher das Alte sterben muß.

Daher Mars als Gott des Krieges, als Prinzip der rohen Gewalt, der Zerstörung, aber auch eng verbunden mit dem Sterben, mit dem Tod. Wohlgemerkt, immer mit einem Sterben, das rasch, vielleicht unvorhergesehen, irgendwie grausam und gewaltsam erfolgt. Daher sind dem Marsprinzip all jene Lebenserscheinungen untergeordnet, die das blinde Zerstören, das gewalttätige Wirken, aber auch das kühne Wagen, die Tapferkeit versinnbildlichen. Wer in seinem Horoskop einen gut gestellten Mars hat, wird mit frischem Mut und unglaublicher Energie ans Werk gehen und sich nicht beirren lassen, wenn ihm Widerstände entgegentreten. Mit einem schlecht aspektierten Mars hingegen wird dieser Mut vielleicht in Tollkühnheit, in rasenden Jähzorn ausarten und Verwirrung und Unheil stiften. Mars ist ein unbedingtes Lebensprinzip. Würde das Alte nicht zerstört, wo wäre der Platz für das Neue, gäbe es nicht immer wieder gewaltige und gewaltsame Umstellungen, wie könnte sich das Leben ständig erneuern und anpassen?

Leben heißt kompensieren, sich immer wieder neu anpassen. Es ist menschliche Art, Ordnung, Formen und Prinzipien zu schaffen. Das Recht gehört hierher genauso wie die Struktur einer gesellschaftlichen Ordnung; Anschauungen, Mode, Moral und Sitte sind menschliche Schöpfungen, die für eine bestimmte Zeit Gültigkeit haben und die das menschliche Zusammenleben ermöglichen. Aber dann kann sich alles ändern, neue Ansichten treten auf, die politischen Strömungen wandeln sich, eines Tages ist die alte Ordnung hinderlich, stiftet vielleicht sogar Unheil. Dann könnte man selbstverständlich mit Klugheit, Weitblick und Diplomatie die notwendigen Änderungen so herbeiführen, daß ein langsamer und schmerzloser, sagen wir besser, ein bequemer Übergang erfolgt. Das ist sicher oft der Fall, und ein Volk, das von Männern regiert wird, die solche Gaben, vor allem ein Verantwortungsbewußtsein für die Zukunft, gepaart mit Wissen und Weitblick, besitzen, wird von jähen Umstellungen verschont bleiben. Es ist aber auch die andere Lösung möglich: Wenn nämlich eine bestehende Ordnung, angenehm, bequem und althergebracht, Ruhe und Sicherheit garantiert, wenn trotzdem alles einem Wandel unterworfen ist und immer mehr die Diskrepanz zwischen Wirklichkeit und Notwendigkeit erkennbar wird, dann ist die Stunde für das Marsprinzip gekommen, dann regiert mit einemmal Mars, dann stürzt das Alte.

Die Zeit vor dem Ersten Weltkrieg ist als Beispiel anzuführen. Jahrzehntelang blieb die bestehende Ordnung in Europa unangetastet, während die technische Zivilisation ihre rasanten Fortschritte machte, die Strukturen der Völker sich zu wandeln begannen. Wirtschaft und alle Zeitströmungen änderten sich, aber die althergebrachte Ordnung der Staatswesen blieb starr. Damals genügten ein paar Schüsse, von einem Fanatiker ausgelöst, und eine ganze Welt ging in Flammen auf. Dann regierte vier Jahre lang der Mars, bis alles zerstört war und es nichts mehr zu zerstören gab.

Man muß also unterscheiden: Gute Marskräfte, die dem Fortschritt dienen, die es dem Menschen ermöglichen, ungehindert und ohne Ballast in die Zukunft zu gehen, die ihm aber auch die Anpassung an alle Erfordernisse des Lebens garantieren. Anpassung bedeutet Veränderung, Umstellung, eventuell Beseitigung des Bisherigen. Und das schaffen die Marskräfte. Sie sind eine Lebensnotwendigkeit.

Zuviel Mars aber, zu starke Kräfte, schlechte Marswirkungen ergeben sinnlose Zerstörung, Vernichtung ohne Möglichkeit, Neues zu schaffen. Revolution, der kein Aufbau folgt, verbrannte Erde, auf der nie mehr etwas wächst. Dann ist der Mars lebensfeindlich, dann ist er der gefürchtete Gott des Krieges, die Verkörperung der Apokalyptischen Reiter.

Und was wäre, wenn es nur den Mars gäbe? Wenn also die Kräfte, die das Alte wegräumen, immer vorhanden wären, wenn aber nicht das Alte, die Tradition, die Ordnung verteidigt würde? Ginge dann nicht alles in einer ununterbrochenen Zerstörungswut unter? Gäbe es dann nicht immer nur Revolutionäre, »Fortschrittliche«, fände sich dann niemand mehr, der für einen Ausgleich der erhaltenden und zerstörenden Kräfte sorgt? Wir sehen schon, es muß auch ein anderes Prinzip geben. Und das ist *Saturn*, daß »große« Unglück, der Herr des Schicksals. Der große Peiniger des Menschen, der ihm die Last auferlegt, das Leben so zu leben, wie es ihm bestimmt ist.

Wir könnten jetzt die unübersehbare Fülle von Gedanken zum Saturnprinzip erörtern, von der ausgleichenden Gerechtigkeit, vom Karma, ja selbst von der Wiedergeburt, den anthroposophischen Gedanken, den Fragen nach dem Sinn des Bösen, des Übels, von Krankheit und Leid sprechen. Wieviel haben die Menschen darüber nachgedacht, wie haben sie nach einer Erklärung gesucht, warum ein Leben so gelebt werden muß und nicht anders! Aber dies alles gehört in den Bereich von Philosophie, Religion, Anthroposophie und Astrosophie. Wir wollen uns an das rein astrologische Prinzip halten.

Genau betrachtet, ist Saturn zunächst das Prinzip der Begrenzung, in weiterer Folge das Prinzip des Festhaltens, der Verzögerung.

Weiters nennt man ihn auch den Hüter der Schwelle. Dieser Ausdruck ist am schwersten verständlich, drückt aber das Saturnprinzip am besten aus.

Wir müssen, um diese scheinbar einander widersprechenden Begriffe zu erläutern, von der Tatsache ausgehen, daß offenbar jeder Mensch mit einer gewissen Bestimmung geboren wird, zumindest im biologischen Sinn mit einer keimplasmatischen Determinierung, daß er in einen bestimmten Umweltrahmen hineingestellt ist und sich innerhalb dieser Umwelt zurechtfinden muß. Gelingt es ihm, mit Hilfe seiner Fähigkeiten und unter Ausnützung der verschiedenen Möglichkeiten zu vollbringen, was ihm sozusagen als Lebensweg vorgezeichnet ist, dann wird sein Leben erfolgreich sein, dann wird er mit dem Schicksal nicht zu hadern brauchen. Doch wenn er von dem ihm vorgezeichneten Weg abkommt, wenn er sich auf Nebenwegen verirrt, dann kann es sein, daß ihn die »Faust des Schicksals« unsanft und oft unter erheblichen Nöten und Drangsalierungen zurückstößt.

Das alles klingt nach Theorie, wird aber sofort verständlich, wenn man die vielen Möglichkeiten bedenkt, die jedem Menschen gegeben sind und die es zu nützen gilt. Man wächst heran, man geht in die Schule, in der man mit allen Kräften lernen soll. Doch nicht immer wird dies getan, oft vertrödelt man die Zeit mit Spiel und unnützen Dingen. Dann soll man einen Beruf ergreifen, doch man vermag nicht die richtige Wahl zu treffen und läßt sich vielleicht von materiellen Dingen oder verschiedenen Bequemlichkeiten zu sehr verlocken. Kurz, man übt einen Beruf aus, der die vorhandenen Fähigkeiten nicht ausnützt, das führt oft zu Enttäuschungen und zu größter Unzufriedenheit. Dann soll man einen Lebenspartner finden, man denkt aber immer nur an das Vergnügen und beachtet nicht, daß man eine Verantwortung in einer Partnerschaft zu tragen hat. Viele ähnliche Ereignisse beweisen, daß man sich dessen, was man tun soll, was sozusagen als Lebensregel zu gelten hat, nicht immer erinnert.

Saturn aber hält an dem fest, was dem Menschen vom Schicksal vorgezeichnet ist. Er sorgt dafür, daß man im Leben vollendet, was ein unergründliches Schicksal vorherbestimmt hat. Wenn man entsprechend seinen Bestimmungen lebt, wird man sich immer und überall zurechtfinden. Mehr noch, man kann schließlich sogar Glück dabei finden, wenn man das eigene Leben so lebt, wie es vorgezeichnet ist. Wer mathematische Fähigkeiten hat, soll nicht einen Beruf ergreifen, der ein Sprachentalent erfordert. Wem das Schicksal keine künstlerischen Fähigkeiten verlieh, der soll nicht lebenslang klagen, wenn ihm der Erfolg als Künstler versagt bleibt. Den Bestimmungen entsprechend zu leben, das ist die hohe Kunst, das ist eine Aufgabe, die jedem gestellt ist und die jeder auf seine Weise erfüllen muß.

Saturn hütet die Schwelle, das heißt, man soll in dem Haus — bildlich gemeint —, in dem man geboren ist, bleiben. Er wacht vor der Tür, damit man nicht hinausgeht in die unbekannte Welt, in das »Unbehauste«. Er hält fest, denn er ist die Vergangenheit. Alles ist unter seinem Einfluß nach dem Gestern orientiert, daher verzögert er alles, man ist durch ihn gezwungen, bei allem und jedem einen Blick zurück zu werfen. Es fehlt der frohe Optimismus, es gibt keinen Schwung nach vorne, dafür die Bedächtigkeit, die Vorsicht, aber auch die ängstliche Langsamkeit, mit der man nie zurechtkommt und immer ein wenig oder weit zurückbleibt.

Und das sind die schrecklichen Seiten des Saturnprinzips: Alles auf dieser Welt ist vergänglich, alles hat seinen Anfang und sein Ende. Doch während Mars plötzliches Sterben bringt, verzögert Saturn das Ende, bringt einen langsamen, oft qualvollen Tod. Unter dem Saturnprinzip stehende Menschen neigen zu Depressionen, zur Willenlosigkeit, zur Gehemmtheit, sie sind immer voller Argwohn, ihnen fehlt jede Lebensfreude.

Ein gut gestellter Saturn bringt ungleich wertvolle Eigenschaften, die sonst kaum ein Planet zu geben vermag. Mit dem Blick in die

Vergangenheit arbeitet der Saturnmensch fleißig wie kein anderer, seine Methoden, sein Fleiß, seine unerhörte Ausdauer geben ihm die Möglichkeit, mit allen Schwierigkeiten fertig zu werden. Das Ich steht im Vordergrund, es fehlt an jenen Kräften, die nach außen wirken. Dafür erlebt man die Konzentration nach innen, die Stärkung aller Tendenzen, die zur Behauptung im Leben beitragen.

Im Alter gibt Saturn die Würde, die Abgeklärtheit, die Weisheit, vielleicht sogar eine Art von Zufriedenheit. Sich mit dem Schicksal ausgesöhnt zu wissen, sich bewußt zu sein, daß man alles getan hat, was nötig war, das gibt dem Saturnier die Befriedigung, das vermittelt ihm, wenn er auf sein Leben zurückblickt, ein freudiges Gefühl erfüllter Pflicht.

Man kann auch lebenslang gegen den Saturn kämpfen, man kann versuchen, das Schicksal zu ändern. Man kann all seine Kräfte darauf verwenden, dem Saturneinfluß zu entfliehen. Dann wird man eines Tages schmerzlich erkennen, daß er stärker ist.

Der Herr des Schicksals, der Herr der Zeit.

Urvater Chronos.

Neue Prinzipien?

Bis zum Jahr 1781 endete das Wissen über die Sonnenwelt bei der Saturnbahn. Der solare Kosmos war eine abgeschlossene, organische Einheit von Kräften, die »heilige« Zahl Sieben war die Basis der bisher gültigen Prinzipien der Astrologie. Jahrtausende hindurch waren Sonne und Mond, Merkur, Venus, Mars, Jupiter und Saturn — astrologisch gesehen — die für das Leben entscheidenden, den Lebensweg formenden Himmelskörper. Durch eine neue Erkenntnis wurde diese in sich geschlossene Welt plötzlich zerstört. Man hatte einen neuen Planeten entdeckt, einen Giganten, der weit außerhalb der Saturnbahn die Sonne umrundet.

Es ist seltsam, was damals, in den wenigen Jahren rund um dieses Ereignis, alles geschah. In Frankreich wütete die Revolution, und eine neue Ordnung wurde geschaffen. In Nordamerika gründeten Männer die »Vereinigten Staaten« und trennten sich damit endgültig vom Althergebrachten, von der Tradition.

Der Engländer James Watt konstruierte die erste brauchbare Dampfmaschine und öffnete damit den Weg für eine industrielle Revolution, die in wenigen Jahrzehnten das Gesicht der Erde verwandelte. In Österreich regierte Josef II., ein Mann, vorausblickend, der mit staatspolitischer Klugheit seinem Volk die Wirrnisse der Revolution ersparte, aber mit seinen Reformen, die nur die wenigsten verstehen wollten, doch nur teilweise Erfolg hatte.

Jenes Jahrzehnt wird heute von den Astrologen als Beginn eines neuen Zeitalters gewertet, das unter dem Einfluß des Wassermanns steht, und es mag ein Zufall sein, daß ausgerechnet in diesem Augenblick jener Planet *Uranus* gesichtet wurde, der als »Herr« dieses Zeitalters anzusprechen ist.

Der große Kreis, den die Sonne während eines Jahres scheinbar auf der Himmelskugel beschreibt, wird EKLIPTIK genannt. Da sich, von der Erde aus gesehen, diese Himmelskugel zu drehen scheint, gibt es am Himmelsglobus nicht nur einen Nord- und Südpol, sondern auch einen Äquator, ebenfalls ein großer Kreis. Die Erdachse steht schräg zur Sonne, folglich sind die beiden Kreise, Ekliptik und Himmelsäquator, nicht in einer Ebene, sie schneiden sich an zwei Punkten. Dort, wo die Sonne alljährlich im Frühling den Schnittpunkt zwischen Ekliptik und Himmelsäquator berührt, liegt der sogenannte FRÜHLINGSPUNKT.

Nun ist aber der Winkel, den die schrägstehende Erdachse zur Ekliptik bildet, nicht immer gleich. Die Kräfte des Mondes, der Sonne und zu einem geringen Teil auch der Planeten versuchen diese schrägstehende Erdachse aufzurichten; durch deren Schwerkraft kommt es zu einer Kreiselbewegung der Erdachse. Sie beschreibt in einem Zeitraum von rund 26 000 Jahren eine riesige Drehbewegung, und eine Umdrehung wird — wie schon erwähnt — das »platonische Jahr« genannt. Den Vorgang selbst, eben diese Drehung, bezeichnet man als PRÄZESSION.

Für die Astrologie ergeben sich daraus äußerst wichtige Folgerungen. Schon im Altertum hat man die Präzession mit den Veränderungen der Welt in Zusammenhang gebracht und eine Art Zeitalterbegrenzung vorgenommen. Begründet wird dies mit der Wanderung des Frühlingspunktes durch den Tierkreis. Denn durch die Drehung der Erdachse verschiebt sich der Frühlingspunkt und umrundet den Tierkreis gleichfalls in 26 000 Jahren, verweilt also in jedem Zeichen etwa 2150 Jahre. Und damit wird der Zeitgeist von jenem Tierkreiszeichen gefärbt, in dem sich eben der Frühlingspunkt befindet.

Man nimmt nun an, daß ungefähr mit der Entdeckung des Planeten Uranus der Frühlingspunkt, aus dem Fischzeichen kommend, in das Wassermannzeichen eingetreten ist. Und so spricht man derzeit vom »WASSERMANNZEITALTER«.

216

Uranus, um ein Vielfaches größer als die Erde, gilt als Prinzip des rasanten Fortschritts, der umstürzenden Neuerung, der plötzlichen Veränderung.

Damit erhebt sich die Frage, ob es neben den bekannten sieben Prinzipien noch weitere gibt, die vielleicht erst jetzt für die Menschheit von Bedeutung geworden sind. Es könnte ja sein, daß mit der langsamen Höherentwicklung die Fähigkeit des Menschen, auf bestimmte Kräfte zu reagieren, zugenommen hat.

So wie der Urmensch vor Jahrhunderttausenden noch keine artikulierte Sprache kannte, der Mensch von heute aber bei einer Beethovensymphonie höchstes Glück zu empfinden vermag, so könnte es möglich sein, daß bislang bestimmte Prinzipien, eben die sieben Planetenkräfte, ausreichend waren, heute jedoch mehr Kräfte benötigt werden.

Über diese Fragen hat man sich viel den Kopf zerbrochen. Es soll hier nicht aufgezählt werden, welche Methoden man angewendet hat, um jene Geheimnisse zu lüften und die drei Planeten, nämlich Uranus, Neptun und Pluto, die jenseits der Saturnbahn laufen, richtig einzuordnen. Mit ziemlicher Sicherheit kann man die Behauptung aufstellen, daß es sich hier um keine neuen Prinzipien handelt, daß es aber in einem gewissen Sinne Mischungen von Prinzipien sind, wobei doch ein bestimmtes Prinzip vorherrschend ist.

Uranus ist in seiner Wirkung dem Merkur ähnlich, seine Auswirkungen sind weitgehend auf den intellektuellen Teil des Menschen gerichtet, und es läßt sich in der heutigen Zeit immer wieder nachweisen, daß ein gut aspektierter Uranus in einem Horoskop eine bessere Wirkung als Merkur haben kann. Doch das Tempo des Uranus ist anders, er zeigt eine gewisse marsähnliche Beschleunigung. Alles geht rasch, zerstörend, plötzlich vor sich, immer kommt es zu neuen Ideen, die revolutionieren. Im menschlichen Schicksal kann der Uranus eine plötzliche Veränderung des Wohnorts, einen Wechsel des Lebenspartners, des Berufs, der

Weltanschauung mit sich bringen, in besonders negativen Auswirkungen auch den Sturz aus der bisherigen Position und viele andere Schicksalsschläge.

Uranus regiert das Zeichen Wassermann. Dies allein bestimmt schon die Sphäre, wo die Kräfte dieses Planeten besonders stark wirksam sind. Es gibt einen Hinweis auf die revolutionäre Kraft dieses Prinzips, wenn man die Horoskope von jenen Männern betrachtet, die in besonders markanter Weise das Bild der Welt verändert haben. Hierher gehört in erster Linie Adolf Hitler, der aus der Anonymität emporstieg zum »Führer« einer Nation und ganz Europa vorübergehend in seine Gewalt brachte. Uranus stand an seinem Aszendenten, seine »nationalsozialistische Revolution« hat wie keine andere das Geschick Europas — freilich in einer ganz anderen Weise als ursprünglich geplant — verformt.

Der nächste Planet »außer der Reihe« ist der im Jahre 1846 entdeckte *Neptun*, kaum wesentlich kleiner als Uranus. Ihm wird ein venusartiges Prinzip zugeschrieben; allerdings ist seine Wirkung erheblich schwerer erkennbar. Die von ihm beeinflußte »Liebe« ist nicht nur sinnliches Begehren und Glück des Augenblicks, sie umfaßt vielmehr die höheren Bindungsformen des Menschen, drängt also mehr auf eine alles umspannende Aktivität in sozialen Bereichen. Es ist kein Zufall, daß kurze Zeit später Karl Marx sein Kommunistisches Manifest herausgab und in späterer Folge die kommunistische Revolution in Rußland ausgelöst wurde. Wenn man das Prinzip des Neptuns mit einem Begriff der medizinischen Psychologie verbinden will, dann wird man ihm vor allem den Einfluß auf die sogenannte Sphäre des menschlichen Bewußtseins zuschreiben.

Darunter hat man eine ganz bestimmte Schicht des Bewußtseins zu verstehen. Bewußtsein bedeutet etwas seelisch Quantitatives, die größere oder geringere Deutlichkeit des Erlebens. Im Blickpunkt des Bewußtseins ist eine kleine Zone völliger Helligkeit, ringsherum das große Blickfeld des Bewußtseins, am Rand aber der Übergang in das Unbewußte. Die Peripherie des Bewußtseinsfeldes wird die Sphäre genannt.

Wie die Linse des menschlichen Auges nur durch das Sehloch, durch die Pupille wirken kann, der weitaus größere Teil jedoch hinter der Regenbogenhaut verborgen ist, so ist das klare Bewußtsein von einer Sphäre umgeben, wo alle Erlebnisse nicht in völliger Klarheit aufgenommen werden, aber doch weitgehend mitwirken, die Dimensionen der Seele zu verändern. Man muß daher diese Sphäre den Übergang in das Unbewußte nennen.

Dringt man aber in das Unbewußte ein, dann verläßt man den Boden der Realität, der Wirklichkeit, des Bewußtseins. Dann beginnt die Welt des Mystischen, des Übersinnlichen, dann erlebt man die transzendente Welt. Es mag »selbstverständlich« nur ein Zufall gewesen sein, daß jene ungeheure spiritistische Welle in der zweiten Hälfte des vorigen Jahrhunderts ausgerechnet nach der Entdeckung des Planeten Neptun Millionen Menschen in ihren Bann zog. Als um die Jahrhundertwende der Wiener Sigmund Freud seine Psychoanalyse schuf, konnte er erstmalig jene seelischen Bereiche zugänglich machen, »entschleiern«, die bisher in der Sphäre verborgen waren.

Alles lieben, das All lieben, im All, in der Allgemeinheit aufgehen, das sind für den Astrologen neptunische Kräfte. Im Negativen sind hier die Verschleierungen zu suchen, die Existenzen im Irrealen, die seelisch Gestörten, diejenigen, die sich von der Wirklichkeit abkehren und in einer Scheinwelt leben. Also die Süchtigen, die Neurotiker und schließlich alle Irren. Neptun vermag mit seinen Gaben viel Gutes zu spenden, die Illusion, die künstlerischen Begabungen, die Traum- und Wunschwelt der Phantasie, schließlich die Halluzination als Übergang zum Abnormen. Unheimlich wirkt das Neptunprinzip, wenn es einen Menschen aus der Welt der Wirklichkeit hinausdrängt und ihn dann in der Welt des Wahns vegetieren läßt.

Vielleicht noch unheimlicher in seiner Wirkung aber ist der im Jahre 1930 entdeckte Planet *Pluto*. Da er mit seiner exzentrischen Bahn in die des Neptuns hineinragt, besteht immerhin die Möglichkeit, daß es sich bei diesem der Erde sehr ähnlichen Himmelskörper um einen ehemaligen Neptunmond handelt. Sein Prinzip ist marsähnliche Zerstörung — wie Neptun —, alles erfassend. Daher spricht man auch von einer Massenwirkung dieses Planeten, der in diesem Jahrhundert schon viermal, nämlich 1914, 1939, 1956 und schließlich 1971 seine ungeheure Kraft bewiesen hat.

Selbstverständlich sprechen viele Menschen auch in diesem Zusammenhang von einem Zufall. Aber das genaue Zusammenfallen von Daten muß doch nachdenklich stimmen, zumal genau das eingetreten ist, was Astrologen dem Plutoprinzip zuschreiben. Er ist, um es in aller Deutlichkeit zu sagen, jener Faktor, der wie kein anderer den sogenannten Zeitgeist bestimmt.

Markant tritt Pluto immer dann in Erscheinung, wenn er das Tierkreiszeichen wechselt, wenn er also von einem Tierkreisabschnitt in einen anderen übertritt. Anfang dieses Jahrhunderts stand Pluto im Zeichen der Zwillinge. In jenen Jahren unbeschwerter Lebenslust, wo man geflissentlich alle Alarmsymptome übersah, gab es erstaunliche »Luftprojekte«, die heute unbegreiflich sind. Man begann beispielsweise in der Nähe Wiens einen »Donau-Oder-Kanal« zu graben und kam glücklich ein paar Kilometer voran, dann wurden die Arbeiten eingestellt. Eine »Wien-Saloniki-Bahn« erreichte nach etlichen Schwierigkeiten den kleinen Ort Aspang und blieb bis heute die »Aspangbahn«. In der Nähe Wiener Neustadts begann man mit einem Kanalprojekt, wobei man an eine Schiffsverbindung mit der Adria dachte, aber kaum drei Kilometer fertigstellte. Es war eine Zeit, in der mit einer seltsamen Unbekümmertheit alle Notwendigkeiten nicht verstanden wurden und man sich Vorstellungen hingab, die wirklichkeitsfremd waren.

Bis dann im Juni 1914 die Schüsse in Sarajevo fielen, genau in jenem Monat, in dem der Pluto in das Wasserzeichen Krebs eintrat. Was geschah damals? Hat nicht ein großes Reich, nämlich die österreichisch-ungarische Monarchie, sich beleidigt gefühlt, standen nicht Gefühle im Vordergrund einer nun folgenden unsinnigen Diplomatie?

Aus der Gekränktheit, aus überschwenglichen Gefühlen torkelte man in den Ersten Weltkrieg hinein mit seinen Zerstörungen vorhandener Ordnung und Werte. Grausam war das Erwachen, als endlich Saturn im Jungfrauzeichen zur Nüchternheit zurückrief. Im Sommer 1939 trat Pluto aus dem Krebszeichen in den Löwen und löste damit jenen verhängnisvollen Wahn von Kraft und Größe aus, der den Zweiten Weltkrieg zur Folge hatte. Jeder wähnte sich stark genug, jeder glaubte an die eigene Macht. Das katastrophale Ende, selbst für das britische Imperium, mag beweisen, wohin ein »Machtwahn« führen kann.

Im Oktober 1956 trat Pluto in das nüchterne Jungfrauzeichen, in ein Erdzeichen also, wo materielle und rein wirtschaftliche Überlegungen eine Rolle spielen. Innerhalb weniger Stunden stand die Welt im Banne von drei Ereignissen, die zunächst nicht erkennen ließen, daß damit für die Zukunft der Menschheit entscheidende Akzente gesetzt wurden. Erstens wollten die Ungarn nicht länger für den Ostblock unter wirtschaftlich ungünstigen Bedingungen arbeiten und kündigten den Warschauer Pakt. Die ungarische Jugend erhob sich gegen das kommunistische Regime, und eine neugebildete Regierung erwartete von der UNO sofortige Hilfe. Panzer wälzten die aufkeimende Freiheit nieder, und es blieb bei der Doktrin, wonach es Änderungen hinter dem Eisernen Vorhang nicht geben darf. Zweitens erklärte Präsident Nasser, daß er verschiedene Gesellschaften ausländischer Aktionäre verstaatlichen werde, und als Antwort darauf begann eine englisch-französische Luftoffensive mit riesigen Zerstörungen materieller Werte. Dann eröffneten die Israeli ihren erfolgbringenden Feldzug gegen Ägypten, der mit einer totalen Niederlage Nassers endete. Es kam im Anschluß daran zu einer Gesinnungsänderung in der arabischen Welt mit einer stärkeren Bindung an die Sowjetunion, zu einer Machtverschiebung, die eine immer massiver werdende militärische Präsenz der Russen auf ägyptischem Territorium mit sich brachte. Trotz der rüstungsmäßigen Schwächen der Ägypter ist heute die Machtposition der Sowjetunion im Mittelmeer furchterregend und wird wohl nie mehr zu beseitigen sein.

Ende 1971 trat Pluto in das Tierkreiszeichen der Waage. Wir haben den Einfluß dieses Tierkreiszeichens als »formgebend« bezeichnet, und wieder kam es auf dieser Erde zu Veränderungen, die ob ihrer Rasanz imposant sind. Denn schon kurz nach dem Zeichenwechsel kam das kommunistische China zur UNO, tat Großbritannien den entscheidenden Schritt zum Eintritt in die EWG.

Bisherige Verträge zerbrechen, neue Ideen kommen zum Durchbruch, und da die Waage auch Ausgleich bringt, wird es auf diesem Planeten weitgehende Änderungen der Machtsphäre geben. Freilich spielt sich dies im »luftigen« Trigon ab, zuwenig materielle Grundlagen sind vorhanden, und es ist die große Gefahr gegeben, daß sich die Menschheit in den nächsten achtzehn Jahren in einer Fülle von Plänen, Ideen und Projekten verliert und nicht mehr mit beiden Füßen auf dem festen Erdboden steht. Was dann kommen wird, wenn Pluto in das Marszeichen Skorpion eintritt, also in das so zerstörerische Prinzip der massiven Vernichtung, kann man heute noch nicht sagen. Die Menschheit hat einige Ursache, diesem Ereignis entgegenzubangen. Vielleicht aber wird bis dahin das Wissen um kosmische Zusammenhänge so weit fortgeschritten sein, daß verantwortungsvolle Männer die »Sprache« der Sterne verstehen und dementsprechend richtig zu handeln imstande sind.

Horoskopie

Zeitbegriffe

Es wird immer wieder die Frage aufgeworfen, welcher Zeitpunkt bei der Geburt eines Menschen für die Horoskopberechnung von grundlegender Bedeutung ist. Soll das sogenannte Durchschneiden des Kopfes, der erste Schrei oder die Abnabelung als Geburtsaugenblick gelten? Läßt sich der Augenblick der Geburt überhaupt auf die Sekunde genau feststellen? Und wenn es während des Geburtsvorganges mehrere astrologisch bedeutsame Zeitpunkte gibt, für welchen wird das Geburtshoroskop gezeichnet? Würde der Mensch innerhalb einer Sekunde geboren, dann müßte das Horoskop sekundengenau berechnet werden.

Diese Frage hat die Astrologen verständlicherweise sehr beschäftigt. Darüber hinaus wird diese Frage nicht selten auch von den Gegnern der Astrologie als Beweis vorgebracht, daß eine genaue Horoskopzeichnung gar nicht möglich sei, weil es keinen sicheren Geburts-»Augenblick« gibt.

Die Frage eines sekundengenauen Geburtsaugenblicks, so wichtig sie scheinen mag, ist nicht so gravierend. Sie beweist nur, daß diejenigen, die sich mit diesem Problem abmühen, noch niemals einer Geburt beigewohnt haben. Zunächst ist es unerfindlich, warum gerade der erste Schrei der Beginn des Lebens sein soll. Kaum wird ein Kind geboren, beginnt es aus verschiedenen Gründen — Kältereiz, Umweltschock, Aktivität des Atemzentrums usw. — zunächst einmal Luft einzuatmen. Dies kann schlürfend und langsam, aber auch blitzartig geschehen. Die Lungen füllen sich also in einem bestimmten Zeitraum mit Luft. Schreien kann man aber nur beim Ausatmen.

Daher ist der erste Schrei ein Ereignis, das geraume Zeit nach den ersten Augenblicken außerhalb des Mutterleibes eintritt und nicht als Geburtsaugenblick gelten kann.

Daß jemand auf die Idee verfällt, die Abnabelung könne irgend etwas mit der Geburt zu tun haben, ist unbegreiflich. Erstens ist ein Kind durch die Nabelschnur mit der Plazenta verbunden, und zweitens hört die Blutversorgung durch den Nabelstrang kurz nach der Geburt von selbst auf: wird dieses Gewebe durchtrennt, ist es bereits funktionslos und ohne Beziehung zur Mutter. Warum sollte also das irgendwann nach der Geburt vorgenommene Abnabeln der Geburtsaugenblick sein?

Die Geburt muß als Ganzes gewertet werden; sie erfolgt normalerweise innerhalb weniger Minuten. Selbst wenn ein Kind nicht mit dem Kopf voran den Mutterleib verläßt, erlauben die notwendigen Handgriffe keine lange Verzögerung. Auf Grund von mehr als eintausend durchgeführten Geburten erlaubt sich der Autor die Behauptung, daß die Geburt in dem Augenblick erfolgt, wo ein Kind den Mutterleib verläßt; dies läßt sich in fast allen Fällen mit ein bis zwei Minuten fixieren. Daher wird das Horoskop auf eine Minutenangabe errichtet.

Allerdings ist es merkwürdig, daß die wenigsten Menschen diesen Zeitpunkt angeben können. Mütter erinnern sich oft nicht einmal der Tageszeit; die bei der Geburt anwesenden Personen wissen zumeist ebenfalls nichts Näheres. Versucht man erst, in Geburtsprotokollen Auskunft zu erhalten, so kann es vorkommen, daß eine Klinik die entsprechende Information mit der Begründung verweigert, daß die Geburtszeit unter die ärztliche Schweigepflicht falle. Zuweilen kann man sich des Eindrucks nicht erwehren, daß manchen Geburtshelfern, Hebammen, ja sogar Müttern daran gelegen ist, die Erstellung eines Horoskops zu verhindern.

Ein Horoskop kann nur auf Grund einer möglichst genauen Angabe der Geburtszeit aufgestellt werden, und darin liegt die

Aspekt	Winkel	Symbol	Einfluß
Konjunktion	0°		abhängig von Planeten
Opposition	180°		disharmonisch
Trigon	120°	△	harmonisch
Quadratur	90°	☐	disharmonisch
Sextil	60°	✳	harmonisch
Halbquadratur	45°	∠	disharmonisch
Halbsextil	30°	⋈	harmonisch
Sesquiquadrat	135°		disharmonisch
Quincunx	150°		disharmonisch

Die Aspekte und ihre Symbole. Die Aspektenwirkung ist abhängig vom kosmischen Stand der Planeten.

größte Schwierigkeit für die Astrologie. Der rein astronomische Teil der Astrologie ist davon abhängig und wird auf diese Weise in Frage gestellt. Viele Menschen müssen auf die Kenntnis ihres Horoskops verzichten, weil niemand die genauere Geburtszeit angeben kann.

Im Mittelalter hatten es die Astrologen einfacher, den Geburtsaugenblick eines Menschen zu fixieren. Man kannte überall nur einen einzigen Zeitbegriff, nämlich die Ortszeit. Wenn die Sonne am höchsten Punkt des Himmels stand, war es punkt zwölf Uhr mittags. Der Zeitraum von einer Kulmination zur anderen wurde der *wahre* Sonnentag genannt. Die Zeit wurde somit nach der *wahren Sonnenzeit* gemessen. Wo immer jemand seine Geburtszeit einem Astrologen anvertraute, mußte dieser keine weiteren Umrechnungen vornehmen. Er konnte diese Zeitangabe ohne weiteres für die Aufstellung eines Horoskops benützen.

Konnte man sich also früher mit Zeitangaben begnügen, die nach der wahren Sonnenzeit gemessen wurden, so ist das heute wesentlich komplizierter. Die Änderungen der Zeitmessung begannen im neunzehnten Jahrhundert, als man quer über Kontinente Eisenbahnschienen verlegte und der Bahnverkehr große Reisen ermöglichte. Wie hätte auch ein Fahrplan erstellt werden können, wenn in jeder Eisenbahnstation nach der wahren Sonnenzeit gemessen worden wäre? Die Uhr des Kirchturmes eines jeden Ortes zeigte die wahre Sonnenzeit, sie konnte mühelos täglich präzise korrigiert werden. Aber die Sonne wandert von Osten nach Westen, und wenn es beispielsweise in Budapest zwölf Uhr mittags war, die Sonne also gerade über der Kettenbrücke stand, war es in Wien noch nicht genau Mittag, es war etliche Minuten vor zwölf, in Bregenz dagegen betrug die Zeitdifferenz schon mehr als eine halbe Stunde. Wenn in der österreichisch-ungarischen Monarchie in Tschernowitz die Sonne aufging, war es am Bodensee noch Nacht. Die Eisenbahnen brauchten aber einen Fahrplan, der allgemein gültige Zeitangaben

ermöglichte. So schuf man die *Bahnzeit*. War es am Haupt-
bahnhof Wien zwölf Uhr mittags, dann war auf allen Stationen
der Bahn eben Mittag. Richtete man sich nach der Kirchturmuhr,
dann konnte man leicht den Zug versäumen.

Die Regelung erwies sich als ungemein praktisch für europäische
Verhältnisse; für den nordamerikanischen Kontinent ergaben
sich jedoch bald erhebliche Schwierigkeiten. Denn die einzelnen
Bahnlinien hatten ihre Hauptbahnhöfe an weit voneinander ent-
fernten Orten, einmal an der Westküste, dann an der Ostküste.
Dort, wo sich die Züge kreuzten, kam es zu entsprechenden
Verwirrungen. Es dauerte nicht lange, bis man eine heute noch
gültige Lösung fand: die sogenannten *Zonenzeiten*.

Man teilte die Erde der Länge nach in verschiedene Zonen, und
innerhalb einer solchen Zone war immer die gleiche Zeit. Europa,
zum Beispiel, wurde in eine osteuropäische, mitteleuropäische
und westeuropäische Zone geteilt. Wer beispielsweise von
Deutschland nach Frankreich fuhr, mußte in Straßburg die Uhr
um eine Stunde zurückstellen. Im Zweiten Weltkrieg wurde der
Bereich der mitteleuropäischen Zeit praktisch auf alle europäischen
Länder ausgedehnt, was besonders beim Flugverkehr eine erhebliche Erleichterung bedeutet. Kommt heutzutage in Europa
ein Kind auf die Welt, ist die Zeitangabe in mitteleuropäischer
Zeit gemessen. Allerdings gibt es immer wieder in einzelnen
Ländern Sommerzeiten, so daß der Abstand zur sogenannten
Ortszeit noch größer wird.

Für das Erstellen eines Horoskops braucht man also zunächst
die Angabe, um welche Zonenzeit es sich handelt. Erst dann
kann diese Zeitangabe in die Ortszeit der Geburt umgewandelt
werden.

Das bereitet dem Anfänger in der Astrologie mitunter einige
Schwierigkeiten. Ein Beispiel soll die Rechenoperation verständlich machen: Angenommen, es fliegt jemand mit einer Düsen-
maschine über den Ozean von London nach New York. Die

Flugzeit beträgt etwa fünf Stunden. Das ist auch die Zeit, in der die Sonne diese Distanz am Himmel »zurücklegt«.

Fliegt also jemand um zwölf Uhr mittags von London ab, dann kommt er ebenfalls um zwölf Uhr mittags in New York an. Bei seiner Ankunft in New York ist es in London bereits fünf Uhr nachmittags. Käme jemand in New York auf die Idee, einen Freund in Europa nach Geschäftsschluß anzurufen, sagen wir um sechs Uhr abends, dann könnte es sein, daß er seinen Freund aus dem Schlafe reißt. In London wäre es nämlich elf Uhr nachts. Um eine Zonenzeit in die Ortszeit zu verwandeln, muß man zunächst die Greenwicher Zeit bestimmen, also den Zeitabstand zur Sternwarte in London, durch die der Nullmeridian verläuft. Für Mitteleuropa ist das einfach, weil der Zeitabstand eine Stunde beträgt. Ist es in Berlin, in Wien, in München oder Paris zwölf Uhr mittags, mitteleuropäische Zonenzeit versteht sich, dann ist es in London erst elf Uhr vormittags. Man kann also bei einem Beispiel sagen:

Geboren fünf Uhr früh in Wien MEZ (mitteleuropäische Zeit)
= vier Uhr früh GRZ (Greenwicher Zeit).

So weit, so gut. Aber für das Horoskop wird die Ortszeit der Geburt benötigt. Diese Zeit wird durch den zeitlichen Abstand von Greenwich errechnet. Man entnimmt diese Zeitangabe bestimmten, in Buchhandlungen erhältlichen Tabellen. Für Wien beträgt dieser Zeitabstand zum Beispiel eine Stunde und fünf Minuten. Ist es also in Wien genau zwölf Uhr Ortszeit, dann ist es in Greenwich erst zehn Uhr fünfundfünfzig.

Unsere weitere Berechnung sieht dann so aus:

Vier Uhr früh GRZ + Zeitabstand in Wien 1 Stunde 5 Minuten
= fünf Uhr und fünf Minuten OZ (Ortszeit).

Mit einiger Übung lassen sich solche Berechnungen bald mühelos durchführen. Die Umrechnung der Zonenzeit in die Ortszeit ist erfahrungsgemäß kein Problem und wird sehr bald gemeistert.

Freilich ist damit für die Erstellung eines Horoskops noch nicht alles getan. Es muß nämlich die Ortszeit, die eine wahre Sonnenzeit ist, in die sogenannte *Sternzeit* umgewandelt werden. Denn alle Bewegungen am Himmel werden in wahrer Sternzeit gemessen, alle Angaben in den astronomischen Tabellen beruhen auf dieser Zeitmessung.

Die Sternzeit ist in allen Ephemeriden enthalten, in jenen Tabellen also, die für eine Horoskopzeichnung unerläßlich sind. Die Umwandlung der Ortszeit in die Sternzeit ist eine einfache Rechenoperation, nämlich die Addition. Bei dieser Gelegenheit muß man sagen, daß sämtliche Berechnungen, die das Skizzieren eines Horoskops erfordert, mit den vier Grundrechnungsarten zu bewältigen sind. Schwierige Rechenoperationen sind niemals notwendig.

Die Grundlage eines Horoskops ist also die möglichst auf einige Minuten genau angegebene Geburtszeit. Heute sind alle diese Zeitangaben Zonenzeiten. Diese müssen zunächst in die Ortszeit, dann in die Sternzeit der Geburt umgewandelt werden. Das mag in der Theorie vielleicht sehr kompliziert klingen — in der Praxis ist es denkbar einfach.

Technik der Horoskopie

*HOROSKOPIE ist das Zeichnen eines Horoskops. Genau be-
sehen ist das eine astronomische Tätigkeit, denn es wird dabei
lediglich eine Himmelsskizze angefertigt.*
*ASTROLOGIE ist die Deutung eines solchen Horoskops, eines
Kosmogramms. Um alle Horoskopfaktoren richtig zu bewerten,
braucht man die Erfahrung vieler Jahre.*

Wer sich näher mit der Astrologie beschäftigen will, wird oft
durch erfahrene Astrologen, die eine Lehrtätigkeit ausüben,
weitgehend entmutigt und verwirrt. Auch Lehrbücher bewirken
oft den gleichen Effekt; der Ratsuchende findet keinen Weg,
die Horoskopie zu erlernen. Denn man beginnt meist mit der
Erläuterung kompliziertester astronomischer Begriffe, man verlangt von demjenigen, der die Anfangsgründe der Astrologie
kennenlernen will, umfassende Kenntnisse der Mathematik, die
zudem oft so umständlich erklärt werden, daß man den Eindruck
bekommt, der Lehrer dieser »astrologischen Grundbegriffe« hat
die Absicht, seine Schüler abzuschrecken.
Warum eigentlich?
Hier sei nicht der Versuch unternommen, den Ursachen dieses
Verhaltens nachzugehen. Es mag sein, daß am häufigsten der
Wunsch vorherrschend ist, auf diese Weise die »Wissenschaftlichkeit« der Astrologie zu betonen. Aber es muß mit aller
Deutlichkeit gesagt werden, daß dieser Wust von astronomischen
Begriffen anfänglich zumeist überflüssig ist. Um ein Horoskop
zu zeichnen, braucht man nicht die ganze Himmelskunde zu ver-
stehen. Es mag früher notwendig gewesen sein, sich selbst am

Himmel zu orientieren — das ist auch heute noch möglich. Aber es gibt heute bereits gedruckte Tabellen und Gestirnstafeln, mit deren Hilfe man auf die einfachste Art ein Kosmogramm anfertigen kann.

Schließlich reibt man heute auch nicht mehr hartes und weiches Holz so lange, bis es heiß wird, gibt dann Zunder darauf und bläst, bis eine Flamme entsteht, heizt dann einen Ofen mühsam an, stellt Wasser auf den Herd und wartet, bis endlich warmes Wasser bereitet ist. Heute dreht man den Hahn eines Warmwasserspeichers auf, und sofort fließt heißes Wasser heraus. Und schon gar nicht wird man vor solch einer Tätigkeit die ganze physikalische Wärmelehre studieren.

Es ist selbstverständlich erfreulich, wenn der Astrologieschüler allmählich alle astronomischen Gegebenheiten verstehen lernt und im Laufe seiner Tätigkeit auch die astronomische Grundlage der Horoskopie begreift. Aber für den Anfänger ist das nicht notwendig. Es genügt, ein paar Grundbegriffe zu kennen und jene paar Rechenoperationen richtig durchführen zu können. Die Erfahrung lehrt, daß später die Himmelskunde immer stärker werdendes Interesse hervorruft und man dann auch die Astronomie zu studieren beginnt.

Wer ein Horoskop zeichnen will, braucht folgende Hilfsmittel: Erstens benötigt man Horoskopformulare. Man kann sie selbst zeichnen, indem man einen Kreis zieht und ihn genau in dreihundertsechzig Teile einteilt. Das ist umständlich und zeitraubend. Besser ist es, man besorgt sich ein fertiges Formular bei einem Buchhändler oder einem praktizierenden Astrologen und läßt dieses vervielfältigen. Man kann sich auch einen Horoskopstempel kaufen.

Zweitens muß man die nötigen Gestirnstabellen, sogenannte Ephemeriden, besitzen. Diese kommen teils jährlich in den Handel, es sind sogenannte »englische« Ephemeriden, man muß dann Jahr für Jahr ein neues Heftchen kaufen. Bis man möglichst alle Jahrgänge besitzt, hat man eine Menge Geld ausgegeben; man wird auf die Einzelhefte eher verzichten. Besser sind die gebundenen Ephemeridenbücher, die von verschiedenen Verlagsanstalten hergestellt werden und meist mehrere Jahrzehnte umfassen. Sie enthalten auch verschiedene Tabellen, bestimmte Ephemeriden sogar alle notwendigen. Es ist von Vorteil, sich bei der Anschaffung von Ephemeriden mit einem Fachmann zu beraten, denn alles in allem ist der Erwerb einer astrologischen Bibliothek doch kostspielig.

Drittens braucht man die sogenannten Häusertafeln, weiters Tabellen, um die Mondposition genau berechnen zu können, und schließlich allerlei Hilfstabellen, nicht zu vergessen eine möglichst genaue Zusammenstellung aller Zeitdifferenzen der verschiedenen Orte unserer Erde. Tabellenbände davon gibt es ebenfalls zur Genüge.

Hat man alle Hilfsmittel beisammen, lasse man sich das Horoskopzeichnen ein paarmal erklären, und danach kann man mit der Arbeit beginnen. Der Vorgang sei kurz erwähnt, er mag in der theoretischen Erklärung etwas kompliziert klingen, in der Praxis dürfte er jedoch keine Schwierigkeiten bereiten. Denn die Rechenoperationen sind, wie bereits erwähnt, einfach.

Man beherzige folgende Anleitungen:

1. Den Zeitpunkt einer Geburt feststellen, die Zonenzeit zunächst in Greenwicher Zeit und dann in Ortszeit umrechnen. Dabei darf man nicht vergessen, daß es in Europa in vielen Jahren die Sommerzeit gegeben hat und gibt und daß sich ein Irrtum sehr übel auswirken kann. Nichts ist schlechter als ein Horoskop, das nicht stimmt. Es bringt den Astrologen und damit die Astrologie in Verruf.

2. Nun berechne man mit Hilfe der Ephemeriden für den betreffenden Tag die Sternzeit. Sie ist in den einzelnen Bänden entweder für zwölf Uhr Mittag oder zwölf Uhr Mitternacht angegeben. Darüber muß man sich genau informieren (es steht

übrigens auf dem Titelblatt), Irrtümer sind eigentlich nur am Anfang möglich. Später weiß man sofort, daß die Zeit nicht stimmt, sollte man sich geirrt haben. Wenn man beispielsweise ein Horoskop für Mittag berechnet und die Sonne unter den Horizont kommt, hat man sich bei der Sternzeitberechnung geirrt. Also die Sternzeit herausschreiben und die errechnete Ortszeit dazuzählen. Wobei man allerdings bedenken muß, daß bei Ortszeiten, die bei einer Mittagsephemeride in den ersten zwölf Tagesstunden liegen, die Sternzeit des Vortages zu nehmen ist. In weiterer Folge muß dann noch eine kleine Korrektur vorgenommen werden. Die Zahl der Stunden des wahren Sonnentages ist nämlich ebenfalls in Sternzeit umzuwandeln, diesen Vorgang lasse man sich am besten von einem erfahrenen Astrologen erklären.

3. Hat man die Sternzeit der Geburt errechnet, nimmt man die Häusertabellen zur Hand und zeichnet die einzelnen Felder ein. Man findet in diesen Tafeln immer die Angabe für den Aszendenten, für das zehnte Haus und die sogenannten Zwischenhäuser. Durch Interpolieren auf Minuten und Sekunden lassen sich natürlich die Häuserspitzen auf Minuten und Sekunden berechnen, doch mag dies unter hundert Fällen nur einmal notwendig sein. In der Regel genügt es vollkommen, ein Horoskop gradgenau zu zeichnen. Man gewöhne sich gleich zu Beginn an, die Achse I—VII rot, die Achse IV—X blau zu zeichnen. Um Verwechslungen zu vermeiden, sollten die Häuser mit römischen Ziffern gekennzeichnet werden.

4. Hat man den Aszendenten und die einzelnen Horoskopfelder eingezeichnet, nimmt man wieder den Ephemeridenband zur Hand und trägt die einzelnen Planeten ein. Mit einer einzigen Ausnahme kann man bei allen die in dem Ephemeridenband angegebenen Werte übertragen, nur beim Mond muß eine genaue Berechnung erfolgen. Sie ist für die Greenwicher Zeit vorzunehmen, diese Rechenoperation kann mit einer Diurnal-

Logarithmentafel durchgeführt werden (eine Anleitung ist in fast allen Tabellenbänden vorhanden).

5. Schließlich werden noch die einzelnen Aspekte eingezeichnet. Dazu braucht man kaum länger als eine Minute.

Es soll auf Grund einer zwanzigjährigen Erfahrung nochmals darauf hingewiesen werden, daß man das Zeichnen eines Horoskops in wenigen Stunden lernen kann. Unter geeigneter Anleitung läßt sich erreichen, daß man von Anfang an alles richtig macht und nicht erst durch viele Fehler sein Grundwissen der Astrologie erwirbt. Das autodidaktische Lernen ist möglich, wenn man brauchbare Lehrbücher besitzt und sich durch die oft schwierigen Erläuterungen durcharbeitet. Der dreibändige Lehrgang von Brandler-Pracht hat sich einigermaßen gut bewährt. Sich von einem Kenner der Astrologie das Horoskopieren erklären zu lassen, ist aber fraglos der bessere, schnellere und auch bequemere Weg.

Wohlgemerkt, bisher sprachen wir ausschließlich vom astronomischen Teil der Horoskopie, nämlich vom Skizzieren der Himmelssituation für einen ganz bestimmten Augenblick eines bestimmten Ortes. Erst dann, wenn man ein Horoskop gezeichnet hat, beginnt die eigentliche astrologische Arbeit, nämlich das *Deuten*. Das ist erfahrungsgemäß ungleich schwieriger. Es kommt vor, daß jemand im Handumdrehen das Zeichnen eines Horoskops erlernt, dann aber die allergrößte Schwierigkeit hat, auch nur die Anfangsgründe der Deutung zu verstehen. Auch dazu gibt es praktische Ratschläge.

Man deutet zunächst den Aszendenten und beachte alle Aspekte, die auf diesen so wichtigen Punkt des Horoskops fallen. Dann suche man den entsprechenden Geburtsgebieter und bestimme dessen »kosmischen« Zustand. Erst danach gehe man an die Deutung der Planeten in den einzelnen Häusern, angefangen bei Sonne und Mond, und weiters deren Aspekte. Schließlich werden alle übrigen Planeten gedeutet.

Es empfiehlt sich, anfangs Deutungstabellen zu verwenden, die man aber nicht schematisch benütze, sondern immer mit der Überlegung, warum etwas so sein soll. Man versuche selbst, etwa eine Sonne im Schützen zu deuten oder einen Mars im Skorpion.

Deutungstabellen benütze man lediglich zur Korrektur, so daß man mit der Zeit das eigene Deuten lernt.

Das ist, wie die Praxis lehrt, sicher nur dann möglich, wenn man täglich mindestens ein Horoskop zeichnet, es auch deutet und entsprechend aufbewahrt. Man nehme von Anfang an einen Ordner, lege die gezeichneten Horoskope, mit allen Notizen und auch dem Datum der Deutung versehen, alphabetisch ab, so daß man sie nötigenfalls sofort zur Hand hat. Weitere Ereignisse werden immer auf dem entsprechenden Horoskop vermerkt, so daß man auch nach Jahren, nimmt man ein Horoskop aus dem Ordner heraus, mit einem Blick die ganze Situation erfassen kann. Denn auch bei überdurchschnittlichem Merkvermögen kann man nicht jedes Horoskop, das man im Verlauf einer astrologischen Tätigkeit gezeichnet hat, im Kopf behalten.

So bald als möglich beginne man auch, die Horoskope historischer Persönlichkeiten zu zeichnen, sie zu deuten und deren Lebenslauf mit der angefertigten Himmelsskizze zu vergleichen. Es sei hier auf die umfangreiche astrologische Literatur hingewiesen, und wenn man mit einem gründlichen Studium rechtzeitig beginnt, kann man schon nach zwei Jahren ein umfangreiches Wissen erworben haben, das zu allen weiteren astrologischen Studien den Weg öffnet.

Daß man später auch Interesse für die Geschichte der Astrologie gewinnt, daß man immer mehr an statistischen Arbeiten Freude gewinnt, ist selbstverständlich. Denn die Astrologie bietet viele Möglichkeiten zur Erweiterung des Wissens, immer mehr gerät man in ihren Bannkreis, wenn man sich ernsthaft mit der Horoskopie beschäftigt.

Der Aszendent

Die einfachste Definition lautet:
Der ASZENDENT ist jenes Tierkreiszeichen, das im Augenblick der Geburt am Osthimmel aufgeht. Dieses Tierkreiszeichen bestimmt den Charakter, das Aussehen und die Persönlichkeit des Menschen; es ist der wichtigste Faktor in einem Horoskop.

Etwas genauer ist folgende Definition:
Der Aszendent ist also jener Punkt, besser gesagt: jener Grad in einem Tierkreiszeichen, der im Augenblick der Geburt am Osthimmel aufgeht. Der Unterschied zur oben angeführten Definition ist der Hinweis, daß nur ein Grad von den dreißig Graden eines Tierkreiszeichens genau »am Anfang« steht. Man kann daher, will man bei einer einfachen Definition bleiben, richtiger sagen, der Aszendent liegt in diesem oder jenem Tierkreiszeichen. Bei den Ungenauigkeiten der Geburtsangaben ist es ja meist schwer, oft sogar unmöglich, diesen Grad ganz genau zu bestimmen. Man nimmt ihn auf Grund der Berechnungen an, muß aber immer mit einer gewissen Fehlerquelle rechnen. Die Definition, wonach der Aszendent in einem bestimmten Tierkreiszeichen liegt, ist in der Praxis durchaus brauchbar.
Eine weitere Definition ist zwar noch präziser, allerdings nicht so leicht zu verstehen. Man stelle sich eine Achse vor, die durch den Geburtsort und den Erdmittelpunkt geht. Senkrecht dazu wird eine Ebene durch den Erdmittelpunkt gedacht, und diese schneidet an einem ganz bestimmten Punkt die Ekliptik. Dieser Punkt, also der Schnittpunkt des Horizonts mit der scheinbaren Sonnenbahn, ist der Aszendent.

Damit kommen wir zum wichtigsten Teil der Astrologie. Es ist zur Genüge bekannt, daß man auf zwei Arten Astrologie betreiben kann. Entweder man wertet lediglich die Sonne, ihre Stellung in einem Tierkreiszeichen und eventuell die dazugehörenden Aspekte. Das ist reine Sonnenstandsastrologie. Damit wird heute ein gigantisches Geschäft gemacht. Wie schon erwähnt, scheint diese Primitivform der Astrologie den meisten Menschen zu genügen, denn sie lassen keinerlei Wunsch erkennen, auch die anderen, zum Teil viel wesentlicheren Faktoren eines Horoskops kennenzulernen.

Oder man betreibt eine Astrologie, die auf Grund des Aszendenten errichtete Horoskope verwertet, also Himmelsskizzen. Das ist an sich ungleich schwieriger, gewiß auch komplizierter und erfordert ein gründliches Studium. Darüber hinaus muß man verstehen, was der Aszendent ist und was er bedeutet. Merkwürdigerweise geben auch die vielen Astrologiebücher gerade in diesem Punkt nur dürftig Auskunft, ja es wird meist das erste Haus mit dem Aszendenten verwechselt oder gar dem Sonnenzeichen gleichgesetzt.

Wiederholen wir: Der Aszendent ist ein Punkt in einem Tierkreiszeichen. Es ist wohl am leichtesten verständlich, wenn man die Wirkung dieses am »Aufgang« stehenden Zeichens so auffaßt, daß hier aller Einfluß seinen Anfang nimmt. Der Aszendent läßt erkennen, wie ein Mensch in seiner Gesamtheit auf alle Reize seiner Umgebung reagiert, wie es zu der ständigen Auseinandersetzung mit allen Einflüssen kommt. Was immer in der Umwelt eines Menschen geschieht, wie immer die Umwelt beschaffen sein mag, lebenslang muß man sich mit ihr auseinandersetzen, muß man sich anpassen. Einmal mehr aktiv, dann wieder passiv, mitunter auch durch eine Art Ruhestellung. Wie immer diese ständig gegebene Reaktionsbereitschaft beschaffen ist, sie ist ausschließlich vom Aszendenten abhängig: Der Aszendent ist allen Gestirnseinflüssen übergeordnet, er bestimmt die

Summe aller Einflüsse, die von einem Menschen aufgenommen werden können.

Vom Augenblick der Geburt an wird der Mensch durch seine Umwelt geformt und verformt; ununterbrochen verändern sich seine körperlichen, seelischen und geistigen Funktionen. Die Art und Weise, wie diese Veränderungen vor sich gehen, die effektiven Möglichkeiten der Anpassung, die ganze Dimension der Reaktionsfähigkeit, vielleicht auch das Filtern aller sich aufdrängenden Einflüsse, dies alles wird durch jenen Grad der Ekliptik bestimmt, den wir den Aszendenten nennen.

Um es in Erinnerung zu bringen: Kein Mensch auf der Welt wird mit einem Charakter geboren. Vererbt, angeboren sind immer nur verschiedene Anlagen, die zur Entwicklung gebracht werden können. Ob sie tatsächlich zur vollen Entfaltung kommen, hängt von den Lebensbedingungen ab.

Ein Beispiel soll die Zusammenhänge veranschaulichen: Angenommen, es geht jemand zu einem Gärtner und kauft dort einen Rosenstock einer bestimmten Sorte. Der Gärtner erklärt, daß es sich um eine gelbe Rose handle. Dies entspricht, übertragen auf den Menschen, der keimplasmatischen Determinierung, der Summe angeborener Anlagen. Daran ist nichts zu ändern. Hat man eine bestimmte Sorte gekauft, dann ist zu erwarten, daß es zu der bestimmten Entwicklung kommen wird. Grundlage für diese Weiterentwicklung ist also zunächst die Gesamtheit der ererbten Faktoren.

Nun wird der Rosenstock in einen anderen Garten gebracht und dort eingesetzt, damit er sich voll entfalten kann. Den Zeitpunkt und den Ort bestimmt der neue Besitzer des Rosenstockes, von seiner Erfahrung, seiner Kenntnis der Lebensbedingungen der Rosen hängt es ab, ob die Umwelt für diese Pflanze geeignet ist oder nicht. Nimmt man es mit diesem Beispiel etwas genauer, so kann man erkennen, daß dieser Augenblick, nämlich das Einsetzen in den neuen Lebensbereich, von der Pflanze nicht beeinflußt werden kann. Ein Mensch, der an einem bestimmten Ort und zu einer bestimmten Zeit auf die Welt kommt, kann den Augenblick seiner Geburt ebensowenig bestimmen. Er wird in eine Umwelt hineingeboren, und in ihr — und nur in ihr — muß er sich dann entfalten. Dieser Augenblick, dieses Eintauchen in den neuen Lebensbereich, zeigt der Aszendent und mit ihm das darauf aufgebaute Horoskop an.

Die Pflanze kann sich dann entwickeln. Steht sie an einem für sie günstigen Ort, empfängt sie genug Licht, ist es nicht zu feucht, nicht zu trocken, dann wird der Rosenstock gut wachsen und viele Blüten tragen. Gemäß der Stellung wird der Stock so viel aus seiner Umwelt für sich benützen, als die Umwelt zu geben vermag.

Wir sehen daraus, daß drei Dinge eine Rolle spielen:

1. die Summe der Erbanlagen;
2. der Augenblick, in dem man mit diesen Erbanlagen ins Leben tritt;
3. die Umwelt, in der sich im Laufe des Lebens diese Anlagen entwickeln können.

In die Sprache der Astrologie übertragen, heißt das: erstens die keimplasmatische Determinierung, die angeborenen Anlagen; zweitens durch den Aszendenten die Summe der Reaktionsmöglichkeiten auf die Umwelt; und drittens schließlich das Leben selbst, abhängig vom ewigen Wechselspiel der Planeten und allen anderen Himmelseinflüssen, wodurch sich das Leben in seiner Vielfalt entwickeln kann.

Es haben nicht alle Erlebnisse, alle Einflüsse während des Lebens eine erkennbare Wirkung. Die Sinnesorgane nehmen zwar alle möglichen Reize auf, diese werden aber nur zu einem Bruchteil bewußt. Der weitaus größte Teil aller Reize und Einflüsse trifft den Menschen, hinterläßt irgendwelche Spuren, ohne jemals irgendwie gedanklich oder gefühlsmäßig registriert zu werden. Dennoch ergibt sich im Laufe des Lebens eine Funktionseinheit von Körper, Seele und Geist, die auf die Umwelt in einer ganz typischen Weise reagiert. Dies wird — astrologisch gesehen — durch den Aszendenten bestimmt.

Man könnte diese Hinweise in vieler Hinsicht ergänzen. Dies würde gewiß zu weit führen, denn es hat sich immer wieder erwiesen, daß erst mit der astrologischen Praxis die sichere Wertung des Aszendenten erarbeitet werden kann. Es zeigt sich immer wieder, daß es außerordentlich schwer ist, den Begriff »Aszendent« einem Nichtastrologen verständlich zu machen. Das hat seine Ursache fast durchwegs in der erstaunlichen Tatsache, daß die meisten Menschen gar keine Ahnung haben, was eigentlich ein Charakter ist, wie es zur Charakterbildung kommt. Daher rühren die heutzutage allerorts großen Schwierigkeiten bei der Erziehung junger Menschen. Weil man einerseits die ererbten und angeborenen Anlagen nicht richtig erkennen kann oder will und andererseits den Einfluß der Umwelt überbewertet. Das ist, auch hier kommt man zu einer erstaunlichen Erkenntnis, weitgehend politisch begründet.

Wir haben politische Richtungen, die es zu ihrem Grundsatz gemacht haben, daß ein Mensch ausschließlich durch sein Zusammenleben in einer Gemeinschaft geformt wird, daß also maximal günstige soziale Verhältnisse eine maximal günstige Charakterentwicklung bedingen. Daß ererbte, also angeborene Fähigkeiten gar keine Rolle spielen, daß nur die richtige »Gesellschaftsordnung« das Glück und die richtige Entwicklung eines Menschen garantieren kann. Auf der anderen Seite stehen die Erfahrungen, daß auch unter maximal günstigen Entwicklungsmöglichkeiten oft kein günstiges Resultat zu erwarten ist, weil die negativen Anlagen zu stark sind. Umgekehrt kommt es bei starken und ungemein günstigen Anlagen selbst in einem absolut schlechten Milieu oft zu einer hervorragenden Entfaltung einer Persönlichkeit.

Nicht überall wird in der Gegenwart die Astrologie akzeptiert.

Obwohl sie die Möglichkeiten aufzeigt, wie sich eine Persönlichkeit entfalten kann, wie es zu Erfolgen und Mißerfolgen durch die Charakterentwicklung kommt. Sie kann auch Hinweise geben, daß Menschen von Geburt an das Signum des Erfolgs aufgeprägt erhalten, daß ihnen Anlagen innewohnen, sich über andere zu erheben und damit im Leben besser voranzukommen. In Ländern, wo die Gleichheit aller Staatsbürger politisches Bekenntnis ist, wo der Staat über alles entscheidet und der Mensch im Rahmen eines sozialen Gefüges nur die ihm vom Staat zugewiesenen Aufgaben zu erfüllen hat, wo also weitgehende Nivellierungstendenzen bestehen, wird man die Grundlage der Astrologie, nämlich die Bewertung des Aszendenten, nicht gelten lassen.

Der Aszendent ist also jener Punkt im Horoskop, der angibt, innerhalb welcher Grenzen ein Mensch zur Entwicklung gelangen kann. Auf diesem Aszendenten baut sich jedes Horoskop auf. Bei der Deutung eines Horoskops muß der Blick zuerst auf den Schnittpunkt des wahren Horizonts mit der Ekliptik, auf den Aszendenten, fallen, dieser muß daher als erstes richtig gedeutet werden. Dies geschieht neben der üblichen Wertung des entsprechenden Tierkreiszeichens — verständlicherweise bewirkt ein Cardinalzeichen am Aszendenten eine andere Umweltreaktion als ein labiles Zeichen —, anschließend müssen die Aspekte der Planeten auf den Aszendenten und vor allem der Geburtsgebieter genau bestimmt und gedeutet werden.

Damit kommen wir zur Frage des *Geburtsgebieters*. Man erinnere sich, daß der Einfluß eines Planeten am besten durch ein bestimmtes Zeichen erfolgen kann, daß also jedem einzelnen Tierkreiszeichen ein Planet zugeordnet ist, wo seine Strahlung am besten zur Wirkung kommt. Wenn in einem Horoskop am Aufgang ein bestimmtes Tierkreiszeichen steht, dann erfolgt die Prägung der Persönlichkeit weitgehend durch jenen Planeten, der dieses Zeichen beherrscht.

Die Fragen, die für das gesamte Leben eines Menschen entscheidend sind, lauten in der Astrologie wie folgt: Welcher Aszendent liegt vor, und wer ist der »Herr« der Geburt? In welchem Zeichen, in welchem Haus steht der Geburtsgebieter, welche Aspekte erhält er?

Von diesen beiden Fragen — es mag unglaublich, ja irgendwie unheimlich und bestürzend in seiner ganzen Auswirkung sein — hängt nun tatsächlich der größte Teil des menschlichen Lebens ab. Es ist begreiflich, daß sich viele Menschen lebenslang mit der Sonnenstandsastrologie beschäftigen, der gedanklichen Auseinandersetzung mit dem Aszendenten aber geflissentlich aus dem Weg gehen. Denn im Aszendenten ist das menschliche Schicksal zutiefst verankert, daraus ergeben sich die allerwichtigsten Ansatzpunkte für die Erziehung, die Berufsberatung, die Wahl eines Lebenspartners, hier läßt sich auch weitgehend das Schicksal eines Menschen erkennen.

Und zuletzt: Seit wann weiß die Menschheit um jene Zusammenhänge, wann war man erstmals in der Lage, den Schnittpunkt des wahren Horizonts mit der Ekliptik zu berechnen?

Dies geht auf einen Astronomen namens Serapion von Alexandria, einen griechischen Arzt um 200 v. Chr., zurück. Seit mehr als zweitausend Jahren weiß der Sternkundige also, daß der Augenblick der Geburt, durch eine Himmelsskizze festgehalten, umfassende Angaben über das Schicksal eines Menschen zuläßt. Bis dahin konnte man nur den Einfluß der Gestirne allgemein erfassen, es war also lediglich eine etwas erweiterte Sonnenstandsastrologie möglich.

Der Stern der Geburt

Folgende Fragen sind üblich:

In welchem Zeichen bist du geboren?
Unter welchem Zeichen bist du geboren?
Unter welchem Stern bist du geboren?
Was bist du für ein Tierkreiszeichen?

In diesen Fragen offenbart sich die unterschiedliche Bewertung der Astrologie, denn aus den vier Fragen kann man erkennen, wieviel der Fragende, meist aber auch der Antwortende von der Horoskopie versteht. Denn jede dieser Fragen muß anders beantwortet werden, und nur klare Begriffe können zu einem gegenseitigen Verstehen führen.

Unzählige Menschen tragen in irgendeiner Form »ihr« Sternbild bei sich und identifizieren sich mit allen Eigenschaften, die diesem Tierkreisabschnitt zugeschrieben werden. Aber so gut wie niemals stellt man sich selbst die Frage, ob dieses als eine Art Talisman getragene Zeichen überhaupt richtig ist. Denn wenn man fragt, »in« welchem Zeichen einer geboren ist, dann meint man in herkömmlicher Weise jenen Tierkreisabschnitt, in dem bei der Geburt die Sonne stand. Es ist dies also die Frage nach dem Sonnenstand.

Fragt man aber »unter« welchem Zeichen man geboren ist, dann meint der Astrologe den Aszendenten. Und die Frage, unter welchem Stern man das Licht der Welt erblickte, betrifft den Geburtsgebieter, den Planeten, der den Aszendenten beherrscht und durch dessen Stellung alle Einflüsse bestimmt werden.

Und die letzte Frage (Was bist du für ein Tierkreiszeichen?) ist wiederum nichts anderes als reine Sonnenstandsastrologie.

Von grundlegender Bedeutung ist und bleibt für uns die dritte Frage: Unter welchem Stern bist du geboren? Sie allein gibt Aufschluß über den »Wert« des Aszendenten. Das heißt, daß der Aszendent eine bestimmte Bedeutung hat, die ihm ausschließlich jener Planet gibt, dem dieses Tierkreiszeichen zugeordnet ist. Es ist die entscheidende Frage bei jeder Horoskopdeutung, das A und O der astrologischen Deutungskunst, den Geburtsgebieter genau zu bestimmen, seine Stellung im Tierkreis entsprechend zu werten und schließlich festzustellen, welche Einflüsse er von anderen Planeten erhält und in welchem Horoskopfeld er steht. Es ist, wenn man die Wichtigkeit des sogenannten Geburtsgebieters betrachtet, eigentlich unbegreiflich, daß weitaus der allergrößte Teil der Menschheit darüber überhaupt nichts weiß und dafür seltsamerweise auch keinerlei Interesse zeigt. Obwohl es doch Redensarten gibt wie »unter einem guten Stern geboren sein« oder »etwas steht unter einem schlechten Stern«.

Wiederholen wir diese wichtige Grundlage der Astrologie:

Jedes Tierkreiszeichen ist einem bestimmten Planeten zugeordnet, durch jedes Tierkreiszeichen gibt es nur eine Planetenstrahlung, die voll und ganz in reinster Form zur Wirkung kommt. Die Zuordnung beruht auf dem Erfahrungswissen unzähliger Astrologengenerationen. Eine geringe Ausnahme machen die Zeichen Wassermann und Fische, denn ihnen werden die zwei neuen Planeten Uranus und Neptun zugeordnet. Die bisherige astrologische Tradition wies dem Zeichen Wassermann den Saturn und dem Zeichen Fische den Planeten Jupiter zu. Erfahrungen aber lehren, daß die neuen Planeten wesentlich deutlicher ihren Einfluß in diesen Zeichen erkennen lassen. Somit sieht die derzeitige Ordnung folgendermaßen aus:

246

Es herrscht im Zeichen	der Planet
Widder	Mars
Stier	Venus
Zwillinge	Merkur
Krebs	Mond
Löwe	Sonne
Jungfrau	Merkur
Waage	Venus
Skorpion	Mars
Schütze	Jupiter
Steinbock	Saturn
Wassermann	Uranus
Fische	Neptun

Das wäre an sich klar und verständlich, wenn es nicht noch einen Planeten gäbe, der hier nicht eingeordnet wurde, nämlich Pluto, den manche Astrologen dem Widder, andere dem Skorpion, andere wiederum gar keinem Zeichen zuweisen. Die Schwierigkeit liegt darin, daß Pluto in einem Horoskop nicht immer gleich stark zu wirken pflegt, mitunter schwer zu deuten ist und weniger im Horoskop des Einzelmenschen, sondern weit mehr für ganze Zeitalter seine Wirkung ausübt. Mit einiger Bestimmtheit wird man aber derzeit sagen müssen, daß dieser Planet, der kaum größer als der Erdmond ist, vorläufig nicht klar eingeordnet werden kann. Möglicherweise stellt sich später einmal heraus, daß er als sogenannter Mitherr, also als zweiter Gebieter eines Zeichens, zu werten ist. Der Anfänger geht fehl, wollte er sich mit diesem Problem beschäftigen, das bislang die erfahrensten Astrologen noch nicht lösen konnten.

Mit diesen Angaben kann man ohne weiteres zu jedem Aszendenten den entsprechenden Planeten bestimmen, und dieser ist dann als Geburtsgebieter aufzufassen. Geht beispielsweise am Osthimmel der Löwe auf, steht also Löwe am Aszendenten, dann ist die Sonne der Geburtsgebieter. Steht der Stier am Aufgang, dann ist es die Venus, geht der Skorpion auf, dann muß man den Mars als Geburtsgebieter ansehen.

Der Vorgang einer Horoskopdeutung ist in dieser Hinsicht relativ einfach. Nachdem man ein Horoskop gezeichnet hat, weiß man, welches Tierkreiszeichen am Osthimmel steht, unter welchem Zeichen also eine bestimmte Geburt erfolgt ist. Man weiß aber auch, »unter« welchem Stern die Geburt stand, denn man braucht ja nur denjenigen Planeten zu suchen, der dieses Zeichen beherrscht. Zum Krebsaszendenten gehört beispielsweise der Mond als Geburtsgebieter, zur Waage die Venus.

Es ist eine alte Erfahrungstatsache, daß der Geburtsgebieter ungemein verschieden wirksam sein kann. Eine kurze Überlegung soll dies verständlich machen: Wenn es Tierkreiszeichen gibt, in denen ein Planet sehr gut, gut oder mittelmäßig seine Strahlungen zur Geltung bringt, so gibt es auch Zeichen, wo seine Kraft entweder ganz gebrochen oder aber nur in einem sehr geschwächten Maß vorhanden ist. Der Mond steht zum Beispiel am stärksten im Wasserzeichen Krebs, sehr gut auch im Skorpion und in den Fischen, ausgesprochen schlecht jedoch im Erdzeichen Steinbock. Man hat daher, sobald man den Geburtsgebieter bestimmt hat, zunächst einmal zwölf Varianten zu gewärtigen. Der Geburtsgebieter kann in jedem der zwölf Tierkreiszeichen stehen, damit gibt es bereits zwölf verschiedene, in jeder Hinsicht unterschiedlich zu bewertende Wirkungen. Ein Geburtsgebieter kann sich im selben Zeichen wie der Aszendent befinden, also gleichfalls am Aufgang oder zumindest nicht weit davon entfernt, dann wird seine Kraft besonders in Erscheinung treten. Er kann in einem Zeichen der gleichen Kategorie stehen, also in der gleichen Elementeart, dann wird er ebenfalls gut wirken. Ist beispielsweise der Steinbock am Aszendenten, dann ist der Saturn Geburtsgebieter; wenn dieser im Zeichen Stier (also auch in einem Erdzeichen) steht, dann ist eine gute Kräftewirkung zu erwarten.

Der Geburtsgebieter kann also in den verschiedenen Tierkreiszeichen stehen, das gibt die ersten Variationsmöglichkeiten. Dann aber kann er verschiedene Aspekte erhalten, Einflüsse von anderen Planeten, die ihn entweder kräftigen oder schwächen. Schließlich steht er in einem der zwölf Horoskopfelder; das wiederum läßt erkennen, welche Schwerpunkte es im Leben geben wird.

Es kann zum Beispiel vorkommen, daß am Osthimmel im Augenblick der Geburt gerade das Tierkreiszeichen Waage aufgeht. Dann ist die Venus die Geburtsgebieterin. Stünde sie im Gegenzeichen Widder, wäre sie in einer ganz anderen Weise wirksam. Sie zeigt sich hier stark marsbetont, und das Erlebnis des Augenblicks ist hastig und keinesfalls immer nur harmonisch. Wenn sie im siebenten Horoskopfeld — im Haus der Ehe und der Partnerschaft — steht, dann wird die Deutung dahingehen, daß man erwarten kann, es werde im Laufe des Lebens immer wieder neue Partnerschaften geben, die aber doch eine gewisse Harmonie geben. Es wird sich das Sinnen und Trachten dieses Menschen weitgehend auf Liebe und Partnerbeziehungen — oft mit aggressiver Dynamik — konzentrieren.

Der Geburtsgebieter spielt also bei der Bewertung eines Horoskops die allerwichtigste Rolle. Was auch immer an Transiten während des Lebens in einem Horoskop in Szene geht, immer spielen die verschiedenen Konstellationen, die diesen »Stern der Geburt« betreffen, die Hauptrolle. Das heißt, daß während des Lebens die jeweiligen Gestirnskonstellationen einmal diesen, dann jenen Planeten in einem Horoskop aspektieren, darüber hinweggehen — daher der Name *Transit* —, dies hat einmal eine größere, dann wiederum eine geringere Wirkung. Aber alles, was sich in unserem interplanetaren Kraftfeld ereignet, hat stets eine deutlich erkennbare Wirkung, wenn es den Geburtsgebieter betrifft. Das muß man genau erkennen können, das ist nach wie vor die Grundlage jeder Horoskopdeutung.

Jeder, der sich ernstlich mit der Astrologie zu beschäftigen beginnt, wird früher oder später erkennen, daß der Aszendent und der ihm zugehörige Planet die wichtigsten Faktoren in einem Horoskop sind — und nicht die Sonne. Damit wird ihm auch klar, wie ungemein vereinfachend die bloße Sonnenstandsastrologie ist, die sich in allen Zeitungen, auf allen Jahrmärkten breitmacht und immer mehr um sich greift. Man wird dann, wenn man einmal verstanden hat, daß sich ein Horoskop nur vom Aszendenten her bewerten läßt und daß dem Geburtsgebieter so viel Bedeutung zukommt, nicht mehr begreifen können, daß in der heutigen Zeit gerade dafür fast überall das nötige Verständnis fehlt. Es ist ungemein schwierig, einem Laien diese zwei Grundbegriffe der Astrologie zu erklären. Viele Menschen verstehen niemals, was ein »Aszendent« ist und was mit einem »Stern der Geburt« gemeint ist. Sie haben für die Astrologie allergrößtes Interesse, sie würden sich auch gern mit der Horoskopie beschäftigen. Den Begriff des »Aszendenten« zu verstehen, ist ihnen nicht vergönnt, auch dann nicht, wenn er ihnen immer wieder erklärt wird. Mag sein, daß sie sich zu lange mit der Sonnenstandsastrologie beschäftigt haben und es dann zu schwierig ist, die primitiven Vorstellungen dieser Laienastrologie aufzugeben.

Horoskophäuser

Um es gleich vorwegzunehmen: Alles, was mit der Einteilung der Horoskopfelder — der »Häuser« — zu tun hat, ist in der überlieferten Astrologie nicht einheitlich und obendrein recht schwer zu begreifen. Kein Wunder, daß der astrologische Laie mit den dort vorkommenden Begriffen nichts anzufangen weiß. Man sagt zum Beispiel, die Sonne steht im vierten Haus und wird vom Saturn aus dem siebenten Haus übel angeblickt. Stellt man sich das bildlich vor, glaubt man einigermaßen berechtigt, die Astrologie habe keine Beziehung zur Himmelskunde. Denn Planeten, so wird man mit Recht einwenden, stehen doch nicht in Häusern.

Gewisse, seit Jahrtausenden in der Astrologie benützte Begriffe sind eben rein astrologische Fachausdrücke und haben mit den Wörtern des täglichen Sprachgebrauchs sinngemäß nichts gemein. Statt »Häuser« kann man auch »Felder« sagen, ebenso »Örtlichkeiten«, »Örter« oder »Sektoren«; die einen Ausdrücke betonen mehr das Flächenhafte, die anderen mehr das Räumliche. Da es sich schließlich um eine Einteilung der ungeheuren Räume der Himmelskugel handelt, wird man eher die räumlichen Begriffe bevorzugen. Bleiben wir also beim Ausdruck »Häuser«, wenn damit auch nicht Bauwerke aus Ziegel und Mörtel gemeint sind, sondern riesige, genau umrissene Räume der Himmelskugel.

Die »Entdeckung« der Häuser liegt weit zurück. Für den Geschichtsforscher mag es interessant sein, jene Zeit herauszufinden, in der man dazu übergegangen ist, das rein Mystische der Himmelskunde allmählich in ein mathematisches Gewand zu kleiden und strenge Einteilungen vorzunehmen.

Das geschah vor etwa zweitausend Jahren, und es ist faszinierend, wie man hier Zusammenhänge fand. Für denjenigen, der sich nur oberflächlich mit der Astrologie beschäftigt, sind diese Erkenntnisse wenig bedeutungsvoll. Doch wenn man tiefer in die astrologische Erfahrungswissenschaft eindringt, enthüllen sich schier ungeheuer sinnvolle Verflechtungen, alles wird klar und bleibt letztlich doch geheimnisvoll. Man kann lebenslang nicht verstehen, warum das alles so ist, man lernt nur beim Horoskopieren, daß alles stimmt.

Man könnte nun die Berechnung der Häuser zu erklären versuchen. Erfahrungsgemäß ist es ein nutzloses Beginnen, weil dazu ein erhebliches Maß an Vorstellungskraft gehört und es sich überdies immer lohnt, Erklärungen nur an einem plastischen Globus vorzunehmen. Allein theoretisch erläutert, ist das »Häuserproblem« kaum verständlich zu machen. Das astronomische Verstehen ist auch gar nicht so wichtig. Man begnüge sich anfangs mit der Tatsache, daß die Himmelskugel in zwölf große Räume geteilt wird, daß die Teilung vom Aszendenten ausgeht und daß dazu bestimmte Tabellen, sogenannte Häusertafeln, erforderlich sind.

Es wird also der Aszendent als Ausgangspunkt der Horoskopeinteilung genommen, man entnimmt der Tabelle die entsprechenden Angaben, und wenn man dann ein Horoskop zeichnet, kann man erkennen, daß der ganze Kreis in zwölf mehr oder weniger ungleiche Teile geteilt wurde. Vom Aszendenten ausgehend und gegen den Uhrzeigersinn werden nun diese zwölf Felder numeriert, wohl am besten immer mit römischen Ziffern, damit es später keine Verwechslungen gibt, denn alle anderen Zahlenangaben erfolgen in arabischen Ziffern. So bekommt das Feld unter dem Aszendenten die Nummer I, das folgende Feld die Nummer II und so weiter.

Die Bedeutung der Häuser sei nun der Reihe nach aufgeführt. Das *erste* Haus gibt Auskunft über die Charakterentwicklung eines Menschen. Albert Camus hat einmal gesagt, daß jeder Mensch ab dem zwanzigsten Lebensjahr für sein Gesicht verantwortlich ist. Womit angedeutet sein soll, daß der Charakter nach und nach das Aussehen eines Menschen prägt. So hat man auch den astrologischen Grundsatz zu verstehen, daß der Aszendent das Aussehen des Menschen bestimmt. Da durch diesen Punkt des Horoskops die gesamte Beziehung zur Umwelt bestimmt wird, läßt sich sowohl durch den Aszendenten als auch durch das nachfolgende Feld erkennen, wie sich der Charakter eines Menschen entwickeln wird. Das erste Haus prägt also die physische Person; es verkörpert das ganze Ich, das EGO. Hier erblickt man alle Aufbautendenzen, also die Summe aller Möglichkeiten, wie sich aus den gegebenen Anlagen der Mensch entwickeln kann und wird.

Das *zweite* Haus läßt erkennen, wie ein Mensch in der Lage ist, sich in der materiellen Welt zurechtzufinden, und welche Mittel er sich während seines Lebens aneignen wird. Schließlich wird jeder Mensch nackt geboren, er erhält wohl von den Eltern einmal mehr, dann wieder weniger, aber irgendwann wird er gezwungen sein, selbst Güter zu erwerben, zumindest aber seinen eigenen Lebensunterhalt zu verdienen. Dieser Abschnitt des Horoskops drückt die Fähigkeiten aus, diesen Aufgaben gerecht zu werden. Wohlgemerkt, es läßt sich daraus nicht erkennen, ob man reich, ob man von der Umwelt ununterbrochen beschenkt wird. Man wird nur in den seltensten Fällen wie von einer gütigen Fee mit irdischen Gaben überhäuft. Irgendwie muß man immer selbst etwas tun. Wenn jemand in der Lotterie gewinnt, so muß er zumindest ein Los erworben haben. Aus völliger Passivität heraus, durch absolutes Nichtstun entstehen keine irdischen Güter. Wir wollen daher sagen, daß im zweiten Haus die Fähigkeiten und das Interesse verborgen sind, Hab und Gut zu erwerben und schließlich auch zu besitzen. Das Leben lehrt, daß es Menschen gibt, die hier geradezu geniale Fähigkeiten besitzen, daß es andere aber ihr Leben lang zu nichts bringen.

Das *dritte* Haus zeigt das »Denken« in seiner Gesamtheit an. Durch alle Formen des Denkens wird die Umwelt erfaßt, in die persönlichen Bereiche einbezogen, je mehr man denkt, je mehr geistige Fähigkeiten zur Entwicklung gelangen, um so umfassender wird der Umweltkreis eines Menschen sein. Wie man schließlich das Gedachte auch ausdrücken kann, wie man mit der Umwelt in Beziehung kommt, das wird durch das dritte Haus und seine Planetenbesetzung bestimmt. Mens heißt auf lateinisch das angeborene Denken, und das dritte Haus entspricht dieser mentalen Fähigkeit. Daß man bei den ersten Umweltbeziehungen vor allem mit den Geschwistern in Berührung kommt, ist verständlich. Sie gehören zum allernächsten Umweltkreis, auf sie ist man von Anfang an angewiesen. Daher steht das dritte Haus auch für die Geschwisterbeziehung.

Im *vierten* Haus ist der Lebensanfang und das Lebensende ersichtlich. Es ist das Haus der Tradition, der Überlieferung, all dessen, was man von der Geburt an mitbekommt. Man wird in eine bestimmte Zeit hineingeboren, in einen bestimmten Zeitgeist. Da gibt es Traditionen, feste Regeln, Gesetze, Bräuche und eine Unzahl von erprobten Rezepten, wie man das Leben meistern kann. Die Eltern haben das alles schon praktiziert, sie haben die entsprechenden Erfahrungen gesammelt. Wenn man diesen Erfahrungsschatz übernimmt, wenn man sich getreu den überlieferten Regeln in das Leben einordnet, dann wird man kaum Schwierigkeiten haben. Das vierte Gebot in der Bibel drückt dies aus mit den Worten »Ehre Vater und Mutter!« Es heißt da nicht, man soll den Eltern Geld geben, man soll lieb und nett sein. Man soll sie »ehren«, das heißt, man soll ihre Ansichten annehmen und befolgen. Auf daß man lange lebe und es einem wohl ergehe auf Erden. Wer das Leben in seiner Vielzahl von Varianten kennengelernt hat, wird dies zu bestätigen wissen. Nichts besser als ein wohlfundiertes Elternhaus, in dem man in einer harmonischen Beziehung zu den Eltern aufgewachsen ist. Das vierte Haus ist der Ausgangspunkt und das Ende des Lebens, von hier geht man hinaus ins Leben, und hierher kommt man wieder zurück.

Das *fünfte* Haus ist schwer zu deuten. Hier sind die Experimente des Lebens enthalten, der Drang, das Leben zu genießen, sich auszuleben, das Diesseits in allen Möglichkeiten auszukosten. Man stelle sich die Lebenskräfte vor, die man von der Geburt aus bekommt und die man für das Leben einsetzen kann. Man kann alles durch Leichtsinn und Spiel vergeuden oder sparsam wirtschaften und sorgfältig alles abwägen. Man kann in einem wilden Sichausleben die Jugend vergeuden, man kann aber auch durch systematisches Arbeiten dem Leben einen tiefen Sinn geben. Kinder und Kunst gehören hieher, weiters das Wagnis, neue Wege zu gehen und das Althergebrachte zu verlassen. Wie kein anderes ist das fünfte Haus ein Schicksalsfaktor, denn mit seiner Lebensart entscheidet man schließlich über eine Nachkommenschaft. Ob man das Leben fortsetzt oder nicht, das sind Entscheidungen, die schicksalhaft das menschliche Dasein bestimmen. Kinder zu zeugen, sie zu erziehen und ihnen einen Lebensweg zu zeigen, sind Belange dieses Horoskopfeldes.

Ein dunkles, ein sogenanntes fallendes Haus ist das *sechste* Horoskopfeld, in dem Unerfreuliches enthalten ist. Ob man sich im Leben frei bewegen kann oder dienend arbeiten muß, ob man gesund bleibt oder immer wieder von Krankheiten geplagt wird, das alles zeigt dieses Horoskophaus an. Hier ist angedeutet, welchen Aufwand an Kraft, an Leistung, an Arbeit es bedarf, um das Leben zu meistern. Man kann auch als kranker Mensch Erfolg haben, man kann mit allen nur möglichen Gebrechen den Weg nach oben gehen. Aber es wird schwieriger sein, einem mehr Mühe abverlangen und letztlich vielleicht zu anstrengend werden. Während der eine sich lebenslang nicht plagen muß und viel erreicht, wird ein anderer vielleicht das gleiche erreichen können, aber dafür ein ungleich größeres Maß an Plagen auf sich nehmen müssen. Die Pflichterfüllung gehört hieher, das Empfinden für die Pflicht, für die Aufgaben, für die Arbeit. Das Sehen von Notwendigkeiten, das nüchterne Betrachten der Welt. Nicht umsonst untersteht dieses Haus der Jungfrau, dem nüchternen Erdzeichen.

Verkörpert der Aszendent mit dem ersten Haus das Ich, findet man im *siebenten* Haus das Du, den Lebenspartner, die Lebenspartner und schließlich auch alle Beziehungen zur Öffentlichkeit. Da jeder Mensch einen Lebenspartner suchen soll, um mit ihm eine Familie zu gründen, mit ihm gemeinsam den Lebensweg zu gehen, so ist eben das siebente Haus das Ehehaus. Ein Mann pflegt bei der Betrachtung eines Horoskops, wenn er etwas von Astrologie versteht, meist zuerst auf den Aszendenten und das zehnte Haus zu blicken, das siebente Horoskopfeld ist für ihn nicht von allergrößter Wichtigkeit. Für die Frau ist aber lebenslang das siebente Haus von integrierender Bedeutung. Man kann nicht allein durchs Leben gehen, man braucht einen Menschen der Ergänzung, der Erfüllung. So ergibt sich die Feststellung, daß die Achse I—VII, jene Linie vom Aszendenten bis zur Spitze des siebenten Hauses, die wichtigste des Lebens ist.

Um das *achte* Haus richtig zu verstehen, muß man eine Überlegung anstellen, die die Vielfältigkeit des Horoskopkreises offenbart. Es ist ein Kreis, bei dem vom Aszendenten her die Einteilung vorgenommen wird. Man kann aber auch von jedem anderen Haus aus zu zählen beginnen. Dann ergeben sich die vielfältigsten Kombinationen, die zeigen, wie komplex hier alles verflochten ist. Haben wir beispielsweise gesagt, daß im ersten Haus das Ich angedeutet ist und im zweiten Haus dieses Ich die materiellen Mittel bekommt, so können wir dies auch auf das achte Haus übertragen. Im siebenten Horoskopfeld ist der Partner, das Du, erkennbar, ein Haus weiter wird bestimmt, welche Mittel dieser Partner bringen oder erwerben wird. Also gehören hieher die Erbschaften, die Mitgift, die Geschenke, alles, was man durch einen Lebenspartner bekommen kann. Ferner ist angedeutet, was man selbst dem Du geben kann. Alles, wohlgemerkt, und so wird es wohl etwas schwer, aber bei tieferen Betrachtungen verständlich, daß hier im achten Haus der Tod angedeutet wird. Denn wenn man stirbt, dann gibt man dem Partner etwas, indem man die eigenen irdischen Güter dem Lebenspartner hinterläßt. So wird das achte Haus zum Haus des Todes. Es zeigt vor allem auch die Art des Todes an, das friedvolle Sterben oder die verlängerte Todesqual.

Sind im dritten Haus die mentalen Kräfte enthalten, dann kann man aus dem *neunten* Haus erkennen, zu welchem Ausmaß an geistigen Funktionen man es im Leben bringen kann. Das Gebäude des Denkens, mit der Merkfähigkeit, dem Gedächtnis, den Vorstellungen, der Einstellung, alle Geistesfunktionen gehören hieher. So ist das neunte Haus das Gebiet der Weltanschauung, der Religion, der Philosophie, und die Achse III—IX bezeichnet der Astrologe daher als die »mentale« Achse. Wenn man mit seinem Denken, mit geistigen Funktionen eine weite Umwelt umfaßt, dann kann es sein, daß man sich sozusagen eine weite Welt aufbaut. Daher sind im neunten Haus auch alle Auslandsbeziehungen angezeigt.

Nun das *zehnte* Haus: Wir gehen vom vierten Haus weg, die Ermahnungen, Ratschläge, alles Wissen der Eltern begleiten uns auf unserem Lebensweg. Wir steigen empor, hinauf, vom vierten zum zehnten Haus. Hier ist verankert, wie weit wir im Leben kommen, welche sozialen Stufen wir erreichen können. Ob wir uns emporheben aus dem angeborenen Milieu, ob wir Ruhm, Ehre, Ansehen erwerben, welche berufliche Position eines Tages von uns eingenommen wird. Man kann sich weit über das angeborene Milieu erheben, man kann unten anfangen und hoch hinaufkommen. Es ist der Traum der meisten Menschen, emporzukommen, im Leben etwas zu erreichen. Es muß jedoch gesagt werden, daß im zehnten Haus das wirkliche Lebensglück nicht zu finden ist. Zumindest wird man immer dann, wenn man wie von magischen Händen emporgezogen wird und höhere soziale Stufen erreicht, die erstaunliche Feststellung machen müssen, daß man allein ist und einsam wird. Verständlich, denn je höher man hinaufkommt, um so weniger Begleiter hat man, um so mehr wird man gezwungen sein, allein Verantwortung zu tragen, allein alles zu entscheiden, allein für alle zu denken, zu arbeiten. Man wird an der Spitze stehen, doch weit und breit wird man keinen Partner finden. So mag das zehnte Haus verlocken, mag ein gutes zehntes Haus den Weg nach oben anzeigen, es ist oft nichts anderes als der Weg in die Einsamkeit.

Das *elfte* Haus ist das Gegenhaus zum fünften. Angedeutet sind darin die Freunde, die Beziehungen zu den Mitmenschen, die man schätzt, mit denen man Umgang pflegt, mit denen man sich vergnügt. Alles, was im Leben Hilfe bringt, die Protektionen, die Unterstützungen durch Bekannte und Verwandte, die Beziehung zur Gemeinschaft ist darin angezeigt. Mit einem wohlbestrahlten elften Haus hat man viele Freunde, auf die man sich verlassen kann und die einen nicht im Stich lassen. Wer gar die Sonne in diesem Haus hat, der wird sein Sinnen und Trachten weitgehend darauf richten, das Leben immer in einer großen Gesellschaft zu verbringen.

Schließlich zeigt uns das *zwölfte* Haus die Feinde, die erzwungene Ausgeschiedenheit, aber auch die Vereinsamung. Mag den einen die weite Welt locken, die Geselligkeit, die Hektik des Alltags, so gibt es auch Menschen, denen das alles nichts bedeutet, die sich abschließen und lieber allein sind. Die im Alleinsein ihre Kräfte sammeln und ungeheuer produktiv sein können. Von der Umwelt abgeschlossen, wird in Laboratorien geforscht, in Spitälern der kranke Mensch geheilt, in den Studierzimmern der Fortschritt der Menschheit ersonnen. Was wäre alles, gäbe es nicht die heilbringende Abgeschiedenheit?

Die zwölf Häuser zeigen die Vielfalt des menschlichen Lebens. Welche Bindungen und Beziehungen ein Mensch zu seiner Umwelt anknüpfen kann, wie sein Leben verläuft, ist in diesen Horoskopfeldern festgelegt. Für den Kenner der Astrologie ist es immer wieder ein Erlebnis, diese Zwölfteilung des Himmels an Hand einer Horoskopskizze zu durchwandern.

Wertung der Planeten

Astrologen unter sich, selbst wenn sie sich schon viele Jahre oder gar ein halbes Leben lang mit der Astrologie beschäftigt haben, können noch immer stundenlang die Bedeutung eines Planeten in einem bestimmten Tierkreiszeichen erörtern. Ebenso sind lange Diskussionen möglich über die Aspekte und schließlich auch über die Stellung der Planeten in den einzelnen Häusern.

Das heißt mit anderen Worten, daß die ganze astrologische Deutungskunst ungemein schwierig ist, wenn man sie so tief als möglich ausschöpfen will, daß man früher oder später mit den herkömmlichen einfachen Regeln der Deutung nicht mehr das Auslangen findet und daß man in die tiefsten und letzten Geheimnisse eindringen möchte. Je mehr Erfahrung man besitzt, um so mehr kann man einen Planeten im Horoskop richtig bewerten und deuten. Das ist im Verlauf eines noch so arbeitsreichen Lebens nicht immer möglich. Man kann auch in der Astrologie niemals auslernen, selbst wenn man noch so fleißig sein sollte.

Es ist im Rahmen einer kurzen Erläuterung der Astrologie unmöglich, die astrologische Deutungskunst in ihrer Gesamtheit auch nur annähernd zu skizzieren. Aber es ist grundsätzlich im Bereich der Möglichkeit, praktische Ratschläge zu geben, wie man sich selbst diese Deutungskunst lehren kann, wie man selbst imstande ist, die einzelnen Bausteine zusammenzusetzen. Es ist gut und nützlich, gleich von Anfang an mit einem entsprechenden Vokabular, mit klaren Begriffsbestimmungen an das Problem der Deutung heranzugehen.

Am schwierigsten ist noch immer die Deutung der Planeten, ihre

Bewertung im Tierkreis und im Häusersystem. Man muß zwei grundlegende Untersuchungen vornehmen, und zwar für jeden Planeten gesondert. Wenn auch durch Übung und Erfahrung allmählich eine routinierte Bewertung möglich ist, so muß man dennoch für diese Untersuchungen einige Zeit aufwenden.

Die erste Frage lautet: Wie ist der kosmische Zustand eines Planeten? Darunter versteht man in erster Linie die Stellung in einem bestimmten Zeichen und dann die Aspekte, die der Planet gibt oder empfängt. Dabei beachte man, daß jeder Aspekt eine Stärkung des Planeten bewirkt, sei es, daß sein Einfluß damit besser oder positiver wird, sei es, daß sich dadurch ein schlechter Einfluß verstärken kann.

Die Stellung in einem Tierkreiszeichen ist also zunächst zu untersuchen. Die Sonne wirkt im Zeichen Krebs anders als im Schützen; der Mond hat in der Jungfrau eine andere Qualität als im Wassermann. Man erinnere sich bei der Überlegung, wie ein Planet wirksam sein kann, einerseits an die Prinzipien des Tierkreiszeichens, andrerseits auch an die Prinzipien des jeweiligen Planeten, und versuche dann eine Kombination, also eine Synthese.

Weiß man zum Beispiel, daß das Tierkreiszeichen Waage die geistigen Formen bestimmt, daß ferner ein Cardinalzeichen vorliegt, das den Einfluß eines Menschen auf seine Umwelt anzeigt, dann würde beispielsweise der Mars — Planet der Energie, der Zerstörung und des Willens — bewirken, daß dieser Mensch, sollte Mars in der Waage stehen, mit starker Dynamik seine Vorstellungen, Ansichten und Ideen der Umwelt aufzwingt und sich mit seiner Weltanschauung durchzusetzen vermag.

Eine einfache Deutungstabelle kann anfangs behilflich sein; ihr kann man entnehmen, welche Qualität ein bestimmter Planet in einem Zeichen besitzt. Von der Sonne sind solche Deutungsregeln weitgehend üblich; die Sonnenstandsastrologie baut darauf auf. Aber schon beim Mond beginnt meist das große Rätselraten, weil man die Kombinationen nicht richtig anstellen kann. Was bedeutet das vegetative Prinzip in den einzelnen Tierkreiszeichen? Und wenn schon beim Mond Schwierigkeiten auftreten, wie sollen dann erst die anderen Planeten richtig gedeutet werden?

Und erst die Aspekte!

Sie bestimmen in zweiter Linie den kosmischen Zustand eines Planeten, indem sie seine Wirkung positiv oder negativ verstärken, sie aber auch weitgehend verändern können. Um diese Vielzahl von Kombinationsmöglichkeiten richtig zu verstehen, ist es zunächst notwendig, zu wissen, was Aspekte sind und wie ihre Wirkung zustande kommt.

Man denke sich ein Horoskop, bei dem alle Planeten in irgendeinem Zeichen stehen. Da kommt es vor, daß die eine Kategorie von Zeichen mehr, die andere weniger besetzt ist. Seit urdenklichen Zeiten weiß man — ohne dafür plausible Gründe angeben zu können —, daß der Winkel zwischen den einzelnen Planeten eine mehr oder weniger starke Wirkung ausübt. Es ist ratsam, fürs erste die Mondphasen zu betrachten, dann wird die Aspektlehre besser zu verstehen sein.

Der Mond kann der Sonne gegenüberstehen, was bei Vollmond der Fall ist — astronomisch gesehen, steht er dann im Gegenzeichen. Ist die Sonne im Löwen, dann steht der Mond, in der vollen Phase, im Wassermann. Der erste Frühlingsvollmond ist bekanntlich in der Waage, denn hier steht die Sonne im Widderzeichen. Nimmt man die Sonne als geistiges Prinzip, den Mond als Beherrscher der körperlichen Rhythmen und des vegetativen Systems, dann ist es begreiflich, daß hier Gegenprinzipien vorliegen und ungeheure Spannungen im Menschen auftreten können. Bei Neumond ist es wieder umgekehrt, da stehen die beiden Himmelslichter im selben Zeichen, es wird daher zu einer Harmonie kommen können.

Und weiter: Bei exaktem Viertelmond beträgt der Abstand zwischen Sonne und Mond im Tierkreis genau neunzig Grad, dann stehen sie jeweils in Zeichen, die völlig verschieden sind. Ist die Sonne im Erdzeichen Stier, dann befindet sich der Mond zum Beispiel im Feuerzeichen Löwe, das mag ebenfalls große Disharmonien bewirken. Man stelle sich ein leidenschaftliches Gefühlsleben und eine mehr auf das materielle Beharren gerichtete Weltanschauung in einer Person vor. Es ist nicht schwer zu verstehen, daß hier im Laufe des Lebens nicht immer die richtige Orientierung gefunden werden kann.

Stehen sich zwei Planeten gegenüber, dann spricht man von einer *Opposition*, beträgt ihr Abstand die Hälfte davon, nämlich neunzig Grad, dann nennt man solch einen Winkel ein *Quadrat*. Das sind Spannungsaspekte, sie ergeben Mischungen der Wirkungen, die nicht harmonisch sind und wobei es durch eher negative Eigenschaften zu Schwierigkeiten kommen kann. Doch können sich Spannungen auch recht günstig auswirken, da sie den Menschen zwingen, sich mit vermehrten Kräften für eine Sache einzusetzen. Kein Wunder also, daß man die eher negativen Aspekte oft bei Menschen findet, die im Berufsleben recht erfolgreich sind.

Gute Aspekte aber sind Trigone und Sextile. Bei den *Trigonen* stehen Planeten in der gleichen Kategorie, zum Beispiel in zwei Erdzeichen oder in zwei Luftzeichen, damit werden die positiven Wirkungen addiert und ergänzt. Bei *Sextilen* kommt es gleichfalls zu einer günstigen Ergänzung, obwohl die Zeichen verschieden sind. Bis heute ist nur bei den Oppositionen die biologische Spannung bewiesen worden, etwa bei der Steiggeschwindigkeit von Flüssigkeiten in bestimmten Filterpapieren. Man konnte eindrucksvoll nachweisen, daß bei der Mond-Saturn-Opposition eine bestimmte Flüssigkeit in einem Filterpapier nicht emporsteigt, nach der Opposition aber prompt das Papier weiter durchtränkt. Dieser Versuch scheint auf den ersten Blick wenig zu bedeuten, wenn man aber überlegt, daß in Pflanzen gewisse

Säfte ununterbrochen emporsteigen müssen, dann wird man unschwer verstehen, daß je nach der Gestirnstellung einmal mehr, dann weniger Flüssigkeit vorhanden sein muß. Damit wird auch die alte Volksweisheit bestätigt, wonach bestimmte Heilpflanzen nur zu bestimmter Zeit gepflückt werden sollen, weil sie dann besonders wirksam sind.

Aspekte müssen also ganz genau gewertet werden, jeder einzelne für sich verdient eine besondere Beachtung. Daß dabei der Geburtsgebieter eine spezielle Wertung erfordert, ist einleuchtend. Steht er gut in einem bestimmten Tierkreiszeichen, hat er zudem noch gute Aspekte, die ihn bedeutend und wirksam machen, dann ist es sicher besser um den Horoskopbesitzer bestellt als im umgekehrten Fall.

Nun zur zweiten Frage. Sie lautet: Wie ist die lokale Determination? Man kann auch fragen: Wie ist die Bestimmung hinsichtlich der Örtlichkeit in einem Horoskop, in welchem Haus ist der Planet wirksam? Es ist etwas anderes, ob zum Beispiel die Sonne im vierten Haus oder im achten Haus steht. Im ersten Fall wird sie das Verhältnis zu den Eltern bestimmen, im anderen Fall die materiellen Mittel des Partners anzeigen. Jeder Planet wirkt in jedem Haus anders, er hat eine spezielle Bestimmung, eine Determination, wie man mit dem Fachausdruck zu sagen pflegt. Auch darüber gibt es verschiedene brauchbare Deutungstabellen, wobei man sich einerseits der Wirkung eines Planeten bewußt sein muß, andererseits einem die Bedeutung eines Hauses nicht unklar sein darf.

Die Erfahrung lehrt freilich, daß manchen Menschen das Erlernen der astrologischen Begriffe große Schwierigkeiten bereitet. Hier sei auf einen Test hingewiesen, der eindeutig zu klären imstande ist, ob man Chancen hat, die Astrologie zu erlernen und sich im Verlaufe der Zeit damit erfolgreich zu beschäftigen. Man braucht nur bei den Lernanfängen eine bestimmte Beobachtung anzustellen, man kann dann sofort eine präzise Aussage über die notwendige Vorstellungsgabe machen. Man lerne zuerst die zwölf Tierkreiszeichen und deren Symbole der Reihe nach auswendig, man bemühe sich weiter, gleich die jeweiligen Gegenzeichen zu lernen. Auf Widder kommt der Stier, auf Skorpion der Schütze und so weiter. Es muß in Fleisch und Blut übergehen, daß zum Beispiel die Waage das Gegenzeichen zum Widder ist und daß dem Schützen der Zwilling gegenübersteht.

Wer nicht binnen einer Woche diese zwölf Zeichen der Reihe nach fehlerfrei aufsagen kann, wer nicht innerhalb von sieben Tagen eine absolute Sicherheit gewinnt, zu jedem Zeichen auch das Gegenzeichen zu nennen, der unterlasse ein Astrologiestudium und beschränke sich darauf, immer wieder über Astrologie zu lesen. Er lasse sich lieber das Horoskop von einem Experten deuten: das erspart Kummer und Enttäuschungen. Denn hier ist nicht nur das Gedächtnis wenig trainiert, es fehlt auch an der für die ganze Astrologie so notwendigen bildlichen Vorstellungskraft. Vielleicht urteilen viele über die Astrologie nur deswegen so negativ, weil sie sich irgendeinmal mit der Materie beschäftigt haben und möglicherweise trotz eines erheblichen Bildungsgrades über gewisse Grundbegriffe nicht hinauskamen. Und dann lebenslang »an Horoskope nicht glauben wollen«.

Partnerschaften

Aufmerksamkeit

Es lohnt, einmal darüber nachzudenken, wie der eigene Kreis von Verwandten, Freunden, Feinden, Bekannten im Laufe des Lebens sich zusammengefunden hat, wie es zu diesen oder jenen Freundschaften gekommen ist, wie man seinen Lebenspartner kennenlernte, wie aus dieser oder jener Bekanntschaft Liebe, Freundschaft, Abneigung, Feindschaft oder Haß wurde. Nur wenige Menschen sind solch einer rigorosen Gewissenserforschung fähig, die meisten nehmen die Gegebenheiten des Lebens so hin, wie sie sich präsentieren, und denken nicht weiter nach, warum dies so und jenes so gekommen ist.

Und doch, gibt es etwas Interessanteres als dieses Nachdenken und Erforschen? Jeder Mensch hat, wenn er ins Leben tritt, zumindest die Mutter, die ihn geboren hat, weiters in der Mehrzahl der Fälle eine intakte Familie mit Vater, Verwandten und oft auch Geschwistern. Dieser Verwandtenkreis ist als primärer Umweltsrahmen im Leben gegeben, und man hat zunächst nur wenig Möglichkeiten, große Änderungen vorzunehmen. Wohl kann sich das Kind stärker an den Vater oder an die Mutter binden, es kommt auch nicht selten vor, daß ein Elternteil frühzeitig abgelehnt wird. Ebenso kann die Bindung zu den Geschwistern unterschiedlich sein, bei den Blutsverwandten ergeben sich schon in den ersten Kinderjahren gewisse positive und negative Beziehungen, die sich bis zur innigen Freundschaft oder völligen Ablehnung steigern können. Aber alles in allem sind die Chancen von Änderungsmöglichkeiten eher gering: Man wird in einen bestimmten »Rahmen« hineingeboren, und man muß die Familie mehr oder weniger als Realität akzeptieren.

Ganz anders verhält es sich, wenn man den engen Familienrahmen verläßt. Das kann schon mit dem Besuch des Kindergartens beginnen, mit Sicherheit spätestens mit dem Eintritt in die Volksschule, weiters während der Ferien oder mit dem Kennenlernen von Nachbarskindern. Irgendwann findet man Freunde, irgendwelche Mitmenschen empfindet man von Anfang an unsympathisch und geht ihnen aus dem Weg. Wie viele Menschen erinnern sich noch im hohen Alter an irgendwelche, an sich unbedeutende Erlebnisse, da man als Kind diesen oder jenen Erwachsenen sehr geschätzt und geliebt, einen anderen abgelehnt hatte. Es ist also eine der markantesten Lebenserfahrungen eines jeden Menschen, daß er, wenn er einmal gehen gelernt hat und nicht mehr ununterbrochen in der allernächsten Nähe der Mutter lebt, mit anderen Menschen zusammentrifft, die nicht zur Familie gehören. Aus diesem Zusammentreffen ergeben sich unzählige Varianten der Partnerschaftsbeziehung.

Es gibt stürmische Freundschaften, die über Nacht sich lösen und nicht einmal in eine flüchtige Bekanntschaft übergehen. Es gibt solide Beziehungen auf kameradschaftlicher Basis, es gibt alle möglichen Formen von gefühlsbetonten Beziehungen, von denen die echten Liebesbeziehungen das Leben am meisten bereichern. Daneben gibt es alle nur erdenklichen Formen von negativen Beziehungen, von einer temporären Ablehnung bis zu einer lebenslangen, verzehrenden und durch nichts zu korrigierenden Feindschaft. Wenn ein Mensch in einer Mußestunde seinen Bekannten- und Verwandtenkreis überdenkt, dann wird er die erstaunliche Feststellung machen, daß es in seinem Leben nur wenige stabile und verläßliche Freundschaften gab und gibt, daß der Kreis von Bekannten mehr oder weniger groß sein kann, daß da und dort Menschen leben, mit denen er sich in einer Art Feindschaft befindet, und letztlich wird er, von den festen Partnerschaften, dem Ehepartner und den Kindern abgesehen, die Erkenntnis gewinnen, daß er weitgehend isoliert ist, daß er nie die sichere Gewähr hat, im Falle der Not Hilfe angeboten zu bekommen.

In jedem Lebensalter ist die Art, wie man Bekanntschaften und Freundschaften schließt, sehr verschieden. Der Wert derselben ist nicht zuletzt vom jeweiligen Alter abhängig. Eine Schulfreundschaft ist etwas anderes als eine herzliche Beziehung zu einem Berufskollegen, die Nachbarschaft im Kindesalter hat andere Aspekte als die nachbarliche Beziehung während eines Wochenendes im eigenen Landhaus. Wenn man die vielen Beziehungen während des Berufslebens überdenkt, wie man durch gewisse Personen eine Förderung erfuhr, durch andere wiederum ununterbrochen Schwierigkeiten hatte, so ergibt dies eine Fülle von Variationen, die immer individuell sind und die die unterschiedliche Form der einzelnen Lebenswege ausmachen.

Von allergrößter und von alles entscheidender Bedeutung ist schließlich die Wahl des Lebenspartners. Wenn es eine nicht zu überblickende Menge von ausgezeichneten Romanen, die »das Leben schrieb«, gibt, wenn jeder Mensch darüber vieles und Interessantes zu erzählen hat, so geht dies auf die unglaublichen »Zufälle« zurück, die das Leben eines Menschen von einem Tag auf den anderen ändern können.

Jedem Menschen begegnen auf seinem Lebensweg unzählige Menschen. Die allermeisten davon gehen an einem vorbei und hinterlassen nicht die Spur einer Erinnerung, sie ziehen nicht einmal für einen Augenblick die Aufmerksamkeit auf sich. Es können an einem Mann tausend schöne Mädchen und Frauen vorbeigehen, er würde dennoch, sollte er sich an eine von ihnen erinnern, in die allergrößte Verlegenheit kommen, auch nur ein markantes Merkmal einer einzigen zu beschreiben. Ebenso mag eine Frau einer Unzahl von Männern aller Altersstufen begegnen, sie wird selbst dann, wenn sie mit offenen Augen durchs Leben geht, an solchen Begegnungen nichts Bemerkenswertes finden, es wird im Gedächtnis keinerlei Engramme geben.

Und dann, einmal da, dann dort, einmal bei dieser, dann bei jener Gelegenheit, in der Mehrzahl der Fälle unerwartet, nimmt plötzlich eine fremde Person die Aufmerksamkeit gefangen. Mit einemmal rückt in das Blickfeld ein Mensch, den man vorher nicht gekannt hat, von dem man nichts weiß und der dennoch sofort, vom ersten Augenblick an, eine echte »Betroffenheit« hervorruft. Von diesem Augenblick an — und es gibt für jeden Menschen auf dieser Welt immer wieder solche Augenblicke — beginnt ein höchst merkwürdiger Mechanismus, der unter gewissen Umständen zur echten Liebe, in weiterer Folge zu einer Fülle von Ereignissen führt, die das Leben verändern.

Nochmals: Jeder Mensch verteilt seine Aufmerksamkeit fast immer gleichmäßig, dadurch werden die Mitmenschen, denen man begegnet, auch gleichmäßig wenig oder gar nicht beachtet. Nur dann, wenn sich die Aufmerksamkeit nicht gleichmäßig verteilt, wenn sie sich aus scheinbar unbegreiflichen Gründen auf bestimmte Personen konzentriert, entstehen seelische und geistige Reaktionen, die zu einer Änderung der Beziehungen zur Umwelt führen können.

Warum hat man sich diesen Menschen als Freund ausgesucht? Warum vertraut man jenem unbedenklich, warum hat man zu einem anderen kein Vertrauen? Was gefällt mir an diesem Mann, an dieser Frau? Was ist die Ursache, daß ich an diesen oder jenen Menschen ununterbrochen denken muß? Was war die Ursache, daß ich diesen Menschen zu meinem Lebenspartner erkoren habe?

Kann man diese Fragen, wenn man sie einmal überdenkt, erschöpfend beantworten? Lassen sich Gründe finden, warum es zwischen zwei Menschen zu einer »Betroffenheit vom Du« kommt, zur erotischen Bezauberung? Läßt sich erklären, warum sich die Aufmerksamkeit plötzlich verschiebt, einengt, warum unter einer schier unzählbaren Menge von Menschen gerade dieser oder jener das eigene Bewußtsein immer mehr ausfüllt?

Diese im Leben häufig eintretenden Ereignisse lassen sich in der Tat kaum mit irgendwelchen wissenschaftlichen Methoden verständlich machen. Man nimmt sie als eine gegebene Tatsache hin, findet auch bei tiefschürfendem Nachdenken keine Erklärung. Und es mag verständlicherweise seitens der Astrologen als sehr überheblich klingen, wenn diese behaupten, sie könnten ohne Schwierigkeiten sofort aufzeigen, wie es zu solchen Sympathien und Antipathien, zu vehementer Anziehung oder Abstoßung kommt. Man wird, wenn man von der astrologischen Deutungskunst nichts versteht, natürlich niemals bereit sein, diese Behauptung der Astrologen anzuerkennen. Doch wenn man sich einige Zeit mit dieser Materie beschäftigt hat, kann man folgende Feststellungen treffen:

1. Es gibt kein einziges wissenschaftliches Verfahren, das immer und mit Bestimmtheit anzugeben vermag, ob zwei Menschen miteinander auskommen können, ob eine etwaige Beziehung stabil bleiben wird. Weder die Psychologie in ihren geisteswissenschaftlichen Bereichen noch in ihrer naturwissenschaftlichen Anwendung kann hier sichere Prognosen stellen, noch sind andere Wissenschaften, wie Medizin, Biologie oder Anthropologie, in der Lage, zuverlässige Urteile abzugeben. Man kann dergleichen Versuche in beliebiger Zahl anstellen und kommt doch nie zu einem Ergebnis. Gibt man einem Menschen die Möglichkeit, sich unter einer bestimmten Anzahl von Mitmenschen einen Lebenspartner zu suchen, wird er früher oder später auch jemanden finden. Wollte man aber mit irgendeinem wissenschaftlichen Verfahren dieses Resultat vorwegnehmen, dann käme man sicherlich nur nach dem Maß der relativen Häufigkeit zu einem positiven Resultat. Mit Bestimmtheit läßt sich auf diesem Weg keine Aussage machen.

2. Die Astrologie vermag als einzige Erfahrungswissenschaft mit einer nahezu hundertprozentigen Sicherheit anzugeben, ob zwei Menschen miteinander harmonieren, ob sie eine gemeinsame Be-

ziehung aufbauen können. Ob es zu einer beständigen Liebe kommen wird, ob früher oder später eine Trennung erfolgt, all das kann man aus einem *Horoskopvergleich der Partner* erkennen. Wohlgemerkt, die Astrologie vermag hier nicht nur eine Aussage für die Gegenwart, sondern auch für die Zukunft zu machen. Ob zwei Menschen miteinander harmonieren, ob sie auch in Zukunft miteinander auskommen werden, das kann der erfahrene Astrologe nach kurzen Berechnungen angeben.

Das ist eine ungemein gewagte Behauptung und fordert sofort den Widerspruch der Gegner heraus. Es klingt vermessen, überheblich und vielleicht sogar verantwortungslos. Man stelle sich vor, was etwa eine Prognose für Folgen haben kann, wenn ein Astrologe zu einem jungen Ehepaar sagt, daß sich in beiden Horoskopen Trennungsaspekte finden und daß es daher früher oder später — oft wird sogar ein genaues Datum angegeben — zu einer Scheidung kommen wird.

Wenn viele Menschen gegen die Astrologie eingestellt sind, dann mag gerade die Sicherheit des Horoskopvergleiches ein Anlaß für diese Ablehnung sein. Ohne Frage ist die Verantwortung, die hier der Astrologe zu tragen hat, unerhört groß. Er greift direkt in das Schicksal anderer Menschen ein und ist dadurch in der Lage, sozusagen Schicksal zu spielen.

Die Gründe, warum solche Prognosen von einem Astrologen mit Sicherheit gestellt werden können, sind durch die Erfahrung gewonnen. Wenn man Tausende Horoskope gesehen hat, wenn man unzählige Partnerschaftsvergleiche durchgeführt hat, wenn man das Leben geschichtlicher Persönlichkeiten studiert und in Relation zu ihren Mitmenschen gesetzt hat, dann gewinnt man eine gewisse Sicherheit, die es ermöglicht, Partnerschaften zu beurteilen.

Natürlich wird man den Astrologen den Vorwurf machen, daß sie keine wissenschaftliche Begründung dafür angeben können, warum ausgerechnet ein Saturnquadrat ein Trennungsaspekt ist

274

und beispielsweise ein Mondtrigon einen vegetativen Gleichklang bewirkt. Mit den heutigen wissenschaftlichen Methoden sind die kosmischen Einflüsse tatsächlich noch nicht so nachzuweisen, daß sie als wissenschaftlich gültige Beweise gelten könnten. Doch wenn man auch diese kosmischen Einflüsse noch nicht wissenschaftlich beweisen kann, so ist damit ja nicht bewiesen, daß sie überhaupt nicht existieren. Es fehlt eben an geeigneten Untersuchungsmethoden und Instrumenten, und es ist durchaus möglich, daß schon in naher Zukunft die Biologie hier eine Reihe neuer Erkenntnisse gewinnen kann.

Die Astrologie hat ihre Aussagen über die gegenseitige Wirkung von Planeten und den anderen Horoskopelementen durch jahrhundertelange Beobachtungen und Erfahrungen gewonnen. Sie ist in der Lage, durch statistische Arbeiten zu beweisen, daß gewisse Konstellationen von Planeten bestimmte Wirkungen haben. Erforderlich ist für den Zweifler doch nur, daß er sich mit der astrologischen Literatur beschäftigt und Einblick bekommt in die vielen Arbeiten, die von den Astrologen geleistet wurden.

Umweltbeziehung

Die Frage, inwieweit ein Mensch seinen Lebenskampf teils mit den angeborenen Eigenschaften, teils mit seinem im Leben erworbenen Charakter führen kann und muß, wieweit überhaupt der Einfluß der Umwelt geht, ist bis zum heutigen Tag nicht entschieden. Sie wird auch mit Sicherheit in den nächsten Jahrzehnten nicht entschieden werden können, da hier politische Aspekte eine erhebliche Rolle spielen. Auf der Erde ringen derzeit verschiedene Gesellschaftsordnungen miteinander, deren Gegensätze eine Teilung der Welt in eine »freie« und eine »kommunistische« Hälfte bewirkt haben. In diesen beiden Gesellschaftsordnungen spielen die Umwelteinflüsse eine verschieden große Rolle, sie werden einmal mehr, dann wieder weniger deutlich betont. Extreme Richtungen sehen im Menschen nur ein Produkt seiner Umweltbeziehungen und lassen ererbte Anlagen unberücksichtigt. Der Staat übernimmt die Aufgabe, den Menschen so zu formen, daß dieser wie ein kleines Rädchen in einem großen Mechanismus reibungslos funktioniert. Auf der anderen Seite wird behauptet, der Mensch suche sich entsprechend seinen Anlagen jenen Lebensraum, in dem er sich entfalten kann, und die Wissenschaften, vor allem die moderne und aus Teilstücken anderer Wissenszweige zusammengesetzte Soziologie, bemühen sich, hier klare Erkenntnisse zu gewinnen. Dies ist allerdings durch den Umstand erschwert, daß gerade auf dem Boden der Soziologie politische Weltanschauungen miteinander ringen.

Die Wissenschaft ist in der Frage der Umweltbeziehung des Menschen bisher zu keiner klaren Lösung gekommen. Alfred Adler, der Wiener Individualpsychologe, hat zuerst dem Milieu eines Menschen, also seiner gesamten Umwelt, die alles entscheidende Bedeutung bei der Bildung des menschlichen Charakters zugesprochen. Ob ein Mensch in seiner Persönlichkeit gefördert oder geschädigt wird, ob er seinen Lebensweg geradlinig oder nicht gerade gehen wird, das alles hängt nach Adler vom unmittelbaren und alleinigen Einfluß der Umwelt ab. Da seine Lehre mit den Anfängen großer sozialdemokratischer Ideen zusammenfiel, wurde seine Individualpsychologie, die sich scharf von der Freudschen Psychoanalyse abhebt, sehr bald auch eine Art politisches Programm.

Aber Alfred Adler mußte bald erkennen, daß von einer übermächtigen Milieuwirkung unmöglich mit Bestimmtheit gesprochen werden kann. Immer deutlicher wurde für ihn die Tatsache, daß es eine angeborene Konstitution, eine von Geburt her bestimmte Reaktionsfähigkeit gibt, die sich entweder stärker oder schwächer während des Lebens durchsetzen kann, die aber auf jeden Fall von der Umwelt unabhängig ist.

Womit eine sehr wesentliche Feststellung gemacht werden kann: Es gibt eine ganz bestimmte Beschaffenheit des Menschen, eine Konstitution, die durch Erbmerkmale und andere Faktoren festgelegt und von der Geburt an wirksam ist. Sie kann sich entweder kräftig behaupten, dann besitzt ein Mensch eine starke Lebens- und Erlebniskonstitution. Oder die Umwelt ist bedeutend stärker, dann wird sich die angeborene Konstitution nicht so gut durchsetzen können. Es besteht in allen Fällen eine Wechselwirkung zwischen Umwelt und Konstitution, zwischen angeborenen Faktoren und Umwelteinflüssen, die Art der Charakterentwicklung ist nicht einseitig, sondern immer zweiseitig bestimmt. Man kann niemals sagen, daß nur das Milieu allein entscheidend ist, auch angeborene Anlagen spielen stets eine Rolle.

Das ist der derzeitige Stand der Wissenschaft. Weiters läßt sich sagen, daß die Konstitution eines Menschen durch vier verschiedene Komponenten bestimmt wird. Eine sehr große Rolle spielt die Erregbarkeit des Menschen, seine Reaktionsfähigkeit auf alles, was sich in der Umwelt ereignet. Ferner kommt es auf die Sensibilität an, also auf die Fähigkeit, Dinge zu fühlen, zu empfinden, zur Kenntnis zu nehmen. Schließlich ist von größter Wichtigkeit die Integrationsfähigkeit, also das Vermögen, das Wahrgenommene, Erlebte, Gedachte, Gefühlte zu koordinieren, es zu summieren, zu vereinheitlichen. Es müssen also Verbindungen geschaffen werden zwischen dem Erleben und den im Gedächtnis und im Vegetativum gespeicherten Vorgängen. Und schließlich gibt es die Ableitungsfähigkeit, die Verarbeitungsmöglichkeit. Alle Erlebnisse, welcher Art immer, müssen verarbeitet und abgeleitet werden, sie dürfen einen Menschen nicht ununterbrochen beschäftigen. Man kann auch sagen, der Mensch muß seine Umwelt bewältigen.

Diese vier Komponenten, die Sensibilität, die Erregbarkeit, die Integrationsfähigkeit und die Ableitungsfähigkeit, bestimmen die Art und Weise, wie sich ein Mensch in seiner Umwelt zurechtfinden kann. Es ist verständlich, daß sich ein Mensch kraftvoll durchsetzt, wenn alle vier Komponenten entsprechend verankert sind, daß es dagegen zu einem Versagen kommt, wenn die eine oder andere Komponente entweder zu stark oder zu schwach in Erscheinung tritt. Denn dann ist aus vielerlei Gründen die Umwelt dominierend, dann kommt es zu einer neurotischen Fehlhaltung, dann verläuft der Lebensweg dieses Menschen nicht mehr ohne Hindernisse.

Auf die Astrologie übertragen, erkennt man in der Konstitution eines Menschen jene Konstellation, die durch das Geburtshoroskop gegeben ist. Der Aszendent bestimmt die Erregbarkeit, Sonne und Mond die Sensibilität, die Integrationsfähigkeit wird durch die mentale Achse, durch das dritte und neunte Haus bestimmt, sowie durch die Planeten Sonne, Merkur und Uranus. Die Ableitungsfähigkeit schließlich ist durch das Verhältnis der labilen, stabilen und fixen Horoskopelemente gegeben. Die

Cardinalzeichen sind, wenn sie ungehindert ihre Kräfte wiedergeben, die Garanten einer sofortigen Ableitung, die Gefühle eines Krebsmenschen zum Beispiel strahlen sofort in die Umwelt zurück, Ereignisse aller Art können an fixen Zeichen unter Umständen abprallen, bei den beweglichen oder labilen Zeichen hingegen wird es zu einer Aufnahme und Speicherung kommen.

Was die Wissenschaft hier geordnet und erkannt hat, läßt sich ohne jede Schwierigkeit mit der astrologischen Lehre in Einklang bringen. Es gibt das Radixhoroskop, die Geburtskonstellation, die anzeigt, wie ein Mensch beschaffen ist und welche Eigenschaften er entwickeln kann, um sich in der Umwelt zurechtzufinden. Dann gibt es die Umwelt, das Milieu, in das ein Mensch hineingestellt wird, das er unter Umständen auch ändern kann. Dieses Milieu wird in erster Linie durch den Umgang mit anderen Menschen bestimmt. Jeder Mensch kann sein Dasein nur dann meistern, wenn er ständig mit einer notwendigen Zahl Mitmenschen in einem mehr oder weniger engen Kontakt steht. Allein lebend, ganz auf sich gestellt, ohne Sprache, ohne Wahrnehmung, ohne Erlebnisse kann man nicht vollwertig als Mensch existieren. Es käme niemals zur Ausbildung von Charaktereigenschaften; ein Mensch ohne Beziehung zu Mitmenschen bleibt geistig und körperlich zurück.

Hier ist also der Mensch mit seiner Konstitution, und da ist seine angeborene und eventuell seine von ihm ausgesuchte oder ihm aufgezwungene Umwelt. Wie erlebt nun ein Mensch seine Umwelt, wie kommt es zu Wechselbeziehungen, inwieweit ist eine gegenseitige Beeinflussung möglich? Und, schließlich, kann man von vornherein sagen, wie sich ein Mensch in einer bestimmten Umwelt zurechtfinden wird? Läßt sich die Erlebnistoleranz bestimmen, die Fähigkeit, das und jenes zu ertragen, mit diesen oder jenen Dingen fertig zu werden? Gibt es brauchbare wissenschaftliche Methoden, um hier klare Aussagen machen zu können? Beachten wir zunächst: Kriege, Notzeiten und Schicksalsschläge, persönliche Tragödien, Katastrophen zeigen immer wieder, daß die Menschen verschieden reagieren. Daß Männer und Frauen, oft auch Kinder ein ganz anderes Verhalten zeigen, als man eigentlich auf Grund ihrer bisherigen Umweltsituation, Herkunft, Erziehung und Bildung erwartet hätte. Menschen, die in ihrem bisherigen Leben keinerlei sonderliche Aktivität entwickelt haben, leisten in einer Krisensituation oft sehr viel, zeigen sich als außerordentlich umsichtig, bewältigen die schwierigsten Probleme und entwickeln Kräfte, die man bei ihnen nie vermutet hätte. Es kann aber auch vorkommen, daß Menschen mit ausreichender Lebenserfahrung in dieser oder jener Situation versagen, daß sie Lebensschwierigkeiten nicht bewältigen.

In Zeiten, in denen der Mensch nicht belastet wird, in spannungslosen Epochen, fehlen die Prüfungsmöglichkeiten, kann man nicht erkennen, welche Fähigkeiten auf Grund bestimmter Charakterentwicklungen Menschen wirklich besitzen, kann man nicht voraussagen, wie sich der eine oder andere bewähren wird, wenn er in eine Krise gerät.

Mit den wissenschaftlichen Testmethoden, deren es viele gibt, kann man diese Tatsachen nur in einen beschränktem Ausmaß verständlich machen. Prognosen über das Verhalten eines Menschen in bestimmten Situationen lassen sich schwer stellen, Erlebnisse aller Art, die in der Vergangenheit liegen, bestimmen des Menschen gegenwärtiges Verhalten. Was er jedoch in der Zukunft leisten kann, ist mit den üblichen wissenschaftlichen Methoden nicht klar zu berechnen, nicht vorauszusehen.

Die Astrologie allerdings kann hier unter verschiedenen Umständen sehr verblüffende Aussagen machen, sie kann beweisen, daß bei den meisten Ereignissen, die entscheidende Änderungen herbeiführen, zu einem erheblichen Teil kosmische Einflüsse eine Rolle spielen, und daß bei genauer Kenntnis dieser Einflüsse auch Vorhersagen möglich sind. Dabei muß allerdings eine besonders bedeutsame Wechselwirkung erwähnt werden.

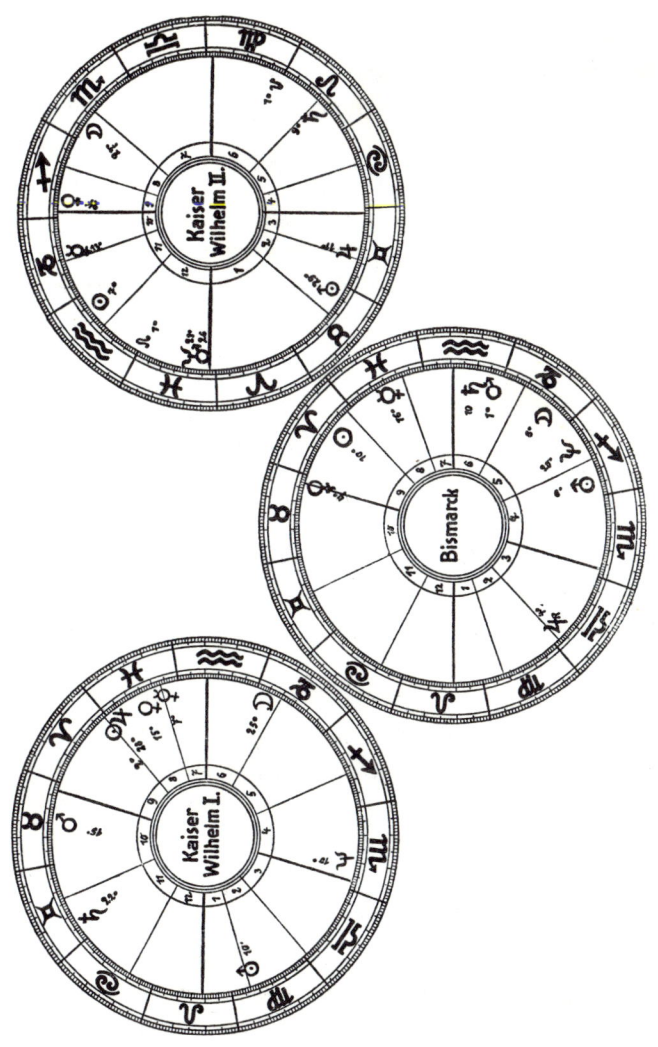

Bismarck schuf mit Wilhelm I., mit dessen Horoskopelementen er harmonierte, das II. Deutsche Reich. Mit Wilhelm II. kam es schon kurze Zeit nach dessen Thronbesteigung zu Mißverständnissen und zur endgültigen Trennung: Saturn Bismarcks in Opposition zum Saturn Wilhelms II.

Wer astrologische Partnerschaftsvergleiche durchführt, wer die Beziehung eines Menschen zu seiner Umwelt analysiert, wird sehr bald eine erstaunliche Feststellung machen. Treten nämlich zwei Menschen in irgendeinen Kontakt zueinander — wohlgemerkt, in irgendeinen Kontakt, wozu also nicht nur Partnerschaften mit mehr oder weniger deutlichen Gefühlsbeziehungen gehören, sondern auch alle nur möglichen Kontakte im Berufsleben und im Umgang mit Freunden und Bekannten —, so beginnen die Planeten des einen im Horoskop des anderen zu wirken. Dadurch kommt es zu bestimmten Wirkungen, die man am besten als *veränderte Reaktionsform der Konstitution* bezeichnet.

Das ist eine Erfahrungstatsache, die einem sehr bald bewußt wird, wenn man sich einige Zeit praktisch mit der Astrologie beschäftigt. Eine Partnerschaft, gleichgültig welcher Art, abhängig lediglich von der Intensität der Beziehungen, bewirkt eine Änderung der Erlebnistoleranz, so daß man in der Beziehung zur Umwelt anders reagiert.

Ein Mann kann beispielsweise durch eine Frau so beeinflußt werden, daß er in beruflicher Hinsicht plötzlich wesentlich mehr zu leisten imstande ist. Es kann auch das Gegenteil eintreten, es kann durch die Beziehung zu einer Frau ein bisher erfolgreicher Mann sozial absinken und sozusagen unter die Räder kommen. Oder in der Politik: Immer mehr ist eine sogenannte Teamwirkung bemerkbar, wobei nicht eine Einzelperson Entscheidungen trifft, sondern eine Gruppe, die aufeinander abgestimmt ist. Selbstverständlich ist solch ein Team um so leistungsfähiger, je besser die gegenseitigen Einflüsse sind. Was nützt es beispielsweise einem begabten Politiker, wenn er noch so gute Ideen hat, wenn er nicht auch Leute findet, die ihm bei seiner Tätigkeit behilflich sind? Wie könnte man erfolgreich sein, wenn man nur mit der eigenen Konstitution den Lebenskampf führen müßte?

Es beginnt ja schon im Elternhaus, bei Vater und Mutter. Glücklicherweise ist hier meist eine sehr positive Wechselwirkung der

Planeten gegeben, getreu dem Sprichwort, daß der Apfel nicht weit vom Stamm fällt. Es zeigt sich immer wieder bei der astrologischen Familienforschung, daß gewisse Konstellationen in einer Familie weitervererbt werden und damit eine bestimmte Harmonie im Elternhaus gesichert ist. Später spielen die Lehrpersonen in der Schule eine überragende Rolle. War nicht dem einen ein ganz bestimmter Gegenstand verhaßt, weil er den Lehrer nicht leiden konnte? Und hat man nicht in einem anderen Gegenstand fleißig und mit größtem Interesse gelernt, weil man sich durch die Person des Lehrers angeregt fühlte? Schließlich bei der Berufswahl, bei der Berufsausbildung! Immer und überall sind es Menschen, die einem begegnen, deren Planeten im eigenen Horoskop wirken und vorübergehend oder gar dauernd die Reaktionsweise verändern. Durch einen Mitmenschen kann man sensibler werden, kann man sich für bestimmte Dinge mehr interessieren, alle geistigen, körperlichen und seelischen Funktionen können eine Beeinflussung in positiver oder negativer Hinsicht erfahren, auch das Ableitungsvermögen kann sich ändern.

Am wichtigsten, für das ganze Leben am entscheidendsten ist die Wahl eines Lebenspartners, die Tatsache, daß man einen Menschen findet, der das eigene Schicksal beeinflußt, der den gemeinsamen Lebensweg mitbestimmt. Niemand kann, wenn er einen Lebenspartner gefunden hat, so leben wie früher. Es kommt zu Änderungen des Charakters, zu tiefgehenden Umstellungen. Sie können positiv oder negativ sein, es können sich gute Eigenschaften in schlechte wandeln und umgekehrt, es können sich vorhandene Eigenschaften abschwächen oder verstärken. Immer aber wird eine Wirkung früher oder später zu erkennen sein. Diese läßt sich schon daraus erkennen, daß zum Beispiel nach einer Heirat sehr bald der bisherige Kreis von Freunden und Bekannten des Mannes oder der Frau eine Änderung erfährt, weil man seine Konstitution geändert hat und weil dadurch auch die Umwelt eine andere werden muß.

Die vierfache Beziehung

Für jemanden, der nicht Psychologie studiert hat und die Vielzahl von Fachausdrücken nicht kennt, daher auch die vielen psychologischen Begriffe nicht versteht, darf eine Erklärung jener Prinzipien, die das menschliche Zusammenleben bestimmen, nicht kompliziert sein. Es muß daher alles auf einen gemeinsamen verständlichen Nenner gebracht werden. In der astrologischen Praxis ist es durchaus möglich, hier Grundlagen zu erarbeiten. Unmißverständlich kann zunächst die Gesamtheit der Wechselbeziehungen zwischen Menschen in vier Gruppen eingeteilt werden. Damit läßt sich rein schematisch nach einer Untersuchung und Bewertung der Horoskopeinflüsse darstellen, welche gegenseitige Wirkung zu erwarten ist.

Am bedeutendsten, am sichersten zu erkennen und in der Beziehung eines Menschen zu seiner Umwelt am häufigsten ist das rein *geistige Verstehen*, die geistige Harmonie. Hierher gehören alle Bereiche der menschlichen Existenz, die mit Denkvorgängen verbunden sind. Die Sprache genauso wie das Lesen, die Wahl von Fernsehprogrammen, Kino und Theaterstücken, die politischen Anschauungen, das Denken über die Religion, die Weltanschauung, die Art und Weise, wie man seine Lebensaufgaben betrachtet und sich mit ihnen auseinandersetzt, die Urlaubsplanung und deren Durchführung, die Freizeitgestaltung, die Wahl der Hobbys und schließlich die alles umfassende Einstellung zum Leben. All das muß den geistigen Bereichen eines Menschen zugeordnet werden. Es ist klar, daß bei der Beziehung zu einem Menschen mehrere Möglichkeiten bestehen, die vom ersten Augenblick der Begegnung an entscheidend sind.

Es gibt grundsätzlich zwei Möglichkeiten, die im Zusammenleben eine Rolle spielen: Man kann mit einem anderen Menschen einer Meinung sein, dann besteht geistiger Gleichklang, dann wird man auf allen nur möglichen Gebieten des Lebens gleiche Ansichten und Einstellungen finden. Es ist dies in vieler Hinsicht angenehm und sichert oft einen entscheidenden Erfolg im Leben. So wie zwei Pferde, die am gleichen Strang ziehen, leichter eine Last ziehen, ebenso läßt sich der Lebenskampf um so erfolgreicher führen, wenn zwei Menschen eines Sinnes sind und ihre Strebungen in dieselbe Richtung weisen.

Es ist aber auch möglich, daß man in einem Partner die Ergänzung sucht und findet, daß dieser all das besitzt, was man selbst nicht hat. Dann wird man im Lebenskampf immer wieder eine wertvolle Unterstützung durch den Partner gewinnen. Wo die eigenen Kräfte fehlen, wird der Partner einspringen und umgekehrt. Kurzum, der Gleichklang, so gut er sein kann, ist oft lange nicht so ideal wie die Ergänzung. Es kommt verständlicherweise sehr viel darauf an, ob diese Ergänzung zur rechten Zeit und im geeigneten Ausmaß erfolgt. Hat der Partner immer nur andere Ansichten, sind seine Kräfte immer nur anderswo wirksam, gibt es also keine Harmonie, dann mag sich alles ins Negative umkehren, dann wird man den fehlenden Gleichklang vermissen.

Dazwischen gibt es alle nur möglichen Abstufungen. Der Gleichklang kann Langeweile, gegenseitige Interesselosigkeit hervorrufen, fehlende Anregung kann das Leben freudlos werden lassen. Die Ergänzung wiederum kann völliges Nichtverstehen bedingen. Die geistigen Brücken zwischen den Menschen sind verschiedenartig. Mit Hilfe der Astrologie lassen sich diese gegenseitigen Relationen weitgehend erforschen, Horoskopvergleiche geben die Möglichkeit, die gegenseitigen Berührungsgrenzen der geistigen Sphären zu erkennen.

Sind die geistigen Relationen im Berufsleben, bei Freundschaften, zwischen Verwandten und Bekannten auch sehr wichtig, ist ein gutes geistiges Verstehen die Basis einer stabilen Partnerschaft zwischen Mann und Frau, so spielt beim engen Zusammenleben ein anderer Faktor eine nicht minder große, oft sogar eine noch größere Rolle. Es handelt sich um jene tiefgreifende Beziehung, die man den *vegetativen Gleichklang* oder die vegetative Harmonie bezeichnen kann.

Der Appetit beim Essen, der Rhythmus der Tageseinteilung, die Zeit des Zubettgehens, die Art des Aufstehens, die Vorliebe für diese oder jene Speisen, die Art der Bekleidung, die gefühlsmäßigen Bindungen an die Mode, an die Musik, an die Religion, die Vorliebe für bestimmte Getränke, all das, was man Stimmung zu nennen pflegt, schließlich die Harmonie im Sexualbereich, diese Unzahl von Eigenschaften, Erlebnisfähigkeiten, Lebensformen wird bestimmt durch das vegetative System des Menschen, durch jene körperlichen und seelischen Reaktionen, die weit außerhalb der geistigen Bereiche liegen. Ob man diese oder jene Speise bevorzugt, hat mit dem Denken nichts zu tun. Wie man bei dieser oder jener Gelegenheit gefühlsmäßig reagiert, ob die Begegnung mit diesem oder jenem Menschen eine Sympathie oder Antipathie auslöst, das ist nicht vom Denken, von der Kraft der Vorstellungen und allen anderen geistigen Leistungen abhängig. Hier schwingen die Rhythmen des Körpers, hier bestimmen die Drüsen der inneren Sekretion den Zustand der Empfindungen, hier sind jene Nerven zuständig, die seit eh und je die Anpassung an die Umwelt regulieren.

Man kann einem Menschen begegnen, mit dem man vom ersten Augenblick an in einem vegetativen Gleichklang leben kann. Man spricht dann von einer vollkommenen Harmonie, denn der Rhythmus des Tages verläuft bei beiden im gleichen Tempo. Man hat zur selben Zeit Hunger, zur selben Zeit das Bedürfnis nach Ruhe, man liebt dieses oder jenes in derselben Viertelstunde, und die Gefühle haben stets die gleiche Intensität und Richtung. Man braucht oft gar kein Wort zu sprechen, es ist nicht notwendig, alles lange und breit zu begründen und zu erklären. Man »versteht« sich auch ohne geistige Harmonie. Ohne Frage ist das reibungslose Zusammenleben vieler Menschen durch diesen vegetativen Gleichklang bestimmt. Und daß es das Gegenteil auch geben kann, daß man mit einem Menschen niemals zu einer derartigen Harmonie kommen kann, beweist ebenfalls die Lebenserfahrung.

So wie es Frühaufsteher und Langschläfer gibt, Menschen, die morgens mit Elan aus dem Bett springen und vollkommen leistungsfrisch sind, und solche, die sich noch stundenlang herumwälzen und keine Kraft finden, sich anzukleiden, so gibt es große Unterschiede beim Essen, beim Hören von Musik, bei der Freizeitgestaltung und selbstverständlich auch im Sexualleben. Es gibt Menschen, die unter gar keinen Umständen in der Lage sind, ihren bestimmten Lebensrhythmus zu ändern. Dadurch kommen sie in Konflikt mit Mitmenschen, die anders reagieren, und sehr oft ist gerade dieses Nichtübereinstimmen die Ursache von allmählich sich entwickelnden Zerwürfnissen, die dann zu einer endgültigen Trennung führen. Marie Ebner-Eschenbach hat einmal gesagt, ein Fauler und ein Fleißiger können niemals zusammen leben, weil der Faule den Fleißigen zu sehr verachtet. So verhält es sich in vielen Lebensbelangen, wenn grundsätzliche Unterschiede im Lebenstempo, im Rhythmus gegeben sind, dann kann man nur unter größter Mühe und unter Aufgabe eigener Wünsche ein Zusammenleben erreichen. In den meisten Fällen aber wird sich doch keine dauernde Harmonie herstellen lassen.

Zwischen Mann und Frau gibt es eine weitere, das Leben in einer schier unglaublichen Fülle von Variationen bestimmende Notwendigkeit und von integrierender Wichtigkeit: alles, was mit der Sexualsphäre zusammenhängt, die *sexuelle Beziehung*, die sinnliche Anziehung (oder auch Ablehnung), die Möglichkeit also, im Sexualleben eine integrierende Befriedigung zu finden.

In der heutigen Zeit, wo das Sexuelle oft bloß auf die Technik des

Befriedigens abgesunken ist, wo man nicht einmal mehr das persönliche Erleben mit seiner wunderbaren Wirkung auf die menschliche Psyche sucht, sondern in einem verantwortungslosen und beziehungslosen »Gruppensex« das Glück zu finden glaubt, in einer solchen Zeit fehlt vielen Menschen überhaupt die Fähigkeit zu einem beglückenden Sexualleben, das immer nur an ein sogenanntes Du-Erlebnis gebunden sein kann. Eben an das Erlebnis, daß man plötzlich nicht mehr allein ist, daß man von der Existenz eines anderen Menschen betroffen ist und daß man über alles geistige und vegetative Verstehen hinaus auch den intimen körperlichen Kontakt sucht und dabei höchstes Glück findet.

Diese sexuelle Anziehung, das Sexualleben, ist natürlich ebenfalls in vielen Schattierungen vorhanden; und es ist durchaus möglich, daß auch hier die Beziehungen einseitig sind. Ein Partner wirkt aus irgendeinem Grund auf den anderen mit größter Intensität, es kommt aber zu keiner Erwiderung, alle seine Bemühungen bleiben ohne Erfolg. Das sind dann jene tragischen Fälle, die seit Menschengedenken in einer unübersehbaren Zahl Dichter und Theaterschreiber, Schriftsteller aller Art und in diesem Jahrhundert auch die Filmproduzenten zu ihrem Schaffen angeregt haben. Jeder Mensch kennt sowohl in seinem eigenen Leben wie auch in seiner nächsten und weiteren Umgebung Liebesbeziehungen, die unerfüllt blieben, weil sie keine Erwiderung fanden. Diese einseitigen Beziehungen sind die Erlebnisse, die im Seelenleben eines Menschen die tiefsten Kerben hinterlassen. Und wenn jemand sein eigenes Ich zugunsten eines Du aufgegeben hat und dabei enttäuscht wurde, kann es vorkommen, daß er aus Verzweiflung seinem Leben ein Ende bereitet.

Sind nun die geistigen und vegetativen, ebenso die sexuellen Beziehungen durchaus verständlich und kann man überall im Leben Beispiele dafür entdecken, so ist die vierte Art der Partnerschaftsbeziehung recht selten und keinesfalls so auffällig. Es läßt sich dafür nicht einmal ein exakter wissenschaftlicher Begriff finden, die Astrologen sprechen von einer Herzensbeziehung, von einer *Herzensbindung* und meinen damit die Verbundenheit von zwei Menschen, selbst dann, wenn alle anderen Bindungen längst nicht mehr bestehen.

Das sind jene leuchtenden Beispiele menschlichen Mitleids, menschlicher Fürsorge, höchster Opferbereitschaft, persönlicher Hingabe, die immer wieder beweisen, daß es auf dieser Welt nicht nur die materiellen Werte sind, die menschliches Tun bestimmen.

Da ist ein schwerkranker Mann, dessen geistigen Funktionen längst erloschen sind, der sich nicht mehr selbst reinigen kann, für den es längst keine vegetativen oder gar sexuellen Bindungen mehr gibt und nun als menschliches Wrack gepflegt werden muß. Eine Frau übernimmt diese Mühe und Plage bei Tag und Nacht, weicht nicht vom Krankenbett, ohne dafür etwas anderes zu bekommen als böse Worte oder gar Anfeindungen seitens der Verwandten. Hierher gehören alle die so erstaunlichen Wechselwirkungen zwischen Menschen, wo es aus scheinbar unerklärlichen Gründen immer wieder zu einer gegenseitigen Förderung und Bereicherung kommt, obwohl es sonst scheinbar keine anderen Bindungen (mehr) gibt.

Die Herzensbindung ist ein erstaunliches Phänomen, sie ist überall und unter Menschen jeder Altersstufe möglich, sie kann wahre Wunder vollbringen, ohne sie wäre das Leben lange nicht so reich und immer wieder voll Schönheit. Daß es eine zwischenmenschliche Beziehung gibt, die nicht nach dem Nutzen fragt, die einfach da ist und im wahrsten Sinn des Wortes alles verzaubern kann, muß immer wieder als höchstes Glück gewertet werden.

Es ist eine Selbstverständlichkeit, wenn zwischen zwei Menschen, die ein gemeinsames Leben führen, neben dem geistigen und seelisch-vegetativen Verstehen auch eine sinnliche Anziehung und darüber hinaus sogar eine Herzensbindung besteht. Dann vermag eine solche Verbindung jede Krise im Leben zu meistern, dann ist man vor jeder Anfechtung gesichert, dann bringt jeder Tag neue Harmonie und neues Glück.

Wenn ein Astrologe auf Grund seiner Erfahrung eine Statistik darüber anfertigen sollte, wie oft sich solche Idealfälle ereignen, wie oft Menschen wahres Glück beim Zusammenleben finden, dann würde die Bilanz eher unerfreulich aussehen. Denn oft genug wird eine Partnerschaft nur auf dem Boden einer sexuellen Anziehung begonnen, alle anderen Faktoren fehlen und können niemals erworben werden. Viele ähnliche Beispiele lassen immer wieder erkennen, daß Partnerschaften oft ohne jede wirkliche Grundlage aufgebaut wurden und daß eines Tages das Haus der Illusionen zusammenstürzen muß.

Wege zum Du

Es ist logisch, daß eine Verbindung zwischen zwei Menschen um so besser, tiefer, harmonischer, beglückender und stabiler sein wird, je mehr positive Faktoren vorhanden sind. Im astrologischen Sinn entspricht den einzelnen Beziehungsarten jeweils eine bestimmte Aspektsituation, die bei einem *Partnerschaftsvergleich* immer relativ einfach zu erkennen ist.

Alles, was die rein geistigen Bereiche anlangt, untersteht in erster Linie der Sonne. Aus der Beziehung der Radixsonnen zueinander läßt sich über jede Partnerschaft schon Wesentliches aussagen, die einfache Sonnenstandsastrologie in ihrer vielfältigen, meist sogar jahrmarktartigen Anwendung ist auf diesen Gegebenheiten aufgebaut. Stier paßt zu Jungfrau, Löwegeborene vertragen sich mit den Schützen gut, Fische lieben Skorpione — viele ähnliche Redensarten beweisen, daß der bloße Sonnenstand oft eine wirklich entscheidende Rolle spielt.

Ist ja auch leicht zu verstehen: Wer ausschließlich materiell eingestellt ist, dem wird ein reiner Gefühlsmensch wenig zusagen, und wer die Welt als Tummelplatz für Bewegung, Willensäußerungen und Kampf sieht, wird in einem sturen Erdzeichen kaum den richtigen Partner erblicken. Gleich und gleich gesellt sich nun einmal gern, und die einzelnen Trigonalzeichen, die gleichen Elemente neigen daher von Anfang an zu einer näheren Verbindung, wenn man den reinen Gleichklang, zumindest aber die Ähnlichkeit sucht. Wobei immer auch die Wirkungen »fix«, »cardinal« und vor allem »beweglich« zu berücksichtigen sind. Wer etwa als Cardinalzeichen mit einem fixen Zeichen lebt, ein Widder etwa mit einem Löwen, der hat vom ersten Augenblick an die Frage geklärt, wer den Ton angibt und wer der Nutznießer der Verbindung ist. Den eher phlegmatischen, wenig agilen und oft sogar faulen Löwen wird beispielsweise eine Widderfrau zu Aktivität anregen, und er wird mehr Erfolg und Ansehen erlangen, als wenn er allein bleibt.

Überdenkt man alle Arten von Tierkreiszeichen, in denen die Sonne steht, dann wird man sofort erkennen können, welche in geistiger Hinsicht zueinander passen und welche sich vom Anfang an gut verstehen. Da aber der Gleichklang langweilig werden kann — weil eine völlige oder teilweise Übereinstimmung auch ihre Schattenseiten hat —, suchen ungleich mehr Menschen gerade in geistiger Hinsicht die Ergänzung. Der Widdermann, ewig nur auf das Erobern und Kämpfen bedacht, wird in einer Steinbockfrau sein Ideal erblicken, wo er sich ununterbrochen bemühen muß, um zu einer ersehnten Harmonie zu kommen. Bei der kühlen und immer reservierten Jungfrau kann er unter Umständen lebenslang mit feurigem Herzen werben. Dem lustigen und allen Realitäten abholden Wassermann, der selten Geld besitzt und der einfach nicht in der Lage ist, seine eigenen Angelegenheiten in Ordnung zu halten, wird ebenfalls eine Frau mit der Sonne in einem Erdzeichen recht gut nützen, denn sie wird für Ordnung im Haushalt sorgen. Und wer immer nur in Gefühlssphären »schwimmt« und vielleicht mit der harten Wirklichkeit kaum etwas anfangen kann, wird einen Partner suchen, der ihm den Lebenskampf abnimmt.

So betrachtet, kann man leichter verstehen, warum sich Menschen in geistiger Hinsicht so gut verstehen, obwohl sie dem Zeichen nach nicht miteinander harmonieren. Gleichklang und Ergänzung, das ist eine der entscheidendsten Fragen bei der Partnerwahl, und sehr oft ist diese Entscheidung schicksalsbestimmend, obwohl sich dann später vielleicht herausstellt, daß eigentlich andere Faktoren viel wichtiger waren.

Für die rein seelischen und vegetativen Beziehungen ist zum Teil

die Mondposition, zum Teil die Beziehung der Aszendenten zuständig. Wenn man in vielen Astrologiebüchern den großen Einfluß des sogenannten »Aszendentenaustausches« als besonders bedeutsam hervorhebt, so hat dies insoweit seine Berechtigung, als dabei eine vollkommene Ergänzung erfolgen kann. Wenn die Spitze des eigenen siebenten Horoskopfeldes, das den Lebenspartner anzeigt, tatsächlich der Aszendent des Partners ist, dann heißt dies nichts anderes, als daß man jenen Menschen gefunden hat, der sozusagen die zweite Hälfte vom eigenen Ich ist. Das kann zu einer ungemein tiefgehenden Bindung und zu höchster Beglückung führen. Kommen dann noch andere Horoskopelemente als positive Faktoren dazu, dann steht einem Lebensglück nichts im Wege. So ideal aber ist es im Leben nicht. Denn das Gegenzeichen im Tierkreis gehört immer zur selben Kategorie in bezug auf die Umweltbeziehung. Dem fixen Zeichen Löwe steht der fixe Wassermann gegenüber, dem cardinalen Widderzeichen die cardinale Waage. Wenn die Kräfte bei einem Cardinalzeichen vom Ich weg in die Umwelt gerichtet sind, dann müssen diese Kräfte bei einer Partnerschaft zusammenprallen.
Dem labilen und passiven Zeichen Fische liegt die gleichfalls labile Jungfrau gegenüber. In einer solchen Verbindung ist vielleicht zuwenig vorhanden, womit sich die beiden Partner aneinander binden können. Denn sie sind unter Umständen beide viel zu passiv. Daraus läßt sich ableiten, daß die Beziehung der Aszendenten zueinander nicht unbedingt so entscheidend sein muß. Es kann sich daraus viel Positives entwickeln, speziell bei einem echten Austausch, oft aber ist der totale Gleichklang, also die Gleichheit der Aszendenten doch etwas besser. Zwei Menschen mit gleichem Aszendenten sind oft ein harmonisches und sich gegenseitig sehr gut verstehendes Paar.
Der Mond, Herr aller Lebensrhythmen, spielt in der Partnerschaft eine große Rolle. Gleicher Mond, Mondsextile und vor allem die Mondtrigone zueinander sind wertvollste Bindungen und ge-

währleisten oft allein — also ohne andere unterstützende Aspekte — ein gutes Auskommen. Es ist begreiflich, daß man mit einem Menschen, der im gleichen Rhythmus lebt, ein harmonisches Zusammensein aufbauen kann.

Wie steht es nun mit der Liebe, mit der sexuellen Anziehung, wie kommt es zu jenen Phänomenen, die man als »Liebe auf den ersten Blick« bezeichnet, wie kommt es, daß Menschen einander hörig werden und nicht mehr voneinander loskommen? Wie kommt es zu dem bekannten Phänomen, daß beispielsweise Männer bei der einen Frau impotent, bei einer anderen aber außerordentlich aktiv sind?

Die hier verantwortlichen Faktoren sind, astrologisch gesehen, die Verbindung von Mars und Venus — entweder untereinander oder aber in einem Aspekt zu den Himmelslichtern Sonne und Mond. Oft spielt auch der Uranus eine bestimmte Rolle, wobei dann alles etwas stürmischer und ungewöhnlicher verläuft.

Die »klarste« Beziehung ist dann gegeben, wenn Mars und Venus zueinander in einer präzisen Konjunktion stehen. Wenn also die Venus des Mannes in einem Tierkreiszeichen steht, wo sich im Horoskop der Frau der Mars befindet und umgekehrt. Ebenso sind Sextile, Trigone, ja auch Oppositionen stark wirksam und können mitbestimmend sein, wenn zwischen zwei Menschen von der ersten Begegnung an eine starke sinnliche Anziehung besteht, die vehement nach einer Erfüllung verlangt. Es ist durchaus möglich, daß in einer Partnerschaft zwischen Mann und Frau diese »Sexualplaneten« lange Zeit hindurch die Hauptrolle spielen und daß sich auf Grund der sexuellen Harmonie eine Ehe gründen läßt.

Sinnliche Anziehung kann auch mit anderen Faktoren kombiniert sein, allen voran mit Sonne und Mond. Dann fächert sich das rein Triebhafte zu einer breiten Gefühlsskala aus, zu einem Reichtum an Empfindungen, wobei die rein sinnliche Anziehung als Basis fungiert, daraus sich echtes Verstehen, herzinnigliches

Einvernehmen entwickeln kann. Glückliche Ehen, die durch nichts in Gefahr geraten, sind immer dann möglich, wenn Mars und Venus vielseitige Aspekte erkennen lassen und zwischen den beiden Horoskopen eine Fülle von positiven Beziehungen besteht.

Schließlich gibt es noch die Möglichkeit einer echten Herzensbindung, und da ist es Jupiter, das Prinzip der Assimilation, der eine engere und innige Verbindung garantiert, wenn sich in beiden Horoskopen eine entsprechende Beziehung nachweisen läßt.

Gleicher Jupiter ist eher selten. Er ist nur dann eine Realität, wenn entweder Gleichaltrige heiraten oder die Lebensalter der Partner jeweils einen Jupiterumlauf auseinander sind, wenn also Altersdifferenzen von elf bis zwölf oder dreiundzwanzig bis vierundzwanzig Jahren bestehen. Dann kommt die Kraft des Jupiters in einer ungemein effektvollen Fülle zur Geltung, dann kann eine Jupiterverbindung unter Umständen die stärkste Beziehung sein. Selbstverständlich führen auch ein Trigon, weiters Verbindungen von Jupiter mit Sonne und Mond des Partners eine echte Herzensbindung herbei.

Steht beispielsweise der Jupiter eines Mannes in Konjunktion mit der Sonne der Frau, dann wird es sicher zu einer Beziehung kommen, die weit über alle üblichen Bindungen hinausgeht, und es wird eine ständige Förderung eintreten, die große Erfolge im Leben bringt.

Selbstverständlich spielen gute Jupiterverbindungen bei allen geschäftlichen Beziehungen zwischen Partnern eine Rolle. Hier kann man die »guten« Teilhaber finden, die Kompagnons, die mithelfen, daß eine Firma aufblüht und sich vergrößert. Verträge, die bei Vorhandensein gegenseitiger positiver Jupiterverbindungen geschlossen werden, haben eine andauernde und ungemein günstige Auswirkung; würden bei wichtigen Entscheidungen auch geschäftlicher Natur Astrologen zu Rate gezogen werden, dann könnte sehr oft eine Katastrophe verhindert werden.

Daß bei der Erziehung die gute Jupiterverbindung eine überragende Rolle spielt, ist nach all dem bisher Gesagten eine Selbstverständlichkeit. Ein Lehrer etwa, dessen Sonne mit dem Jupiter des Schülers in Konjunktion steht, kann für dessen ganzes Leben von schicksalhafter Bedeutung werden, weil man sich zum Beispiel für ein Studienfach, das man durch die Lehrperson schätzen gelernt hat, entscheiden kann.

Jupiterverbindungen sind, zugegeben, eher seltener. Doch sind sie einmal vorhanden, dann sind sie fraglos stärker als alle anderen Bindungen und halten in der Regel ein Leben lang. Sie wirken über alle Zeit, über jeden Raum hinweg. Zwei Menschen, die miteinander eine gute Jupiterverbindung haben, gehen selten im Bösen auseinander. Fast immer kommt es nach einem Streit wieder zur Versöhnung, zu einem neuen Beginn, und es bewahrheitet sich immer wieder der Grundsatz der Astrologen, daß »Jupiter etwas bringt«. Er bereichert das Leben, er baut es auf, baut es aus und gestaltet es schöner und reichhaltiger.

»Jupiter auf allen Wegen!«

Dieser Gruß der Astrologen, dieser sinnvolle Wunsch sollte öfter in Erfüllung gehen. Denn Jupiter ist nun einmal das große Glück, auch in der Partnerschaft.

Tendenzen zur Trennung

Wenn man aus einer relativ großen Zahl von Menschen, die man sonst niemals beachtet und denen man kein wie immer geartetes Interesse entgegenbringt, für kurze Zeit, für längere Zeit oder für immer einige auswählt, mit denen man den Lebensweg gemeinsam geht und mit denen es zu einer Zusammenarbeit, zur Harmonie, ja zur echten Liebe kommen kann, dann darf es nicht wundern, daß auch das Gegenteil davon der Fall ist.

Es gibt Menschen, für die man sofort eine heftige Antipathie empfindet, die man a priori ablehnt und gegen die man, so man aus irgendwelchen Gründen gezwungen ist, Kontakte zu ihnen aufrechtzuerhalten, feindliche Gefühle entwickelt.

Es gibt Menschen, die man im wahrsten Sinn des Wortes nicht riechen kann, durch die man unter Umständen Schädigungen aller Art erleidet, ja es kann infolge einer solchen Abneigung sogar zu einer Katastrophe kommen. Zum Glück sind solche heftigen Antipathien eher selten, und genaugenommen sind sie gar nicht so unheilvoll. Denn es ist immerhin gut und nützlich, wenn man von Anfang an weiß, daß man mit diesem oder jenem Menschen nicht harmoniert. Es kann viel Unheil vermieden werden, wenn man denjenigen aus dem Weg geht, die durch ihr Verhalten eine Feindseligkeit erkennen lassen.

Es gibt eine viel folgenschwerere Variante der Ablehnung, der Antipathie, der Gehässigkeit, der Feindschaft, des verzehrenden und alles zerstörenden Hasses. Wenn man mit einem Menschen in näheren Kontakt kommt, wenn man mit ihm sogar eng zusammenarbeitet, wenn man viele gemeinsame Erlebnisse miteinander hat, wenn man im Falle einer andersgeschlechtlichen

Partnerschaft sogar einen Lebensbund geschlossen, Kinder in die Welt gesetzt, eine Existenz aufgebaut hat, und dann erst sich Tendenzen bemerkbar machen, die zu einer ständig wachsenden Abneigung führen. Wenn also die Antipathie nicht sofort, von den ersten Momenten der Begegnung an vorhanden ist, wenn im Gegenteil anfangs Sympathie, ja ehrliche Liebe dominieren und erst später das Negative zum Vorschein kommt. Das sind dann die wirklichen Katastrophen, das sind jene unzähligen Fälle, wo Menschen am Leben zerbrechen, wo sie über Nacht aus der erreichten Lebensposition hinabstürzen in Not und Elend.

Es ist eine alte Weisheit: Mögen beispielsweise in einer Schulklasse durchwegs artige und wohlerzogene Schüler sein, die Klasse wird ihr Verhalten ändern, sobald ein einziger mit üblen Charaktereigenschaften seinen Einfluß auszuüben beginnt. Auch der beste Kuchen ist ungenießbar, mag er mit den besten Ingredienzien gebacken worden sein, wenn auch nur ein einziges faules Ei in den Teig kam. Ist die Quantität der positiven Elemente noch so groß, alles wird sofort zerstört, wenn ein einziger negativer Faktor vorhanden ist. Für die Bewertung von Horoskopelementen bei Partnerschaftsvergleichen gelten die gleichen Regeln.

Man wird daher, wenn man einen Partnerschaftsvergleich durchführt, neben den positiven Aspekten in erster Linie jene Verbindungen zu suchen haben, die man allgemein als *Trennungsaspekte* bezeichnen kann. Sie sind — das muß unmißverständlich gesagt werden — immer wirksam, erweisen sich stärker als alle guten Verbindungen zusammen und können durch nichts ausgeschaltet werden. Es ist möglich, mit einem Trennungsaspekt beisammen zu bleiben, es kommt nicht selten vor, daß Menschen mit solchen Planetenverbindungen den Lebensweg gemeinsam gehen. Aber das ist dann immer eine der härtesten Belastungen für das Gefühlsleben, und es wird sich in solchen Fällen niemals eine dauernde Harmonie einstellen.

Um wieder auf die zuerst geschilderte Möglichkeit hinzuweisen: Mit negativen Marsaspekten, vor allem mit Marsquadraten, wird es schon anfangs zu einer Antipathie kommen. Man wird leicht miteinander in Streit geraten, man wird aus vielerlei Gründen nicht einer Meinung sein; wenn es bei einem solchen Horoskopvergleich noch andere negative Faktoren gibt, etwa Sonnenquadrate, Mondquadrate, alle anderen schlechten Marsverbindungen, kurzum, wenn die zerstörenden, dynamisch vernichtenden Marskräfte offen und sofort erkennbar zutage treten, dann soll man einem solchen Partner aus dem Wege gehen, es würde sonst so bald als möglich zur Zerstörung der gegenseitigen Beziehungen kommen, das Unglück wäre bestenfalls ein Ende mit Schrecken, niemals aber ein Schrecken ohne Ende.

Schlechte, schlechteste Marsverbindungen zwischen zwei Horoskopen zeigen demnach Trennungen an, die sich in einer relativ kurzen Zeit ereignen. Darüber sollte man immer froh und glücklich sein. Was nicht zusammenpaßt, was von Anfang an den Keim des Unfriedens, der Nichtharmonie, des Nichtverstehens in sich trägt, was auf den ersten Blick als nachteilig zu erkennen ist, das sollte man nicht mit allen nur möglichen Anstrengungen aufrechterhalten. Man kann nicht mit jedem Menschen glücklich sein, nicht immer kann man Sympathie finden. Wenn man mit einem bestimmten Partner nicht harmoniert, dann trenne man sich. Und zwar rechtzeitig, ehe die Summe gemeinsamer Erlebnisse das Auseinandergehen erschwert.

Mars bedeutet also die rasche, die schmerzliche, letztlich aber immer die notwendige Trennung. Ihr entgehen zu wollen, ist nicht klug, gegen sie anzukämpfen, kann Wahnsinn sein. Sieht man allenthalben um sich, erlebt man, wie viele Menschen immer nur in Zank und Streit leben, von einem Tag zum anderen sich das Leben schwerer machen, dann muß man sich mit Recht fragen, warum sie nicht die Kraft aufbringen, sich zu trennen. Wo doch eine rasche Trennung geboten erscheint.

Viel schlimmer aber als die negativen Marsverbindungen wirken jene Kräfte, die von einer üblen Saturnaspektierung ausgehen. Diese Planetenkonstellationen gehören ohne Frage zu den größten Unglücksfaktoren, denn der Schaden, den sie anrichten, ist katastrophal. Es können Familien, ganze Gemeinschaften, ja Staaten darunter leiden, und fast immer muß man, analysiert man solche Situationen, erstaunt feststellen, daß alles ganz anders, ja friedlich und harmonisch begonnen hat.

Am schlimmsten sind beim Partnerschaftsvergleich die Quadrate und Oppositionen des Planeten Saturn. Wenn also der Saturn im Horoskop des einen durch den Saturn des anderen quadriert oder opponiert wird. Damit ist meist der Anfang von einem üblen Ende gegeben, das allerdings meist sehr lange auf sich warten läßt.

Mag alles noch so schön, so harmonisch, so »ideal« beginnen, eines Tages treten unter diesen Aspekten die ersten Zeichen einer gestörten Harmonie auf. Kaum merkbar, oft eher unscheinbar wird das gute Einvernehmen gestört, beginnt eine Abneigung zu keimen. Sie wächst — langsam und ohne irgendein Dazutun. Mit der Zeit merkt man an seinem Partner diese oder jene Eigenschaft, an die man sich nicht gewöhnen kann, es kommt zu Reaktionen, die man kaum mehr zu ertragen imstande ist. Immer mehr kommt es zur Entfremdung, zu einem Auseinanderleben, auch wenn man sich noch so bemüht und diese Trennung aus vielen Gründen vermeiden möchte.

Es können dabei alle negativen Gefühle, angefangen von der kühlen Abneigung bis zum verzehrenden Haß, entstehen. Die Trennung läßt sich dann eines Tages kaum mehr aufhalten, zurück bleiben die Trümmer eines gemeinsamen Lebens, das oft viele Jahre gedauert hat. Solche Saturnverbindungen bringen den Betroffenen unermeßliches Leid. Die Astrologie ist immer in der Lage, solche Katastrophen vorherzusagen. Man muß nur den Mut haben, der Realität ins Auge zu blicken. Alle guten

Verbindungen zwischen zwei Horoskopen nützen nichts, alle Harmonie wird sich eines Tages auflösen, wenn es diesen Trennungsaspekt gibt. Dabei hat es den Anschein, als wären diese gegenseitigen Saturnquadrate und Saturnoppositionen gleichwertig, denn sie zerstören mit Sicherheit jede Sympathie. Sie machen den Partner immer unerträglicher. Man will ihn nicht mehr, man scheut seine Nähe, man fühlt sich durch ihn bedrückt und gehemmt. Und macht ihn schließlich sogar für alle Mißerfolge verantwortlich.

Verbindungen von Mars und Saturn untereinander, in schlechten Winkeln, sowohl in Konjunktionen als auch in Quadraten und Oppositionen, können gleichfalls als Trennungsfaktoren fungieren. Sie erzeugen aber merkwürdigerweise nicht immer diese zerstörenden Tendenzen. Oft verbinden sich diese Kräfte zu einem Wirken nach außen, das hängt sehr viel von den Häusern ab, in denen sich diese Konstellationen befinden, und zum erheblichen Teil auch von den Zeichen.

Folgenschwer sind auch jene Aspekte, die durch den Saturn des einen Partners zu den Himmelslichtern, weiters zur Venus des anderen Partners gebildet werden, wenn sie ein negatives Vorzeichen tragen. Hat jemand zum Beispiel die Venus in der Jungfrau, ist also die Fähigkeit, den Augenblick in seiner Ganzheit harmonisch zu erleben, an sich schon reduziert, dann bewirkt eine Konjunktion, also eine enge Verbindung mit dem Saturn des Partners eine schier unglaubliche Verschlimmerung dieses Zustandes. Dann ist immer alles unbefriedigend, schwer, freudlos, man kann tun und lassen, was man will, es kommt niemals zu einem beglückenden Erlebnis.

Oder der Saturn einer Frau steht im Radixhoroskop eines Mannes genau dort, wo sich der Mond des Mannes befindet. Welch eine Bedrückung, welche Fülle von Depressionen vermag eine solche Verbindung auslösen! Saturn bedeutet in seiner negativen Auswirkung immer Verlangsamung, Bedrückung, Hemmung, weiters echte Depression, Zerstörung vitaler Funktionen; man kann sich leicht vorstellen, daß es hier viele Variationen gibt. Was nützt ein guter Aspekt, was vermag eine noch so gute gegenseitige Verbindung, wenn irgendwo in einem Horoskop ein schlechter Saturnaspekt lauert und nach und nach alles zerstört. Es ist beruhigend, daß die negativen Saturnverbindungen doch eher selten sind.

Dies hängt ganz ohne Frage mit der Dauer eines Saturndurchganges im Tierkreis zusammen. Dieser Unheilplanet benötigt rund dreißig Jahre, bis er einmal durch alle zwölf Tierkreiszeichen gegangen ist. Quadrate, also Winkelabstände von neunzig Grad, von einem Viertel des Tierkreises, sind daher zwischen zwei Menschen bei Altersunterschieden von rund sieben Jahren zu erwarten. Wenn daher zwei Menschen mit einem Altersabstand von zwei oder drei Jahren eine Bindung eingehen, dann gibt es bei beiden noch kein Saturnquadrat. Und wer einen gleichaltrigen Lebenspartner erwählt, wird dieser Bedrohung durch negative Saturnwirkung mit Sicherheit ausweichen können. Denn, so merkwürdig es sein mag, die gegenseitige Saturnkonjunktion ist praktisch immer unwirksam. Haben zwei Menschen in ihren Horoskopen den Saturn am gleichen Platz, dann haben sie wohl die gleichen Schicksalseinflüsse, den Saturn in einer gegenseitigen Wirkung spüren sie aber niemals.

Somit ergibt sich bei der gefährlichen Saturnverbindung, daß Partnerschaften immer dann riskant sein können, wenn der Abstand der Geburtsdaten eine Quadratur oder Opposition zuläßt. Unter gleichaltrigen Partnern aber ist eine üble Saturnkonstellation eher eine Seltenheit, sie kommt dann lediglich als Aspekt zu Sonne, Mond und Venus vor. Quadrate von Saturn zu Saturn sind nicht möglich. Von diesem Standpunkt aus betrachtet, ist das Sprichwort »Jung gefreit, hat niemand gereut« tiefe Lebensweisheit. Denn unter Menschen der gleichen Alterskategorie können so verheerende Konstellationen nicht auftreten.

Wenn man andererseits immer wieder sagt, man solle sich lange prüfen, ehe man sich bindet, dann hat auch dies seinen Sinn. Läßt man einige Zeit vergehen, kann es vorkommen, daß sich ein Trennungsaspekt rechtzeitig bemerkbar macht.

Wer eine Bindung mit einem anderen Menschen eingehen will, könnte freilich einen Astrologen aufsuchen und Auskunft über das Wechselspiel der Horoskopelemente verlangen. Die Erfahrung lehrt aber, daß die meisten Menschen in erster Linie eine Bestätigung ihrer Meinung begehren und nicht bereit sind, den Rat eines andern zu akzeptieren, wenn er mit der vorgefaßten Meinung nicht übereinstimmt. Glaubt man, den richtigen Partner gefunden zu haben, werden Hinweise auf etwaige Trennungsaspekte meist negiert. Und man nimmt ohne Bedenken das Risiko auf sich, daß es eines Tages zu einer Trennung kommen kann, daß es besser gewesen wäre, dem »Rat der Sterne« zu folgen.

Trennungsaspekte, welche Gefährdung aller Partnerschaften! Wie gut, wenn man sie rechtzeitig erkennt!

Wie schon beschrieben, wirkt ein Planet auf ein bestimmtes Horoskopfeld ein; es kommt dadurch auf diesem Lebensgebiet zu ganz bestimmten Reaktionen, die im Laufe eines Lebens einmal mehr, dann wiederum weniger deutlich erkennbar sind. Freilich haben nicht alle Häuser im astrologischen Sinn immer die gleiche Bedeutung, speziell dort, wo sich im Geburtshoroskop keine Planeten finden, kann mitunter lange Zeit hindurch der Eindruck entstehen, sie seien gar nicht vorhanden. Hat jemand zum Beispiel keinen Stern im zehnten Haus, und wirft auch kein Planet irgendeinen Aspekt auf die Spitze des zehnten Hauses, auf das Medium coeli, dann wird es im Berufsleben lebenslang keine allzugroßen Sensationen geben.

Dann kann sich eines Tages auch folgendes ereignen: Ein Mensch, bisher wenig erfolgreich und scheinbar mit seinem Schicksal zufrieden, zum Teil immer wieder zurückgesetzt, steigt plötzlich die

Stufenleiter des sozialen Erfolges nach oben. Er verbessert seine Stellung, kommt zu Ruhm und Ansehen, verändert die finanzielle Lage seiner Familie und beendet sein Leben in gehobener Position. Dann fragt man verständlicherweise, was denn diesen plötzlichen Aufstieg bewirkt hat, wie es möglich war, daß dieser Mann so unerwartet eine höhere soziale Schicht erreichen konnte. Dann wird gefragt, ob dabei vielleicht die Ehefrau eine Rolle gespielt hat, und es kommt dann recht häufig vor, daß sich ein klarer Zusammenhang nicht herstellen läßt. Denn die Ehefrau ist vielleicht wenig gebildet, hat keine vorteilhaften Umgangsformen oder ist wenig aktiv. Wie also — die Frage ist verständlich — hätte sie den Aufstieg des Mannes herbeiführen können?

Der Astrologe allerdings bedient sich des Partnerschaftsvergleiches und macht dann eine verblüffende Entdeckung. Der Jupiter oder die an sich nicht starke Sonne der Frau stehen präzise im Medium coeli, auf der Spitze des zehnten Hauses des Mannes, und dies hat den beachtlichen Aufstieg herbeigeführt. In vielen Fällen genügt es sogar, wenn von den Planeten des Partners gute Aspekte auf das Medium coeli fallen, und schon wird es zu einer verbesserten Lebensposition kommen.

Empfindliche Punkte

Aus dem bisher Gesagten ergibt sich, daß die Planeten im Horoskop eines Menschen durch die Planeten im Horoskop eines anderen verändert werden können. Wir haben bei jeder Beurteilung eines Planetenprinzips zweierlei Wirkungen zu beachten. Dies gilt auch beim Partnerschaftsvergleich.

Spricht man bei einem Planeten von seinem *kosmischen Zustand,* zusammengesetzt aus der Stellung in einem bestimmten Tierkreiszeichen und den verschiedenen Aspekten, so ist es klar verständlich, daß durch die Planeten des Partners zunächst dieser kosmische Zustand eine Veränderung erfährt. Man kann in seinem Horoskop eine schwache und wenig wirksame Sonnenposition haben, wird aber durch den Partner dieses Himmelslicht günstig beeinflußt, erhält die Sonne etwa ein Jupitertrigon des Partners, dann bessert sich ihr Stand, sie kommt wesentlich effektvoller und vorteilhafter zur Wirkung. Kommt es nicht oft genug im Leben vor, daß sich jemand kaum für irgendwelche Dinge sonderlich interessiert, dieser dann, durch das Zusammensein mit einem Partner veranlaßt, plötzlich von einer Art Bildungshunger befallen wird? Oder daß man mit einem Kind in der Schule ständig arge Lernschwierigkeiten hat, eines Tages kommt ein neuer Lehrer, und auf einmal gibt es keine schlechten Noten mehr? Viel zuwenig werden diese Alltäglichkeiten beachtet, schon gar nicht astrologisch ausgewertet. Obwohl gerade hier die beste Gelegenheit bestünde, die Astrologie in ihrer Gesamtheit statistisch zu beweisen. Man könnte zum Beispiel das Versagen eines Kindes in einem Gegenstand mit den Konstellationen der Lehrperson in Beziehung setzen. Mit Sicherheit würde sich dann ergeben, daß hier Unverträglichkeiten bestehen. Ist zunächst der kosmische Zustand eines Planeten einer genauen Betrachtung wert und muß hier alles sorgfältig geprüft werden, dann ist die zweite Art der Einflüsse aufzudecken. Das ist anfangs schwierig, aber gerade in diesen Einflüssen liegen die Gründe vieler unheimlicher Zusammenhänge verborgen. Es handelt sich um die Veränderung der *lokalen Determination*.

Daraus ergibt sich für den Partnerschaftsvergleich die sehr präzise Feststellung einer Tatsache, die schicksalhaft werden kann. Denn sie ist die Ursache vieler Änderungen im Laufe des Lebens, die teils günstig, teils ungünstig sein können. Nämlich: Die Planeten eines Partners vermögen auch lokal zu wirken, das heißt, sie wirken in den betreffenden Häusern.

Unglaublich, welche Möglichkeiten durch diese Kräfte gegeben sind! Ist es nicht auf diese Weise möglich, daß man das eigene Leben erfolgreicher gestalten kann, wenn man nur den richtigen Partner gefunden hat? Die Astrologie bietet ein geradezu einfaches Schema an, um jene Schicksalsfaktoren zu erkennen, die den Lebensweg eines Menschen gestalten. Man nehme, so lehrt die klassische Astrologie, zwei Horoskope und untersuche die lokale Determination der Planeten. Also ihre Wirkung in den Häusern des Horoskopbesitzers und auch in den Häusern des Partners. Die damit möglichen Aussagen können als verbindlich gelten, denn es kommt so gut wie niemals vor, daß die überlieferten Deutungsregeln nicht stimmen. Immer vorausgesetzt, daß exakte Geburtszeitangaben vorliegen.

In aller Deutlichkeit gesagt: Alle Planeten eines Menschen können im Horoskop eines anderen zur Geltung kommen und dort auf die Häuser, allen voran auf die Spitzen des ersten und zehnten Hauses, einwirken. Man kann durch einen Partner ein anderer Mensch werden — wenn es zu einer anderen Charakterentwicklung kommt —, und das geschieht durch Veränderungen im ersten Haus. Man kann auf seinem Lebensweg eine entscheidende Veränderung erfahren, wenn das zehnte Haus durch die Sterne des Partners bestrahlt wird.

Will man solche Einflüsse astrologisch untersuchen, muß man sich in erster Linie die Planetenprinzipien vor Augen halten. Was macht die Sonne, was der Mond, welches Prinzip verkörpert der Saturn, wie hat man sich einen Marseinfluß vorzustellen? Das ist nicht einfach und erfordert ein beträchtliches Maß an Studium.

Konkret gesprochen: Man wird einmal das eigene Horoskop nehmen und darauf die Planeten des Partners eintragen, am besten mit einer anderen Farbe, so daß es keine Verwechslungen gibt. Dann wird man leicht feststellen können, daß die Planeten des Partners in ganz anderen Häusern stehen als in dessen Radixhoroskop — bei Aszendentengleichheit allerdings nicht — und daß es verschiedene Aspekte gibt. Diese muß man genau zeichnen und aufschreiben.

Erst dann beginne man mit der Deutung. Man sollte sich dabei Zeit lassen, man kann oft die einzelnen Zusammenhänge nicht sofort erkennen, und es kommt immer wieder vor, daß man am nächsten Tag, wenn man das Horoskop wieder zur Hand nimmt, »mehr« sieht als am Vortag. Viel ist zu prüfen, das Positive und das Negative. Am schwierigsten ist die Bewertung aller Einflüsse, die endgültige Aussage, die Frage, welche Wirkungen dominieren, welche treten nicht so stark in Erscheinung.

Alle Planeten, die von einem Partner in das eigene zehnte Haus zu stehen kommen, wirken, soweit sie selbst nicht schlecht aspektiert sind, sehr stark, weiters je nach Prinzip und schließlich in Verbindung mit den eigenen Planeten.

Ein Beispiel: Jemand hat ein leeres zehntes Haus und kann den Saturn des Partners in dieses Horoskopfeld eintragen. Das ist kein günstiger Aspekt, denn man wird zunächst vermuten, daß es auf diese Weise zu einer beruflichen Hemmung, schließlich sogar zu einem persönlichen Untergang kommt. Denn der Saturn des Partners im eigenen zehnten Haus bedeutet immer eine große Gefahr für die eigene Existenz. Doch wenn dieser Saturn die Spitze einer Drachenfigur bildet, wenn dieser Planet die besten Aspekte erhält, dann kann alles nicht so schlimm sein. Es wird vielleicht viele Mühen kosten, aber eines Tages wird man etwas erreichen, was von Dauer ist.

Oder es hat jemand ein wohlbesetztes zehntes Haus, und bisher hat es im Berufsleben immer nur Aufstieg und Erfolge gegeben. Nun kommt der Uranus des Partners, schlecht bestrahlt, in dieses Horoskopfeld, und damit beginnen die Veränderungen, die nach und nach alles Aufgebaute zerstören.

Nicht nur das zehnte Haus, nicht nur der Aszendent, natürlich auch alle anderen Häuser können solcherart beeinflußt werden. Es gibt Partnerschaften, wo man in rascher Folge den Wohnsitz wechselt, weil das vierte Haus plötzlich andere Aspekte erhält, es ergibt sich oft durch eine Partnerschaft eine sofortige Änderung des ganzen Freundes- und Bekanntenkreises, und es kann vorkommen, daß man mit seinem Leben nunmehr etwas ganz anderes anzufangen weiß. Ein Mann heiratet, ändert Beruf, Wohnsitz und Charakter, wird im wahrsten Sinn des Wortes ein anderer und kommt in eine neue, bessere soziale Stellung.

Das alles ist alltäglich, es ist nur deswegen immer so schicksalhaft, weil man davon überrascht wird und weil man mit den Veränderungen oft vor die Frage der richtigen Entscheidung gestellt wird. Entscheiden heißt aber immer auch verzichten, man muß zwischen verschiedenen Möglichkeiten wählen, und mit der Entscheidung für die eine Sache muß man eine andere aufgeben. Das ist hart, oft recht schmerzlich, und kein Mensch liebt solche Veränderungen.

Mit Hilfe der Astrologie kann man die Notwendigkeit solcher Änderungen rechtzeitig aufzeigen, wodurch man sich entsprechend darauf vorbereiten kann. Das ist der Sinn genauer Partnerschaftsuntersuchungen. Denn ausweichen kann man dem Schicksal nicht, man kann aber die einzelnen Schicksalsfügungen rechtzeitig und richtig auswerten und so das Beste aus ihnen herausholen. Man wird bei der Berücksichtigung der astrologischen Aspekte die Erfahrung machen, daß es eines großen Verantwortungsbewußtseins bedarf, wenn man mit einem Mitmenschen in näheren Kontakt tritt. Denn von den ersten Augenblicken einer Begegnung an verwandelt man sich selbst, wird aber auch der Partner verwandelt. Von diesem Zeitpunkt an gibt es ein gemeinsames Schicksal, eine ständige Wechselbeziehung. Sie kann den Menschen emporführen zu einer glücklichen Lebensgestaltung, sie kann materiellen Gewinn bringen, Harmonie und Zufriedenheit. Es kann aber von der ersten Begegnung an auch ein Unstern über einer Verbindung walten, es kann von dem Tag an, da man die ersten Kontakte aufnahm, das Lebensschiff in arge Not geraten und vom richtigen Kurs abweichen.

Hier eröffnen sich für jeden Astrologen ungeahnte Möglichkeiten, Menschen zu beraten, ihnen zu helfen und ihnen vor allem die jeweilige Lebenssituation zu erklären. Leider bedarf man meist so lange nicht eines guten Rates, solange alles gutgeht oder zumindest keine allzu großen Schwierigkeiten auftreten. Wenn sich aber einmal Konflikte ergeben, wenn man nicht mehr aus und ein weiß, dann ist man plötzlich bereit, jemandem sein Leid zu klagen, dann möchte man einen Rat, wie man rasch und auf die bequemste Art alles wieder in Ordnung bringen kann. Wenn das nicht immer möglich ist, dann ist man von der Astrologie enttäuscht.

Nein, man müßte sich schon von der ersten Begegnung an Gedanken darüber machen, wie sich alles entwickeln soll. Man sollte so viel Verantwortungsbewußtsein haben und wissen, daß jede Beziehung zu einem anderen Menschen einen Eingriff in seine Konstitution, in seine Lebensführung darstellt.

So betrachtet, ist der Vergleich von Horoskopen und deren Bewertung die wichtigste Tätigkeit eines erfahrenen Astrologen.

Erziehungsberatung

Eine individuelle Psychologie

Die naturwissenschaftliche Medizin entstand vor mehr als einhundert Jahren. Den Anstoß zu dieser Entwicklung gaben die Experimente des deutschen Physikers und Physiologen Hermann von Helmholtz, der durch eine zentral gelegene Öffnung in einem Spiegel Lichtstrahlen in das menschliche Auge fallen ließ und damit den Augenhintergrund sichtbar machte. Von diesem Zeitpunkt an verbanden sich die Naturwissenschaften, allen voran Physik und Chemie, immer mehr mit der Medizin, es wurden exaktere Untersuchungsmethoden gefunden, die gesamte Heilkunde gliederte sich rasch in eine große Zahl von Spezialfächern auf — eine Entwicklung, die bis heute nicht zum Stillstand gekommen ist. Das Gebäude der naturwissenschaftlichen Medizin wächst noch immer weiter.

Immer mehr Organe wurden systematisch auf ihre Funktion untersucht, neue Heilmittel erlaubten eine stets kühner werdende Behandlung, es kam zum triumphalen Sieg über die Infektionskrankheiten. Eine Folge davon ist die Verlängerung des menschlichen Lebens, eine erhebliche Vergrößerung der Lebenserwartung. Heute hat ein Mensch, wenn er das sechzigste Lebensjahr erreicht hat, die reelle Chance, noch mindestens sechzehn Jahre zu leben. Das menschliche Leben währt also im Durchschnitt länger als siebzig Jahre. Kam es in den letzten Jahrzehnten des vorigen Jahrhunderts rasch zur Spezialisierung, konnte die reine Organ-Medizin ungeheure Erfolge für sich buchen, so zeigte sich einsichtsvollen Ärzten doch sehr bald, daß mit der bloßen Erkenntnis organischer Zusammenhänge nicht immer auch die Möglichkeit zur Heilung gegeben war. Man erkannte schon sehr bald, daß seelische Vorgänge gleichfalls eine ungeheure Rolle spielen können, daß sie als Krankheitsursache, als Urheber vieler Krankheitszustände durchaus möglich sind, und es ist ein äußerst interessantes Kapitel in der Geschichte der Heilkunde, wie man nach und nach diese verschiedenen Zusammenhänge verstehen lernte.

Aus der Reihe jener Männer, die ihr Leben der Erforschung seelischer Vorgänge — mit all ihren Auswirkungen auf den Körper des Menschen — gewidmet haben, ragt der große Seelenarzt Sigmund Freud hervor. Er war es, der erstmals eine gewisse Systematik in diesen Zweig der Forschung brachte, der eine Unzahl von Äußerungen der menschlichen Seele klar analysierte und der ein Verfahren geschaffen hat, wonach man das Seelenleben des Menschen zu einem gewissen Teil erforschen kann. Seine *Psychoanalyse* ist ein an sich recht brauchbares Verfahren, um die Seele sozusagen zu sezieren und ihre verschiedenen Reaktionen kennenzulernen.

Die Psychoanalyse hat in der Heilkunde einen festen Platz gefunden, sie wird von ausgebildeten Männern und Frauen praktiziert und konnte besonders in Nordamerika größte Erfolge für sich in Anspruch nehmen. Daß sie in Europa nicht vollen Anklang fand, hat verschiedene Gründe. Zum ersten wird es das Eingeständnis sein, das schon ihr Begründer freimütig machen mußte: »Es kann vorkommen, daß ein Patient jahrelang — jahrelang! — analysiert wird, und man dann lediglich weiß, warum ihm nicht geholfen werden kann.« Das ist, sieht man vom rein zeitlichen Aufwand ab, dürftig, und es läßt sich daraus schließen, daß die Psychoanalyse kein Verfahren darstellt, wonach die sichere Heilung seelischer und organischer Störungen möglich ist. Zweitens ist sie kostspielig, denn der Psychoanalytiker läßt sich das »Liegen auf einer Couch« meist sehr teuer bezahlen. Drittens ist der Aufbau der Psychoanalyse mit der überstarken Betonung sexueller Zusammenhänge wiederholt

Gegenstand ernst zu nehmender Kritik gewesen. Schließlich muß man der Psychoanalyse den Vorwurf machen, daß sie bestenfalls erreicht, einen Menschen nach endlosen Sitzungen von gewissen Komplexen zu befreien, daß sie aber keinerlei praktische Maßnahmen veranlassen kann, wie ein Mensch erzogen werden soll und wie man es verhindern könnte, daß es überhaupt zu seelischen Störungen kommt.

Ein Schüler Freuds, der Wiener Arzt Alfred Adler, befreite die Psychoanalyse weitgehend von ihren »sexuellen Bindungen« und schuf eine Form der Psychologie, die praktische Anwendung gestattet und vor allem bei der Erziehung der Kinder beste Dienste leistet. Adlers bereits erwähnte *Individualpsychologie* ist eine Methode, die in kürzester Zeit eine Orientierung über das Zustandsbild eines Patienten gestattet und die es ermöglicht, schon nach kurzer Zeit einem Kranken zu helfen.

Adler geht von der Tatsache aus, daß der Mensch mit Minderwertigkeitskomplexen heranwächst und dann durch das Geltungsstreben diese Gefühle zu überwinden versucht. Dabei gerät der Mensch in eine gewisse Konfliktsituation zur Umwelt, und fortan wird das Leben durch eine ständige Wechselbeziehung zwischen dem Ich und seiner Umwelt bestimmt.

Die wörtliche Erklärung Adlers über den Charakter eines Menschen lautet wie folgt: »Unter einem Charakter verstehen wir das Hervortreten einer bestimmten Ausdrucksform der Seele bei einem Menschen, der sich mit den Aufgaben des Lebens auseinanderzusetzen versucht. Charakter ist also ein sozialer Begriff. Wir können von einem Charakterzug nur mit Rücksicht auf den Zusammenhang eines Menschen mit seiner Umwelt sprechen. Charakter ist eine Leitlinie, auf der sich sein Geltungsdrang in Verbindung mit seinem Gemeinschaftsgefühl durchsetzt.«

Daraus ergibt sich auch für die Astrologie eine Fülle von wesentlichen Tatsachen.

Erstens steht es seit den Arbeiten Alfred Adlers fest, daß sich ein

Charakter immer nur durch die Wechselwirkung zwischen Mensch und seiner Umwelt bilden kann. Jede Änderung der Umwelt muß daher notgedrungen auch zu einer Änderung des Charakters führen.

Zweitens ist es gewiß, daß von jedem Menschen Tendenzen ausgehen, die Umwelt zu durchdringen, sie zu erfassen und sich in ihr zu behaupten. Das nennt die Individualpsychologie das »Gemeinschaftsgefühl«, und es ist hinlänglich bekannt, daß dieses Gemeinschaftsgefühl eine höchst unterschiedliche Stärke haben kann. Astrologisch wird man sagen können, daß Cardinalzeichen weit stärker auf die Gemeinschaft einwirken als die fixen Zeichen, während ein vorwiegend labiler Mensch weit mehr Gefahr läuft, zum Spielball seiner Umwelt zu werden; seine Minderwertigkeitsgefühle können dann stärker in Erscheinung treten.

Drittens wird man bei der Adlerschen Definition den Begriff Leitlinie zu beachten haben. Hier ist angedeutet, daß es einen Ausgangspunkt für die Charakterentwicklung gibt. Die Leitlinie kann nicht von überall her gezogen werden, sie ist zunächst einmal tief in einem Menschen verankert, und mit der Zeit wird, im ständigen Auseinandersetzen mit der Umwelt, die Linie gezogen, die sozusagen als Markierung durch das Leben läuft.

In Amerika hat die Individualpsychologie von Alfred Adler sehr bald die nachhaltigsten Wirkungen gezeigt. Ihre Grundthesen wurden weitgehend anerkannt. Das Hervorragende dieser Lehre ist ihre praktische Anwendbarkeit in der Erziehung: durch das Erwecken des Gemeinschaftsgefühls, durch das Ermutigen, der Umwelt entsprechend entgegenzutreten und sich mit ihr erfolgreich auseinanderzusetzen. Die Lehre von den Lebensaufgaben und von den Pflichten geben der Individualpsychologie die Möglichkeit, ohne lange Umschweife ein Lebensproblem zu durchschauen und Abhilfe zu schaffen. Die Individualpsychologie analysiert die jeweilige Situation eines Menschen, sie fragt, wie denn die Beziehung eines Menschen zu seiner Umwelt geartet ist, wie der Mensch in seiner Auseinandersetzung mit der Umwelt funktioniert.

Dafür gibt es keine allgemeingültigen Regeln, immer muß auf den speziellen Fall Rücksicht genommen werden, immer wird die Gesamtsituation eines Individuums, wörtlich eines Unteilbaren, also eines Einzelmenschen, gewertet. Einzeln deswegen, weil es selbst unter Milliarden niemals zwei gleiche Menschen geben kann, das Individuum also immer etwas Einmaliges ist. Das ist auch eine Grundlage der Astrologie.

Höchst bemerkenswert ist die Erkenntnis Alfred Adlers, wonach schon das Kleinkind sozusagen einen Lebensplan festlegt, und daß bei der Auseinandersetzung mit der Umwelt dieser Lebensplan, diese Leitlinie möglichst genau eingehalten wird. Im astrologischen Sinn wird man hier von den Konstellationen eines Radixhoroskops sprechen, das für das Leben eines Menschen bindend ist und genau anzeigt, wie man sich mit der Umwelt auseinanderzusetzen hat.

Genau betrachtet, hat die Individualpsychologie jene Fragen gelöst, die von alters her an die Astrologen gestellt werden. Wenn man wissen will, wie sich denn der Einfluß der Gestirne im Laufe des Lebens bemerkbar macht, wieweit eigentlich durch die Geburtskonstellation das menschliche Schicksal beeinflußt wird, dann hat man früher mit dem Hinweis geantwortet, die Sterne würden geneigt machen, sie würden aber nicht zwingen. Andere Astrologen haben darauf hingewiesen, daß der Charakter das Schicksal ist, doch hat man niemals sich ernstlich die Mühe gemacht, genaue Abgrenzungen vorzunehmen.

Dies soll an dieser Stelle geschehen. Jeder Mensch wird mit einer bestimmten Veranlagung geboren, sie ist eine Realität. Im Geburtshoroskop ist diese Summe aller Veranlagungen angedeutet. Allmählich kommt es zu einer Wechselbeziehung zwischen Mensch und Umwelt. Diese Wechselbeziehung formt den menschlichen Charakter. Und dieser Charakter, nach und nach erworben und gebildet, bestimmt das Schicksal des Menschen.

Kein Wunder also, daß nach wie vor die Erziehung der Kinder eine Hauptrolle in der Schicksalgestaltung spielt. Kommt es zu einer richtigen Charakterbildung, werden alle guten Anlagen richtig und vollwertig entwickelt, können negative Tendenzen entsprechend unterdrückt werden, dann wird ein solcher Mensch, ausgestattet mit einem tadellosen Charakter, sich fraglos im Leben besser behaupten können als ein anderer, der erhebliche Charaktermängel aufweist. Es ist für den Astrologen eine feststehende Tatsache, daß mit Hilfe der Astrologie Probleme der Erziehung oft ohne Schwierigkeiten gelöst werden können.

Es ist erstaunlich, wie oft sich Erziehungsschwierigkeiten beheben lassen, wenn dergleichen Probleme richtig angegangen werden. Wenn man nicht nur bei einem Kind irgendwelche negative Eigenschaften entdeckt und ausmerzen will, sondern das Verhalten des Kindes in Beziehung zu seiner Umwelt setzt; wenn man also versucht, von der Umwelt her zu erklären, warum ein Kind, das vielleicht bisher brav war, gut gelernt hat und auch sonst nicht weiter aufgefallen ist, nun plötzlich nicht mehr gebändigt werden kann. Das ist oft leichter durch eine Besprechung mit den Eltern zu beheben als durch eine Untersuchung des Kindes. In schier unzähligen Varianten offenbart sich dem Erziehungsberater immer wieder die Tatsache, daß die Charakterbildung eine soziale Bindung erkennen läßt, daß es eine isolierte Charakterentwicklung nicht geben kann. Würde ein Mensch eingesperrt ohne Umweltbeziehung leben, hätte er keinen wie immer gearteten Kontakt zu seiner Umwelt — er könnte keinen Charakter entwickeln, er könnte sich, käme er schließlich doch mit Menschen in Kontakt, gewiß nicht behaupten.

Wenn die Astrologie lehrt und wenn durch die astrologische Praxis bewiesen werden kann, daß jede Beziehung von Menschen untereinander durch ein gegenseitiges Wirken der Planeten in den Horoskopen bestimmt wird, dann ist es nicht schwer, die ungeheure Bedeutung einer richtigen und positiven Gestirnskonstellation zu verstehen. Sie beginnt bei den Sternen der Eltern, die im Horoskop des Kindes wirken, geht über zu den Sternen der Geschwister, Verwandten und Lehrer und endet schließlich bei allen anderen Lebenspartnern, die man sich selbst sucht und die das Lebensschicksal mitbestimmen. In der Erziehung kann daher die Astrologie eine wesentliche Rolle spielen, in erster Linie durch Aufdecken von Störfaktoren, dann durch Förderung der positiven Eigenschaften und schließlich durch die Möglichkeit, Charakterverschiebungen ins Negative rechtzeitig zu erkennen und zu korrigieren.

Selbst Gegner der Astrologie werden zugeben müssen, daß dieses Anwendungsgebiet der Astrologie nur vorteilhaft sein kann. Hier wird nicht von der Zukunft gesprochen, hier werden keine vagen Andeutungen gemacht. Hier ist der Astrologe imstande, wirkliche Hilfe zu leisten.

Elternhaus

Kinder haben — und das ist ein großes Glück — immer das gleiche Erbgut wie die Eltern. Man sagt, der Apfel fällt nicht weit vom Stamm, und man kann immer wieder beobachten, daß es eine erhebliche Zahl von Eigenschaften gibt, die direkt vererbt werden, und damit wird die Harmonie in einer Familie ermöglicht. Es kommt eher selten vor, daß von vornherein und mit zerstörenden Tendenzen zwischen Kindern und Eltern eine Abneigung besteht.

Das heranwachsende Kind braucht in den ersten Lebensmonaten unbedingt die Mutter. Zum Unterschied von den Tieren, bei denen Neugeborene allein gelassen werden können, ist der Mensch viele Jahre auf die Hilfe der Erwachsenen angewiesen. Er ist in den ersten zwei bis drei Jahren allein vollkommen lebensunfähig. Daß bei einer starken Abhängigkeit zur Mutter auch eine starke Bindung an sie entsteht, ist selbstverständlich. Der Vater tritt erst später in den Gesichtskreis. Die ihm entgegengebrachten Gefühle können recht unterschiedlich sein.

Bezeichnend ist die Frage, mit der sich Kinder viele Jahre hindurch beschäftigen. Sie denken darüber nach, wen sie am liebsten haben, wer ihnen der Rangordnung nach am nächsten steht. Lange Zeit hindurch ist es die Mutter, dann können Großmütter an ihre Stelle treten oder andere Frauen, die vielleicht die Erziehung übernehmen; der eigene Vater steht meistens nicht an erster Stelle. Doch die Rangordnung kann sich ändern, es erfolgt dann eines Tages plötzlich eine Umreihung, und mit einemmal steht die Mutter auf einem weiter hinten gelegenen Platz.

Kinder sind in ihren Zuneigungen bemerkenswert ehrlich und

lassen bei einer solchen Reihung eine oft verletzende Unbekümmertheit erkennen. Das Problem, mit dem sie sich herum-
schlagen, ist für sie allerdings von integrierender Wichtigkeit.
Das Nachdenken über die Frage »Wen habe ich am liebsten?«
läßt am deutlichsten das Werden der Umwelt sichtbar werden,
den allmählichen Aufbau der Beziehung zu anderen Menschen,
an dem in den ersten Lebensjahren naturgemäß vor allem die
Eltern beteiligt sind.

Der Individualpsychologie zufolge braucht das Kind, um seine
Leitlinie zu entwickeln, in den ersten Lebensjahren unter allen
Umständen Sicherheit. So wie ein junger Baum an einen Pflock
gebunden wird, damit er gerade emporwächst und die Stürme
ihn nicht entwurzeln, genauso ist das Kind auf die Stütze der
Erwachsenen angewiesen. Die Urfrage, gefühlsmäßig vom Kind
erfaßt, ist immer dieselbe. Nämlich: Wie verläßlich sind meine
Eltern, wie sehr ist ihr Schutz in jeder Situation sicher? So erlebt
das Kind seine Eltern immer mit diesem gedanklichen und
gefühlsbetonten Hintergrund. Dabei treten schon sehr unterschiedliche Erlebnisweisen auf. Es wird in vielen Fällen der
Schutz und die Sicherheit keine so große Rolle spielen, wenn
das Kind mit eigenen dynamischen Kräften nach einer Gestaltung des Lebens drängt. Es wird aber andererseits ein um so
größeres Schutzbedürfnis haben, wenn die eigenen Kräfte nicht
so stark sind.

Der Einfluß der Eltern während der ersten Lebensjahre ist für
das ganze Leben bestimmend. Ein Kind kann sozusagen mit
Kräften aufgeladen werden und dann in jeder Hinsicht Lebensmut und Lebenstüchtigkeit gewinnen. Und es kann zu einem
Versager werden. Eigene Anlagen können unter dem Einfluß
der Erzieher voll zur Entwicklung kommen, sie können aber auch
unterdrückt werden und dann verkümmern. In diesem Zusammenhang muß darauf hingewiesen werden, daß man in der
heutigen Zeit für alles mögliche Prüfungen und Befähigungs-

nachweise braucht, daß aber jedermann Kinder in die Welt setzen darf, ohne irgend jemandem Rechenschaft darüber geben zu müssen, ob er in der Lage ist, ein Kind zu erziehen.

Was nun die Mutter betrifft, so wirken selbstverständlich deren Planeten am nachhaltigsten im Horoskop des Kindes. Erst später kommt es zu einem direkten Einfluß der väterlichen Sterne, allerdings kaum vor dem Vollenden des ersten Lebensjahres. Dann wird ununterbrochen der Charakter des Kindes geformt, wobei die elterlichen Konstellationen immer mitbestimmend sind. Man wird geboren und wächst im Elternhaus heran. In den ersten zwei Lebensjahrzehnten gehört man somit zur heranwachsenden Generation, man muß eine unglaubliche Fülle lernen, um später im Berufsleben erfolgreich sein zu können. In diesen ersten zwei Lebensjahrzehnten ist der Einfluß der Eltern dominierend, in diesen Jahren kommt es vorwiegend auf deren Verhalten an, wie sich das weitere Leben eines Menschen entwickelt. Versagen die Eltern aus irgendeinem Grund, dann kann alles unter ein ungünstiges Vorzeichen zu stehen kommen.

Aus der Schule entlassen und mit den notwendigen Lebenskenntnissen versehen, tritt der Mensch dann »hinaus ins Leben« und beginnt mit seiner beruflichen Tätigkeit. Er sucht sich einen Lebenspartner, wird mit diesem Kinder großziehen — er gehört vier Jahrzehnte oder etwas länger zur aktiven, arbeitenden Generation. Die Eltern üben in diesem Zeitabschnitt keinen so großen Einfluß mehr aus. Zumindest entspricht es der Norm, daß der herangereifte Mensch auf eigenen Füßen steht, selbst sein Schicksal in die Hand nimmt und auf den Rat der Eltern nicht mehr ununterbrochen angewiesen ist.

Schließlich, wenn man aus dem Berufsleben ausscheidet, wenn man nicht mehr selbst sein Geld verdient, wenn man zum Pensionsempfänger wird, dann gehört man zur alternden Generation. In der Gegenwart beträgt, wie schon gesagt, die Lebenserwartung eines Menschen nach dem Erreichen des sechzigsten

Lebensjahres noch rund sechzehn Jahre. Auch dieser Lebensabschnitt soll sinnvoll und erfüllend gelebt werden. Daß Eltern — soweit sie zu diesem Zeitpunkt noch am Leben sind — kaum mehr einen Einfluß haben, ist begreiflich.

Schon aus diesem kurzgefaßten »Lebenslauf« ergibt sich eine Art Konzentration des elterlichen Einflusses, soll er richtig und für das ganze Leben positiv sein. Schwererziehbare Kinder kommen meist aus einem desolaten Milieu, haben in der frühesten Entwicklung unter schlechtesten Einflüssen zu leiden gehabt, wobei vor allem die Eltern aus irgendeinem Grunde versagt haben. Wohl jeder hat schon einmal einen Fall erlebt, wo es zu keiner günstigen, fruchtbaren Beziehung zwischen Eltern und Kindern gekommen ist. Daß nicht nur die Kinder den Eltern gegenüber Pflichten haben, daß auch die Eltern verpflichtet sind, den Lebensweg der Kinder richtig vorzubereiten, ist allgemein bekannt. Das tägliche Leben aber lehrt, daß es oft nicht gelingt, diese Pflichten zu erfüllen. Erziehungsfehler werden gemacht, schlechte Milieueinflüsse werden nicht entfernt — beides wirkt sich höchst ungünstig auf den Lebensweg des Kindes aus.

Ein Kind, das in den Jahren der Ausbildung, des Heranwachsens von seinen Eltern richtig erzogen wird, braucht später den ständigen Rat der Eltern nicht mehr. Werden seitens der Eltern dem Kind der richtige Begriff vom Guten und Bösen, Richtigen und Falschen, Notwendigen und Überflüssigen beigebracht, lernt das Kind, sich richtig zu entscheiden, lernt es auch das Verzichten, dann ist das Rüstzeug für sein Leben ausreichend, und der weitere Lebensweg kann selbständig gegangen werden. Andererseits aber machen Versäumnisse in der Erziehung sich negativ bemerkbar und fallen immer auch auf das Elternhaus zurück.

Astrologisch gesehen ist der Lebensweg eine Linie, nämlich die Achse vom vierten zum zehnten Haus. Alle Einflüsse des Elternhauses können sich hier am stärksten auswirken. Zeichnet man die Planeten der Eltern in das Kosmogramm des Kindes, dann läßt sich sofort erkennen, welcher Elternteil den größten Einfluß auf das Kind haben wird und ob es zu einer dauernden Harmonie zwischen Kind und Eltern kommt oder nicht. Der Lebenserfolg, somit alle Belange des zehnten Hauses werden weitgehend von den Sternen der Eltern mitbestimmt.

Fällt beispielsweise die Sonne des Vaters in das zehnte Haus des Kindes, gibt es dazu womöglich noch ein Trigon des väterlichen Jupiters zur Spitze des zehnten Hauses, dann sind dem Kind Erfolg und gute Lebensposition gesichert.

Vielfältig ist der Einfluß, den die Eltern auf ein Kind ausüben. Sie mögen sich noch so bemühen, die Programmierung durch die Sterne ist nicht zu umgehen. Wir wissen, daß allzu starkes Behüten des Kindes Lebensschwäche erzeugt, daß die sogenannte Affenliebe nur eine Verzärtelung bewirkt, die sich später meist schädlich auswirkt. Die Hand der Eltern soll gütig und streng sein, das Erziehungsprogramm soll vor allem der Ertüchtigung dienen. Daß man von den Eltern in erster Linie den Wert der Arbeit schätzenlernen soll, ist besonders heute, da so viele junge Menschen vorzeitig das Elternhaus verlassen und dann keine Beziehung zur Arbeit finden, von allergrößter Wichtigkeit.

Beginnen wir mit den Planeten der Mutter. Selbstverständlich gelten für die Beziehung Mutter — Kind die gleichen Regeln wie bei jeder anderen Partnerschaftsbestimmung. Es gibt also fördernde und trennende Aspekte, man muß hier nur eine etwas andere Wertung insoweit vornehmen, als auch die Dauer der Aspektwirkung eine entscheidende Rolle spielt. Ein Kind ist viele Jahre an die Mutter gebunden, es kann daher zum Beispiel ein Trennungsaspekt nicht sofort wirksam werden. Wenn ungünstige Planetenverbindungen vorliegen, dann haben sie meist eine sehr tiefgreifende Wirkung auf die Charakterbildung, die später die Wahl eines Lebenspartners sehr erschweren kann. Ungünstige Aspekte zwischen Mutter und Tochter können leicht zu einer Lebenskatastrophe führen, wenn nämlich einerseits die Bindung des Kindes an die Mutter zu stark ist und andererseits eine Trennung nicht rechtzeitig erfolgt. Das sind dann jene tragischen Fälle, wo die Partnerwahl versäumt wird, wo eine Frau bei der Mutter bleibt, die mehr und mehr »pflegebedürftig« wird. Es kann dann eines Tages so weit kommen, daß die bereits pensionierte Tochter noch immer die Mutter, die ihr Leben lang angeblich krank war und mittlerweile schon im zehnten Lebensjahrzehnt lebt, zu pflegen hat.

Solche starken Bindungen sind auch zwischen Mutter und Sohn möglich. Saturn spielt dabei meist eine sehr große Rolle, indem der mütterliche Ringplanet an irgendeiner entscheidenden Stelle des Kindes steht. Es können auch durchwegs positive Aspekte zu dieser bekannten Erscheinung führen, daß man den Eindruck haben könnte, der Sohn ist mit der eigenen Mutter verheiratet. Sie wacht ängstlich darüber, daß der oft schon im Erwachsenenalter befindliche »Bub« nicht in »schlechte Gesellschaft einer liederlichen Frauensperson« gerät. Wen auch immer der Sohn als Partnerin wählt, die eigene Mutter ist auf jeden Fall dagegen, und kommt es trotzdem zu einer Eheschließung, herrscht zwischen Frau und Schwiegermutter meist eine furchtbare Feindschaft. Allerdings hat es den Anschein, als könnten sich Söhne doch leichter von der Mutter lösen, wobei zumindest bis zur Gegenwart der Militärdienst eine große Rolle spielt. Der Sohn muß weg von der Mutter, ob er will oder nicht. Kommt er zurück, ist die »geistige Nabelschnur« meistens durchtrennt.

Wertet man die Wirkung der mütterlichen Planeten nach dem astrologischen Gesichtspunkt, dann spricht man in diesem Zusammenhang von einer Rhythmisierung des Lebens. Aufgabe der Mutter ist es, die physiologischen Mechanismen zu rhythmisieren, womit auch weitgehend die Anpassung an die Umwelt erreicht wird. Das heranwachsende Kind muß lernen, zur rechten Zeit zu schlafen, zu essen, später kommt die Körperpflege dazu, das Ankleiden, das Spielen und die Zeiteinteilung und vieles mehr. Es ist nach all dem bisher Gesagten klar, daß beispielsweise eine Hemmung durch den Saturn der Mutter auf die kindlichen Rhythmen sich ungemein verhängnisvoll auswirken kann, daß aber andererseits der Gleichklang möglich ist, wenn die Lebensrhythmen von Mutter und Kind übereinstimmen.

Der Vater hat im allgemeinen keinen Einfluß auf diese Regulierung des kindlichen Lebens. Er ist meist berufstätig und hat daher keinen so engen Kontakt mit dem Kind, außerdem ist er gerade in dieser Hinsicht, im richtigen Einfühlen, oft merkwürdig unbeholfen. Seine Einflüsse sind anderer Art, sie vollziehen sich vorwiegend auf geistigen Gebieten. In einer intakten Familie pflegt die Mutter immer dann, wenn ein Kind komplizierte Fragen stellt, die Antwort dem Vater zu überlassen. Er soll in der Familie durch seine richtige »Weltanschauung«, durch seine umfassende Lebenserfahrung, durch seine Erfahrung im Lebenskampf führend sein, letzte Entscheidungen soll daher der Vater zu treffen haben. Das Kind lernt von ihm die Achtung vor der Autorität, vor allem soll sich im kindlichen Denken ein Wertschema bilden, eine klare Vorstellung, was richtig oder falsch, notwendig oder überflüssig ist.

Darüber hinaus trägt der Vater nicht nur für die Bildung des Wissens, für den geistigen Aufbau eines Kindes die Verantwortung. Er muß seinen Kindern den richtigen Lebensweg zeigen können, er muß ihnen die Möglichkeit geben, daß sie später selbständig im Berufsleben bestehen können. Günstige Planetenwirkungen des Vaters auf den Aszendenten oder auf die Spitze des zehnten Hauses bei einem Kind sind imstande, lebenslanges Glück zu bringen.

Im astrologischen Sinn wird man den mütterlichen Einfluß insgesamt mehr den vegetativen und seelischen Funktionen im Kind zuordnen. Hier werden in erster Linie Mondprinzipien wirksam. Beim Vater spielt die Stellung der Sonne, ihre Aspektierung, somit also das geistige Prinzip die weitaus größere Rolle.

Harmonische Bindungen werden Schwierigkeiten in der Erziehung nicht aufkommen lassen. Und sollten dennoch Erziehungsschwierigkeiten auftreten, dann wird man, von der astrologischen Warte aus gesehen, meist in der Lage sein, diese Disharmonien zu lösen. Es bleibt allerdings die Frage offen, inwieweit eine einmal erkannte Unverträglichkeit beseitigt werden kann. Man kann nicht einfach den Vater aus einer Familie entfernen, nur weil sein Saturn beispielsweise auf der Sonne eines seiner Kinder steht. Da sich in der Praxis immer wieder beweisen läßt, daß durch Erkennen und Entgegenkommen solche Krisensituationen entschärft werden können, wäre Pessimismus fehl am Platz.

Man erinnere sich: Mit wem immer man in näheren Kontakt tritt, immer wirken die Planeten gegenseitig. Es sind also auch Personen, die nicht zur Familie gehören, durchaus imstande, auf das Kind entscheidenden Einfluß zu nehmen. Sehr häufig sind solche Planeteneinflüsse positiv, sie können sogar mithelfen, irgendwelche ungünstige Konstellationen in einer Familie auszugleichen. Es kann der Fall eintreten, daß sich ein Kind mit dem eigenen Vater nicht sehr gut versteht, mit dessen Bruder aber sehr gut harmoniert. Häufige Besuche des Onkels können dann unter Umständen sehr nützlich für die kindliche Charakterentwicklung sein.

Unzählige Erziehungsschwierigkeiten, unzähliges Leid durch Nichtverstehen lassen sich unschwer beseitigen, wenn man die Ursachen der Disharmonien erkennt. Es gibt sehr viele Erziehungsberatungsstellen, wo man Rat und Hilfe finden kann. Eine astrologische Wertung der einzelnen Horoskope — und das kann aus langjähriger Praxis bestätigt werden — gibt die Möglichkeit, in relativ kurzer Zeit vorhandene Schwierigkeiten zu analysieren. Denn positive und negative Ergebnisse einer Erziehung sind weitgehend von den Planetenkonstellationen abhängig. Hier den richtigen Weg zu finden oder zu verfehlen, bestimmt das Lebensschicksal.

Geschwister

Zu den eindrucksvollsten Erkenntnissen der Individualpsychologie von Adler gehört die Lehre von der »Geschwisterreihe«, von der Tatsache, daß die Charakterentwicklung eines Kindes zu einem sehr erheblichen Teil von der Zahl der Geschwister und auch von der Position innerhalb derselben abhängig ist. Obwohl die Individualpsychologie gerade hier durch umfassende Statistiken verschiedene Zusammenhänge klären konnte, ist man im täglichen Leben wenig bereit, diese Tatsachen praktisch zu verwerten. Daß es so viele neurotische Menschen gibt, daß derartige Störungen zwischen dem Ich und seiner Umwelt meist schon von den ersten Kindheitsjahren an bestanden haben, wird wenig beachtet.

Kommen neurotische Menschen zum Arzt, klagen sie über eine Unzahl von Beschwerden, von denen der größte Teil seelisch bedingt ist, so werden gerne und bequem Tabletten, Tropfen oder Dragées verordnet, ohne nach den wahren Ursachen zu forschen. Daran können auch die vielen Hinweise jener nichts ändern, die als Psychosomatiker immer wieder versuchen, Neurosen zu analysieren. Und wenn schon die medizinische Psychologie, allen voran die Individualpsychologie, so wenig Anklang findet und in der Praxis eher selten ihre Anwendung erfährt, wie soll dann erst die Astrologie den Erziehern, Pädagogen und Lehrern behilflich sein können? Eine Neurose zu behandeln, fordert vom Kranken zunächst Selbsterkenntnis, Selbstkritik und Bereitschaft, an sich selbst zu arbeiten. Das ist unbequem, Ratschläge solcher Art, woher auch immer sie kommen, sind nicht erwünscht.

Da ist zum Beispiel ein Knabe, Erstgeborener, Stolz der Eltern, sogenannter Stammhalter, ersehnt, bewundert und von beiden Elternteilen geliebt. Er wächst heran, ein, zwei oder drei Jahre, dann entbindet die Mutter ein zweitesmal und schenkt einem Mädchen das Leben. Ein Vorgang, der sich auf dieser Erde schon millionenmal ereignet hat und zu den natürlichsten Gegebenheiten zählt. Doch was geschieht auf einmal? Welche Änderungen gehen in der Familie plötzlich vor?

Die rechtliche Stellung des Knaben bleibt unbestritten, er ist nach wie vor der Erstgeborene. Es ändert sich auch an der Liebe der Eltern wenig, denn sie sind nach wie vor stolz auf ihren Stammhalter. Das Mädchen aber, im Schatten des vielgeliebten Bruders heranwachsend, empfindet den Vorsprung als eine Art Herausforderung. Es beginnt mit einer wahren Dynamik aufzuholen: Alles, was der große Bruder bekommt, will auch sie, alles, was er schon kann, bemüht sie sich, so rasch als möglich auch zu können. Während dem Bruder alles von den Eltern gegeben wird, muß sich das Mädchen erst darum bemühen. Während er, der Stammhalter, von vornherein eine Rolle geschenkt erhielt, muß das Mädchen erst lernen, muß sich plagen, um auch eine Rolle spielen zu können. Das Ergebnis sieht meist danach aus, der Knabe ist verweichlicht und keineswegs lebenstüchtig, das Mädchen aber versteht schon sehr bald, mit beiden Beinen im Leben Fuß zu fassen. Und besitzt a priori einen wesentlich größeren Lebensmut.

Alfred Adler konnte dies in vielen Fällen an Hand des Schwimmunterrichtes beweisen. Erstgeborene Knaben lernen schwer schwimmen, fürchten sich ein ums andere Mal, während die Mädchen unbekümmert ins Wasser springen und sehr bald ohne fremde Hilfe schwimmen können.

Dergleichen Beispiele ließen sich in großer Zahl anführen. Sie beweisen, daß mit der Geburt eines neuen Geschwisters die Position eines bereits vorhandenen Kindes in der Familie verändert wird, daß sich alle Konstellationen ändern, daß von diesem Augenblick an alle Beziehungen eines Kindes zu seiner Umwelt anders werden. Das kann einmal positive Folgen haben, kann aber auch weitgehend negative Reaktionen auslösen. Eine der merkwürdigsten und in jeder Hinsicht geradezu rätselhaften Störungen der Gesundheit hat hier ihre Ursache, nämlich das Bettnässen. Die Enuresis nocturna kommt normalerweise immer nur bei Knaben vor und ist als Protesthaltung gegen eine solche Änderung aufzufassen. Ein Knabe beginnt plötzlich jede Nacht ins Bett zu urinieren, scheinbar übermäßig viel Harn wird entleert, und das geschieht regelmäßig ohne Aufwachen, im tiefsten Schlaf.

Da bei der Enuresis alle Ermahnungen und Strafen nichts nützen, hat man allerlei Mittel und Wege versucht, von denen die Flüssigkeitseinschränkung noch immer am häufigsten gehandhabt wird. Der Knabe bekommt ab einer bestimmten Nachmittagsstunde nichts mehr zu trinken, wird angehalten, so oft als möglich vor dem Zubettgehen zu urinieren. Das Ergebnis dieser Bemühungen ist enttäuschend, denn es kommt trotzdem wieder zu einer massiven Harnflut, so daß man sich wundern muß, woher der viele Harn überhaupt kommt.

Und erst die seltsamen Reaktionsformen, wenn man den Buben nachts aufweckt und ihn auf die Toilette führt! Er geht, antwortet auf Fragen, uriniert sogar, legt sich wieder ins Bett, um daraufhin wieder alles einzunässen. Geradezu unheimlich ist das Phänomen, daß er sich am Morgen an dieses Aufgewecktwerden gar nicht erinnern kann, daß er offenbar gar nicht wach geworden war. Der junge Mensch schläft also tief, er ist praktisch gegen die Umwelt abgeschirmt und hält selbst im Schlaf diese Protesthaltung ein, indem er ins Bett uriniert.

Kommt der Knabe aber zu »fremden« Personen, etwa zu den Großeltern oder gar zu entfernten Verwandten, wird er von den verzweifelten Eltern ins Krankenhaus gegeben, dann unterbleibt das Bettnässen so gut wie immer. Es ist niemand mehr da, gegen den sich der Protest richten kann. Alles ist also an das Milieu des Elternhauses gebunden, an das Elternhaus mit der neuen Geschwisterreihe, denn das Bettnässen tritt meist bei der Geburt eines neuen Geschwisters auf oder wenn die Eltern ein anderes Kind mehr oder weniger deutlich bevorzugen. Wenn auch jahrelang mit jeder nur erdenklichen Behandlung kein Erfolg zu erzielen ist, eines Tages hört diese Enuresis vollständig, fast plötzlich auf. Wenn nämlich die Pubertät abgeschlossen, wenn aus dem Kind ein Jüngling geworden ist. Dann besitzt dieser junge Mensch so viel Selbstvertrauen, daß er diese Haltung nicht mehr braucht.

Mit diesem etwas ausführlicheren Hinweis auf ein medizinisches Problem soll gezeigt werden, wie unglaublich nachhaltig die Geschwisterreihe wirken kann, daß jede Verschiebung der Konstellationen die tiefgreifendsten Wirkungen haben kann.

Bis zum heutigen Tag ist nur die Astrologie imstande, hier eine entsprechende Erklärung zu geben. Sie kann die Verschiebung einer solchen Konstellation registrieren und deuten. Die Medizin und mit ihr die Psychologie können in solchen Fällen eine befriedigende Erklärung nicht geben. Man hat sich bislang damit begnügt, die Geburt eines Geschwisters als Anlaß zu registrieren, wodurch bei einem älteren Knaben eine Enuresis ausgelöst werden kann. Man hat aber diese so tiefgehenden seelischen Wirkungen nicht erforscht und auch gar nicht Mittel und Wege gefunden, diese in irgendeiner Form verständlich zu machen. Man begnügt sich mit der Feststellung, daß in einem relativ hohen Prozentsatz solche Reaktionen auftreten, daß Knaben zu dieser Protesthaltung veranlaßt werden und ein so merkwürdiges seelisches Verhalten demonstrieren. Halten wir fest: Es gibt schließlich viele Familien, wo dergleichen Reaktionen nicht vorkommen, wo Kinder sich vom ersten Tag an lieben, wo sich ein Knabe über die Geburt seiner Schwester unbändig freut und wo es niemals Differenzen gibt. Es gibt Familien, wo die Geschwister in einer hervorragenden Weise zusammenhalten, wo die Eltern immer sozusagen einer kindlichen Einheit gegenüberstehen.

Dann gibt es Geschwisterreihen, wo früher oder später ein Kind die Führerrolle übernimmt, wo sich alle anderen widerspruchslos fügen und diese Rolle anerkennen, ohne Protest, ohne irgendwelche Machtkämpfe. Ähnliche Verhaltensweisen kann jedermann bei eigenen und fremden Kindern erleben. Es steht fest, daß diese Geschwisterreihen einmal so, dann wieder so das Verhalten der Kinder formen, verändern und daß es ein breites Spektrum von Reaktionen gibt. Auf der Negativseite stehen Abneigungen, Bettnässen, viele andere Abnormitäten, die das Zusammenleben der Kinder erschweren oder gar unmöglich machen, auf der anderen Seite steht die Fülle von gegenseitiger Hilfe, Kameradschaft, Lebensfreundschaft und echter Geschwisterliebe. Das sind Tatsachen, man braucht sie nicht weiter ergänzen. Fragt man aber einen Pädagogen, will man wissen, warum die Reaktionen einmal so, dann wieder anders sind, dann wird man umschreiben und meist völlig nichtssagende Antworten erhalten.

Die Astrologie vermag eine Klärung zu bringen. Die Beziehung zwischen den Geschwistern ist im dritten Haus festgelegt. Es ist darin nicht enthalten, ob man überhaupt Geschwister hat oder wie viele. Es läßt sich daraus nur erkennen, wie das Verhalten der Geschwister untereinander sein wird. Das dritte Haus gibt Auskunft über alle Angelegenheiten, die mit der Erkundung, Ausweitung, Beziehung zur Umwelt zu tun haben. Dazu gehören in erster Linie die Geschwister, denn mit seinen Geschwistern hat man vom ersten Lebenstag an Kontakt. Wenn es in den Beziehungen der Geschwister zu Spannungen und Unverträglichkeiten kommt, so kann zunächst die Konstellation des dritten Hauses schuldtragend sein, indem von Anfang an eine gewisse Beziehungsschwäche oder eine gestörte Beziehung vorliegt.

Das dritte Haus allein ist aber nicht entscheidend. Zusätzlich muß man jene Planeten berücksichtigen und werten, die in den Horoskopen der Geschwister sich gegenseitig beeinflussen. Man kann mit einiger Erfahrung sagen, daß Unverträglichkeiten eher zu den Seltenheiten gehören, es kommt nicht sehr oft vor, daß zwei Kinder von den gleichen Eltern so vollkommen verschieden sind, daß ein Zusammenleben nach und nach unmöglich wird. In der Regel gibt es eine Fülle gemeinsamer Eigenschaften, die irgendwie eine Art Brücke bilden und wodurch das Zusammenleben auch dann erträglich ist, wenn schlechte Aspekte vorhanden sind.

Natürlich gelten, wie schon erwähnt, für die Beziehungen der Geschwister untereinander alle Regeln, wie sie auch für den Partnerschaftsvergleich bestehen. Es kommen aber noch jene Umstände dazu, die alle gegenseitigen Aspekte wesentlich verstärken. Alles spielt sich auf engstem Raum ab, ferner kommt es zu keiner Trennung, so daß sich günstige Aspekte ganz entscheidend verbessern, schlechte aber um so gravierender in Erscheinung treten. Wenn Aszendent, Sonne und Mond grundverschieden sind, dann kann es vorkommen, daß die Eltern große Schwierigkeiten bei der Erziehung haben, weil es einfach nicht gelingen will, alle Wünsche und Strebungen auf einen gemeinsamen Nenner zu bringen.

Es soll auch auf die entscheidende Tatsache hingewiesen werden, daß der Einfluß der Eltern — meist allerdings nur eines Elternteiles — oft so stark ist, daß es zu keiner bedeutenden Beeinflussung zwischen Kindern untereinander kommt. Die Sonne des Vaters im Horoskop des Kindes spielt gewiß eine größere Rolle als die Sonne eines Bruders oder einer Schwester, denn die geistigen Funktionen sind hier ungleich. Es spielt daher, wenn es um die geistigen Prinzipien geht, die Konstellation der Erwachsenen eine weitaus entscheidendere Rolle.

Herrscht in einer Familie ein Elternteil besonders nachhaltig, dann orientieren sich Kinder unter Umständen ausschließlich nach diesem Elternteil, die gegenseitigen Konstellationen spielen in diesem Fall keine große Rolle. Das alles läßt sich bei astrologischen Analysen unschwer herausarbeiten, und es ist verwunderlich, daß man bei Erziehungsschwierigkeiten so wenig darauf achtet. Es ist doch möglich, gewissen negativen Konstellationen immer rechtzeitig entgegenzuwirken, und es läßt sich innerhalb der Geschwisterreihe oft eine gewisse Harmonie herbeiführen, wenn man die entsprechenden Gefahrenpunkte kennt. Pädagogen mögen nicht entrüstet sein, wenn die Astrologie hier gewisse Behauptungen aufstellt, die alles etwas simplifizieren. Aber die gestörten Beziehungen sind nun einmal leicht und einfach wieder in Ordnung zu bringen, wenn man sich ein wenig mit der Charakterkunde beschäftigt. Und die Astrologie ist in der Erziehungsarbeit ein ungemein wertvoller Faktor, um Charaktereigenschaften zu erkennen, sie zu entwickeln und dabei einem heranwachsenden Menschen behilflich zu sein.

Lehrpersonen

Nehmen wir den Idealfall an, daß nur diejenigen den Lehrberuf ergreifen, die sich dazu berufen fühlen und die die nötigen Voraussetzungen für diese Tätigkeit mitbringen. Nehmen wir weiters an, daß alle diese Lehrpersonen die Grundlagen der Erziehungslehre, der Pädagogik, beherrschen und auch entsprechend anzuwenden imstande sind, daß es also nur vorbildliche Lehrer gibt, ausgestattet mit allen beruflichen Fähigkeiten und mit einem gewissen Ehrgeiz, Kinder zu erziehen, ihnen die nötigen Kenntnisse beizubringen, sie für das Leben ausreichend vorzubereiten. Nun kommt eine dieser Lehrpersonen in eine Schulklasse, hat erstmals eine gewisse Anzahl von Schülern vor sich, in der Regel zwanzig bis dreißig, und der Unterricht beginnt. Jeden Tag, sechsmal in der Woche, in den höheren Lehranstalten weniger oft und weniger lang, bilden die Schüler mit ihren Lehrern eine Einheit, eine Gemeinschaft, wobei vorwiegend von den Lehrpersonen aus der Einfluß auf die Kinder erfolgt.

Der Lehrer findet — wie das so zu sein pflegt — von den ersten Stunden an diese und jene Schüler sympathisch, bei einigen weiß er sofort den Namen, merkt sich deren Gesichtszüge, spricht diesen oder jenen beim nächstenmal schon mit Namen an, während andere Schüler im Hintergrund bleiben. Bei der Lernarbeit, bei den Aufgaben, an der Schultafel, im privaten Gespräch drängen sich aber auch dem Lehrer gleichsam einige Schüler immer wieder auf, zeigen sich besonders aktiv und wollen ihr Mittun so deutlich wie möglich demonstrieren, während sich andere scheu zeigen und eher passiv bleiben. Das sind Alltagsbeobachtungen, jeder Lehrer wird dies bestätigen.

Wie tiefgreifend aber solche Konstellationen in der Erziehung wirken können, mag durch den Hinweis erklärt werden, daß auch die Planetenkonstellationen gewisse Rhythmen zeigen und diese einmal stärker, dann wieder schwächer in Erscheinung treten. Man muß sich daran erinnern, daß im Horoskop eines jeden Menschen an irgendeiner Stelle Planeten als Wohltäter und als Übeltäter stehen, an einem bestimmten Punkt in einem Tierkreiszeichen. Jeder hat seinen Saturn, jeder seinen Mars, seinen Uranus und seinen Neptun, jene Planeten also, die bei einer Partnerschaft eine sehr starke, meist eine eher ungünstige Rolle spielen. Nehmen wir an, ein Lehrer hat seinen Radixsaturn auf elf Grad Skorpion stehen, dann zeigt eine kurze Betrachtung des Tierkreises, daß dieser Saturn allfällige Planeten in den Zeichen Wassermann und Löwe quadriert, zu Planeten im Stier aber in Opposition steht. Das heißt, daß es Jahrgänge geben muß — ein Jahrgang hat meist den Saturn im gleichen Zeichen, zumindest aber in einem eher begrenzten Teil des Tierkreises —, mit denen der Lehrer einmal besser, dann wiederum schlechter harmoniert. Er wird unter Umständen alle sieben bis acht Jahre gewisse Schwierigkeiten haben, sollte er regelmäßig mit bestimmten Jahrgängen beisammen sein.

Doch dies allein ist nicht entscheidend. Viel wichtiger ist die Tatsache, daß in einer Schulklasse mit zwanzig bis dreißig Schülern meist alle Sonnenzeichen, daß somit alle Typen vertreten sind. Manche Zeichen werden doppelt oder dreifach vorkommen, vielleicht kann auch eines fehlen. Aber der Wahrscheinlichkeit nach ist eine Mischung aller Tierkreiszeichen vorhanden. Gehen wir in unserer Überlegung einen Schritt weiter, können wir sagen, daß in dieser Klasse auch der Mond in den verschiedenen Zeichen des Tierkreises vorhanden sein muß, ebenso der Aszendent. Steht daher, um bei der erwähnten Position zu bleiben, der Saturn des Lehrers im Skorpion, dann ist mit einer gewissen Wahrscheinlichkeit anzunehmen, daß in jeder Klasse ein paar

Schüler sein werden, deren Sonne oder Mond mit dem Saturn des Lehrers eine Konjunktion bildet, es ist auch möglich, daß der Saturn im Skorpion direkt auf dem Aszendenten oder an die Spitze des zehnten Hauses eines Kindes zu stehen kommt. Aus den bisher erwähnten Beziehungen der Planeten und Häuserspitzen untereinander ergibt sich wie von selbst, daß einige Kinder durch diese Lehrperson mehr oder weniger bedrückt, gehemmt werden. Während es dem Lehrer bei den meisten Kindern gelingt, sein Wissen weiterzugeben und somit pädagogisch zu wirken, wird bei einer kleinen Zahl von Schülern der Erfolg ausbleiben. Nimmt man nicht nur den Saturn, wertet man auch die Marsaspekte, die Sonnen- und Mondquadrate und andere Aspekte, dann ergibt sich, daß der Einfluß des Lehrers auf seine Schüler und das »Mitgehen« der Schüler im Unterricht recht unterschiedlich ist.

Tatsächlich kommt es immer wieder vor, daß ganz plötzlich ein Schüler »bockig« wird und den Unterricht zu stören beginnt, weiters zeigen sich die einen grundsätzlich aufmerksam, die anderen eher nachlässig, manche sind mit einem wahren Feuereifer dabei, dem Unterricht zu folgen und die Aufgaben ohne Mühe und Widerwillen zu machen, während manchen Schülern es immer schwerer fällt, dem Lehrer zu folgen. Selbst bei der allergrößten Objektivität läßt es sich nicht vermeiden, daß ein Lehrer einem Schüler mit einemmal »aufsässig« wird. Die Folge ist eine ständige Steigerung der Disharmonie. Die Abneigung des Lehrers erzeugt im Kind Angst und Trotz, auf jeden Fall Widerwillen gegen das Lernen. Wenn die Schulerfolge zu wünschen übrig lassen, fühlt sich der Lehrer berechtigt, seine Strenge und eventuell auch die Abneigung um so deutlicher zu zeigen. Die Wirkung ist verheerend. Wenn auch den Eltern gesagt wird, das Kind soll sich mehr anstrengen und soll fleißiger lernen, so bleibt alles vergeblich. Ein solcherart gestörtes Verhältnis kann nur selten wieder in Ordnung gebracht werden.

Wir verstehen die Zusammenhänge: Es gibt, wie überall im Leben, auch in der Beziehung des Lehrers zu seinen Schülern positive und negative Aspekte, es gibt Konstellationen, die das Zusammenleben, das Zusammenarbeiten fördern, und solche, die zu Störungen und zu Hemmungen führen.

Die Einflüsse der Lehrer auf die Kinder unterscheiden sich aber wesentlich von denen der Eltern als Erzieher und von den Einflüssen der Geschwister untereinander. Denn beim Verhältnis Eltern — Kind gibt es als gemeinsame Brücke die Fülle von gleichen Erbanlagen, weiters spielen die in der Familie vorhandenen Lebensrhythmen eine entscheidende Rolle. Bei den Geschwistern kann man gleichfalls auf ähnliche Anlagen hinweisen, außerdem ist im Familienkollektiv eine große Zahl gemeinsamer Faktoren gegeben, so daß störende Konstellationen nicht so entscheidend ins Gewicht fallen. Der Lehrer aber ist für das Kind eine völlig fremde Person. Zwischen beiden gibt es keine gemeinsamen Anlagen, keine gemeinsamen Rhythmen, so verbindet das Kind vorerst nichts anderes mit dem Lehrer als die Pflicht, in die Schule zu gehen und im Unterricht aufmerksam zu sein.

Das muß man in seiner ungeheuerlichen Konsequenz verstehen: Niemand kann sagen, wie sich das Verhältnis zwischen Lehrer und Schüler gestalten wird, wenn er sein Kind in die Schule schickt. Es sei denn, man wüßte von dem Lehrer die genauen Geburtsangaben und man würde eine astrologische Analyse vornehmen. Aber das ist so gut wie niemals der Fall. Das Kind wird einer fremden Person ausgeliefert, die noch so redlich, noch so bemüht sein kann. Wenn üble Aspekte vorhanden sind, dann kann es zur Katastrophe kommen, zu einem Versagen in der Schule mit den oft schrecklichen Folgen für das ganze Leben.

Es kommt nicht selten vor, daß ein Kind in der Schule versagt, daß es nutzlos ist, durch Nachhilfestunden einen Lernerfolg erreichen zu wollen, daß in bestimmten Gegenständen, bei bestimmten Lehrpersonen ein Mißerfolg nach dem anderen sich einstellt und schließlich ein Schulwechsel vorgenommen werden muß. Und dann sind auf einmal alle Schwierigkeiten wie weggefegt, es gibt nur mehr gute Noten, und das Weiterkommen ist gesichert.

Man lernt heute die Grundlagen der Pädagogik, der Charakterkunde, jeder, der im Lehrfach tätig ist, muß die Fähigkeit besitzen, kindliche Strebungen richtig zu entwickeln, Charakteranlagen des Kindes zur Entfaltung zu bringen, das Gedächtnis der Schüler zu trainieren und ein Wissensgut aufzubauen. Bei der Ausbildung zum Lehrer wird größter Wert auf viele Dinge gelegt, die für die berufliche Tätigkeit ungemein wichtig sind. Aber die Astrologie, jener Teil der geisteswissenschaftlichen Psychologie, den die Astrologie für sich beansprucht, gehört nicht zu den Unterrichtsfächern der Lehrer. Obgleich es viele im Lehrfach Tätige gibt, die früher oder später sich der astrologischen Typenlehre zuwenden und auf diese Weise eine sehr große Unterstützung bei ihrer Tätigkeit als Lehrer gewinnen. Aber offiziell will man das nicht wahrhaben. Es ist noch kein Fall bekannt, daß man bei einem Versagen in der Schule die entsprechenden Konstellationen aufgedeckt hat.

Statistische Unterlagen fehlen. Das ist sicherlich ein großes Manko, denn längst hätte man bei Erziehungsfragen die Astrologie weit mehr als bisher heranziehen können, hätte man die nötigen Unterlagen erarbeitet. Es ist immer noch ein großer Glücksfall, ob ein Kind an den richtigen Lehrer kommt und ob es sich mit diesem »astrologisch« vertragen wird.

Man hat allerdings auf einem anderen Gebiet Experimente durchgeführt. In den USA gab es Medizinschulen, in denen man von den Ärzten und Patienten Horoskope anfertigte und ein Arzt nur jene Patienten behandeln durfte, mit denen seine Konstellationen im Einklang standen. Diese Experimente hatten überzeugende Erfolge, zumal die günstigen Konstellationen schon bei den ersten Begegnungen zwischen Arzt und Patient ein echtes Vertrauensverhältnis aufkommen ließen. Doch liegen diese Versuche schon einige Jahrzehnte zurück, und da es an Nachwuchs astrologisch geschulter Ärzte mangelt, geraten diese Experimente langsam in Vergessenheit.

In Ländern mit freier Arztwahl können die Patienten mit ihrem Krankenschein zu jedem beliebigen Arzt gehen. Gelegentliche Untersuchungen zeigen immer wieder, daß sich jeder astrologische Typ einen Arzt sucht, der dem eigenen Typ ähnlich ist, und ein Arzt mit einer Löwensonne wird mehr Feuerzeichen in seiner Kartei haben als Wasserzeichen, ein jungfraubetonter Arzt aber wird mehr Erdzeichen zu behandeln haben.

Wo eine gewisse Freiheit der Entscheidung gegeben ist, kann man nach eigenen Sympathien und Antipathien handeln. Das Kind aber, das von den Eltern in die Schule geführt wird, hat keine Wahl. Es tritt mit Personen in einen näheren, länger dauernden Kontakt, wobei alle nur erdenklichen Konstellationen möglich sind. Die Sonne des Lehrers kann auf die Spitze des zehnten Hauses des Kindes fallen, dann wird es Erfolge und ein rasches Weiterkommen geben. Es kann aber genausogut der Saturn des Lehrers diese Position einnehmen. Es sind Mars- und Venusverbindungen möglich, Jupiterkonjunktionen, Mondtrigone und Mondquadrate. Kurzum alles, was bei Partnerschaftsvergleichen eine Rolle spielt, ist auch im Verhältnis zwischen Lehrer und Schüler möglich, nur haben die Umstände dieser Beziehung hier eine zusätzliche Bedeutung. Der Lehrer ist mit einem gewissen Maß an Autorität ausgestattet, der Altersunterschied ist meist beträchtlich — dies fällt bei den Konstellationen unter Umständen sehr stark ins Gewicht.

Nachdem eine Unverträglichkeit zwischen Lehrer und Schüler niemals absichtlich oder gar böswillig herbeigeführt wird, sondern immer eine schicksalhafte Fügung darstellt, die nun einmal gegeben ist, hat es keinen Sinn, dagegen anzukämpfen. Man

340

wird den Eltern nur raten können, sofort eine Änderung zu veranlassen. Lieber ein entsprechend längerer Schulweg, lieber eine halbe Stunde das Kind früher wecken und auch sonstige Unannehmlichkeiten in Kauf nehmen, als zusehen zu müssen, wie ein ungünstiges Verhältnis nach und nach eine kindliche Fehlentwicklung herbeiführt. Charakterschäden, auf solche Weise erworben, sind sehr schwer wieder in Ordnung zu bringen, und wenn es in der einen Schule zu großen Schwierigkeiten kommt, dann sollte ein Wechsel vorgenommen werden. Das Kind kann sich in der neuen Schule bald eingewöhnen. Es müßte schon ein sehr großer Zufall sein, wenn sich dort wieder ein Lehrer fände, der astrologisch nicht zu dem Kind paßt.

Man muß dieses Problem mit allen Folgen sehen: Der Schulbesuch entscheidet oft über den weiteren Lebensweg. Eine ungünstige Konstellation einer Lehrperson kann ein Leben zerstören, ein gutes Verhältnis zu den Lehrern aber wird sicheren Erfolg bringen. Es muß nochmals in aller Deutlichkeit gesagt werden, daß man so gut wie immer die Möglichkeit hat, rechtzeitig eine Änderung herbeizuführen.

Lernen

In der Schule ist die Konstellation zwischen Lehrer und Kind wirksam, der Lernstoff wird durch Lehrpersonen vermittelt. Die Art und Weise, wie ein Kind in der Schule lernt, ist folglich weitgehend von den Qualitäten des Lehrers abhängig. Anders ist es jedoch zu Hause, wo ein Schulkind seine Aufgaben zu erledigen hat und wo gelernt werden muß. Hier wirken nicht die Konstellationen der Lehrpersonen auf das Kind ein, hier kommt all das zur Geltung, was wir im Elternhausmilieu als Summe der Konstellationen auffassen.

Man beachte den grundlegenden Unterschied: In der Schule wirken andere Konstellationen als zu Hause, daher muß auch die entsprechende Lerntätigkeit des Kindes in der Schule anders sein als im Elternhaus. Dies wird viel zuwenig bedacht, Eltern sind oft der Meinung, die Schule übernähme eine Führungsrolle, die sich auch auf die Bereiche außerhalb der Schulmauern erstreckt, und kümmern sich nicht weiter um jene Notwendigkeiten, die während der Schulzeit zu bewältigen sind. Viel zuwenig wird bedacht, daß nur dann ein Lernerfolg zu erzielen ist, wenn sich Schule und Elternhaus ergänzen und wenn zu Hause die Aufgaben ordentlich und richtig gemacht werden und der notwendige Lehrstoff gelernt wird.

Das alles kann man a priori nicht dem Kind selbst überlassen, ein paar Anleitungen allein genügen nicht. Das Lernen muß gelernt werden — ein immens schwieriger Prozeß, bei dem viele Eltern versagen, weil sie nicht wissen, was sie machen sollen.

Es beginnt schon damit, daß für das Kind oft kein entsprechender Platz zum Lernen vorhanden ist und daß die notwendige

Ruhe zum Lernen nicht garantiert werden kann. Das Kind soll womöglich auf dem Tisch, wo auch gegessen wird, wo alles mögliche herumliegt, mit dem Aufgabenmachen beginnen, wobei erst Platz frei gemacht werden muß. Dann sind meist andere Personen im Zimmer, vielleicht spielt das Radio, eventuell läuft ein Fernsehprogramm, dann wird meist noch von den Erwachsenen geraucht, geplaudert, gegessen oder getrunken. Unter diesen Voraussetzungen soll ein Kind konzentriert seine Aufgaben machen und lernen. Daß dies nur unter allergrößter Konzentration möglich ist, daß aber die Ablenkbarkeit unter solchen Bedingungen zu groß ist, ist verständlich.

In der heutigen Zeit werden Kombinationsmöbelstücke hergestellt, die allen Bedürfnissen entsprechen, die eingebaute Bar mit kunstvoller Beleuchtung fehlt in kaum einer Wohnung, es gibt einen Ehrenplatz für das Fernsehgerät, oft sind mehrere Räume miteinander verbunden, so daß der Livingroom große Dimensionen aufweist, an alles wird von den Architekten, den Möbelerzeugern und denjenigen, die sich eine Wohnung einrichten, gedacht, nur nicht an die Notwendigkeit, dem Kind seinen Lernplatz zu schaffen.

Auch das Kind braucht seinen eigenen Schreibtisch, einen Platz, wo es alle seine Habseligkeiten aufbewahren kann, wo alle Lernbehelfe beisammen liegen, den es aber auch ohne langes Fragen schmücken und verändern darf. Warum soll ein Kind nicht Bilder so aufhängen dürfen, wie es möchte? Warum darf nicht auch dort, wo es lernt, eine gewisse »geniale Unordnung« herrschen? Es muß dem Kind bewußt werden, daß es für einen bestimmten Platz in der Wohnung die volle Verantwortung trägt, daß dieser Tisch, dieses Möbelstück sein Eigentum ist, das aber auch in jeder Hinsicht von ihm betreut werden muß. Damit wird in den meisten Fällen eine ausgesprochen ideale Grundlage für das Lernen zu Hause geschaffen.

Daß man bei dieser Gelegenheit auf die Konstellation des Kindes

Rücksicht nehmen soll, auf seine Neigungen, seine bisherige Charakterentwicklung und seinen erkennbaren Lebensrhythmus, ist nicht zuviel verlangt, läßt sich durchaus realisieren. Es kann schon allein durch die Farben eine recht gute Wirkung erzielt werden, man muß hier das Kind nur ausreichend befragen und seine Wünsche in Erfahrung bringen.

Spielt also zunächst der Ort, wo ein Kind seine Aufgaben zu machen hat und wo es lernen muß, eine entscheidende Rolle, so sind die Konstellationen derjenigen Person von grundlegender Bedeutung, die das Lernen überwacht und dem Kind die entsprechenden Anleitungen gibt. Das kann die Mutter sein, das können ältere Geschwister übernehmen, oft werden auch die Großmütter oder Großväter herangezogen. Es bildet sich wiederum eine Arbeitsgemeinschaft, wieder werden dabei Konstellationen wirksam. Es ist eine genügend bewiesene Tatsache, daß sich ein heranwachsendes Kind von dem einen alles sagen läßt und lammfromm gehorcht, von einem anderen aber keinen Rat annehmen will und dann alle Bemühungen vergeblich bleiben. Daß dies so sein muß, versteht jedermann, der sich mit der Astrologie auch nur kurzfristig beschäftigt hat. Man muß nur staunen, wie wenig immer wieder daran gedacht wird. Die gegenseitigen Konstellationen sind von integrierender Bedeutung. Natürlich ist die Mutter von vornherein prädestiniert, die Lerntätigkeit des Kindes zu überwachen. Sie soll es normalerweise sein, die dem Kind die Rhythmen des Lebens beibringt. Es wird daher in den meisten Fällen der Einfluß der Mutter so groß sein, daß auch beim »Erlernen des Lernens« ihr guter Einfluß vorherrscht. Voraussetzung ist allerdings, daß die Mutter die nötigen Eigenschaften, also Geduld, Erfahrung und auch Wissen, besitzt. Daß dies meist nicht zur Gänze der Fall ist, beweisen die Erfahrungen in der Erziehungsberatung. Nervöse Mütter sind die schlechtesten Erzieherinnen. Und nervös sein heißt in diesem Fall, einer Aufgabe nicht gewachsen zu sein.

Man muß sich der ungeheuren Verantwortung bewußt sein. Ziel der Erziehung muß es sein, das Kind zu lehren, wie es seine Aufgaben richtig zu machen hat und wie es lernen soll. Daß es hier verschiedene Typen gibt, ist bekannt. Die einen Kinder lernen gut mit den Augen, also optisch, oftmaliges Lesen fördert die Merkfähigkeit. Andere wiederum merken sich alles viel besser, wenn sie es niederschreiben. Schließlich gibt es die rein akustischen Typen, die durch lautes Lernen alles am besten im Gedächtnis behalten. Daß es Kinder gibt, die besser lernen, wenn sie mit dem Buch in der Hand auf und ab gehen und dabei laut den Lernstoff wiederholen, sei nur nebenbei erwähnt.

Wenn sich herausstellt, daß die Mutter hier versagt, daß ihre Konstellationen ungeeignet sind, um das Kind das Notwendige zu lehren, dann muß der Vater oder eine andere Person die Führung des Kindes übernehmen.

Ort und Lehrperson sind also auch im Elternhaus jene Faktoren, die das Kind in die Lage versetzen, richtig zu lernen. Doch nun zu den Tätigkeiten des Kindes selbst, zu der Art, wie es lernen soll, wie es sich zu verhalten hat. Da spielt zunächst die Einteilung eine große Rolle, die Frage, welche Aufgaben zuerst erledigt werden sollen, was dazu nötig ist. Hier muß rechtzeitig erkannt werden, ob ein Kind solche Entscheidungen leicht oder schwer treffen kann. Reifen, entscheiden, verzichten heißt die Grundregel jeder Erziehung. Mit dem Reifungsprozeß muß das Kind lernen, wie man sich zu entscheiden hat. Und entscheiden heißt immer wählen zwischen mehreren Möglichkeiten. Wenn man sich für das eine entschieden hat, dann muß man das andere lassen. Man muß darauf verzichten. Das ist eine einfache Regel, millionenmal war sie Grundlage des Lebenserfolges.

Cardinalzeichen werden sich leichter entscheiden können als fixe Zeichen, während die labilen Zeichen oft große Schwierigkeiten haben. Man muß das beobachten, und man muß wissen, wie hier ein Kind reagiert. Kann ein Kind diese Entscheidung nicht treffen, dann müssen Zeit und Geduld aufgewendet werden, damit es diese Entscheidungen täglich und auch richtig treffen lernt. Also: Zunächst muß das Kind lernen, den Lehr- und Lernstoff richtig einzuteilen und Entscheidungen zu treffen, wann und wie gelernt wird.

Und erst die Art, wie nun an das Lernen zu Hause herangegangen wird! Die einzelnen astrologischen Grundtypen lassen sich ohne Schwierigkeit erkennen, und ein geschicktes Lenken der kindlichen Verhaltensweisen bringt die besten Erfolge.

Da gibt es Kinder, die vor dem Lernen umständliche Prozeduren vornehmen müssen, entweder um der harten Realität des Lernenmüssens zu entgehen oder um vorher alles zu ordnen. Dann gibt es jene cardinalen Typen, die sich sofort auf alles stürzen, alles mehr oder weniger rasch zu bewältigen versuchen und schlampig sind. Und erst die Saumseligen, die scheinbar nicht weiterkommen, die langsam und bedächtig arbeiten, vielleicht zu gründlich, vielleicht aber doch auch zu langsam!

In all diesen Fällen spielt das dritte Haus eine Rolle, ebenso die Besetzung der Häuser III und IX, weiters ist alles von der Position und Qualität der Lernplaneten Uranus, Merkur, der Willensplaneten Mars und Saturn abhängig. Man kann an den Lernstoff mit der Marsqualität stürmisch und oberflächlich herangehen, man kann aber auch mit Saturnqualität alles langsam und zielstrebig durchführen. Alle nur möglichen Konstellationen haben hier ihre speziellen Einflüsse.

Dazu muß noch auf einen Unterschied zwischen Schule und Elternhaus hingewiesen werden: Entscheidend ist die Art, wie mit dem Lernen zu Hause begonnen wird. In der Schule ertönt ein Klingelzeichen, dann müssen sich die Kinder setzen, und der Unterricht beginnt. Im Elternhaus ist das nicht der Fall, es ist den Eltern, also den Erwachsenen überlassen, den Termin für das Aufgabenmachen festzusetzen. Es kann gleich nach dem Mittagessen mit den Aufgaben beginnen, man kann dem Kind auch eine Pause gönnen. Nur ein einziges Verhalten ist schädlich, nur etwas darf das Kind niemals sich angewöhnen: schlafen darf es tagsüber nicht.

Dann spielt die Art, wie das Lernen selbst durchgeführt wird, wie also gelernt wird, eine Rolle. Dem Kind fehlt anfangs immer eine gewisse Konzentration, es muß angehalten werden, bei den Aufgaben zu bleiben, nicht ununterbrochen Wasser zu trinken, auf die Toilette zu gehen, die Füllfeder zu putzen, etwas zu suchen, gar Zeitung zu lesen oder anderes mehr. Es ist Aufgabe der Erzieher, auch die Konzentration zu schulen und dafür zu sorgen, daß der Erziehungsgrundsatz verwirklicht wird, wonach man all das, was man beginnt, auch zu Ende führen soll. Und zwar auf dem kürzesten Weg.

Schließlich ist die Qualität der Arbeit ausschlaggebend, die Art also, wie die Aufgaben gemacht werden, wie das Gelernte im Gedächtnis verankert ist. Dies muß seitens der Erwachsenen geprüft werden, hier muß gründlich nachgesehen werden, ob alles so ausgeführt wurde, wie es verlangt war.

Es genügt also in keiner Weise, dem Kind zu sagen, es soll nun seine Aufgaben machen. Es muß vom Anfang bis zum Ende jener Einfluß ausgeübt werden, der eine erfolgreiche Bewältigung des Lernstoffes garantiert. Dabei können astrologische Erkenntnisse sehr mithelfen, man muß nur die Grundkonstellationen eines Kindes kennen. Unter Umständen ist tatsächlich das Sonnenzeichen allein schon sehr aufschlußreich. Eine »Jungfrau« macht die Aufgaben anders als ein »Wassermann«, ein Widder packt eine Aufgabe anders an als ein Stier. Uns jedoch, die wir den Aufbau eines Horoskops kennen, genügt das nicht. Unsere Fragen lauten:

1. Welcher Aszendent ist gegeben? Der Aszendent verrät uns, mit welchem Elan ein Kind an seine Aufgabe herangeht, wie es sich grundsätzlich zu der Notwendigkeit stellt, Aufgaben machen zu müssen.

2. Wo steht die Sonne? Die Sonne gibt Auskunft über den geistigen Horizont, über die Art und Weise, wie das Notwendige gegliedert wird.

3. Wie sind die Verstandesplaneten postiert, wie sieht es mit dem dritten und neunten Haus aus? Daraus ersieht man, wie das Kind lernen wird, wie es sich konzentrieren kann, wie die Merkfähigkeit beschaffen ist.

4. Schließlich ist noch die Frage nach dem Mars und dem Saturn notwendig. Wie werden die Aufgaben begonnen, wie werden sie ausgeführt, wie ist die Qualität der Arbeit?

Hier das Gute und Positive zu fördern und negative Tendenzen auszuschalten, ist die Grundlage der Erziehung im Elternhaus. Sie ist unerläßlich notwendig, soll ein Kind im Leben erfolgreich sein.

Prognosen

Bedeutung der Berufswahl

In unserer zivilisierten Welt wird für jeden jungen Menschen spätestens gegen Ende des zweiten Lebensjahrzehntes die Frage aktuell, welchen Beruf er ergreifen soll. Viele Jugendliche haben sich bereits nach dem Verlassen der Pflichtschule, im fünfzehnten Lebensjahr, zu entscheiden. Wenn man bedenkt, wieviel von dieser Entscheidung abhängt, muß man sich die Frage stellen, ob hier immer mit allen modernen Methoden denjenigen geholfen wird, die vor dieser schicksalschweren Entscheidung stehen.

Eines dürfte dabei klar sein: Nur in den seltensten Fällen ist zu diesem Zeitpunkt der Charakter bereits voll entwickelt, werden Anlagen und Strebungen so deutlich in Erscheinung getreten sein, daß die Wahl keine Schwierigkeit bereitet. Es werden sich in einer relativ hohen Prozentzahl allerdings verschiedene Neigungen feststellen lassen, die eventuell auf die eine oder andere Berufsrichtung hinweisen. Ob diese Neigung genügt, um lebenslang in einem Beruf volle Zufriedenheit zu finden, das bleibe dahingestellt. Schließlich kommen auch wirtschaftliche Überlegungen dazu, die Zeit der Ausbildung spielt ebenso eine Rolle wie die Bereitschaft des Elternhauses, die nötigen Kosten zu tragen. Dazu kommt die sich ständig ändernde Umwelt, die Veränderung aller Arbeitsbedingungen und Berufsaussichten, die es immer schwieriger machen, die Lebensbedingungen in kommenden Jahrzehnten vorherzusagen.

Es ist schwierig geworden, einem jungen Menschen zu raten, welchen Beruf er wählen soll. Man glaube ja nicht, daß bei einer offiziellen Berufsberatung alle Voraussetzungen bestehen, einem jungen Menschen für die ferne Zukunft exakte Richtlinien zu erteilen. Wer Jahr für Jahr erlebt hat, wie enttäuscht zum Beispiel Maturanten waren, die sich hilfesuchend an ein solches Institut gewandt haben, wird den Wert solcher Beratungsstellen nicht überschätzen.

Man darf auch nicht vergessen, daß in der heutigen Zeit das Allgemeinwissen viel umfangreicher sein muß als früher. Die Kenntnis der vier Grundrechnungsarten und das Lesen und Schreiben mögen noch bis zur Jahrhundertwende genügt haben. Heute wird mehr verlangt, zusätzlich wird in allen Berufen, gleichgültig welcher Art, auch eine ununterbrochene Weiterbildung gefordert. Niemand kann sich heute mit dem, was er in der Schule gelernt hat, zufriedengeben, niemand kann jahrein, jahraus weiterhin so arbeiten, wie er es beim Beginn seiner beruflichen Tätigkeit getan hat.

Ständig bedarf es einer neuen Anpassung, immer wieder wird man Kurse, Fortbildungsvorträge besuchen, Bücher, Zeitschriften lesen müssen, will man nicht zurückbleiben.

Somit ist die Situation deutlich gegeben: Auf der einen Seite ist ein junger Mensch charakterlich noch nicht voll zur Entfaltung gekommen. Seine Lehrer und Erzieher konnten — so sie die notwendigen Eigenschaften besaßen — Neigungen und Begabungen entdeckt haben, sie waren vielleicht imstande, diese oder jene Veranlagung so zu fördern, daß die Berufswahl nicht zu schwierig ist. Aber in der Mehrzahl aller Fälle ist die Ausgangssituation für die Berufsentscheidung keinesfalls klar, die Eltern sind genauso ratlos wie der junge Mensch selbst.

Und erst die Ratlosigkeit bei denjenigen, die eine höhere Schule besuchen, die eine Reifeprüfung ablegen und später auf die Hochschule gehen wollen! Sie haben auf der einen Seite zwar ein profundes Allgemeinwissen erworben, ihnen fehlt aber die notwendige Praxis, sie stehen ebenso hilflos vor der Berufswahl wie alle anderen, die sich schon ein paar Jahre früher für eine Lehre entscheiden mußten.

Fragen wir uns ehrlich, welche Möglichkeiten bestehen, hier einen guten und für das Leben entscheidenden Rat geben zu können. Kann man mit Intelligenztests, mit anderen Testverfahren die vorhandenen Neigungen genau erfassen? Ist ein, sagen wir, mechanisches Abtasten der einzelnen Fähigkeiten überhaupt erfolgversprechend? Und wenn es auf die Person der Beratung ankommt, haben nicht seine astrologischen Konstellationen auch einen Einfluß? Kann es nicht sein, daß es durch eine solche Beratung zu einer nützlichen Wende des Lebens kommt, daß aber auch das Gegenteil eintreten kann? Wie lassen sich alle diese Schwierigkeiten erfassen und beseitigen?

Diese Überlegungen mögen die Bestrebungen rechtfertigen, Berufsentscheidungen so maximal als möglich zu überdenken und alle Möglichkeiten auszuschöpfen, damit man den richtigen Lebensweg einschlägt. Mag es Testverfahren geben, mögen geschulte Berufsberater hier ein Wort mitzureden haben, mögen sich die Eltern eventuell auch an Psychologen und Graphologen wenden. Es sei gestattet, auch auf den Wert der astrologischen Beratung hinzuweisen. Denn im Horoskop eines Menschen sind ja die verschiedenen Anlagen angezeigt, aus dieser Himmelsskizze läßt sich erkennen, ob ein geplanter Lebensweg auch wirklich der richtige ist oder nicht. Weitgehend lassen sich verschiedene Neigungen erkennen, wie man eine berufliche Arbeit bewältigen kann.

Im Laufe der Zeit kam eine Fülle von Material zusammen, das dem Astrologen behilflich ist, in Fragen der Berufsberatung Ratschläge erteilen zu können. Individuelle Faktoren wird man immer zu berücksichtigen haben, man wird aber stets darauf bedacht sein müssen, daß eine von allen Umweltbedingungen isolierte Berufsausbildung sinnlos ist, daß man stets auch auf die gegebenen Zeitumstände Rücksicht nehmen muß. Die Astrologie ist sicherlich nicht allein imstande, eine klare Entscheidung zu vermitteln. Aber sie kann mithelfen, eine maximal günstige und in jeder Hinsicht richtige Wahl des Berufes zu treffen.

Berufsaussichten

Das zehnte Haus gibt bekanntlich Auskunft über die Position, die man im Leben erreichen kann. Dieses zehnte Haus läßt erkennen, ob eine berufliche Tätigkeit erfolgreich sein wird oder nicht, ob es dem Nativen gelingen kann, jene durch das Elternhaus bedingten Gegebenheiten zu verändern. Kurzum, Aufstieg oder Abstieg ist einigermaßen deutlich im zehnten Haus verankert, wenn auch die verschiedenen Aussagen eher allgemein gehalten werden sollen. Man wird bei der Untersuchung eines Horoskops sagen können, ob man mit diesem zehnten Haus Erfolg haben kann oder nicht, es ist aber unmöglich, die Art der beruflichen Tätigkeit zu bestimmen. Wer ein sehr gut besetztes und auch durch Aspekte gut bestrahltes zehntes Haus besitzt, wird es zu einem gewissen Ansehen bringen.

Das sechste Haus wiederum läßt die Beziehungen zur Arbeit erkennen. Das ist zu einem erheblichen Teil eine rein subjektive Einstellung, es gibt Menschen, die gerne und viel arbeiten und denen auch die größten Anstrengungen nichts ausmachen. Andere wiederum empfinden die Arbeit lebenslang als etwas Bedrückendes und sprechen immer nur von der Notwendigkeit der Arbeit. Hier wird man auch die Art und Weise angegeben finden, wie man an eine Arbeit herangeht. Ein Saturn wird eher auf ein bedächtiges Arbeiten hinweisen, ein gut bestrahlter Mars auf ein dynamisches Wirken. Und wenn seit eh und je die Astrologen mit dem sechsten Haus auch die Beziehung zu Krankheiten andeuten, dann geht dies weitgehend auf die Einstellung zur Arbeit zurück.

Ist man nämlich an das Leben angepaßt, vermag man die Notwendigkeiten des Lebens anzuerkennen, ist die Einstellung zur Arbeit harmonisch, dann wird man kaum Gefahr laufen, durch Nervosität, innere Verkrampfung, durch negative Gefühle die Gesundheit zu zerrütten. Wer mit Unlustgefühlen an die Arbeit geht, wird vielleicht schon am frühen Morgen eine quälende Unpäßlichkeit verspüren, Kopfschmerzen und Mattigkeit werden die weiteren Folgen sein. Ist man aber wohlgelaunt, dann kann das Arbeiten unter Umständen sogar ein Vergnügen sein.

Bei der Berufsberatung spielen nicht so sehr diese zwei Häuser eine Rolle, obwohl sich daraus sehr viel erkennen läßt, sondern die allgemeine Verteilung der Planeten in einem Horoskop. Da wird man zunächst zwei grundsätzliche Fragen zu stellen haben, von deren Beantwortung sehr viel abhängt:

1. Wie viele und welche Planeten befinden sich über dem Horizont, wobei selbstverständlich auf die Besetzung des zehnten Hauses geachtet werden muß.

2. Wie viele und welche Planeten sind unter dem Horizont, wobei speziell das sechste Haus zu untersuchen ist.

Das sind für den Astrologen sehr bedeutsame Fragen, denn sie lassen zwei vollkommen verschiedene Typen erkennen. Wenn man hier bloß die Sonne in Betracht zieht, so bedeutet ihre Stellung unter dem Horizont, daß die Geburt bei Nacht erfolgte, während die Position über dem Horizont die Geburt bei Tag anzeigt.

Es gibt also Tages- und Nachttypen. Je nach der Verteilung der Planeten, vor allem der Sonne, in einem Horoskop gehört man mehr zu dem einen oder anderen Typus. Stehen in einem Horoskop viel mehr Planeten in den Häusern VII bis XII, befinden sie sich also über der Horizontlinie, dann handelt es sich um einen Menschen, der aktiv das Leben gestalten kann, von dem Energie ausstrahlt und der imstande ist, seine Umwelt mit Kraft und Willen zu durchdringen. Dies gilt vor allem für die geistigen Bereiche; von solchen Menschen wird man viel zu erwarten haben.

Sie sind es, die in einer Gesellschaft das Wort führen, sie sind die Aktivisten, die immer wieder versuchen, alles zu gestalten und zu formen. Stehen in einem Horoskop nahezu alle Planeten über dem Horizont, befindet sich außerdem die Sonne in den Feldern neun oder zehn, dann liegt der aktive Typ vor, der in seinem Beruf einen weiten Wirkungskreis schafft.

Umgekehrt sind diejenigen, deren Planeten weitgehend unter dem Horizont liegen, zu den passiven Typen zu rechnen. Sie sind rezeptiv, sie sind die Zuhörer des Lebens. Man wird ihnen sagen müssen, wie sie zu arbeiten haben, ihre Arbeitsqualität wird unter Umständen hervorragend sein. Aber sie werden niemals von sich aus mit Schwung und Kraft an eine Arbeit herangehen, sie werden immer mehr im Hintergrund bleiben.

Das Maximum der Geburten liegt in den frühen Morgenstunden, noch vor Sonnenaufgang. Es werden also, und das deckt sich weitaus mit allen Lebenserfahrungen, immer mehr Menschen geboren, die lieber Anordnungen befolgen und mehr passiv bleiben, als solche, die anordnen und lebenslang aktiv sind — aktiv sein müssen. Es bleibt dahingestellt, welcher Typ ein ruhigeres Leben garantiert.

Relativ einfach läßt sich bei der Betrachtung eines Horoskops noch eine andere Feststellung treffen. Man kann das Kosmogramm in zwei andere Hälften teilen, indem man die Achse IV—X als Trennungslinie verwendet. Dann hat man eine Osthälfte des Horoskops, nämlich die Häuser I—III und X—XII, und eine Westhälfte mit den Häusern IV—VI und VII—IX.

Von alters her weiß man nun aus der Erfahrung, daß damit auch grundlegende Voraussetzungen für das Leben angedeutet sind. Stehen mehr Planeten im Osten, dann ist das Leben in der ersten Lebenshälfte gestaltend und in jeder Hinsicht aktiv, es wird vom Nativen versucht, alles selbst in die Hand zu nehmen. Da zur Osthälfte auch das zweite Haus gehört, so sind es die materiellen Mittel, die man von Geburt an mitbekommt und die helfen, das

Leben entsprechend zu formen. Weiters gehört das dritte Haus zur Osthälfte; hier spielen alle geistigen Anlagen eine Rolle.

In der Westhälfte haben wir mehr Eigenschaften, die auf Passivität hinweisen und wo man auf die Umwelt angewiesen ist. Man ist rezeptiv, also der »nehmende Teil«, das ist verständlich, wenn man die Bedeutung der westlich gelegenen Häuser betrachtet. Gehört doch das siebente Haus dazu, wo alles über den Lebenspartner angezeigt wird, und vor allem das achte Haus, wo man jene materiellen Mittel findet, die der Lebenspartner mitbringt. Man wird also die Berufsaussichten eines jungen Menschen nach folgenden Gesichtspunkten zu beurteilen haben:

1. Wie steht es um das zehnte und sechste Haus?

2. Ist die Grundstruktur mehr aktiv oder passiv, ist die Tageshälfte des Horoskops mehr besetzt oder die Nachthälfte? Und vor allem, steht die Sonne über oder unter dem Horizont?

3. Stehen die Planeten im Horoskop mehr im Osten oder im Westen, war die Sonne noch aufgehend oder ging sie bereits unter? Man darf nicht vergessen, daß sie von Mitternacht an bis Mittag ununterbrochen aufsteigt, dann aber absinkt. Das hat auf den ganzen Lebensrhythmus eine unerhört starke Auswirkung.

Ehe man also Anlagen zu einer speziellen Berufsausbildung bespricht, sollte man das Horoskop nach diesen drei Gesichtspunkten werten. Es läßt sich damit schon sehr viel über die künftige Berufsgestaltung aussagen.

Fünf Fragen

Geht man von der erwiesenen Tatsache aus, daß zwei Menschen mit dem vollkommen gleichen Horoskop nicht das gleiche Schicksal haben, weil eben Erbfaktoren und der Einfluß der Umwelt auch das Schicksal mitformen, dann ist es durchaus verständlich, daß diese beiden Menschen mit dem völlig identischen Horoskop auch nicht den gleichen Charakter haben können. Kommen also in einem Kreißsaal in derselben Sekunde zwei Kinder auf die Welt, dann haben diese wohl das gleiche Geburtskosmogramm, sie werden auch lebenslang gewisse gleiche Schicksalserfahrungen haben, von einer Gleichheit des Lebensweges kann aber nicht die Rede sein.

Dies ist auch der Hauptgrund, warum eine Berufsberatung unbedingt eine persönliche Beratung erfordert. Man muß erstens das Milieu dessen kennenlernen, der sich vor das Problem der Berufswahl gestellt sieht, man muß weiters in Erfahrung bringen, welchen Bildungsweg er gegangen ist, und drittens wird der Astrologe darauf zu achten haben, welche Charaktereigenschaften, dem Horoskop entsprechend, bisher entwickelt werden konnten. Dann erst, wenn man in einem Gespräch an Hand des gezeichneten Horoskops alles erfahren hat, wird man sich fünf ganz gezielte Fragen vorlegen und versuchen müssen, diese in jeder Hinsicht präzise zu beantworten. Erst dann kann mit der eigentlichen Berufsberatung begonnen werden.

Nochmals die Reihenfolge:

1. Zeichnen des Horoskops einer Person, die für die Berufswahl beraten werden soll.
2. Gespräch über bisherigen Bildungsweg, über das Umwelt-

milieu und Durchleuchtung der bisher entwickelten Charakteranlagen.

3. Strikte Beantwortung der folgenden fünf Fragen.

Zeitraubend gewiß, sicherlich länger als ein bis zwei Stunden
dauernd. Aber ohne solche genaue Untersuchungen kann auch
der erfahrenste Astrologe keine Aussage machen, wird vielleicht
sogar ein unrichtiger Rat gegeben.

Frage I: Liegt eine eindeutige Begabung auf irgendeinem speziellen Gebiet vor?

Haben sich in der Kindheit gewisse Fähigkeiten gezeigt, die so
eindeutig waren, daß man schon seit Jahren an eine ganz bestimmte Berufsausbildung denken mußte? Solche *einspurige* Begabungen sind an sich nicht häufig, sie sind daher irgendwie
hervorstechend. Das heißt, sie lassen sich bei näherem Kontakt
sicherlich erkennen. Ein Kind, das schon vor dem Erreichen des
Volksschulalters sehr gut zeichnen und malen kann und auch
immer wieder diese Begabung nützt, wird damit Aufsehen erregen, an einer »einspurigen« künstlerischen Begabung wird kein
Zweifel sein. Dasselbe gilt von der musikalischen Begabung, weiters von der Fähigkeit, sich lange Zahlenreihen zu merken, spie-
lend Fremdsprachen zu erlernen, mit großer Geschicklichkeit zu
basteln, einseitige Interessen zu haben für technische Dinge und
viele andere Fähigkeiten. Man wird also zunächst nach einer
markanten, *einspurigen,* alle anderen Fähigkeiten überragenden
Begabung fahnden und sich dann mit dieser näher zu beschäftigen haben.

Frage II: Gibt es vielseitige Begabungen?

Weitaus schwieriger ist eine Analyse dort, wo fraglos mehrere
Begabungen vorliegen und man zunächst nicht erkennen kann,
welche besondere Fähigkeit zu einem bestimmten Beruf drängt.
Die meisten Menschen haben in sich die Veranlagung, verschie-

dene Berufe mehr oder weniger zufriedenstellend auszuüben, man könnte jemanden dieses oder jenes Handwerk lernen lassen, und er wird vielleicht diesen Beruf, dann jenen durchaus befriedigend ausüben. Aber hier geht es um eine viel schwierigere Frage, die man in ihrem ganzen Ausmaß kennen muß. Liegen nämlich mehrere Begabungen gleichzeitig vor, dann kann ein Mensch, so er über genügend Aktivität verfügt, später einmal eine Zusammenfassung vornehmen und alle seine Begabungen vereinigen. Konkret gesprochen, könnte er also eine Berufsausbildung durchmachen, mit einem Beruf beginnen, später aber sich weiter ausbilden und andere Fähigkeiten in diese Tätigkeit einbauen. Oder durch Wechsel der Position die Voraussetzungen dafür schaffen, daß möglichst viele der vorhandenen Begabungen zur Entfaltung gelangen. Man spricht dann von einem erlernten Beruf und einem ausgeübten Beruf, wobei sich oft gewaltige Diskrepanzen ergeben. Es zeigt sich, daß sehr viele Menschen in der glücklichen Lage sind, Änderungen herbeizuführen, indem sie ihre später in Erscheinung tretenden Anlagen verwerten. Rezeptive Typen hingegen, passive Menschen, werden diese Kraft nicht besitzen, sie werden eher resignieren und darauf verzichten, den einmal eingeschlagenen Berufsweg zu verlassen. Sie werden dann von den Möglichkeiten träumen, die sie gerne verwirklicht hätten und wobei ihnen das »böse« Schicksal einen Streich gespielt hat.

Daß die Frage nach den vielseitigen Begabungen überaus kompliziert ist, liegt auf der Hand. Von astrologischer Seite wird man hier keine absolut genauen Angaben machen können, hier spielen viele psychologische Momente eine Hauptrolle. Man wird aber einwandfrei entscheiden können, ob ein Mensch mit einer vielseitigen Begabung, wo möglicherweise eine Reihe von Eigenschaften und Fähigkeiten noch gar nicht deutlich erkennbar ist, später die Kraft haben wird, durch Umstellungen, Änderungen jenen Lebensweg einzuschlagen, der ein Maximum an Erfolgschancen verspricht.

Frage III: Sind Verpflichtungen der Umwelt gegenüber vorhanden?

Es gibt eindeutige Situationen, wo man sofort erkennen kann, daß derjenige, der vor einer Berufswahl steht, überhaupt keine Möglichkeit besitzt, sich selbst entscheiden zu können. Es gibt oft familiäre Bindungen, weiters wirtschaftliche Zwangssituationen, die nur einen Weg offenlassen und wo man versuchen muß, so gut wie möglich die dafür notwendigen Fähigkeiten zu mobilisieren. Hierher gehört vorwiegend der gutfundierte väterliche Betrieb, den der Sohn übernehmen muß, weil sonst die Arbeit von Generationen zerstört würde. Hier wird es die Aufgabe der Berufsberatung sein, vielleicht rechtzeitig auf sinnvolle Hobbys hinzuweisen oder aber die Möglichkeiten zu diskutieren, zusätzlich den erkennbaren Neigungen nachzugehen. Man kann zum Beispiel eine Maschinenfabrik übernehmen, sich mit allen technischen Gegebenheiten vertraut machen und nebenbei malen, musizieren, Bücher schreiben, Gedichte machen oder sonst etwas tun, was eine tiefe innere Befriedigung gewährt. Auch hier kann der Astrologe ganz genau erkennen, ob die vorhandenen Konstellationen eine solche Belastung ermöglichen, ob die Kräfte vorhanden sind, aktiv das eigene Schicksal zu bestimmen.

Frage IV: Sind vielleicht keine Fähigkeiten vorhanden?

Es kann natürlich vorkommen, daß zur Zeit der Berufsberatung überhaupt keine deutlichen Fähigkeiten und Begabungen erkennbar sind. Das ist besonders bei Jugendlichen der Fall, denen der Ernst des Lebens noch nicht bewußt geworden ist, die auch gar nicht darüber nachgedacht haben und wo sich doch die Eltern bereits größte Sorgen machen. Hier kann der Astrologe in erster Linie die Vielfältigkeit, die das moderne Berufsleben offeriert, erwähnen und zu den im Geburtshoroskop vorhandenen Konstellationen in Beziehung bringen.

Astrologen sehen ja vorwiegend mittelmäßige Horoskope, wo

weder die Aktivität noch die Passivität ins Auge springt, wo keinerlei gravierende Aspekte vorliegen, wo auch Milieu und Intelligenzstufe eher unter den Mittelwerten liegen. Und es lehrt nun einmal die Erfahrung, daß man in solchen Fällen sehr viele Vorschläge machen kann, wenn man auf die vorhandenen Konstellationen Rücksicht nimmt. Denn wenn nicht besonders deutliche Merkmale einer Begabung vorliegen, dann kann jemand vielseitig verwendbar sein.

Zu untersuchen ist dann, wenn rein geistige Eigenschaften nicht in den Vordergrund treten, eventuell die manuelle Geschicklichkeit oder die allgemein körperliche Eignung. Und man wird grundsätzlich sagen können, daß nicht sonderlich befähigte Menschen für eine Unzahl von Berufen geeignet sind, weil sie überall zufriedenstellend arbeiten können, ohne sich in Wunschvorstellungen nach einer anderen Tätigkeit zu verzehren. Dazu gehören die Hilfsarbeiter aller Kategorien, die in dienenden Positionen Tätigen, die allesamt an das Leben keine allzu großen Ansprüche stellen. Die Astrologie vermag in solchen Fällen bloß durch die Erwähnung der verschiedenen Möglichkeiten oder durch das Ausklammern von beruflichen Tätigkeiten, die überhaupt nicht in Frage kommen, manche Situation zu klären.

Frage V: Ist der Ratsuchende neurotisch?

Man muß sich darüber im klaren sein, daß in der heutigen Zeit — und es würde zu weit führen, wenn man die zahlreichen Ursachen näher untersuchen wollte — sehr viele Menschen schon in den ersten Kinderjahren eine Störung ihrer Anpassung an die Umwelt erfahren. Daß damit sozusagen die Grundlage für eine neurotische Entwicklung gelegt wird, zu einer dauernden Konfliktsituation mit der Umwelt. Daraus resultieren Ängste, Süchtigkeiten, dauernde körperliche Beschwerden, Zwangszustände und vor allem Depressionen.

Sie machen sich durch eine erhebliche Arbeitsunlust bemerkbar, die so arg werden kann, daß man einfach nicht arbeiten kann. In weiterer Folge gibt es viele Arten von Psychopathien, von effektiv seelischen Erkrankungen, die gleichfalls eine ungünstige Einstellung zur Arbeit erkennen lassen.

Der Astrologe ist zum Teil in der Lage, diese gestörten seelischen Reaktionen im Horoskop zu erkennen. Man wird dann bei solchen Menschen eine Berufswahl besser unterlassen und den Rat geben, vorerst einen Arzt aufzusuchen, der eventuell die gestörte Einstellung korrigieren kann.

Aus dem bisher Gesagten ergeben sich fünf Fragen, die zunächst geklärt werden müssen:

Einspurige Begabung?

Vielseitige Begabung?

Milieubedingte Berufswahl?

Keinerlei Begabung?

Neurose oder Psychopathie?

Darüber muß man Klarheit gewinnen. Das ist einigermaßen fast immer möglich, wenn man einerseits ein Geburtshoroskop in den Händen hat und andererseits mit einem aufgeschlossenen Menschen über seine berufliche Tätigkeit spricht. Es ist ausgeschlossen, eine Beratung durchzuführen, wenn derjenige, der Rat sucht, nicht mitarbeitet und nicht gewillt ist, seine eigenen Gedanken preiszugeben. Wer glaubt, der Astrologe kann von sich aus, ohne jedes fremde Zutun, einen Lebensweg skizzieren und alles über eine zukünftige Tätigkeit aussagen, begeht einen folgenschweren Irrtum. Denn die Astrologie ist hier lediglich eine Hilfswissenschaft, die mithelfen kann, einen Fragenkomplex zu klären. Allein ist sie nicht in der Lage, eine komplizierte Berufsberatung durchzuführen. In seltenen Fällen wird das vielleicht bei einer offensichtlich einspurigen Begabung möglich sein. Doch wann gibt es schon so eindeutige Horoskope, die sofort alle Möglichkeiten erkennen lassen?

Spezielle Berufsberatung

Die Bedeutung des Merkurs bei der Berufswahl soll man nicht überschätzen. In alten Astrologiebüchern findet man zahlreiche Hinweise auf die Stellung und Aspektierung des nächst der Sonne kreisenden Planeten; die Astrologen machten alle möglichen Leistungen des Gehirnes davon abhängig. Hatte jemand einen guten Merkur, dann taugte er für alle Berufe, die eine spezielle Denkarbeit fordern. War der Merkur schlecht bestrahlt, dann lagen keine besonderen geistigen Fähigkeiten vor. Offenbar hat es auf die Astrologen in früheren Zeiten keinen Eindruck gemacht, daß viele berühmte Männer keine besonders markante Merkurstellung im Horoskop hatten.

Heute ist es nicht mehr zulässig, vom Merkur nur als Verstandesplaneten zu sprechen. Er ist nach wie vor das Prinzip der Verbindung, und das gilt hier besonders bei den verschiedenen Anlagen und Fähigkeiten, die zur Entwicklung gebracht werden sollen. Eine gute Merkurposition wird in einem hohen Prozentsatz die Möglichkeit geben, die Gegebenheiten in der Umwelt mit den vorhandenen Fähigkeiten in Einklang zu bringen. Das muß noch lange nichts mit Denkfunktionen zu tun haben. Heute, wo das Zeichen Wassermann dominiert, muß man dem Herrn dieses Zeitalters, dem Uranus, eine weit größere Rolle zuweisen. In vielen Horoskopen ist gerade das uranische Prinzip, das sich zum Teil mit dem Merkurprinzip deckt, stärker vorherrschend.

Versucht man, aus einem Horoskop gewisse Eignungen für einen Beruf herauszulesen, dann muß man sich vorerst nochmals vor Augen halten, daß Erfolg im Leben ganz verschieden beurteilt werden kann. Ob man reich oder berühmt wird, sagt nichts aus über die tatsächlichen beruflichen Leistungen. Viele Menschen, die das Leben auf diesem Planeten verändert haben, die mit Genialität einer beruflichen Tätigkeit nachgingen, blieben lebenslang arm und verfemt und erlebten den Erfolg ihrer Bemühungen nicht. Und noch mehr Menschen haben vermutlich im Leben fleißig gearbeitet, haben viel getan und geleistet und sind niemals in das Rampenlicht der Öffentlichkeit getreten. Man kann gescheit sein, unerhört fleißig arbeiten, zufrieden sein und sein Leben als erfüllt betrachten und doch lebenslang ein namenloses Nichts sein. Man verstehe daher den Unterschied: Ob man berühmt wird oder nicht, ob man eine hohe oder niedere Position erreicht, das hängt vom zehnten Haus ab. Und den dazugehörigen Aspekten. Doch mit den beruflichen Eignungen hat das nichts zu tun.

Übersichtlich dargestellt, lassen sich die verschiedenen Berufswege, die selbstverständlich noch viele andere Quer- und Seitenverbindungen enthalten, in folgende Gruppen einteilen:

1. Berufe, die eine erhebliche Verstandesleistung erfordern und vorwiegend naturwissenschaftlich orientiert sind;

2. Berufe, die gleichfalls erhebliche Verstandesleistungen erfordern und rein geisteswissenschaftlich orientiert sind;

3. alle künstlerischen Berufe;

4. Berufe, die weitgehend sozial orientiert sind, wo man also ununterbrochen mit anderen Menschen in Berührung kommt und Kontakte in der vielseitigsten Form notwendig sind;

5. kaufmännische Berufe;

6. Berufe, die eine Geschicklichkeit der Hände erfordern, also alle handwerklichen Tätigkeiten.

Bleiben wir zunächst bei jenen Tätigkeiten, die im Rahmen der *Naturwissenschaften* ausgeübt werden. Hierher gehören alle Berufe, die sich mit realen Dingen befassen, die andererseits verstandesmäßige Anlagen benötigen, um das Gesehene, Gehörte, durch Experimente Erfahrene auszuwerten und zu ordnen. Man braucht also zu einer naturwissenschaftlichen Tätigkeit Wirklichkeitssinn, dann ein kritisches Verhalten, weiters logisches Denken und das Einfühlungsvermögen, die Intuition.

Für die naturwissenschaftlichen Tätigkeiten sind daher starke Besetzungen der irdischen Zeichen notwendig, denn sie geben den Blick für das Reale, dann stark besetzte Wasserzeichen, da sie das Einfühlungsvermögen vermitteln. Egal, ob man als Techniker, als Chemiker, als Physiker oder als Arzt arbeitet, man wird diese beiden Elemente immer brauchen. Es ist merkwürdig, daß besonders das Skorpionzeichen bei den Naturwissenschaftlern oft sehr markant besetzt ist. Man findet bei diesen Menschen auch immer stärkere Planetenbesetzungen im dritten, sechsten und zwölften Haus. Nicht aber im Haus des Erfolgs und des strahlenden Ansehens, also nicht im zehnten Horoskopfeld. Das ist verständlich, denn eine wissenschaftliche Tätigkeit wird von der Umwelt oft nicht sofort honoriert. Man muß, will man zu Erkenntnissen gelangen, sich von der Umwelt abschließen können und durch einsame Überlegungen zu einem Resultat kommen. Folglich spielen jene Häuser, aus denen der Einfluß auf die gedankliche Tätigkeit kommt, kombiniert mit dem sechsten und zwölften Haus, eine entscheidende Rolle.

Sind also die Häuser III, VI, XII gut besetzt und stehen viele Planeten in irdischen und wäßrigen Zeichen, dann wird man eine naturwissenschaftliche Betätigung empfehlen können. Anders verhält es sich bei den *Geisteswissenschaften*, wo weniger der Blick für das Reale, sondern Erkenntnisdrang und Überschreiten des Realen in Richtung des Metaphysischen notwendig sind. Schließlich müssen die gewonnenen Erkenntnisse geordnet werden, und eine stabile Weltanschauung mag im Vordergrund stehen. Zu den Geisteswissenschaften gehören alle philosophischen Fächer, die Religion, die Rechts- und Staatswissenschaft, alle Wissenschaften mit Geschichte und die Sprachwissenschaften. Astrologisch gesehen sind hier die drei Luftzeichen notwendig, wobei nach Art dieser Einflüsse einmal mehr das ordnende, dann das verbindende und schließlich das schaffende Prinzip im Vordergrund steht. Gut ist weiters eine starke Besetzung des Jungfrauzeichens, eine ganz wichtige Position muß aber der Saturn einnehmen. Auch Merkur und Sonne sollen günstig stehen, in erster Linie kommt es bei all diesen Tätigkeiten auf das neunte Horoskopfeld an. Hier ist die Kraft verankert, gewonnene Erkenntnisse zu ordnen, sie zu einem geisteswissenschaftlichen Gebäude zu vereinigen. Im neunten Haus haben alle Planeten, je nach ihrer Wirkungsart, einen ungemein kräftigen Einfluß auf alle geistigen Tätigkeiten, und man wird daher jedem, der eine solche deutliche Horoskopbesetzung sein eigen nennt, zu einer geisteswissenschaftlichen Tätigkeit raten. Wobei sehr oft auch Feuerzeichen eine Rolle spielen können, beispielsweise bei den Ausübungen der Religion und Rechtswissenschaften. Astrologen haben immer einen starken Schützeeinfluß bei Priestern, Richtern und Rechtsanwälten nachgewiesen.

Ganz anders verhält es sich bei allen *künstlerischen Berufen*. Hier kommt es weniger auf verbindende Gedankenfunktionen an. Merkur und Uranus mögen daher einen geringeren Einfluß haben. Was der Künstler, ob Maler, Musiker, Schauspieler, Dichter, Sänger oder Schriftsteller, braucht, ist ein immenses Erleben des jeweiligen Augenblicks. Dazu gehört also das Venusprinzip, in einer höheren Form auch der Neptun. Da aber künstlerisches Schaffen weitgehend auch von den jeweiligen Gefühlen abhängig ist, sind Wasserzeichen eine Voraussetzung. Die Venus ist am kraftvollsten im Zeichen Stier und am wirksamsten im Zeichen Waage. Man geht sicherlich nicht fehl, eine künstlerische Fähigkeit überall dort anzunehmen, wo sich solche Positionen an hervorragender Stelle im Horoskop finden. Sehr oft sind bei künstlerischen Berufen die Zeichen Stier, Zwilling, Krebs, Jungfrau und Schütze am Aufgang, und wenn auch der Jupiter in einer guten Stellung seinen Einfluß geltend macht, kann eine künstlerische Tätigkeit sehr erfolgreich werden.

Man kann dies freilich nicht allein aus dem Horoskop herauslesen, denn es müssen ja ererbte Anlagen vorhanden sein, die durch das Kosmogramm nicht erfaßt werden. In Familien mit künstlerischen Traditionen sind Hinweise auf einen künstlerischen Beruf natürlich anders zu werten als dort, wo bisher niemand eine solche Veranlagung gezeigt hat. Es ist verständlich, daß man wesentlich leichter eine künstlerische Veranlagung zur Entfaltung bringt, wenn schon im Elternhaus der Weg dazu vorbereitet werden kann. Die Lebensgeschichte vieler Künstler hingegen zeigt, daß anfänglich erhebliche Widerstände beseitigt werden mußten, was weit stärkere Konstellationen erfordert. Einspurige künstlerische Begabungen werden sich wohl immer durchsetzen, ist die künstlerische Befähigung aber vielseitig angelegt, wird die Umwelt eine große Rolle spielen. Dies alles kann zu einem großen Teil aus dem Geburtshoroskop herausgelesen werden.

Soziale Berufe werden weitgehend von einer guten Jupiterstellung bestimmt, kombiniert meist mit einer entsprechenden Sonnenposition, womöglich im neunten Horoskopfeld. Was die Besetzung der Tierkreiszeichen betrifft, so gibt es hier sehr große Unterschiede. Oft stehen die Feuerzeichen im Vordergrund, dann wiederum die Erdzeichen. Man kann einen solchen Beruf — als Beamter, Politiker, Sozialhelfer — mehr aktiv ausüben, dann werden die Cardinalzeichen betont sein müssen, man kann auch eher einfühlend tätig sein, dann wird man die Umwelteinflüsse auf sich wirken lassen. Untersuchungen haben immer wieder gezeigt, daß bei Sozialberufen die meisten Planeten in der oberen Horoskophälfte stehen, also über dem Horizont. Auffällig sind Aszendenten besonders in Luftzeichen und im Zeichen Löwe.

Kaufmännische Berufe sind ein sehr unklarer Sammelbegriff. Sie haben alle Beziehung zum Geld, die Art und Weise, wie disponiert wird, kann jedoch grundverschieden sein. Man kann durch harte Arbeit Groschen um Groschen sparen, um ein Kapital zu erwerben, dann wird vorwiegend der Saturn eine Rolle spielen.

Weiters wird es dabei auch auf das zweite Haus ankommen, auf die Fähigkeiten also, aus vorhandenen Mitteln etwas aufzubauen. Ein wohlbestrahlter Jupiter zum Beispiel im zweiten Haus bringt fast immer mühelosen Gelderwerb und ständige Bereicherung. Ein sehr schlecht gestellter Saturn im gleichen Horoskopfeld läßt lebenslang drückenden Mangel empfinden. Faßt man also den kaufmännischen Beruf als reinen Gelderwerb auf, als Streben, Geld anzusammeln, zu vermehren, dann wird man vorwiegend auf das zweite Haus zu sehen haben und auf jene Planeten, die hier bestimmend sind.

Kaufmännisch tätig zu sein, heißt aber auch, Waren umzusetzen, Verbindungen nach allen Richtungen anzuknüpfen, unter Umständen weltweite Beziehungen aufzubauen. Hier kann tatsächlich Merkur an markanter Stelle die entsprechenden Fähigkeiten zur Entfaltung bringen. Haben Menschen einen starken Jungfrau-einfluß, dann wird man sie eher vorsichtig und prüfend finden, bei einer stärkeren Zwillingsbetonung wird das Kalkulieren leichter und unbeschwerter sein. Merkur, in beiden Zeichen dominant, kann also ganz verschiedene Auswirkungen erkennen lassen, einmal im irdischen und mehr nüchternen Bereich, dann im luftigen Zeichen mehr großzügig und ausgeweitet.

Und schließlich die *handwerklichen Tätigkeiten:* Da hier ein Tun verlangt wird, das Kraft benötigt, und Ausdauer erforderlich ist, läßt sofort die Notwendigkeit einer Verbindung von Mars und Saturn erkennen. Dazu kommt die Forderung nach Geschicklichkeit, die einerseits durch Luftzeichen, andererseits durch Erdzeichen vermittelt werden kann. »Sich regen, bringt Segen« mag als Grundsatz einer handwerklichen Berufsausbildung gelten, dementsprechend spielen auch die Feuerzeichen eine Rolle. Ein Handwerker, der faul ist und wenig arbeitet, wird kaum zu Besitz und Ansehen kommen. Dynamik, kombiniert mit Können, ist die Basis eines beruflichen Erfolges bei jedem Handwerk, und so wird man dort, wo Mars, Saturn, Uranus und Merkur stark stehen und eindeutige Geschicklichkeit vorliegt, zu einer solchen Tätigkeit raten.

Man muß bei allen beruflichen Tätigkeiten auf ein erstaunliches Phänomen hinweisen: Während schlechte Aspekte wie Quadrate und Oppositionen in gesundheitlicher Hinsicht und bei Partnerschaften ungünstige Folgen haben können, sind solche Winkelverbindungen in beruflicher Hinsicht oft sehr günstig. Sie geben nämlich Spannung, mehr Kraft und damit auch größeren Erfolg. In den Horoskopen von Menschen, die beruflich sehr viel geleistet haben, findet man sehr oft negative Aspekte. Sie mögen innerlich unglücklich gewesen sein, sie mögen recht unangenehme Eigenschaften gehabt haben, so daß sie in der Umwelt gefürchtet waren, beruflich sind sie mit einiger Sicherheit gut vorangekommen.

Das mag vielleicht als Trost gelten, wenn manche Menschen in ihren Horoskopen nur wenig Gutes finden. Mit schlechten Aspekten läßt sich das Leben oft viel kraftvoller meistern. Man kann mit jedem Aspekt etwas anfangen, man muß nur seine Kraft zu nützen verstehen.

Analyse und Prognose

Es ist verständlich, daß man sich nur dann an einen Arzt oder Psychologen, an einen Graphologen, Astrologen oder gar Wahrsager wendet, wenn man in irgendwelche Schwierigkeiten gerät, wenn bestimmte Fragen nicht beantwortet, bestimmte Probleme nicht gelöst werden können. Solange ein Mensch mit seiner Umwelt in Harmonie lebt, solange er überdies zufrieden ist, keine Probleme hat, wird er schwerlich Zeit und Geld für einen Rat aufwenden. Nur dann, wenn es eines Tages nicht mehr gehen sollte, wenn unvermutete oder seit langem bestehende Konflikte die Harmonie zerstören, dann erst braucht man Ratschläge.

Daß solche Ratschläge in erster Linie die beiden Hauptprobleme des Lebens, nämlich Beruf und Lebenspartner, betreffen, ist verständlich. Berufliche Schwierigkeiten ergeben sich meist, wenn man den falschen Beruf gewählt hat oder wenn man mit den unrichtigen Menschen zusammenarbeitet. Was allerdings den Lebenspartner betrifft, so gibt es hier verschiedene Varianten, warum man unzufrieden, unglücklich, ja im wahrsten Sinn des Wortes lebensüberdrüssig werden kann. Es ist möglich, daß man niemanden findet, daß man kontaktarm ist und bleibt und daß die eigenen Vorstellungen mit der Wirklichkeit nicht übereinstimmen. Es kann vorkommen, daß man den falschen Partner gewählt hat, daß sich der Partner verändert und an Stelle eines gedeihlichen Zusammenlebens eine sich steigernde Unverträglichkeit auftaucht. Schließlich kann man zu einer Zeit, wo man längst nicht mehr an eine Partnersuche denkt, einem Menschen begegnen, wodurch man völlig in eine innere Unordnung hineinschlittert und sich mit jedem Tag neue, fast unlösbare Probleme ergeben. Zuletzt kann man seinen Lebenspartner zu einer Zeit verlieren, wo man kaum mehr Chancen hat, einen neuen zu finden, dann steht man vor der grauenvollen Einsamkeit, die man allein zu bewältigen nicht imstande ist.

So können wir das Suchen nach einem Rat für den Lebensweg in zwei große Gruppen einteilen. Die einen wollen für die Bewältigung ihrer gegenwärtigen Schwierigkeiten einen Rat haben, sie wollen wissen, was sie tun sollen, wie sie sich zu verhalten haben, damit alles wieder in Ordnung kommt. Die anderen aber wollen den Blick in die Zukunft, sie wollen eine Prognose, sie wollen wissen, wie das Leben künftig zu meistern ist.

Das Besprechen der jeweiligen Lebenssituation, das Analysieren einer vorhandenen Schwierigkeit, das Lösen eines scheinbar unentwirrbaren Knotens überläßt man meist den Ärzten, Psychologen und speziellen Beratern, man wendet sich hier eher selten an einen Astrologen. Obwohl gerade die Astrologie, wie wir gesehen haben, gewiß in vielen Fällen eine Klärung verschiedener Fragen gestattet. Man halte sich vor Augen, daß es oft mißgünstige Konstellationen sind, die eine Bedrängnis hervorrufen. Diese Konstellationen lassen sich ohne astrologische Kenntnisse nicht entwirren. Man hat die Merkmale einer bestimmten Gestirnsstellung schließlich nicht außen an der Kleidung aufgeklebt; an der Körperoberfläche sind die Planetenpositionen nicht erkennbar. Wer mit einem Menschen in einen engen Kontakt tritt, hat zunächst keine wie immer geartete Vorstellung, wie dieser Mensch charakterlich beschaffen ist; auch nähere Kontakte müssen noch lange keine Klärung bringen. Hinter der Verbindlichkeit und Freundlichkeit eines Zwillingsaszendenten kann ein übel bestrahlter Saturn stehen, der erst viel später in Erscheinung tritt, das Venustrigon auf den Aszendenten mag einen Menschen ergeben, der ungemein liebenswürdig und körperlich sehr schön ist, und niemand käme auf die Idee, hinter der Fassade von Schönheit und Anmut grausamen Egoismus zu vermuten.

Halten wir zunächst fest, daß die Astrologie in jeder Hinsicht in der Lage ist, vorhandene, aus irgendeinem Grund entstandene Schwierigkeiten zu analysieren. Aber man wendet sich gerade mit solchen Fragen eher selten an die Astrologie. Weitaus häufiger wird der Blick in die Zukunft verlangt. Man begehrt von der Astrologie eine Prognose, wie sich die eine oder andere Angelegenheit entwickeln wird, unabhängig von den Umweltsbindungen. Man will lediglich auf Grund des Geburtshoroskops eine Aussage, eine Zukunftsdeutung. Man will nicht wissen, ob man mit diesem oder jenem Partner harmonieren wird. Man will nur wissen, ob man einen Lebenspartner, ob man mit ihm das Lebensglück findet, ob der Partner viel Geld in die Ehe mitbringen wird und ähnliche Fragen mehr. Kurzum, man möchte aus einem Horoskop, ohne Rücksicht auf die Lebenssituation und auf die vorhandene Umwelt, eine Zukunftsprognose.

Die Astrologenarbeit kann daher wie folgt angegeben werden:

1. Umweltanalyse, das ist Berücksichtigung aller bekannten Faktoren, Auswertung aller Konstellationen und dementsprechende Diagnose. Hier leistet der Astrologe viel, dergleichen wird aber eher selten verlangt.

2. Zukunftsprognose, vorwiegend gestützt auf ein Radixhoroskop, wobei gänzlich unbekannte Faktoren der Zukunft mit ins Kalkül gezogen werden sollen. Solche Prognosen werden den Astrologen oft und bis ins letzte Detail abverlangt, obwohl gerade auf diesem Gebiet die Leistungen eines Astrologen nicht immer zufriedenstellend sein können. Es ist merkwürdig, daß Wert und Unwert der Sterndeuterei vorwiegend auf die Prognose bezogen werden. Hat ein Astrologe das Glück, mehrmals Zukunftsprognosen zu stellen, die sich bewahrheiten, dann gilt seine astrologische Kunst sehr viel. Irrt er sich, wird sofort die gesamte Astrologie verworfen.

Hat man einmal verstanden, daß der Astrologie hier grundsätzlich zwei ganz verschiedene Aufgaben gestellt werden, dann muß man eine weitere Frage stellen: Inwieweit kann tatsächlich aus einem Geburtshoroskop etwas herausgelesen werden?

Wollen wir es in aller Deutlichkeit sagen, worüber viele Gegner der Astrologie sicherlich sehr erfreut sein werden: Bis zum heutigen Tag steht die astrologische Zukunftsprognose auf nur sehr schwach gesicherten Grundlagen.

Es gibt zwar immer wieder Astrologen, die das Gegenteil behaupten und dafür ihre eigenen Leistungen hervorkehren. Es sei unbestritten, daß es sicherlich bei einiger Intuition, bei einiger telepathischer Fähigkeit und vor allem bei einem sicheren Gefühl, kombiniert mit ausreichender Erfahrung, möglich ist, mehr oder weniger verblüffende Zukunftsprognosen zu erstellen. Aber es kann durchaus vorkommen, daß bei größtem Bemühen ständig Fehler unterlaufen beziehungsweise alles unrichtig ist.

Man hat sich besonders in früheren Zeiten sehr bemüht, Systeme zu finden, die einwandfreie Prognosen zulassen. In der astrologischen Literatur gibt es unzählige Werke, die Kunde geben von dem lebenslangen Arbeiten erfahrener Astrologen, Möglichkeiten zu finden, wie man präzise Vorhersagen machen kann. Und in der Überlieferung gibt es viele Zukunftsprognosen, die auf den Tag genau eingetroffen sind und die stets als Beweis für die Astrologie verwendet werden. Doch man muß hier objektiv sein und zugeben, daß nicht selten auch das Gegenteil eingetreten ist. In früheren Zeiten, insbesondere im Mittelalter, stand die astrologische Zukunftsdeutung hoch im Kurs, es hat aller Wahrscheinlichkeit nach unzählige Prognosen gegeben. Überliefert ist aber dennoch nur eine kleine Zahl eingetroffener Vorhersagen. Ihnen stand mit Sicherheit eine vielfache Zahl von eklatanten Fehldeutungen gegenüber.

Gibt es also eine Zukunftsprognose? Kann man aus einem Geburtshoroskop etwas erkennen, was eine klare Zukunftsdeutung zuläßt? Und wenn das der Fall ist, innerhalb welcher Grenze sind solche Prognosen möglich?

Es hat keinen Sinn, hier alle Systeme aufzuzählen, die bis zum heutigen Tag doch nie den Beweis erbringen konnten, daß sie überhaupt einen Wert besitzen. Nach wie vor sind es statistische Untersuchungen, die den Wahrheitsgehalt einer Prognose sichern könnten. Aber gerade diese Untersuchungen werden von den meisten Astrologen abgelehnt.

Mit Sicherheit kann der Wert der Astrologie wie folgt angegeben werden:

1. Was die Umweltanalyse betrifft, sei es nun in Hinblick auf Partnerschaftsprobleme, auf Berufsberatungen, Erziehungsfragen oder allgemeine Charakterdeutung, wird man der Astrologie einräumen müssen, daß sie wertvolle Aussagen machen kann, die jederzeit auch überprüfbar sind. Man kann hier jeden Test zum Vergleich heranziehen und wird immer wieder die Erfahrung machen, daß ein astrologisches Gutachten jeder wissenschaftlichen Untersuchung durchaus ebenbürtig ist. Dies nicht anerkennen zu wollen, hieße die Realität verleugnen. Die Astrologie hat hier das Resultat selbst rigorosester Untersuchungen nicht zu scheuen.

2. Die astrologische Zukunftsprognose wird allerdings anders zu werten sein. Man muß wissen, aus welchen Faktoren sich eine Vorhersage zusammensetzt, wie der Astrologe in die Lage versetzt wird, kommende Ereignisse zu deuten. Ihm stehen verschiedene Möglichkeiten zur Verfügung, und wenn er diese richtig und jeweils im zulässigen Rahmen verwertet, dann wird er sicherlich Vorhersagen treffen können, die einen hohen Wahrheitsgrad besitzen. Wird aber zuviel verlangt, geht der Astrologe — aus Gründen welcher Art auch immer — über den ihm gesteckten Rahmen hinaus, wagt er sich also an Prognosen, für die er keinerlei Methoden zur Verfügung hat, dann wird alles reine Wahrsagerei und ein Spiel mit dem Zufall.

Ist also eine Vorhersage möglich? Wenn jemand wissen will, ob er mit einem bestimmten Lotterielos den Haupttreffer machen wird, dann kann ein Astrologe darauf keine Antwort geben. Gibt er sie trotzdem und gewinnt der Losbesitzer tatsächlich den Haupttreffer, dann hat dies mit Astrologie nichts, aber auch gar nichts zu tun. Es war ein Zufall, und man hat kein Recht, Treffer dieser Art als Beweis für die Astrologie zu verwenden. Unmöglich ist es, den Ausgang eines Fußballspiels aus der Tageskonstellation zu prophezeien, ausgeschlossen ist es, Krankheiten oder gar den Tod vorherzusagen. Daß dies immer wieder geschieht, hat zwei Gründe. Erstens wollen manche Menschen solche Vorhersagen, und die Wahrsager und noch mehr die Wahrsagerinnen kommen diesen Wünschen entgegen. Zweitens haben sehr viele, die sich mit der Astrologie beschäftigen, ein erhebliches Geltungsbedürfnis, fühlen sich, wenn sie an argen Minderwertigkeitskomplexen leiden, über Leben und Tod erhaben und versuchen, mit Hilfe solcher Vorhersagen sich Ruhm und Ansehen zu verschaffen. Und wenn Astrologen, die auf Grund ihrer Erfahrungen und eventuell statistischer Arbeiten klipp und klar beweisen, daß eine Todesprognose niemals möglich ist, so wird dies von denjenigen, die mit dergleichen Prognosen ihre Mitmenschen ängstigen, einfach nicht zur Kenntnis genommen.

Wenn nun in dem abschließenden Kapitel die Möglichkeiten einer astrologischen Prognose noch einmal kurz zusammengefaßt werden, dann ist sich der Autor der Tatsache wohl bewußt, daß in der so umfangreichen astrologischen Literatur bis zum heutigen Tag der Beweis nicht erbracht wurde, daß auf Grund bestimmter Konstellationen mit Sicherheit bestimmte Ereignisse vorhergesagt werden können. Es würde viel zu weit führen, wollte man all die vielen Methoden erwähnen, die sich immer wieder als höchst unsicher erwiesen haben. Mit größter Vorsicht sollen jene Methoden angedeutet werden, die einigermaßen als brauchbar zu bezeichnen sind. Deren Anwendung mit einem hohen Maß an Wahrscheinlichkeit Prognosen zuläßt.

Blick in die Zukunft

Es ist verständlich, daß den meisten Menschen, die sich für Astrologie interessieren, ein Blick in die Zukunft am interessantesten erscheint. Jahrtausendealte Vorstellungen bestärken den Menschen von heute noch immer in der Annahme, daß die Astrologie in erster Linie Zukunftsdeutung sei, und man geht zu einem Astrologen meist nur dann, wenn man mit der Gegenwart nicht mehr zurechtkommt und man gerne wissen möchte, wie es weitergehen soll.

Frühere Astrologengenerationen haben viel Zeit und Arbeit aufgewendet, um Systeme aller Art, zum Teil mit den kompliziertesten Berechnungen, auszuarbeiten, um mit Hilfe der Gestirnspositionen die Zukunft zu erhellen. Doch ehe man sich dieser Art von Sterndeuterei zuwendet, möge nochmals auf die Tatsache hingewiesen werden, daß es sich auch bei der astrologischen Prognose um ein rein biologisches Problem handelt.

Man kann dieses Problem etwa mit folgender Frage formulieren: Gibt es in der Natur irgendwelche Vorgänge, die eine Zukunftsplanung erkennen lassen? Zeigen Lebewesen Reaktionen, die nicht das Ergebnis augenblicklicher Umweltreize sind, sondern kommende, in der Zukunft liegende Ereignisse berücksichtigen, obwohl sich in der Gegenwart noch keinerlei Hinweise darauf erkennen lassen? Mit anderen Worten: Kann man annehmen, daß Lebewesen auf der Erde nicht nur augenblicksorientiert sind, sondern mit ihren Rhythmen sich auch auf zukünftige Geschehen vorbereiten können? Wenn beispielsweise ein Astrologe eine Konstellation errechnet, die erst in einigen Jahren eintreten wird, und er schon jetzt dem Ratsuchenden sagen kann, daß einmal eine für ihn sehr günstige Zeit in beruflicher Hinsicht kommen wird, so müßte doch — man verstehe den Zusammenhang — schon jetzt in diesem Menschen etwas vorhanden sein, was später einmal auf einen ganz bestimmten Reiz reagiert. Astrologisch gesehen ist das verständlicherweise die Konstellation des Geburtshoroskops, die eben auch der Schlüssel für die Zukunft ist.

Aber lassen sich auch biologische Zusammenhänge erkennen?

Bleiben wir bei den bereits erwähnten Versuchen mit bestimmten Wespenarten und Ameisen. Woher »weiß« die Wespe, wenn es nachts ein wenig kühler wird, daß etliche Wochen später Temperaturen weit unter Null eintreten werden und ein Überleben nur dann möglich ist, wenn schon gegen Sommerende reichlich Glyzerin gespeichert wird? Wie kann ein Insekt, das über keinerlei entsprechende Erfahrung verfügt — da es ja noch keinen Winter erlebt hat —, vorausplanen und eine Maßnahme treffen, die sich beim Eintreten einer bestimmten Umweltsituation als richtig erweist?

Diese Untersuchungen haben Physiker und Biologen seit langem schon beschäftigt, und man ist auf Zusammenhänge gestoßen, die das alte astrologische Erfahrungswissen nicht etwa widerlegt, sondern glänzend bestätigt haben. Es kann nämlich bewiesen werden, daß jedes Lebewesen in einem winzigsten Raum, der so klein ist, daß er unter Umständen nicht einmal im Mikroskop sichtbar ist, also in bestimmten Körperzellen, riesige Umweltreize zu speichern und zu verarbeiten imstande ist.

Unvorstellbare Einflüsse des Raum-Zeit-Kontinuums wurden von den Lebewesen dieser Erde in vielen Jahrmillionen immer wieder registriert, gespeichert, in ein »Erfahrungswissen« umgewandelt. Was auch immer aus der Umwelt kommt, nicht nur aus der nächsten Umgebung, nein, auch alle Schwankungen der Magnetosphäre bis hinaus in die fernsten Schwingungen des Weltalls, wird von den Sinnesorganen der Lebewesen aufgefangen, in Nervenzellen »aufgezeichnet« und in eine Art Gedächtnis umgewandelt. Man weiß heute, daß diese Nervenreize chemische Prozesse erzeugen, daß diese chemischen Reaktionen wieder in Nervenaktionen umgewandelt werden können, und es ist atemberaubend, wenn man erfährt, daß die Biologen heute mit Hilfe bestimmter Geräte zum Beispiel die Reaktionen in jeder einzelnen der rund vierzehn Milliarden Gehirnzellen beim Menschen messen können.

Zurück zu der erwähnten Wespenart: In unendlichen Zeiträumen wurde von den Wespen immer wieder der Wechsel der Jahreszeiten registriert, die Wärme im Sommer, die Kälte im Winter. Im genetischen Code sind jene chemischen Reaktionen festgelegt und werden von einer Generation auf die andere übertragen. Kommt es zu einer Änderung der Umweltsituation, dann beginnen sofort die notwendigen Reaktionen, die eine Schädigung durch die Winterkälte vermeiden sollen. Genau ließ sich nachweisen, daß Umweltreize in den Nerven elektrische Reaktionen bewirken, die dann in einer bestimmten Zelle zu chemischen Prozessen umgewandelt werden, die ihrerseits bei gegebenem Anlaß wieder elektrische Entladungen bewirken.

Dergleichen Spezialgebiete der Biologie, mit kosmologischen Faktoren in Verbindung gebracht, sind nicht leicht zu verstehen. Man muß um solche Zusammenhänge aber wissen, will man verstehen, warum sich dazu für die astrologische Deutung gewisse Parallelen ergeben. Denn es läßt sich beweisen, daß in einem bestimmten Rahmen astrologische Prognosen in jeder Hinsicht berechtigt sind. Jedes Lebewesen, also auch der Mensch, hat im Verlaufe der Entwicklung in vielen Millionen Jahren alle Einflüsse der Umwelt mehr oder weniger stark registriert, gespeichert, festgehalten und verarbeitet. Die regelmäßigen Umläufe der Planeten mit ihren Wirkungen auf die Magnetosphäre gehören ebenfalls hierher. In einer bestimmten Zahl von Jahren umkreist der Jupiter die Sonne, in fast drei Jahrzehnten vollendet der Saturn seinen Lauf um unser Zentralgestirn. Der Mond als erdnächster Himmelskörper verformt die Magnetosphäre alle vier Wochen in ganz typischer Weise. Dieser ständige Wechsel des Informationsgehaltes der elektromagnetischen Felder um die Erde wird von jedem Lebewesen registriert, fokussiert (also auf kleinstem Raum gespeichert), wie wir bereits ausführlich dargelegt haben, und bildet eine Reaktionsbereitschaft. Sie ist gleichsam das biologische Gedächtnis.

Im Augenblick der Geburt wird, um beim Menschen zu bleiben, eine ganz bestimmte Himmelssituation im Nervensystem registriert und im biologischen Gedächtnis verankert, im biologischen Gedächtnis behalten. Es erfolgt, um einen astrologischen Ausdruck zu gebrauchen, eine *kosmische Prägung*. Diese ist lebenslang vorhanden. Sie läßt sich durch das Skizzieren der Konstellationen bei der Geburt, eben durch das Geburtshoroskop, sichtbar machen. Wenn es dann im Kosmos wieder Situationen gibt, die Reize auf dieses Gedächtnis ausüben, indem bestimmte Konstellationen eine Wiederholung erfahren, dann kommt es zu ganz bestimmten biologischen Wirkungen. Vor allem zu einer Aktivitätssteigerung oder Aktivitätsminderung. Biologische Rhythmen können eine Beschleunigung oder eine Verlangsamung erfahren, unter Umständen können sie sogar zum Stillstand kommen.

So wie ein Spezialschlüssel für ein kompliziert gebautes Schloß nur dieses und kein anderes aufschließen kann, ebenso lösen bestimmte Konstellationen nur dort Wirkungen aus, wo eine gewisse Bereitschaft dazu vorhanden ist. Steht der Saturn in einem Horoskop auf vierundzwanzig Grad Zwilling und kommt er nach neunundzwanzig Jahren an diese Stelle zurück — Transit nennt man diesen Vorgang —, dann löst er saturnische Reaktionen bestimmter Stärke aus. Das kann man vorhersagen, wobei jahrtausendealte Erfahrungen lehren, daß solche Transite fast immer wirksam sind.

Im Rahmen der astrologischen Prognose sind die Transite fraglos am ehesten verwertbar. Aus den Gestirnstabellen, aus den

Ephemeriden, die für Jahrzehnte vorausberechnet werden, kann man demnach Konstellationen herauslesen, die für jedes Radixhoroskop gewisse Wiederholungen oder sonstige auslösende Wirkungen darstellen. Transite gibt es viele, sie haben unterschiedliche Wirksamkeiten, und nur die Erfahrung lehrt, wie man sie richtig deutet. Astrologische Transite stellen hinsichtlich ihrer Wirkungen durchaus eine biologische Realität dar und verdienen daher in jeder Weise Anerkennung. Freilich kann man sie nicht mit allen nur möglichen Alltagsereignissen in Beziehung bringen, man muß sich stets vor Augen halten, daß es Umstellungen in den biologischen Rhythmen sind, die irgendwelche Reaktionen auslösen.

Wenn eine Hausfrau einen Topf mit kochendem Wasser umstößt und ein beim Herd spielendes Kind verbrüht wird, dann hat diesen Unglücksfall nicht der »böse« Mars ausgelöst, der im Horoskop des Kindes schlecht postiert ist. Wenn ein Mann auf dem Weg in sein Geschäft die Brieftasche verliert, so geschah dies sicherlich nicht deswegen, weil an diesem Tag der Mond mit dem Saturn ein Quadrat formierte. Dergleichen astrologische Deutungen sind unzulässig, haarsträubend; wenn sie immer wieder vorkommen, dann sind dies bedauerliche Entgleisungen und dürfen nicht als Beweis gegen die Astrologie verwendet werden. In jedem Beruf gibt es Versager und Fehlgeleitete, Unwissende und Geschäftemacher.

Aber wenn ein bestimmter Transit Depressionen auslöst, so daß es zu einer generellen Verlangsamung aller Funktionen kommt, dann wird sich als weitere Folge eine berufliche Schwierigkeit einstellen, es können auch Spannungen zur Umwelt auftreten. Daß nicht im Augenblick des Transits auch schon die Wirkung da sein kann, ist verständlich. Die Reaktionen des Körpers auf bestimmte Umstellungen können sehr langsam auftreten, es können Wochen später erst jene Ereignisse ausgelöst werden, die dann das Leben umgestalten.

Methoden der Prognose:

1. *Transite.* Die Planeten durchwandern entsprechend ihren Umlaufzeiten den Tierkreis und bilden damit Aspekte zu den einzelnen Horoskopelementen. Die im Geburtshoroskop skizzierten Planeten werden »Radixplaneten« genannt, die aspektebildenden dagegen »laufende Planeten«. In der Sprache der Astrologen kann es dann etwa so heißen: Der laufende Jupiter bildet ein Trigon zum Medium coeli (Spitze des zehnten Hauses), und der laufende Mars transitiert die Radixsonne. Für diese Ereignisse verfügt die astrologische Deutungskunst über bestimmte Aussagen, so daß eine gewisse Prognose gestellt werden kann.

2. *Direktionen.* Das Radixhoroskop kann »entwickelt« werden. Sowohl das System der Häuser wie auch die Planeten lassen, wenn man sie für die einzelnen Tage nach der Geburt berechnet, weitgehende Veränderungen erkennen. Und schon vor mehr als zweitausend Jahren hat man Beziehungen zwischen solcherart entwickelten Horoskopen und bestimmten Ereignissen feststellen können, wobei die Veränderung eines Horoskops einen Tag nach der Geburt eine Prognose für das erste Lebensjahr, die Veränderungen im Horoskop am zehnten Tag dem zehnten Lebensjahr usw. entsprechen sollen. Oder — ganz allgemein gesagt — nach der alten Regel: »Ein Tag ist ein Jahr.« Für diese Direktionsberechnungen existieren sogenannte Direktionsschlüssel, doch differieren die Methoden sehr stark, eine einheitliche Bewertung ist nicht möglich.

3. *Solare.* Gelegentlich wird auch das Solarhoroskop berechnet, ein Kosmogramm, das genau für die Sekunde berechnet wird, wo die Sonne im Geburtshoroskop von der laufenden Sonne konjugiert wird. Es ist aber doch einigermaßen unbillig, diese Methode gesondert zu erwähnen, da es sich bei diesen Solaren lediglich um die Qualität des Sonnentransits handelt, die Solare also eigentlich zu den Transiten gehören.

Es ist in jeder Weise berechtigt, die astrologische Prognose als festen Bestandteil, als Spezialgebiet der Erfahrungswissenschaften von den Gestirnswirkungen zu betrachten. Man muß allerdings wissen, was vorhergesagt werden kann, und man wird immer die Umwelt mit berücksichtigen müssen.

Einen Tototreffer kann man nicht vorhersagen, auch nicht die Begegnung mit einer Frau. Aber wenn ein Mann bestimmten Jupiter- und Venuseinflüssen ausgesetzt ist, dann werden vielleicht seine Aufmerksamkeit und seine Aktivität gesteigert sein, und er wird mehr Gelegenheit haben, Bekanntschaften zu machen. Dann wird er vielleicht tatsächlich in jenen Wochen eines bestimmten Transits eine Frau kennenlernen, die seine Lebensgefährtin wird.

Neben den Transiten werden ganz speziell die Direktionen als sicherste Methode der Prognose gepriesen. Ihr Wert ist aber bis heute nicht bestätigt, und es ist merkwürdig, daß die Direktionen in Astrologenkreisen nach wie vor gerne Verwendung finden, obwohl die Resultate dieser Prognosen oft nicht einmal annähernd stimmen. Man hat Direktionen oft berechnet, Ergebnisse für viele Jahre vorhergesagt, und nichts, aber auch gar nichts ist davon eingetroffen. Solche Methoden werden nicht selten mit faszinierenden Theorien untermauert, sie entbehren aber jeglicher biologischer Grundlage und halten keiner statistischen Überprüfung stand.

Somit bleiben nur die Transite.

Wertet man die gesamte Astrologie auf ihre Brauchbarkeit, dann wird man bei einiger Objektivität zugeben müssen, daß sie vorerst in der Charakterdeutung, bei Partnerschaftsbestimmungen, bei der Berufsberatung und bei verschiedenen Fragen der Erziehung wertvolle Dienste leisten kann. Überdenkt man die derzeitige Situation, dann wird man erkennen, daß sich einmal verschiedene Wissensgebiete vereinigen könnten, daß aus modernen Wissenschaften eine Zusammenfassung erfolgen kann:

aus der modernen Biologie, aus der Kosmologie, aus der Kybernetik, der Individualpsychologie und der überlieferten astrologischen Deutungskunst. Und daß es mit größter Wahrscheinlichkeit einmal möglich sein wird, eine rein naturwissenschaftliche Astrologie aufzubauen, die auch als exakte Wissenschaft Anerkennung finden wird.

Mag sein, daß es noch einige Jahrzehnte dauern wird.

Aber es hat den Anschein, als würden derzeit bereits die Fundamente für ein neues Gebäude der Astrologie gelegt, für eine Astrologie, die möglicherweise einmal wieder die »Königin der Wissenschaften« werden wird.